WEB3

Creando la próxima frontera económica y cultural de Internet

WEB3

Creando la próxima frontera económica y cultural de Internet

ALEX TAPSCOTT

ANAYA MULTIMEDIA

Título especial

Título de la obra original: *Web3. Charting the Internet's Next Economic and Cultural Frontier*

Traductora: Vanesa Casanova Fernández

Responsable editorial: Víctor Manuel Ruiz Calderón

Diseño de cubierta: Pete Garceau

Composición de cubierta: Celia Antón Santos

Fotografía del autor: cortesia de Alex Tapscott

Authorized Spanish translation of the English edition of *Web3. Charting the Internet's Next Economic and Cultural Frontier*
ISBN 9780063299955 published by HarperCollins Publishers.

Published by arrangement with Harper Business, an imprint HarperCollins Publishers.

Edición española:
© EDICIONES ANAYA MULTIMEDIA (GRUPO ANAYA, S. A.), 2024
Valentín Beato, 21. 28037 Madrid
Depósito legal: M. 3.032-2024
ISBN: 978-84-415-4993-7
Impreso en España

PAPEL DE FIBRA CERTIFICADA

Para Eleanor, Josephine y Amy

Agradecimientos

Escribir un libro mientras se pone en marcha un negocio y se es padre de dos niñas de cuatro años siempre me pareció una proposición caprichosa, cuando no imposible, hasta que lo conseguí. Si para criar un hijo se necesita a toda una aldea, en mi caso he necesitado a todo un pueblo para que este libro se hiciera realidad. Por ello, estoy en deuda con decenas (cuando no cientos) de amigos, familiares, colegas, clientes, profesores y otras personas que han compartido generosamente su sabiduría y perspicacia, moldeando mis ideas sobre este tema.

Suele decirse que, si eres la persona más inteligente de la sala, lo mejor es que te busques otra. Afortunadamente, esto nunca ha supuesto un problema para mí. Cada habitación en la que entro me contagia del conocimiento, la pasión y la amplitud de comprensión de muchos de los creadores y defensores de esta industria. Durante la fase de investigación, conversé con muchos de sus pioneros, entre ellos Gabriel Abed, Sunny Aggarwal, April y Sevi Agregado, Jeremy Allaire, Tim Beiko, Mark Cheng, Gennaro "Jerry" Cuomo, Chris Dixon, Jelena Djuric, Mike Dudas, Oleg Fomenko, Stepan Gershuni, Christopher Giancarlo, Alex Gladstein, Brett Harrison, Charles Hoskinson, Sami Kassab, Torey Kohara, Gregory Landua, Aleksander Larsen, Beryl Li, Ria Lu, Sarah Grace Manski, Dan Mapes, Charlie Morris, Sascha Darius Mojtahedi, Scott Moore, Jesse Nickson-Lopez, Kevin Owocki, Sidney Powell, pplpleasr, Yorke E. Rhodes III, Roneil Rumburg, Ariel Seidman, Ryan Selkis, Arianna Simpson, Yat Siu, Kristin Smith, Sadie St. Lawrence, Jules Urbach, Sishir Varghese, Jesse Walden, Jimmy Wales, Sheila Warren, Kain Warwick, Albert Wenger, Alex Wilson, Tyler Winklevoss, Brett Winton, Katrina Wolfe, John Wu y Ali Yahya. En nuestro *podcast DeFi Decoded*, mi coanfitrión Andrew Young y yo hemos entrevistado a docenas más, incluidos Sam Andrew, Bill Barhydt, Adrian Brink, Sharon Byrne-Cotter, Mike Belshe, Galia Benartzi, Ethan Buchman, Luigi DeMeo, Anthony Di Iorio, Jake Hannah, Ben Lee, Jon Lister, Zaki Manian, Scott Melker, Dickson Nsofor, Greg Osuri, Lex Sokolin, Eric Turner, Anatoly Yakovenko, Rodney Yesep y Peng Zhong. Mi agradecimiento a todos estos expertos por compartir sus puntos de vista y experiencias conmigo.

Debo, sin embargo, un agradecimiento especial a algunas personas por su inconmensurable papel en este proyecto. Me gustaría nombrarlas una a una: en primer lugar, Kirsten Sandberg, editora de este libro, quien de alguna manera encontró tiempo en medio de sus responsabilidades como editora en jefe del Blockchain Research Institute y como profesora universitaria para dedicar buena parte de un año a este proyecto. Kirsten, eres mucho más que una editora. Ayudaste a dar forma a muchos de los conceptos fundamentales del libro. Tus incontables días y noches revisando borradores, atendiendo mis llamadas para escuchar mis ideas a medio esbozar, recopilando información, preparando preguntas para las entrevistas, entrevistando a docenas de personas conmigo para después analizar esas transcripciones y aportando tus propias ideas ha sido una labor hercúlea y esencial.

También me gustaría dar las gracias a mi agente y amigo de toda la vida, Wes Neff, quien me instó a escribir este libro. Wes, tus sabios consejos y tu apoyo inquebrantable me han ayudado inmensamente. También he sido muy afortunado con mi editora: desde el momento en que Hollis Heimbouch, de HarperCollins, aceptó este libro, ha estado a mi lado como entrenadora, editora, crítica reflexiva y en general una socia de primera. James Neidhardt, Amanda Pritzker, Heather Drucker y otras personas en HarperCollins han desempeñado y seguirán haciéndolo roles clave en este proceso. A todos ellos les doy las gracias de corazón.

En el Blockchain Research Institute (BRI), la Dra. Alisa Acosta, directora de investigación y educación, ha sido un recurso extraordinariamente valioso. Se hizo cargo de nuestra investigación sobre Web3 y la ha desarrollado con éxito, creando varios cursos de gran éxito en la plataforma Coursera. Su trabajo ha contribuido a ampliar la influencia del instituto a más de 100.000 estudiantes en todo el mundo. En el BRI, Roya Hussaini y Jody Stevens aportan profesionalismo, energía y experiencia a todo lo que hacen, y este proyecto de libro no ha sido una excepción. Otros miembros del equipo del BRI, como su directora general Joan Bigham, el director de Experiencia del cliente Andrew Facciolo, el director de Crecimiento Michael Glavich y el director de Estrategia Douglas Heintzman, han contribuido de diversas maneras. Agradezco también a los directores regionales del BRI, Aline Daoud en Oriente Medio, Carl Amorin en Brasil, Ian Putter en África, Inhwan Kim en Corea y Simon Tribelhorn en Europa, el haber llevado estas ideas a una audiencia global comprometida. Mi agradecimiento a Juliano Lissoni, director gerente de MCI Canada y coproductor de nuestra conferencia Web3 & Blockchain World; él y su equipo han sido excelentes colaboradores. Finalmente, un reconocimiento a Meagan O'Hara por sus excelentes habilidades de diseño web.

También quiero dar las gracias a mis colegas y amigos en Ninepoint Partners, específicamente a los co-CEO James Fox y John Wilson, y a la CCO, Kirstin McTaggart. Todos los días aprendo algo nuevo de cada uno de vosotros. Sois excelentes socios y pensadores estratégicos a largo plazo que comprendéis el inmenso potencial de Web3 y me habéis apoyado en todo lo que hemos hecho juntos, incluido el darme la flexibilidad necesaria para escribir este libro.

Este libro no hubiera sido posible sin mis padres. Mi madre, Ana Lopes, siempre ha sido mi más firme defensora y me ha ayudado enormemente con este libro, leyendo con gran atención los primeros borradores y aportando comentarios, sugerencias e incluso algunas críticas afiladas, pero siempre amorosamente envueltas en los elogios que solo una madre es capaz de expresar. En cuanto a mi padre, Don Tapscott, ¿por dónde empezar? Hace casi una década, en la ladera de una montaña en Mont Tremblant, Quebec, mientras comíamos un costillar y bebíamos vino tinto, decidimos colaborar en nuestra primera investigación. En aquel entones no podría haber sabido de qué manera aquella conversación cambiaría tan profundamente mi vida. Papá, eres mi mentor, socio y amigo.

Sobre todo, quiero dar las gracias a mi esposa, Amy Welsman, que ha estado a mi lado en los altibajos de la vida, y siempre me ha animado a tomar riesgos y salir de mi zona de confort. Gracias por alentarme a escribir este libro y por darme tu apoyo inquebrantable en un proceso largo y, a veces, difícil.

Me has enseñado a ser más resiliente, has nutrido mi incipiente creatividad y has sido un ejemplo en la vida, que día a día me maravilla. No sería la persona que soy hoy sin ti. También me has dado los mayores regalos de la vida en nuestras dos hijas, Eleanor y Josephine. Esas niñas tienen la suerte de tenerte como madre y modelo a seguir. Este libro es para ellas y para ti.

Acerca del autor

Alex Tapscott es un escritor, conferenciante e inversor reconocido a nivel mundial, centrado en el impacto de la tecnología *blockchain* y Web3 en los negocios, la sociedad y el gobierno. Es coautor del aclamado superventas de no ficción *La revolución bitcoin: descubre cómo esta nueva tecnología transformará la economía global*, traducido a más de veinte idiomas. Alex es, además, el director del Grupo de Activos Digitales en Ninepoint Partners, una destacada firma de inversiones independiente. Sus conocimientos sobre la Web3 y otras tecnologías emergentes lo convierten en una presencia muy solicitada por audiencias de todo el planeta vinculadas al mundo de la empresa. En 2017, Alex cofundó el Blockchain Research Institute (Instituto de Investigación Blockchain), un *think tank* multimillonario dedicado a investigar estrategias, casos de uso y oportunidades de la tecnología *blockchain*. Alex es analista financiero certificado (CFA). Reside en Toronto.

ÍNDICE DE CONTENIDO

INTRODUCCIÓN

Hace tiempo, Silicon Valley era conocido como una especie de "Galápagos tecnológico" gracias a la singular combinación de talento, dinero, tecnología, cultura y desarrollo e investigación gubernamental que llevó a la aparición de diversas especies de emprendedores tecnológicos, que terminarían fundando las gigantescas compañías de Internet de la actualidad.[1] La *World Wide Web* fue inventada por sir Tim Berners-Lee (un inglés especialista en computación) en el CERN (Organización Europea para la Investigación Nuclear, en Suiza), pero se comercializó en Estados Unidos.

Las cosas han cambiado. La Web3, tema de este libro, surge en un momento en el que las herramientas tecnológicas y el capital humano están más distribuidos que nunca. En 1993, mientras los pioneros de la web forjaban la primera frontera en línea, la mitad del planeta nunca había hecho una llamada telefónica. En la actualidad, más de dos de cada tres personas en la Tierra tienen un teléfono inteligente conectado a Internet.[2] Parafraseando al autor de ciencia ficción William Gibson, "el futuro ya está aquí", y su talento y tecnología están distribuidos casi por igual. Si la Web1 y la Web2 democratizaron el acceso a la información y facilitaron que nos encontráramos y colaboráramos en línea, la Web3 nos dota de un conjunto de herramientas más poderosas que nos permiten ganar dinero, poseer activos y crear riqueza en igualdad de condiciones a escala global, descentralizando, de paso, el poder y la influencia. Si es verdad que la difusión de la tecnología "aplana" el mundo, la Web3 será una apisonadora.

---

1. Margaret O'Mara, *The Code: Silicon Valley and the Remaking of America*. Penguin Books, Nueva York, 2019.
2. Federica Laricchia, "Smartphone Penetration Worldwide as Share of Global Population 2016-2021", Statista, 17 de enero, 2023, `https://www.statista.com/statistics/203734/global-smartphone-penetration-per-capita-since-2005/#`.

Empecé a escribir sobre Bitcoin en 2014, antes de que el término "Web3" apareciera en el habla coloquial. Como banquero de inversiones de profesión y analista titulado en finanzas tradicionales (lo que mis amigos de la Web3 llamarían un "TradFi"), creía que estaba investigando una nueva tecnología "financiera".

En 2015, comencé un proyecto de investigación de mayor envergadura con Don Tapscott, mi padre. Publicamos nuestros hallazgos en un libro titulado *La revolución blockchain. Descubre cómo esta nueva tecnología transformará la economía global*. En el transcurso de aquella investigación, tuve una epifanía: esta nueva tecnología tan versátil estaba dando paso a un nuevo Internet del valor que lo cambiaría todo. Por aquel entonces, esto no era tan evidente para un observador externo, y tanto entonces como en la actualidad son muchos los escépticos. En 2016, cuando se publicó el libro, el valor total de mercado de todos los activos digitales (a los que en este libro nos referimos como *tokens*, que conforman la clase de activos fundamental de la Web3) era de alrededor de 10.000 millones de dólares. Si toda la industria hubiera sido una única empresa que cotizara en bolsa, a duras penas habría entrado en el índice S&P 500. The Gap, fabricante de pantalones *khaki*, valía más que toda la industria de la Web3. En la actualidad, los activos de la Web3 han incrementado por 100 ese valor. El libro caló y se publicó en el momento perfecto (¡más vale la suerte que la inteligencia!), y fue traducido a veinte idiomas en todo el mundo.

Desde 2016, he viajado a casi cuarenta países, visitado todos los continentes excepto la Antártida y me he reunido con emprendedores locales, gestores políticos, líderes empresariales y gente de a pie. Lo que más me ha impactado es lo globalmente distribuida que está la innovación vinculada a la Web3. Los aviones se han convertido en máquinas del tiempo, transportándome a diferentes "futuros": a Estambul, donde muchos ciudadanos prefieren realizar transacciones y almacenar valor en monedas digitales; a Singapur, la avanzadilla de la floreciente industria de la Web3 en Asia; a Tailandia, donde los usuarios de Internet están experimentando con las herramientas de la Web3 para crear nuevos empleos en línea; a Dubai, donde el gobierno ha convertido la Web3 en el elemento central de un plan más amplio para atraer talento y capital global; a Londres, donde en junio de 2023, el primer ministro británico Rishi Sunah expresó el firme propósito de "convertir al Reino Unido en el centro mundial de la Web3".[3] Apenas toqué tierra en Toronto, ciudad que por unos instantes fue líder de la Web3, me sentí como Marty McFly aterrizando en un maizal en la década de 1950.

---

3. `https://a16zcrypto.com/posts/announcement/expanding-uk-andreessen-horowitz/`.

En mis viajes, también he podido comprobar cómo se han propagado ideas equivocadas sobre esta tecnología, impulsadas por algunos líderes de los ámbitos de la comunicación, el mundo de la empresa o la política. Estas ideas han obstaculizado el emprendimiento en la Web3. También este es un fenómeno global, con poderosos intermediarios del viejo paradigma en todas partes renuentes a abrazar lo nuevo. Para justificar sus preocupaciones relativas a la Web3, apuntan al colapso de FTX en 2022, una destacada plataforma de criptomonedas, y las quiebras de prestamistas de criptomonedas como Celsius y Voyager. Aducen que esta nueva tecnología, aunque innovadora y útil cuando está controlada por bancos centrales o grandes empresas, es en conjunto negativa para la sociedad cuando se deja en manos del libre mercado,[4] dotando a los especuladores de nuevas formas de apostar y a los criminales de nuevas herramientas para evadir la ley. En realidad, podemos atribuir el colapso de estas empresas no a la tecnología, sino a la arrogancia de quienes la manejan.

Los acontecimientos de 2022 han enturbiado aún más el panorama, intensificando mi sentimiento de urgencia ante la necesidad de realizar un análisis en profundidad de lo que está sucediendo. Como en cualquier nueva industria, muchas *startups* están tratando de construir este futuro; muchas terminarán como meras notas a pie de página de esta transformación. Es normal. Aunque este libro narra las historias e ideas de docenas de creadores, constructores y soñadores, no trata del devenir de ninguna organización, persona o empresa en particular. En este libro no compartiré chismes de la industria ni me dedicaré a predecir el precio de ningún activo. Qué duda cabe que los *tokens* son clave para la Web3. Muchos de ellos experimentarán un extraordinario crecimiento en su valor, especialmente aquellos que representen la propiedad en los protocolos subyacentes o en algunas de las organizaciones más disruptivas. Pero, si el lector busca información sobre activos financieros a futuro o consejos sobre inversiones, deberá buscar en otra parte. Este es un libro sobre ideas perdurables en el tiempo, no sobre estrategias de inversión a corto plazo. Utilizo los datos como hitos para realizar comparaciones en el tiempo. Nos hallamos ante un espacio de innovación tan vibrante y volátil que los lectores tendrán que consultar mis fuentes si desean obtener datos actualizados.

---

4. Penny Crosman, "What Does the Future Look Like for Crypto Lenders?", *American Banker*, 23 de enero, 2023, `https://www.americanbanker.com/news/what-does-the-future-look-like-for-crypto-lenders`.

Este libro tampoco es un estudio exhaustivo de todos los actores que intervienen en esta nueva industria. Hacerlo en el espacio asignado es imposible. Hace una década, el autor podría haber llamado a todos y cada uno de los fundadores de este espacio mientras escribía este libro. Esto ya no es posible. En este libro, intento tender puentes entre las islas que conforman el archipiélago del conocimiento de la Web3, parafraseando la metáfora de la biblioteca de la historiadora Irene Vallejo.[5] Dicho de otro modo, yo soy quien va descubriendo el hilo conector.

Dicho esto, este libro está basado en más de media década de investigación, inversión, práctica y colaboración en la Web3. En 2017, Don y yo fundamos el Blockchain Research Institute (Instituto de Investigación Blockchain), que ha llevado a cabo más de cien proyectos de investigación sobre el impacto del *blockchain* y la Web3 en todas las industrias, desde la salud y los servicios financieros hasta la energía y el entretenimiento. Esta investigación ha servido de base para muchas de las ideas del libro.

También he realizado más de cincuenta entrevistas para este libro. La Web3 es, ante todo, una frontera económica, por lo que quise hablar con pioneros con mentalidad empresarial como Yat Siu, cofundador de Animoca Brands. Siu consiguió su primer trabajo de adolescente en Atari en la década de 1980 y se topó con la Web3 en 2017. Poco después, apostó muy fuerte por el futuro de su empresa y respaldó a muchos de los innovadores más importantes del ámbito de los juegos basados en la Web3.

Hace una década, Jeremy Allaire tuvo la idea de crear una especie de "HTTP a cambio de dinero", una herramienta de pago nativa de Internet para dólares y otras divisas. Su empresa Circle creó USDC, una *stablecoin* que a lo largo de 2022 impulsó un total acumulado de 8,6 billones de dólares en transacciones en cadena.[6] Otro pionero, Sunny Aggarwal, abandonó sus estudios en la Universidad de California, Berkeley, después de que un profesor de informática se negara a dejarle saltarse un examen para asistir a una reunión sobre la Web3. Poco después fundó Osmosis, una plataforma de intercambio descentralizada que permite transacciones *peer-to-peer* sin fricciones en docenas de activos diferentes. En mi *podcast*, *DeFi Decoded*, otro inventor, Anatoly Yakovenko, explicó cómo se dio cuenta de que el

---

5. Irene Vallejo, *El infinito en un junco: la invención de los libros en el mundo antiguo*. Siruela, Madrid, 2019.

6. "State of the USDC Economy", *Circle,* Circle Internet Financial Limited, 10 de marzo de 2023, `https://www.circle.com/hubfs/PDFs/2301StateofUSDCEconomy_Web.pdf` (consultado 12 de abril, 2023).

monopolio de los teléfonos inteligentes de Apple y Google estaba frenando el desarrollo de aplicaciones Web3 en su plataforma Solana, así que lanzó un teléfono y un sistema operativo que pudieran competir con ambos.

Hemos hablado con tecnólogos y desarrolladores principales que están construyendo la infraestructura esencial de la Web3. Conversamos con Tim Beiko, desarrollador principal en Ethereum, que trabajó en un proyecto para implementar una actualización de la red conocida como "La Fusión", algo así como cambiar los motores de un avión supersónico que transportase 200.000 millones de dólares en carga en pleno vuelo sin perturbar el carrito de las bebidas. Nuestra conversación con Kevin Owocki y Scott Moore de Gitcoin, que ha proporcionado millones en subvenciones a emprendedores sociales en la Web3, resultó tan esclarecedora como inspiradora. Jimmy Wales, el fundador de Wikipedia, mostró una actitud abierta hacia la Web3, pero se mostró escéptico respecto de cómo Wikipedia podría beneficiarse. Varios ejecutivos nos contaron cómo han ido evolucionando, desde su convicción de que las "*blockchain* para empresas" cerradas eran la aplicación estrella de esta tecnología, hasta darse cuenta de que la verdadera innovación residía en las redes públicas, como ocurría en la web. Los escépticos de la Web3 compartieron conmigo sus críticas (algunas legítimas).

Los inversores de capital de riesgo Jesse Walden de Variant Fund, y Arianna Simpson, de Andreessen Horowitz, describieron cómo su propia trayectoria personal los condujo hasta la Web3. Chris Giancarlo, el expresidente de la Comisión de Negociación de Futuros de Productos Básicos de los Estados Unidos (CFTC), se pronunció sobre la dirección de la regulación y la política de la Web3, al igual que Sheila Warren y Kristin Smith, que dirigen las organizaciones Crypto Council for Innovation y la Blockchain Association respectivamente, en Washington, D. C.

La Web3 es también una frontera cultural, algo evidente en las conversaciones con artistas de la Web3 como el seudónimo pplpleasr, que está reinventando el arte del *storytelling*, y Jessie Nickson-Lopez, guionista de exitosas series como *Narcos: México* y *Stranger Things*, que trabaja a tiempo parcial como emprendedora en la Web3 con su *startup* MV3. Jessie quiere reinventar Hollywood. Varios ejecutivos de videojuegos en Filipinas y en otros lugares me contaron cómo la Web3 empodera a desarrolladores con problemas de liquidez en el Sur Global, dotándolos de herramientas para financiar nuevos proyectos y potenciando el poder creativo de grupos generalmente marginados. La cultura necesita un nuevo modelo de negocio: la Web3 lo hace posible. Un artista filipino de 8 años llamado Sevi, que vende sus pinturas como NFT a un público global y ha recaudado suficiente dinero para pagarse las terapias para su autismo, ha puesto de relieve el impacto social de la Web3. Estas entrevistas, mis lecturas personales y los millones de dólares de investigación del Blockhain Research Institute conforman la base de este estudio sobre la Web3.

Este libro va dirigido a cualquier persona preocupada por el futuro que quiera tomar parte activa en su diseño. Quizás el lector sea un estudiante que está considerando sus opciones de carrera, o un ejecutivo que intenta comprender lo que la Web3 significa para su negocio. Quizás tenga un empleo para el que está demasiado cualificado en África o India y vea aquí una oportunidad para conectarse con el mercado laboral global de la Web3 y trabajar para una de sus organizaciones digitales nativas, conocidas como DAO. Tal vez sea un emprendedor social en el sector de las organizaciones sin ánimo de lucro y esté evaluando diferentes formas de recaudar fondos o interactuar con agentes sociales jóvenes. Quizás sea un artista o narrador que explora cómo las herramientas de Web3 pueden recompensar su creatividad. Quizás sea un político que quiere atraer inversiones a su ciudad, comunidad o país. O tal vez sea un ciudadano que siente que la web y el mundo podrían ser un lugar mejor y más justo.

La Web3 es la próxima frontera económica y cultural de Internet. Algunas fronteras son solo aptas para expertos y requieren de vastas cantidades de capital o una fuerza sobrehumana, como escalar el Monte Everest o viajar a Marte. Todas las fronteras presentan sus riesgos y recompensas. Pero, a menudo, las fronteras más fructíferas de la historia han sido exploradas por personas normales y corrientes, o al menos por aquellas lo suficientemente valientes o impulsadas por circunstancias que las han llevado a echarse la mochila al hombro y ponerse en marcha. Hasta el explorador más resistente necesita un guía. Desde la humildad, espero que este libro le resulte útil.

PARTE I.
DISRUPCIONES

CAPÍTULO 1

La web entra en una tercera era

Cada cierto tiempo, aparece una nueva tecnología que trastoca drásticamente el orden social y transforma la economía de maneras profundas e inesperadas. La invención de la imprenta por parte de Johannes Gutenberg en 1440 democratizó los libros y el conocimiento (para quienes supieran leer y escribir) y, casi ochenta años después de su invención, ayudó a Martín Lutero a difundir sus noventa y cinco tesis, desafiando el dogma de la Iglesia e inaugurando la Reforma. También inauguró una era de afiches, novelas baratas, pornografía y publicidad impresa. La máquina de vapor de James Watt (1776) impulsó la incipiente era industrial, transformó radicalmente el mundo natural y dio paso a nuevas industrias como los ferrocarriles y la telegrafía, así como a gigantes empresariales como la US Steel de Andrew Carnegie, la Standard Oil de John D. Rockefeller y sindicatos como la Federación Estadounidense del Trabajo (precursora de la AFL-CIO). La comercialización de las comunicaciones inalámbricas del inventor italiano Guglielmo Marconi por parte de la Radio Corporation of America en la década de 1920, con noticias en directo y programación patrocinada por empresas, creó un nuevo medio de comunicación de masas y una cultura de consumo que transformó profundamente la política. Tanto los autócratas como la clase política de los regímenes democráticos aprovecharon las ondas de radio para llegar a los hogares de los pobres y la emergente clase media, difundiendo en igual medida el miedo y la esperanza.

En la segunda mitad del siglo XX, la Guerra Fría y la carrera espacial aceleraron la convergencia de la informática y las comunicaciones, brindándonos un nuevo avance: Internet, concebida inicialmente en la década de 1960 para mantener operativos los centros de mando de Estados Unidos en caso de ataque, y posteriormente comercializada con la invención de la *World Wide Web* por Tim Berners-Lee y el navegador web Mosaic de Marc Andreessen en la década de 1990. Internet, y la web en particular, ya han alterado nuestro mundo de forma significativa. En la actualidad, nos adentramos en una nueva era que promete, una vez más, transformar todas las industrias, la sociedad y la cultura.

La primera era de la web, ahora conocida como Web1 (1992-2002), la llamada "web de solo lectura", fue un medio de difusión que digitalizó la información en forma de correo, revistas, catálogos, periódicos y anuncios clasificados. *Wired*, una revista en papel, lanzó el negocio de la publicidad con *banners*, y en todas partes las empresas reemplazaron sus departamentos de correo interno por el correo electrónico y la publicidad basada en la web. Los usuarios podían leer información en línea, pero no interactuar con ella. La Web1 democratizó el acceso a la información para quienes tuvieran un ordenador conectado a la red, pero era estática y unidireccional. Los usuarios eran receptores pasivos del contenido creado por otros. Algunas de las entidades más conocidas de la Web1, como la Encyclopaedia Britannica Online, AOL, Lycos y AltaVista, se inspiraron en modelos análogos anteriores a Internet.

El uso de las palabras "página" y "correo", como en una "página web" que uno "publica" y "correo electrónico", lo dice todo: el modelo mental hundía sus raíces en el papel y la edición impresa. Las creaciones de la Web1 eran esqueumórficas, es decir, versiones digitales de productos, servicios o modelos de negocio preexistentes.[1] En ocasiones, la versión inicial de un nuevo producto o servicio se asemeja a la antigua en uno o más aspectos, bien porque el diseñador, bien su público objetivo, no son del todo capaces de imaginar un futuro radicalmente distinto. Con mayor frecuencia, los diseñadores y emprendedores aprovechan aspectos de lo antiguo para ayudar a su público a transitar hacia lo nuevo, con el objetivo de que lo novedoso les resulte familiar. Por ejemplo, los fabricantes de las primeras bombillas eléctricas las modelaron a semejanza de las llamas de una vela. Los iconos del ordenador que representan papeleras, carpetas de archivos y aplicaciones de buzones de correo son otro ejemplo. Durante años, los primeros automóviles Tesla incorporaron prominentes parrillas delanteras, a pesar de que los coches eléctricos no las necesitan.[2]

"El superpoder de la Web1 radicaba en aprovechar el poder de los desarrolladores de terceros, por lo que se trataba de un sistema regido por protocolos abiertos", asegura Chris Dixon, de la firma de capital de riesgo

1. "skeuomorph, n.", *Oxford Advanced Learner's Dictionary*, Oxford University Press, consultado en septiembre de 2022, `https://www.oxfordlearnersdictionaries.com/us/definition/english/skeuomorph`.

2. Laurence Iliff, "EV Designers Are Seeing Grilles in a Whole New Way", *Automotive News*, 3 de julio de 2021, `https://www.autonews.com/design/ev-designers-are-seeing-grilles-whole-new-way`.

Andreessen Horowitz. "Cualquiera podía llegar y crear cosas: sitios web, capas de aplicaciones e infraestructura en general. Existía este tipo de desarrollo impulsado por la comunidad, que a mi modo de ver es una fuerza poderosísima".[3]

La crisis de las puntocom en 2000-2001 generó la necesidad de una nueva web. Gracias a importantes innovaciones tecnológicas, la web se transformó en un medio apto para la colaboración y la computación, llamada Web2 o web de lectura-escritura (2002-2020), que ofrecía herramientas para crear, compartir y debatir contenidos. Sin querer, la web se programó de nuevas maneras.[4] Por emplear la jerga del mundo de la programación, todos podíamos "escribir" en la web, aportando contenido propio. Aparecieron comunidades y organizaciones nativas de Internet. Pensemos en Wikipedia. Sus cofundadores Jimmy Wales y Larry Sanger invitaron a voluntarios a redactar o traducir entradas para construir un recurso global importante. Wikipedia y otras organizaciones de voluntarios supervisaban (pero no controlaban ni poseían) la utilidad y el desarrollo de sus respectivos sitios.[5]

En comparación, los gigantes de las redes sociales como Facebook y Twitter permitían a sus usuarios crear y publicar contenido propio, formar grupos y colaborar en línea, pero los usuarios no podían asignar derechos de propiedad claros a su contenido y carecían de voz en la gobernanza de esas plataformas. Como resultado de ello, "los intereses económicos de las plataformas de Internet más grandes [defraudaban y] defraudan las expectativas de sus contribuyentes más valiosos: sus usuarios".[6] La Web2 y la movilidad se combinaron para conformar monopolios naturales en áreas diversas, desde los motores de búsqueda a las redes sociales, el comercio electrónico o los sistemas operativos móviles. En palabras de Dixon: "Antes teníamos a la CBS, NBC, ABC. Ahora tenemos Facebook, Google, Amazon o Apple".[7]

---

3. Chris Dixon, entrevista de Alex Tapscott a través de Zoom, 2 de septiembre de 2022.
4. Tim O'Reilly contribuyó más que ninguna otra persona a popularizar el término "Web2". El tecnólogo Gavin Wood fue el primero en emplear el término "Web3" para describir la evolución del *blockchain* y los criptoactivos hacia una nueva web. Véase Tim O'Reilly, "What Is Web 2.0: Design Patterns and Business Models for the Next Generation of Software", O'Reilly Media, 30 de septiembre de 2005, `https://www.oreilly.com/pub/a/web2/archive/what-is-web-20.html`; y Gavin Wood, "Why We Need Web 3.0", *Gav of York Blog*, Medium, 12 de septiembre de 2018, `https://gavofyork.medium.com/why-we-need-web-3-0-5da4f2bf95ab`.
5. Jimmy Wales y Larry Sanger de Wikipedia; Julian Assange de WikiLeaks.
6. "The Ownership Economy 2022", Variant Fund, 28 de abril de 2022, `https://variant.fund/articles/the-ownership-economy-2022/`.
7. Chris Dixon, "Five Mental Models for the Web", entrevistado por Ryan Sean Adams y David Hoffman, *Bankless Podcast*, ep. 90, 1 de noviembre de 2021, `https://www.youtube.com/watch?v=jezH_7qEk50`.

Los fracasos de la vieja web

El gran invento de Tim Berners-Lee sigue ejerciendo una influencia muy positiva en el mundo, pero se ha quedado corta en aspectos clave, como él mismo ha reconocido. Treinta años después de que la *World Wide Web* se pusiera en marcha, su creador reflexionaba en *The Guardian* sobre su legado, incluidos los "perversos incentivos" que fomentan "modelos de ingresos basados en anuncios que recompensan comercialmente el sensacionalismo (*clickbait*) y la difusión viral de desinformación", así como "el tono y la calidad de indignación y polarización que caracterizan al discurso en línea".[8]

Mark Zuckerberg, el creador de Facebook, se convirtió junto a Jeff Bezos de Amazon y a Sergey Brin y Larry Page de Google en magnate del nuevo petróleo: datos generados por los usuarios a partir de la atención que estos recibían, y que eran extraídos, analizados y vendidos a los anunciantes. Con la unión de asistentes digitales personales con la telefonía móvil y la conectividad 3G llegaron los teléfonos inteligentes, que pusieron superordenadores conectados en líneas en manos de miles de millones de personas. La cámara de nuestros teléfonos inteligentes nos convirtió a todos en documentalistas de nuestras propias vidas, transmitiendo un aluvión de datos en vivo. La movilidad, combinada con el sistema de posicionamiento global (GPS), dio paso a las llamadas plataformas de la "economía colaborativa", permitiéndoles organizar y comercializar el excedente ajeno. Hablar de "economía colaborativa" es, por supuesto, incorrecto: en el caso de Uber Technologies Inc., por ejemplo, los conductores comparten su tiempo y recursos, pero no participan en las ganancias de la plataforma y no tienen voz en su gobernanza. Del mismo modo, los pasajeros aportan valor a estas redes, pero no participan en la economía ni la gobernanza de Uber, a menos que sean inversores institucionales o *insiders* de la propia compañía.[9]

Berners-Lee comparte las preocupaciones expresadas por los defensores de la Web3 sobre la Web2. Sin embargo, no muestra el mismo entusiasmo por la tecnología *blockchain*, una de las tecnologías centrales de la Web3, como solución a estos problemas. "Los protocolos de *blockchain* pueden estar bien para algunas cosas, pero no son buenos para Solid", afirma refiriéndose a su propio proyecto para descentralizar la web y mejorar la privacidad al

8. "Tim Berners-Lee on 30 Years of the Web", *Guardian*, 12 de marzo de 2019, `https://www.theguardian.com/technology/2019/mar/12/tim-berners-lee-on-30-years-of-the-web-if-we-dream-a-little-we-can-get-the-web-we-want`.

9. Según *Wall Street Zen*, los accionistas institucionales son dueños del 71,80 % de Uber, mientras *insiders* son dueños del 30,20 %. Los inversores minoristas no son dueños de ningún porcentaje. "Uber Technologies Inc. Stock Ownership: Who Owns Uber?", *WallStreetZen* (Hong Kong), 25 de noviembre de 2022, `https://www.wallstreetzen.com/stocks/us/nyse/uber/ownership`.

tiempo que pone los datos en manos de los usuarios de Internet. En su opinión, las cadenas de bloques son "demasiado lentas, demasiado costosas y demasiado públicas. Las plataformas de gestión de datos personales deben ser rápidas, económicas y privadas".[10]

Berners-Lee también ha expresado su frustración por la confusión que reina en la opinión pública entre la "Web3" y lo que él denomina "Web 3.0", en referencia a la "web semántica" donde los ordenadores podrían leer y procesar datos de la web en beneficio de todos.[11] Según Berners-Lee, deberíamos ignorar la Web3 porque en realidad no se trata en absoluto de la web. En cierto sentido, tiene razón. La Web3 apenas está emergiendo como concepto, y supone un alejamiento radical de la tecnología y arquitectura originales de la web. Es más: Solid, el proyecto de Berners-Lee, podría contribuir a la resolución de los problemas de captura y propiedad de datos que él y otros han identificado en la Web2. Cuando el inventor de la *World Wide Web* habla sobre su futuro, deberíamos prestar atención.

LOS DEFENSORES DE LA WEB2 creían que la nueva web editable eliminaría a los intermediarios. Sin embargo, los gigantes de la Web2 se convirtieron, simplemente, en nuevos intermediarios. Cuando el gobierno de Australia aprobó una nueva ley que exigía a Facebook, Google y otros pagar a los medios de comunicación australianos para destacar sus enlaces, Facebook respondió bloqueando todo el contenido de noticias en un país donde el 39 % de las personas se informa a través de este servicio. Lo hizo en mitad de la oleada de incendios forestales y la pandemia de COVID-19, bloqueando el acceso al Servicio Nacional de Meteorología y a las autoridades sanitarias.[12] Los ciudadanos estaban a la espera de recibir información relativa a la distribución de las vacunas; el gobierno cedió e hizo diversas concesiones a Facebook.

Con una gran cantidad de datos a su disposición, las plataformas de la Web2 idearon herramientas cada vez más sofisticadas para elaborar perfiles de sus usuarios y atraerlos por vías que Nielsen habría sido incapaz de proporcionar con tanta facilidad a cadenas como CBS, NBC y ABC, ni siquiera en su época de máximo apogeo. Las redes sociales se dirigían específicamente

---

10. "Tim Berners-Lee Wants Us to Ignore Web3", CNBC.com, 4 de noviembre de 2022, `https://www.cnbc.com/2022/11/04/web-inventor-tim-berners-lee-wants-us-to-ignore-web3.html`.

11. Tim Berners-Lee, James Hendler y Ora Lassila, "The Semantic Web", *Scientific American*, 1 de mayo de 2001, `https://www.scientificamerican.com/article/the-semantic-web/`.

12. Max Fisher, *The Chaos Machine: The Inside Story of How Social Media Rewired Our Minds and Our World*. Little, Brown, Nueva York, 2022, pp. 332-33, `https://www.news.com.au/technology/online/social/shock-casualties-of-facebooks-news-block-bom-betoota-advocate-wa-fire-australian-government-pages-wiped/news-story/`.

a aquellos usuarios dispuestos a recibir determinados mensajes independientemente de su veracidad, amplificando el extremismo, dañando el discurso público, difundiendo información falsa y, según numerosos expertos que han estudiado la cuestión, alterando la química del cerebro.[13] Una auditoría interna de Facebook concluyó: "Nuestros algoritmos explotan la atracción del cerebro humano por la polarización" y "llevan a las personas a refugiarse en cámaras de resonancia mediática extremistas que se retroalimentan".[14] Hasta el momento, tales advertencias no han propiciado una reflexión profunda en las altas esferas de la Web2.

A medida que crecían las transacciones comerciales en línea, tanto las empresas de la Web2 como los bancos y empresas especializadas en medios de pago como Visa y Mastercard, se convirtieron también en todopoderosos intermediarios financieros de la economía digital. Entretanto, el valor de las colaboraciones y comunicaciones se fue acumulando en plataformas centralizadas como Apple, Google, Facebook, Amazon y otras, empresas que aprovechaban los datos de sus usuarios, desarrolladores de aplicaciones y datos de marca para generar un valor inmenso en beneficio propio en sus jardines amurallados particulares.

El modelo funcionó un tiempo, pero terminó abrumando a los usuarios con anuncios cada vez más personalizados y recomendaciones de páginas, exponiendo sus datos a los *hackers*.[15] "Imaginen que General Motors no pagara por sus insumos: el acero, el caucho o el cristal", declaraba el economista Robert J. Shapiro para *The New York Times*. "Así son las cosas para las grandes empresas de Internet: un chollo".[16]

En tanto que monopolios naturales, los gigantes de la Web2 ahogaron la competencia a medida que consolidaban su poder en la red. Fundadas en las décadas de 1990 y 2000, estas empresas hicieron valer su poderío eliminando o adquiriendo a sus competidores emergentes. Por ejemplo, Facebook adquirió FriendFeed en 2009, las patentes de Friendster en 2010, Friend.ly en 2011, Instagram y una aplicación de billetera electrónica en 2012, y WhatsApp y Oculus VR en 2014, por mencionar tan solo algunas. No se detuvo ahí: compró tecnologías de localización, reconocimiento facial, traducción de voz, seguimiento de actividad y *fitness*,

13. Fisher, *The Chaos Machine*, pp. 8-9.

14. Fisher, pp. 9-10.

15. "World's Biggest Data Breaches", Information Is Beautiful, 14 de abril de 2022, `https://informationisbeautiful.net/visualizations/worlds-biggest-data-breaches-hacks/`.

16. Steve Lohr, "Calls Mount to Ease Big Tech's Grip on Our Data", *New York Times*, 25 de julio de 2019, `https://www.nytimes.com/2019/07/25/business/calls-mount-to-ease-big-techs-grip-on-your-data.html`.

reconocimiento de voz, detección de emociones, identificación biométrica y una interfaz cerebro-máquina que traduce impulsos neuronales en señales digitales. Facebook contaba con herramientas para recopilar los datos personales de sus usuarios y conocer sus perfiles como nunca antes.[17] El intento de comprar Snapchat en 2013 por 3.000 millones de dólares fracasó. Desde el punto de vista de Facebook, estas adquisiciones fueron decisiones acertadas; antaño, las grandes corporaciones se servían de su solidez financiera para absorber de forma agresiva a sus competidores. Pero, para los usuarios de Internet de la actualidad, el modelo parece más un pacto faustiano y un *statu quo* cada vez más insostenible que necesita una revisión a fondo.

El nacimiento de la nueva web

Tras la crisis financiera de 2008, justo cuando la web móvil empezaba a despegar y los gigantes de la Web2 consolidaban su poder en línea, un inventor llamado Satoshi Nakamoto apareció para sentar las bases de una nueva era en la web. Satoshi publicó el *Libro Blanco del Bitcoin*, para a continuación poner en marcha la primera herramienta pública que permitía transferir valor entre pares (*peer-to-peer*) a través de Internet con tan solo un ordenador y una conexión a la red.[18] Antes de Bitcoin, esto no era posible sin confiar en intermediarios. Bitcoin se convirtió en una infraestructura pública para realizar pagos, del mismo modo que el correo electrónico y la web se habían convertido en infraestructuras públicas para transmitir información. Lo más destacable de Bitcoin fue que funcionó, allanando el terreno para transformaciones de mucho mayor calado en el ámbito comercial, cultural y político.

La web está entrando en una tercera era: la Web3, también conocida como la web de lectura-escritura-propiedad (2020-??), que puede democratizar las herramientas que permitirán a los usuarios convertirse en propietarios de las plataformas clave, organizaciones y activos de la web, y hacer que sus intereses coincidan con los de las tecnologías empleadas. La Web1 y Web2, pese a ser muy diferentes entre sí, eran medios de información. Juntas, conforman la primera era de Internet. Con la Web3, Internet está entrando en una segunda era: el Internet del valor. En nuestro libro *La revolución blockchain*, Don Tapscott y yo explicábamos cómo Internet se adentraba en una segunda era. Una tecnología revolucionaria, conocida como *blockchain* o

17. Carly Hallman, "Everything Facebook Owns: Mergers and Acquisitions from the Past 15 Years", TitleMax, septiembre de 2019, `https://www.titlemax.com/discovery-center/lifestyle/everything-facebook-owns-mergers-and-acquisitions-from-the-past-15-years/`.

18. Satoshi Nakamoto, "Bitcoin: A Peer-to-Peer Electronic Cash System", Bitcoin, 31 de octubre de 2008, `https://bitcoin.org/bitcoin.pdf`.

cadenas de bloques, está dando paso a un Internet del valor donde los activos pueden representarse digitalmente, ser poseídos, intercambiados y asegurados entre iguales. El *blockchain* nos trae una nueva web y un nuevo Internet.

La pieza que faltaba en la Web2 eran los derechos digitales de propiedad. Todos los usuarios de la web creamos valor, es decir, bienes virtuales o activos digitales que tienen valor. Al "escribir" en la web creamos valor, pero los gigantes de Web2 lo expropian al instante. Los usuarios no son propietarios de los bienes virtuales que crean, no pueden monetizar sus datos ni gestionar su privacidad y, en tanto que parte interesada, no tienen voz a la hora de decidir cómo se gestionan los servicios que utilizan. Cada vez que tuiteamos, creamos un grupo en Facebook, subimos una foto a Instagram, hacemos un vídeo en TikTok o publicamos en YouTube, creamos un valor del que no somos dueños plenamente. Cada vez que hacemos casi prácticamente cualquier cosa en línea, dejamos un rastro de datos íntimos sobre nuestra persona: qué compramos, qué comemos, lo que decimos, dónde vamos, con quién nos juntamos, cómo nos vestimos, qué cosas nos interesan, qué causas apoyamos, cómo accedemos a la información y cuánto tiempo pasamos leyendo determinados materiales. ¿Lo ves ahora?

A veces incluso pagamos con dinero real para crear valor en las plataformas que utilizamos. Pensemos en videojuegos como Fortnite, donde el usuario debe comprar bienes digitales en el juego para encajar y competir con eficacia. Pero no se los puede llevar consigo. Si el desarrollador del juego es adquirido por otra compañía y deja de crear nuestro juego favorito o modifica su código, podríamos perder nuestros activos para siempre. No somos propietarios, sino inquilinos en línea. En palabras de Arianna Simpson, de Andreessen Horowitz: "En realidad, no son activos en el sentido tradicional. (Los usuarios) no son propietarios; no existen los derechos de propiedad. Existen dentro del universo de otra persona, y están a su merced".[19] Esto es perjudicial para el usuario y limita el potencial económico de la web. A pesar de estas limitaciones, los usuarios de Internet siguen gastando 100.000 millones de dólares al año en bienes digitales que realmente no les pertenecen. En su libro *El metaverso*, Matthew Ball escribe: "El sombrero virtual, la parcela de tierra o la película que un usuario compra no pueden ser realmente suyos porque nunca van a poder controlarlos".[20] Los derechos de propiedad sentaron las bases para la prosperidad en la era industrial. Los derechos de propiedad digital (la propiedad en línea) garantizarán la prosperidad en la era de la información.

---

19. Arianna Simpson, entrevista de Alex Tapscott a través de Zoom, 13 de septiembre de 2022.
20. Matthew L. Ball, *The Metaverse: And How It Will Revolutionize Everything*. Liveright, Nueva York, 2022, p. 59.

La propiedad de activos digitales, o *tokens*, es la base de la Web3. Permite a los individuos tener una participación económica en su existencia digital. La propiedad posibilita la existencia de nuevos modelos financieros, ya que los individuos aprovechan sus activos digitales para ganar, ahorrar, realizar transacciones o invertir de igual a igual, presagiando la mayor revolución en el mundo de las finanzas y el dinero que hayamos visto en siglos. En palabras de Kevin Owocki, pionero de Ethereum y fundador de Gitcoin: "Los derechos de propiedad en el ámbito digital son una novedad. Si los derechos de propiedad nos parecían importantes para la evolución de las finanzas en el mundo real, habremos de pensar que son igual de importantes en la Web3".[21] Con la propiedad aparecen también nuevas formas de identidad: los usuarios de Internet pueden utilizar herramientas de la Web3 para demostrar algún atributo relativo a su persona. Su identidad en la Web3 puede verse complementada con datos biométricos y documentos de identidad emitidos por las autoridades, algo que la empresaria de videojuegos Beryl Li denomina "prueba de humanidad".[22] Por último, la propiedad de estos activos otorga a los usuarios un papel en el funcionamiento de las plataformas y servicios. Los derechos de gobernanza prometen un Internet más representativo y equitativo, donde las plataformas rindan cuentas a los usuarios. En pocas palabras, los líderes de la Web3 sostienen que los usuarios de Internet deberían disfrutar de privacidad en las transacciones, soberanía sobre su yo digital y derechos de propiedad sobre sus activos en línea.

Los líderes y defensores de la Web3 son además diversos, globales y jóvenes, empoderados con herramientas tecnológicas que hace apenas una generación solo existían en la ciencia ficción. La tecnología descentralizada distribuirá el poder, la influencia y la creación de valor en la Web3. Si bien no existe una única "cultura Web3" (al igual que no existe una "cultura de la electricidad"), algunos temas son comunes a esta comunidad de usuarios y desarrolladores. Por naturaleza, los pioneros son personas predispuestas a experimentar, que no temen "repensar la economía desde la base", incluso si están experimentando con herramientas novedosas que aún no se han probado.[23] Al igual que ocurrió con la Web1, la Web3 tiene un toque animado, incluso irreverente. Es mucho lo que está en juego y las consecuencias son significativas, pero los memes reflejan un espíritu despreocupado. El sentido del humor ayuda cuando todo el mundo dice que estás loco. La Web3 es, además, abierta. "No es solo que sea de código abierto o sin permisos", afirma

21. Kevin Owocki, entrevista de Alex Tapscott a través de Google Meet, 17 de agosto de 2022.
22. Beryl Li, entrevista con Alex Tapscott a través de Zoom, 3 de octubre de 2022.
23. Owocki, entrevista con Alex Tapscott.

Tim Beiko, desarrollador de la popular plataforma Ethereum. "Cuando creas algo en Ethereum, cualquiera puede interactuar con lo que has creado". No solo pueden ver el código, "sino que pueden conectarse directamente a tu creación. El resultado es una cultura increíble de espíritu abierto y colaborativo".[24]

Los creadores de la Web3 son un puñado de capitalistas que compite agresivamente en un mercado abierto. Pero, en general, las palabras de Beiko son ciertas. La única excepción serían los entusiastas extremos de Bitcoin que, parafraseando una línea del libro Tracy Kidder *El alma de una nueva máquina* (ganador del Premio Pulitzer de 1981) se aferran al bitcoin a muerte, como los cosacos a sus caballos.[25]

Vida, libertad y búsqueda de la propiedad digital

Los derechos de propiedad son fundamentales para una sociedad libre, la democracia y una economía de mercado que funcione. Concepto articulado por primera vez durante la Ilustración, a lo largo de los siglos se ha expandido considerablemente. Hoy por hoy, los derechos de propiedad son la piedra angular de las sociedades modernas y la economía de mercado. Documentados en contratos ejecutados bajo la imparcialidad y consistencia del Estado de derecho, sustentan las inversiones, la formación de capital y la innovación. De hecho, los contratos son los cimientos de toda clase de activos, de toda empresa y de toda la actividad económica. Aquellos países que mejor gestionan estos derechos cosechan la recompensa de mayores niveles de inversión e innovación. De manera puramente intuitiva, tiene sentido: ¿por qué motivo querría nadie destinar capital a un nuevo negocio o cualquier otro tipo de inversión, si su propiedad no estuviera garantizada?

Mientras estaba exiliado en París durante la Guerra Civil inglesa en el siglo XVII, el erudito inglés Thomas Hobbes escribió su obra seminal, *Leviatán*. En dicha obra, Hobbes abogaba por una autoridad central fuerte pero fundamentada en la ley y el Estado en lugar de una persona individual, argumentando que la existencia humana era "solitaria, pobre, desagradable, brutal y corta".[26] Algunas décadas después, durante la Revolución Gloriosa, que afirmó la primacía del Parlamento sobre el derecho divino de la monarquía, John Locke publicó sus *Dos Tratados sobre el Gobierno*. La visión de Locke acerca del estado natural del hombre no era tan pesimista, y su idea de

24. Tim Beiko, entrevista con Alex Tapscott a través de Zoom, 9 de agosto de 2022.
25. Parafraseando una cita extraída de Tracy Kidder, *The Soul of a New Machine*. Avon, Nueva York, 1981, p. 33.
26. Thomas Hobbes, *Leviathan or the Matter, Form, and Power of a Common-Wealth Ecclesiastical and Civil* (impreso por Andrew Crooke, en Green Dragon en St. Paul's Churchyard, 1651), https://www.gutenberg.org/cache/epub/3207/pg3207-images.html.

gobierno hundía sus raíces en los derechos del individuo, no en la autoridad absoluta del Estado. Los derechos derivaban de la propiedad privada, no del *fiat* del gobierno.[27] Evidentemente, las cosas no funcionaban así. ¿Qué remedio propuso Locke para las limitaciones que impone ese estado de naturaleza? Los derechos de propiedad.

La Web1 no representaba ninguna especie de estado salvaje de la naturaleza; se parecía más a Adán y Eva que a Caín y Abel. Aun así, era anárquica y desorganizada, y carecía de vías que permitieran a los individuos verificar su identidad sin compartir información personal, así como expresar derechos de propiedad digital, representar la propiedad comunitaria y desarrollar otros mecanismos para coordinar, organizar y financiar la creación de valor en línea. Las empresas de la Web2 crearon un modelo sencillo que nos permite acceder a experiencias cuidadosamente seleccionadas y cerradas, a cambio de lo cual aportamos datos para construir estas plataformas valiosas y aceptamos renunciar a cualquier beneficio que se derive de nuestro contenido o trabajo.

También aceptamos los términos de servicio sin negociar y a menudo sin leerlos. No influimos en la evolución de la plataforma ni ejercemos influencia alguna sobre los demás participantes, y así sucesivamente. Parafraseando a Locke, a pesar de nuestros esfuerzos, nuestra "propiedad" no es propiamente nuestra. Más bien, la plataforma comercializa nuestra personalidad digital al mejor postor. En este sentido, la Web2 es más ortodoxa que ilustrada, más feudal que capitalista. Navegar por la red es más parecido a la "servidumbre" de Internet, ya que renunciamos voluntariamente a la privacidad y los derechos sobre nuestros datos a cambio de gozar de la seguridad del dominio digital.[28] Sin embargo, bajo regímenes autoritarios, las aplicaciones de la Web2 pueden ser instrumentos de control social y represión política.[29]

Las tecnologías de la Web3, por otro lado, pueden ser instrumentos de libertad económica, social y política. En lugar de depender de los gobiernos para hacer valer nuestros derechos, el *blockchain* puede hacerlo por nosotros. La privacidad es "uno de los logros más importantes que la Web3 puede conseguir frente a los sistemas centralizados", según afirma Sunny Aggarwal, un criptoemprendedor en serie.[30] Los activos digitales no fungibles, conocidos en la industria como *tokens*, permiten poseer y transferir en línea bienes

27. John Locke, *Two Treatises of Government and A Letter Concerning Toleration*, 1690, https://www.gutenberg.org/files/7370/old/trgov10h.htm.

28. Don Tapscott y Alex Tapscott, *La revolución blockchain: descubre cómo esta nueva tecnología transformará la economía global*. Deusto, Madrid, 2017.

29. Adrian Shahbaz, "Rise of Digital Authoritarianism", Freedom House, 2018, https://freedomhouse.org/report/freedom-net/2018/rise-digital-authoritarianism.

30. Sunny Aggarwal, entrevista con Alex Tapscott a través de Zoom, 8 de agosto de 2022.

digitales valiosos, de plataforma a plataforma. Estos bienes pueden ser monedas, valores y otros activos financieros, así como coleccionables, propiedad intelectual (PI), nuestras identidades, nuestros datos y otros bienes que aún no alcanzamos a imaginar. En línea, no hay hectáreas de propiedad delimitada que reclamar, tan solo una frontera infinita. "El ciberespacio probablemente sea, en el futuro, la más rica de todas las esferas económicas", tal y como afirman James Dale Davidson y Lord William Rees-Mogg en su obra seminal *El individuo soberano*.[31]

La elección del sustantivo inglés *token* es peculiar para definir un concepto tan fundamental. En inglés, el *Oxford Advanced Learner's Dictionary* define el *token* como "una representación visible o tangible de una realidad, calidad, sentimiento o comprobante cuyos propietarios pueden intercambiar por bienes o servicios, o utilizar para operar máquinas".[32] Para bien o para mal, el término se ha adoptado en el ámbito de la tecnología y, como veremos más adelante, ha resultado ser apropiado.

Chris Dixon explica que el *token* es el elemento básico de la Web3, al igual que los sitios web lo fueron de la Web1 y Web2. Al igual que un sitio web, un *token* es un contenedor. "Puede contener código. Puede tener imágenes. Puede tener música. Puede tener texto, cualquier cosa que a una persona creativa se le ocurra. La propiedad clave aquí es que, en lugar de ser un hipervínculo y proporcionar información, puede ser poseído. Puede ser poseído por un usuario. Puede ser poseído por un contrato inteligente. Puede ser poseído por un servicio".[33] El "contrato inteligente" aquí mencionado no es el acuerdo estático y analógico que podemos "firmar" digitalmente utilizando aplicaciones de la Web2 como DocuSign. Pese a la comodidad que ofrecen, las firmas electrónicas son una invención de la Web2: "leemos" el contrato y lo "firmamos". En cambio, los contratos inteligentes son acuerdos entre pares (*peer-to-peer*) autoejecutables e inmutables escritos en código que no requieren abogados, bancos ni otros intermediarios para hacer cumplir sus términos. Por comparación, la mayoría de los contratos actuales son bastante simplones. Los contratos inteligentes permiten hacer mucho más, como contener dinero u otros activos como, por ejemplo, una cuenta fiduciaria digital sin abogados.

---

31. James Dale Davidson y Lord William Rees-Mogg, *The Sovereign Individual: Mastering the Transition to the Information Age*. Simon & Schuster, Nueva York, 1997, p. 189.

32. "token, n.", *Oxford Advanced Learner's Dictionary*. Oxford University Press, consultado 15 de enero de 2023, `https://www.oxfordlearnersdictionaries.com/us/definition/english/token_1`.

33. Chris Dixon (`@cdixon`), *posts* de Twitter, 20 de septiembre de 2021 (2:56 p. m.), `https://twitter.com/cdixon/status/1440026974903230464` y `https://twitter.com/cdixon/status/1440026978048958467`, consultado 16 de octubre de 2021.

Brett Winton de Ark Investment Management lo expresa con sencillez: "Contamos con un mecanismo por defecto mediante el cual podemos poseer digitalmente algo, demostrar que lo poseemos y transferir la posesión a otra persona, por vías en las que todo el mundo pueda estar de acuerdo".[34] Por último, disponemos de un instrumento que permite poseer y demostrar la posesión de bienes digitales y la identidad. Como suele decirse, ser propietario de algo es tener casi toda la sartén de la ley por el mango.[35]

El triunfo de los comunes digitales

En una presentación de 1992, el científico David D. Clark explicó el espíritu que guiaba a los pioneros de Internet para quienes no hubieran estado involucrados como lo había estado él en su creación desde la década de los setenta: "Rechazamos reyes, presidentes y votaciones. Creemos en el consenso general y el código funcional".[36] Las palabras de Clark plasmaron el espíritu cuasi-anárquico que caracterizó al desarrollo de los estándares de Internet en las décadas de 1970 y 1980, que se trasladó al espíritu de apertura y libertad de la Web1.

Los creadores de las primeras aplicaciones estrella de Internet, como el correo electrónico y la mensajería instantánea, dependían de software de código abierto financiado por el gobierno de EE. UU. y el mundo académico. Ninguna corporación era dueña de las plataformas clave ni supervisaba el desarrollo de la web temprana.[37] A medida que la web iba madurando y adquiría nuevas funcionalidades y cientos de millones de nuevos usuarios, apareció una nueva generación de empresas dispuestas a explotar las oportunidades comerciales que surgían a partir de estos bienes digitales comunes.

El ecologista Garrett Hardin acuñó el término "tragedia de los comunes" para referirse a los agricultores del siglo XIX cuyos animales pastaban en tierras comunales. Todos los agricultores tenían incentivos para mantener la tierra. Pero, sin reglas que regulen su uso y con cada agricultor movido por sus propios intereses egoístas para alimentar a sus vacas, la tierra se agotó.

---

34. Brett Winton, entrevista con Alex Tapscott a través de Zoom, 25 de agosto de 2022.
35. La frase original (*possession is nine-tenths of the law*) apareció por primera vez en Thomas Draxe, *Bibliotecha Scholastica Instructissima: A Treasury of Ancient Adages and Sententious Proverbs*. John Billius, Londres, 1616.
36. Andrew L. Russell, "'Rough Consensus and Running Code' and the Internet-OSI Standards War", *IEEE Annals of the History of Computing* 28, núm. 3 (julio-septiembre, 2006): pp. 48-61, `https://ieeexplore.ieee.org/document/1677461`.
37. "The History of Email: Major Milestones from 50 Years", email en Acid LLC, 28 de enero de 2021, `https://www.emailonacid.com/blog/article/email-marketing/history-of-email/`; Sean Michael Kerner y John Burke, "What Is FTP (File Transfer Protocol)?", *TechTarget*, n.d., `https://www.techtarget.com/searchnetworking/definition/File-Transfer-Protocol-FTP#`, consultado 23 de abril de 2023.

Hardin era un proteccionista antiinmigración y un racista, cuyas tesis sobre los usos de la tierra moldearon una visión suma-cero de la humanidad que abogaba a favor de la eugenesia y en contra de la inmigración.[38] Aun así, no podemos subestimar su influencia en múltiples ámbitos, desde la ciencia del clima a la teoría económica. Muchos otros han ampliado la aplicación de versiones cínicas de su teoría a otros bienes públicos, desde las carreteras y las vías fluviales hasta el agua potable o el suministro de alimentos, y han utilizado esta "tragedia" como justificación para la propiedad privada o, al menos, la gobernanza externa de recursos importantes.[39]

Nuestros bienes públicos en línea no son recursos naturales, sino protocolos de código abierto, es decir, software en dominio público desarrollado y mantenido por voluntarios que comparten el derecho a usar, copiar, adaptar y distribuir los programas (conocidos como "código fuente") a cualquier persona que desee utilizarlos. Internet nos mostró que podíamos unirnos voluntariamente para crear bienes públicos de código abierto de enorme valor. Los proyectos de código abierto aportan cientos de miles de millones de dólares anualmente al producto interno bruto (PIB) global, mejoran la productividad laboral y ayudan a crear nuevas empresas.[40]

En palabras de Kevin Owocki, de Gitcoin: "Como ingeniero de software, cuando quiero crear un nuevo sitio web, no creo mi propio servidor web, servidor de base de datos ni alojamiento en la nube. Utilizo software de código abierto. Lo mejor de todo es que todos vamos a hombros de gigantes. Todos avanzamos más rápidamente gracias a estos Legos de código abierto".[41] Si bien crear en código abierto es evidentemente factible, mantenerlo cuesta mucho más. Owocki también nos recuerda que, debido a que los proyectos no están bien monetizados, quienes los mantienen tienden a quemarse o bien trabajan para empresas con el objetivo de financiar su pasión por este tipo de proyectos.

Este desajuste entre incentivos y recompensas económicas impide que los proyectos de código abierto compitan eficazmente con los proyectos corporativos. Tal y como escribe Michael J. Casey: "Las empresas con ánimo de lucro han dirigido sus recursos hacia las aplicaciones propietarias

38. Matto Mildenberger, "The Tragedy of the Tragedy of the Commons", *Scientific American*, 23 de abril de 2019, `https://blogs.scientificamerican.com/voices/the-tragedy-of-the-tragedy-of-the-commons/`.

39. Michael J. Casey, "The Token Economy, When Money Becomes Programmable", Blockchain Research Institute, pp. 6-7.

40. Peter Cihon, "Open Source Creates Value, But How Do You Measure It?", *GitHub Blog*, 20 de enero de 2022, `https://github.blog/2022-01-20-open-source-creates-value-but-how-do-you-measure-it/#footnote2`.

41. Owocki, entrevista con Alex Tapscott.

comercializadas ejecutadas sobre protocolos abiertos".[42] Las empresas disponen de los recursos económicos necesarios para atraer talento y donar a organizaciones sin fines de lucro, que marcan el rumbo a seguir.

Las herramientas de la Web3 no solo empoderan a los individuos otorgándoles derechos de propiedad en línea mediante la propiedad de bienes digitales, sino que además proporcionan fórmulas viables para el lanzamiento y mantenimiento de proyectos de código abierto, al dotar a los desarrolladores de incentivos económicos para trabajar en ellos a tiempo completo. Los usuarios y los desarrolladores conforman grupos diferentes, pero sus intereses coinciden en tanto que agentes económicos clave en línea.

Si los *tokens* son contenedores que pueden albergar cualquier cosa a la que concedamos valor, también podemos programarlos con ciertos derechos económicos para los contribuyentes y reglas sobre la gobernabilidad de los bienes públicos. La economista ganadora del Premio Nobel Elinor Ostrom ha investigado comunidades que ejercían el gobierno sobre activos comunales de manera efectiva. Identificó ocho principios, desde el establecimiento de límites de uso claros hasta la codificación de una gobernanza simple, que dieron como resultado una gestión sostenible de los recursos.[43] En los *tokens* de gobernanza podemos programar reglas e incentivos junto con derechos económicos, con el fin de que los desarrolladores de código abierto puedan transformar proyectos personales que les apasionen en empleos a tiempo completo. Esta infraestructura esencial y estos servicios para la Web3 son de código abierto: ninguna corporación podría apropiárselos ni excluir a otros a la hora de trabajar sobre ellos, fortaleciendo así los derechos de propiedad individual en línea.

Este concepto de propiedad comunitaria se extiende a otros ámbitos del mundo de los negocios y la sociedad. En la Web3, los individuos pueden agrupar sus activos y gestionarlos a través de nuevas organizaciones nativas de Internet llamadas DAO, organizaciones autónomas descentralizadas (del inglés *Decentralized Autonomous Organization*).

Seis transformaciones para la empresa y el mundo

Este libro explora el impacto incipiente de la Web3 en nuestro mundo. Abordamos algunos temas como si de círculos concéntricos se tratase, enfocándonos al principio en el concepto de activos y ampliando el círculo

42. Michael J. Casey, "The Token Economy: When Money Becomes Programmable", prólogo de Don Tapscott, Blockchain Research Institute, 28 de septiembre de 2017, revisado el 28 de marzo de 2018, https://www.blockchainresearchinstitute.org/project/the-token-economy-when-money-becomes-programmable/.

43. Jay Walljasper, "Elinor Ostrom's Eight Principles for Managing a Commons", *On the Commons*, 2 de octubre de 2011, https://www.onthecommons.org/magazine/elinor-ostroms-8-principles-managing-commmons.

hacia las personas, las organizaciones y empresas, y más adelante hacia las industrias, la experiencia humana y la civilización en su conjunto. Explico lo que todo esto significa tanto para jóvenes emprendedores o innovadores que avanzan con sus ideas rupturistas, como para quienes ocupan posiciones de liderazgo en la industria, los gobiernos, la educación y otros ámbitos.

Nuestro planeta nunca ha estado tan interconectado e interdependiente como ahora. La Web3 nos afectará a todos por igual, pero lo hará de diferentes maneras. Presenta desafíos y oportunidades para todos. En primer lugar, en el capítulo 2 presentamos el plan y la arquitectura de la Web3. En la planta baja de la superestructura de Web3 encontramos las cadenas de bloques o *blockchain*. No es precisamente un término de gran sonoridad, pero las cadenas de bloques conforman la base de la Web3. Son ordenadores virtuales con capacidades sin precedentes. En este capítulo, exploramos lo que esto implica y de qué manera los innovadores lo aplican a la Web3 en la actualidad.

En el capítulo 3, comenzamos nuestra reflexión sobre las transformaciones esenciales con un riguroso análisis del pilar básico de la Web3: los activos digitales o *tokens*. Sin activos, no puede haber propiedad. Los activos digitales brindan a los usuarios de Internet una vía directa para participar en el crecimiento de la economía digital, que pronto será la más próspera de todas las economías. Nuestra taxonomía de *tokens* abarca once tipos de activos digitales que hasta el momento han ido cobrando protagonismo en la Web3: criptomonedas, *tokens* de protocolo, *tokens* de gobernanza, *tokens* oráculo, *tokens* de interoperabilidad, *tokens* corporativos, *tokens* de activos naturales, *stablecoins*, *tokens* no fungibles (NFT), valores tokenizados y monedas digitales de bancos centrales (CBDC). En conjunto, estos tipos de activos representan casi el 100% del valor de todos los activos digitales y se han consolidado en el mercado. Por ejemplo, el volumen de transacciones de *stablecoins* alcanzó los 7,2 billones de dólares en 2022, un crecimiento interanual del 19% desde 2021.[44] Sin embargo, catalogar los diferentes "tipos" de *tokens* pronto tendrá la misma utilidad que catalogar los usos de un sitio web, es decir, un sinsentido. Además, si los *tokens* son para la Web3 lo que el sitio web fue para la Web1, entonces muchos (aunque no todos) de los *tokens* actuales terminarán como los primeros sitios web de la era de las puntocom, a saber: como meras notas al pie de esta transformación.

En el capítulo 4 nos ocuparemos de las personas: el impacto que la Web3 tendrá en los usuarios, ahora empoderados gracias a la propiedad de sus activos en línea. En la Web2, las plataformas eran propietarias o copropietarias de estos activos y controlaban la propiedad de los creadores; músicos, artistas,

44. "Digital Asset Outlook 2023", The Block, 20 de diciembre de 2022, https://www.tbstat.com/wp/uploads/2022/12/Digital-Asset-2023-Outlook.pdf.

escritores y otros han sufrido las consecuencias. En un mundo Web3, cualquier creador de valor podrá ser dueño de y beneficiarse de sus aportaciones. Por ejemplo, los músicos pueden publicar contenido en plataformas como Audius, con sus 7,5 millones de usuarios, y hacerse con parte de la plataforma utilizada, participando económica de su éxito y teniendo voz en la gobernanza de dicha plataforma. Los NFT son bienes digitales únicos que expresan el valor de activos culturales y, entre otras cosas, permiten a los artistas gráficos prescindir de las galerías y vender directamente a sus seguidores en plataformas como Magic Eden, Rarible u OpenSea.[45] Cuando un comprador revende sus activos, los artistas obtienen regalías en perpetuidad, todo programado en cadena. Hollywood ha comenzado a adquirir derechos para crear historias en torno a los primeros NFT como Bored Ape Yacht Club.[46] Suele decirse que las películas son un escaparate para los derechos de propiedad intelectual. En palabras de un trabajador de la industria: hoy en día, "Hollywood lo adapta todo".[47] Un grupo de guionistas, emprendedores que fundaron MV3 (una *startup* de NFT), están reformulando el arte de contar historias o *storytelling*. Venden personajes de sus historias como NFT a sus primeros fans y los invitan a escribir historias para sus NFT, transformando así la manera en la que sus seguidores participan creativa y económicamente del proceso narrativo y la construcción de sus mundos de ficción. "Ser dueño de tu propio *storm trooper*" no era posible en la Web2. "Si Bitcoin es una reserva de valor, entonces los NFT son una reserva de cultura" que transformará profundamente las industrias creativas, según Yat Siu, presidente ejecutivo de Animoca Brands, líder global en *blockchain*, juegos y el metaverso abierto.[48]

Pero esto no afecta únicamente a quienes tengan una vena creativa. Todos los usuarios de Internet tendrán un mayor control sobre sus identidades virtuales. Mientras navegamos y realizamos transacciones en el mundo digital, todos creamos una imagen espejo de nosotros mismos. Sobre este rastro de "migajas digitales" se construyen nuestras identidades digitales.[49]

---

45. Girri Palaniyapan, "NFT Marketplaces Are Centralized, and It's a Real Problem", NFT Now, 21 de abril de 2022, `https://nftnow.com/features/nft-marketplaces-are-centralized-and-its-a-real-problem/`, consultado 25 de noviembre de 2022.

46. Ashley Pascual, "What Are Ancillary Rights and Why Are They Important?", *Beverly Boy Blog*, 10 de agosto de 2021, `https://beverlyboy.com/filmmaking/what-are-ancillary-rights-in-film-why-are-they-important/`.

47. Jesse Nickson-Lopez y Torey Kohara, entrevista con Alex Tapscott a través de Zoom, 26 de septiembre de 2022.

48. Yat Siu, entrevista con Alex Tapscott a través de Zoom, 10 de enero de 2023.

49. Las ideas de las "migajas digitales" y el "tú virtual" fueron popularizadas por Ann Cavoukian y Don Tapscott en *Who Knows: Safeguarding Your Privacy in a Networked World*. McGraw-Hill, Nueva York, 1996.

En la Web2 generamos estos datos, pero nuestros "caseros" digitales se los apropian. Con la Web3, todos podemos recuperar nuestras identidades digitales transformadas en lo que denominamos una "identidad autosoberana", que nos permitirá gestionar nuestras identidades de manera responsable en beneficio propio. Hoy en día, el acceso a la mayor parte de la Web3 no requiere de una verificación formal: es abierto y sin permisos. No necesitamos a terceros para demostrar quiénes somos. Al proporcionar a los usuarios herramientas para acumular y controlar una base de activos y una reputación, los innovadores de la Web3 están creando herramientas que nos permitirán crear nuestras propias identidades autosoberanas.[50]

Si las corporaciones fueron la base de la era industrial, las organizaciones autónomas descentralizadas (DAO) bien podrían ser la base de la Web3 y la próxima era digital. En el capítulo 5, analizamos las nuevas organizaciones nativas de Web3 y cómo están transformando el mundo de los negocios y revolucionando las empresas tradicionales. Las sociedades limitadas conformaron una potente maquinaria a la hora de recaudar capital para el crecimiento y distribuir el riesgo entre un conjunto de accionistas. Por eso funcionaron en una era de emprendimientos intensivos en capital. La Web3 está empezando a cambiar las estructuras profundas y las arquitecturas de la propia empresa, introduciendo nuevos modelos descentralizados que afectan a la manera en la que innovamos y creamos riqueza en la sociedad. Las DAO son la estructura predeterminada para la mayoría de las aplicaciones Web3. Colectivamente, los fondos de tesorería de las DAO de la Web3 controlan miles de millones de dólares en activos.[51] La Web3 también nos obliga a replantear la ciencia de la gestión empresarial: cómo organizar el talento, trabajar en equipo y colaborar para alcanzar el éxito compartido. ¿Qué respuesta pueden ofrecer los líderes del mundo de la empresa? Como señala el profesor de Harvard Clayton Christensen, la oportunidad de mercado que brindan las nuevas tecnologías está tan mal definida que los líderes empresariales con frecuencia optan por no adoptarlas hasta que es demasiado tarde, o bien se aferran a las tecnologías existentes y realizan pequeños cambios en los márgenes.[52]

---

50. Para saber más sobre cómo la infraestructura de clave pública (*public key infrastructure*, PKI) establece la identidad, véase "Introduction to PKI", National Cyber Security Centre, 6 de noviembre de 2020, `www.ncsc.gov.uk/collection/in-house-public-key-infrastructure/introduction-to-public-key-infrastructure`, consultado 15 de octubre de 2021. Véase también Phillip J. Windley, "Self-Sovereign Identity: The Architecture of Personal Autonomy and Generativity on the Internet", prólogo de Don Tapscott, Blockchain Research Institute, 10 de marzo de 2022, `https://www.blockchainresearchinstitute.org/project/self-sovereign-identity/`.

51. OpenOrgs.info, `https://openorgs.info/`, consultado 12 de abril de 2023.

52. Clayton M. Christensen, *The Innovator's Dilemma: When New Technologies Cause Great Firms to Fail*. Harvard Business School Press, Boston, 1997.

Algunos de los supuestos defectos de Web3 podrían terminar siendo sus mayores fortalezas, representando otro desafío para los actores ya asentados. Escribe Christensen: "Las características que hacen que los productos disruptivos carezcan de valor en los mercados convencionales suelen ser lo que los hace más atractivos para los mercados emergentes".[53] Consideremos uno de los pilares de la Web3: la custodia personal de *tokens* en billeteras electrónicas. Los propietarios pueden mantener y controlar personalmente sus activos. En un mercado donde los clientes han dependido durante mucho tiempo de intermediarios como los bancos para la custodia y transferencia de activos, la autocustodia podría ser percibida como una molestia. Pero, para otros (especialmente para quienes viven en países en vías de desarrollo, donde la corrupción a veces abunda, donde los terroristas y grupos paramilitares campan a sus anchas, y donde las infraestructuras legales y financieras locales están lamentablemente subdesarrolladas o no se aplican adecuadamente), la autocustodia segura, cómoda y digital de activos puede ser un superpoder. Para los jóvenes usuarios nativos de la Web3, la autocustodia no es ni una molestia ni un superpoder, sino una función previsible que acompaña a su experiencia de usuario móvil: controlarlo todo, en todas partes, al mismo tiempo.

La Web3 está transformando no solo el mundo de la empresa, sino todas las industrias. En los capítulos 6 y 7, exploramos dos industrias donde la Web3 está teniendo el mayor impacto hoy por hoy: los servicios financieros y el entretenimiento interactivo (juegos).

En primer lugar, las finanzas están experimentando la mayor revolución desde la invención de la contabilidad de partida doble. Desde que los seres humanos comenzamos a realizar transacciones con desconocidos, los bancos y otros intermediarios han ejercido de intermediarios de confianza en la economía, moviendo, almacenando y prestando dinero, y llevando registros de todo ello. Esto está cambiando gracias a las finanzas descentralizadas o DeFi (del inglés *decentralized finance*). Las finanzas descentralizadas son mucho más que una mera tecnología financiera, que cabría interpretar como una capa de pintura que recubre el viejo edificio de las financias, papel digital pintado pegado sobre una infraestructura heredada. Las finanzas descentralizadas amplían el concepto de efectivo electrónico *peer-to-peer* de Satoshi a préstamos, comercio, inversión, gestión de riesgos y más, todo lo cual opera sobre redes distribuidas, no sobre corporaciones. Estas innovaciones son posibles gracias a un avance conocido como "contrato inteligente", un acuerdo inmutable y autoejecutable escrito en código y ejecutado en una cadena de bloques como Ethereum. Todas las industrias

53. Christensen, p. 172.

sentirán el impacto de las finanzas descentralizadas porque las finanzas son el sistema cardiovascular de la economía global, el salvavidas al que se aferran todas las demás industrias.

En segundo lugar, la Web3 también está contribuyendo a reinventar las experiencias de usuarios en tanto que jugadores y consumidores de entretenimiento interactivo, el segundo caso de estudio de este capítulo. Al igual que los juegos gratuitos transformaron la industria del juego, reduciendo los obstáculos a la participación de los jugadores aficionados, integrando los juegos móviles y revolucionando el modelo de ingresos de la industria en su conjunto, los juegos basados en la Web3 redefinirán el contenido (incluidos los bienes virtuales comprados en los juegos) como un activo del que los usuarios puedan ser realmente dueños, en lugar de una experiencia consumible por la que solo pagan. Esto también cambiará la experiencia de juego, atraerá a nuevos jugadores y reconfigurará el modelo de ingresos para los estudios creativos.

En el capítulo 8, vamos más allá de industrias concretas para explorar el tan publicitado mundo del metaverso, un espacio virtual compartido, inmersivo y persistente que muchos esperan que se convierta en un nuevo e importante plano de la experiencia humana. Existe un consenso prácticamente generalizado de hallarnos ante algo grande. Morgan Stanley predice que el metaverso tendrá un valor de 8 billones de dólares en 2030.[54] Citibank cree que esa cifra estará más cerca de los 13 billones de dólares; por ponerlo en perspectiva, la cifra se acerca al PIB de China en 2020. Citi también cree que el metaverso tendrá cinco mil millones de usuarios en menos de una década y será un motor para el nuevo crecimiento empresarial, el emprendimiento y el empleo.[55]

Pero el metaverso es objeto de grandes malentendidos. "Mucha gente trata de encasillar el metaverso en un cajón donde solo se trata de alta fidelidad y activos en 3D", afirma Aleksander Larsen, cofundador y director de operaciones de Sky Mavis, fabricante del juego Axie Infinity, cuando en realidad "es un constructo social donde la propiedad es uno de los fundamentos para una participación real. Se trata de las personas que participan en él y de la profundidad con la que interactúan".[56]

---

54. Morgan Chittum, "Morgan Stanley Sees $8 Trillion Metaverse Market-In China Alone", Blockworks, 1 de febrero de 2022, `https://blockworks.co/morgan-stanley-sees-8-trillion-metaverse-market-eventually/`.
55. Will Canny, "Metaverse-Related Economy Could Be as Much as $13T: Citi", *CoinDesk*, 7 de junio de 2022, `https://www.coindesk.com/business/2022/06/07/metaverse-related-economy-could-be-as-much-as-13-trillion-citi/`.
56. Aleksander Larsen, entrevista con Alex Tapscott a través de Zoom, 9 de agosto de 2022.

Si el ordenador personal fue nuestra puerta de entrada a la Web1 y el teléfono inteligente nuestro portal a la Web2, la realidad virtual (RV) y la realidad aumentada (RA), junto con la billetera digital, podrían ser la manera en la que muchas personas experimentarán la Web3. Estas tecnologías darán paso a lo que el tecnólogo Dan Mapes llama una "web espacial" integrada en nuestro entorno natural.[57] La mayoría de las principales inversiones en RV y otras experiencias en línea inmersivas se están dando dentro de grandes empresas como Apple, con su visor Vision Pro; Facebook, con su Oculus Quest; y Microsoft. Pero, para darle al metaverso una "segunda vida", necesitamos herramientas Web3 de derechos de propiedad digital e identidades autosoberanas. De lo contrario, corremos el riesgo de que gigantes de la Web2 como Facebook, que conciben el metaverso simplemente como una nueva frontera para construir su jardín amurallado particular para usuarios ya registrados, cosechen sus datos y perpetúen el mismo modelo basado en anuncios que los llevó al éxito en la era de los teléfonos inteligentes. Cuidado. "Cuando las grandes tecnológicas intentan cooptar la palabra 'meta', me parece totalmente ridículo. Huele a desesperación", según Larsen.[58]

El metaverso podría convertirse en un monstruo orwelliano que refuerce las desigualdades, estructuras, prácticas y formas de opresión existentes. Los innovadores deben codificar y fijar los derechos de propiedad y la identidad soberana en el metaverso, algo que los gigantes de la Web2 preferirían que no ocurriera. Mientras que la web tuvo sus orígenes en el gobierno, así como en organizaciones voluntarias y no gubernamentales (ONG) como el Instituto de Ingenieros Eléctricos y Electrónicos (IEEE), las empresas privadas están siendo pioneras en el metaverso "con el propósito explícito de comerciar, recopilar datos, publicitar y vender productos virtuales", según Ball.[59] Los vencedores construirán el metaverso sobre una infraestructura compartida que funcione como un bien público y lo impregne de derechos digitales. Solo las herramientas Web3 de código abierto, como los activos digitales, hacen esto posible. En este capítulo, exploramos qué pasos están dando los creadores para liderar un metaverso abierto para todos.

Finalmente, examinamos la infraestructura física necesaria para alimentar el metaverso de la Web3. Llamémoslo DePIN, o infraestructura física descentralizada. Esta infraestructura incluye la computación, conectividad a Internet, renderización de gráficos y más. Se estima que el mercado total disponible para la DePIN habilitada para la Web3, desde

57. https://aibc.world/people/dan-mapes/?from=europe.

58. Larsen, entrevista con Alex Tapscott.

59. Ball, *The Metaverse*, p. 16.

redes inalámbricas hasta la computación en la nube, alcanzará un valor de 3,8 billones de dólares en 2028.[60] Los ejecutivos de todas las industrias deberían prestar atención.

En el capítulo 9, analizamos cómo la Web3 tiende puentes económicos en línea entre mercados distantes entre sí, colocando a personas y creadores de todo el mundo sobre un terreno de juego más equitativo que les permita desarrollar al máximo su potencial. Al reforzar los derechos de propiedad digital, reducir las barreras para acceder a financiación y fortalecer los lazos económicos entre personas y organizaciones en línea, la Web3 empodera a los habitantes del Sur Global. Exploraremos varios ejemplos de cómo la Web3 está ayudando a creadores, empresarios y ciudadanos de a pie a conectarse con la economía global. También analizaremos cómo la Web3 amenaza a los emisores de monedas en esta parte del mundo, donde la adopción masiva de bienes digitales, y más concretamente de *stablecoins*, podría acelerar el colapso de las divisas locales. En su libro *The World is Flat*, Thomas Friedman analiza de qué manera la globalización crea oportunidades para las personas en el Sur Global, al tiempo que explora sus inconvenientes. La Web3 se basa en esta idea, "aplanando" aún más el mundo al dotar a la gente de un nuevo conjunto de herramientas digitales que les permitan ganar dinero y conectarse más plenamente a la economía global. Analizaremos lo que los líderes empresariales y de la sociedad civil pueden hacer para aprovechar esta tecnología para bien.

La parte final del libro analiza con franqueza los problemas y desafíos de esta transición. La Web3 no está exenta de críticos, algunos de ellos bastante ruidosos. Hay quien ve en la Web3 poco más que una palabra de moda utilizada por multimillonarios capitalistas o un hábil lavado de marca de las criptomonedas que, en su opinión, solo utilizan blanqueadores de capital y otros delincuentes.[61] Debido a la huella de carbono generada por la cadena de bloques de Bitcoin, dan por sentado que todas las aplicaciones Web3 desperdician energía, o desestiman los activos nativos de la Web3 como meros juguetes.

En el capítulo 10, analizamos el alma de esta nueva máquina, un alma que busca la autorrealización. Cuando escribimos *La revolución blockchain*, esta nueva máquina intentaba sobrevivir, no autorrealizarse, siguiendo el marco de Maslow. Ahora puede soñar a lo grande mientras se toma un breve respiro antes de superar los muchos obstáculos que tiene por delante.

---

60. Sami Kassab, "The DePIN Sector Map", Messari, 19 de enero de 2023, `https://messari.io/report/the-depin-sector-map`.

61. Aoyon Ashraf y Danny Nelson, "Canada Sanctions 34 Crypto Wallets Tied to Trucker 'Freedom Convoy'", *CoinDesk*, 17 de febrero de 2022, `https://www.coindesk.com/policy/2022/02/16/canada-sanctions-34-crypto-wallets-tied-to-trucker-freedom-convoy/`.

El fracaso de la plataforma de intercambio de criptomonedas FTX en 2022 reveló la necesidad de un marco normativo integral para la Web3, los activos digitales y las empresas que construyen servicios sobre estas tecnologías. Los gobiernos pueden ayudar creando las condiciones necesarias para que se dé la innovación. Sin embargo, hay quien teme que, en ausencia de una legislación integral de la Web3, los organismos estadounidenses estén realizando esta labor reguladora aplicando las leyes ya existentes, eligiendo objetivos de manera arbitraria e interpretando su mandato de manera excesiva. Los legisladores de ambos partidos expresaron su condena frente a la Comisión de Bolsa y Valores de EE. UU. después de que la agencia demandara a Coinbase en junio de 2023. De tener éxito, la demanda situaría bajo la jurisdicción de la agencia muchos, si no la mayoría, de los activos digitales.

La caída de FTX puso de manifiesto otro problema: que la mayoría de los nuevos usuarios de la Web3 comenzaron comprando una clase de activo en una plataforma centralizada y allí se quedaron, prefiriendo la comodidad a la autogestión. Algo parecido podría decirse de los depositantes del Silicon Valley Bank (SVB), incluidas muchas *startups* e incluso grandes empresas que estuvieron a punto de perderlo todo, de no haber sido por la intervención de la Corporación Federal de Seguro de Depósitos de EE. UU.[62] Para muchos, la autogestión no era una opción realista, especialmente porque los préstamos que habían firmado con SVB los obligaban también a mantener su efectivo en el banco. La percepción de que el colapso de SVB causaría calamidades generalizadas y daños colaterales en la economía llevó al gobierno a tomar medidas. Por el contrario, nadie rescató a los miles de depositantes, empresas y fondos de inversión que tenían activos en FTX; algunos lo perdieron todo.

Roneil Rumburg, fundador de la plataforma de música Web3 Audius, nos contó que el colapso de FTX "llevará a dedicar más tiempo y recursos a mejorar la usabilidad de herramientas completamente soberanas y descentralizadas para la gestión de activos digitales".[63] Sin embargo, se apresuró en señalar que, si bien "hoy por hoy es posible ser un usuario de activos digitales autogestionados, la barrera de usabilidad para poder hacerlo es tan alta que no está al alcance de muchos usuarios convencionales".[64]

El historiador Niall Ferguson sostiene que la curva de aprendizaje de la Web3, al ser más pronunciada, podría crear oportunidades para centralizar el poder, recreando la dinámica de la Web2, solo que en este caso afectaría al

---

62. "Frequently Asked Questions", Silicon Valley Bridge Bank NA, Federal Deposit Insurance Corporation, 30 de marzo de 2023, `https://www.fdic.gov/resources/resolutions/bank-failures/failed-bank-list/silicon-valley-faq.html`.

63. Roneil Rumburg, en correo electrónico a Alex Tapscott, 18 de noviembre de 2022.

64. Rumburg, en correo electrónico a Alex Tapscott.

dinero en lugar de la información, ya que las finanzas descentralizadas serían "ahora mismo tan amigables para el usuario como lo era el software informático en la era anterior a Windows. Mientras esto siga así, las plataformas de criptomonedas seguirán cumpliendo una función". También subrayó la posibilidad de que, al igual que en la Web2, "una única plataforma se convierta en líder dominante, centralizando lo que se suponía que sería una red descentralizada, al igual que Amazon centralizó el comercio electrónico, Google centralizó las búsquedas, Facebook centralizó las redes sociales y Twitter centralizó la indignación".[65]

Existen otros desafíos: ¿necesita la Web3 su propio hardware para romper con el duopolio de los sistemas operativos de los teléfonos inteligentes de Apple y Google? ¿Qué otras mejoras técnicas necesitamos para poner en marcha el mundo Web3? Muchas de estas críticas son válidas. Nos encontramos en una fase temprana y muchas aplicaciones de la Web3 aún no están todavía listas para debutar en horario de máxima audiencia, pero las cosas están cambiando rápidamente. Es cierto que los delincuentes utilizan estos activos, aunque con menos entusiasmo que cuando manejan montones de efectivo.[66] La experiencia de interactuar con la Web3 puede resultarles rudimentaria y confusa a los nuevos usuarios. La explosión de innovación ha llevado a la aparición de numerosos estándares que entran en conflicto, con *blockchains* que son como países con un ancho de ferrocarril propio. Cada vez que cambiamos de un país a otro, debemos cambiar de ancho de vía. Es una maniobra arriesgada que puede hacernos descarrilar. ¿Puede la tecnología consolidarse en torno a un conjunto único de estándares?

Todo avance tecnológico brinda a los delincuentes nuevas oportunidades. En épocas de cambio exponencial, los delitos se multiplican exponencialmente. Los estafadores han adoptado las herramientas de la Web3 igual que abrazaron el correo electrónico, el *clickbait*, los mensajes de texto o las "robollamadas" para estafar a personas vulnerables. Las estafas piramidales, específicamente, son lo que los economistas llaman una "externalidad negativa" de la Web3 que sus innovadores y defensores deben abordar.[67] La Web3 obliga a la sociedad a mirarse a un espejo que le devuelve una imagen con lo mejor y lo peor de sí misma. Sus propiedades singulares la hacen

65. Niall Ferguson, "FTX Kept Your Crypto in a Crypt Not a Vault", *Bloomberg Opinion*, Bloomberg LP, 20 de noviembre de 2022, `https://www.bloomberg.com/opinion/articles/2022-11-20/niall-ferguson-ftx-kept-your-crypto-in-a-crypt-not-a-vault`.

66. Chainalysis, "2022 Crypto Crime Report", Chainalysis Inc., febrero de 2022, `https://go.chainalysis.com/2022-Crypto-Crime-Report.html`. Véase también Chainalysis, "2023 Crypto Crime Report", Chainalysis Inc., febrero de 2023, `https://go.chainalysis.com/2023-crypto-crime-report.html`.

67. Owocki, entrevista con Alex Tapscott.

particularmente útil tanto para personas altruistas como para gente de la peor calaña, ya que reduce los obstáculos para poner en marcha nuevos activos digitales y promocionarlos apasionadamente ante una audiencia global.

Por eso necesitamos evaluar "cada activo cripto, *blockchain* y proyecto... por sus propios méritos", según Hester Peirce, comisionada de la Comisión de Valores y Bolsa de EE. UU. "Hablar sobre lo cripto de forma monolítica opaca la percepción de diferencias importantes".[68] La opacidad es, para los estafadores, lo que el agua para los peces. Nuestra reacción moldeará significativamente el desarrollo de esta tecnología. En palabras de Ferguson: "Ni el estallido de la Burbuja del Mississippi y la del Mar del Sur pusieron fin a la capitalización y las operaciones bursátiles, ni las muchas crisis financieras del siglo XIX acabaron con la banca comercial".[69]

Eso nos lleva a la regulación de esta nueva clase de activos, que desafía muchos de los marcos legales y políticos existentes en la industria financiera, como veremos. Debido al carácter menos intervencionista de los gobiernos occidentales, las entidades de la Web2 se han convertido en algunas de las corporaciones más poderosas y rentables de la historia, primero compitiendo a la baja con los precios del comercio tradicional, y después comprando a sus rivales en potencia antes de que se convirtieran en una amenaza. Las innovaciones de la Web3 ayudan a abordar las deficiencias más evidentes de la Web2, tales como la centralización del poder y la manipulación y monetización de los datos personales de los usuarios. Y, pese a ello, la lucha contra estos gigantes parece en ocasiones una empresa quijotesca, "como luchar contra molinos de viento", en palabras de un destacado inversor de capital riesgo.[70] Algunos críticos han bautizado la Web3 como el "Lejano Oeste", pero apenas hemos cruzado los Apalaches. La nuestra es una travesía por tierras ignotas.

Esta crítica también ha dejado al descubierto la brecha cultural y generacional entre la Web2 y y la Web3. Internet solo servía para consumir pornografía, decían sus primeros críticos.[71] Las empresas pioneras en la producción de minicomputadores, que buscaban desafiar el monopolio de IBM en el mercado de las macrocomputadoras, eran retratadas como asesinas voraces.

---

68. Hester Peirce, "Remarks before the Digital Assets", Duke Conference, Washington DC., US Securities and Exchange Commission, 20 de enero de 2023, `https://www.sec.gov/news/speech/peirce-remarks-duke-conference-012023#_ftnref15`.

69. Niall Ferguson, "FTX Kept Your Crypto in a Crypt Not a Vault", *Bloomberg Opinion*, Bloomberg LP, 20 de noviembre de 2022, `https://www.bloomberg.com/opinion/articles/2022-11-20/niall-ferguson-ftx-kept-your-crypto-in-a-crypt-not-a-vault`.

70. Dixon, entrevista con Alex Tapscott.

71. David Kushner, "A Brief History of Porn on the Internet", *Wired*, 9 de abril de 2019, `https://www.wired.com/story/brief-history-porn-Internet/`.

En *El alma de una nueva máquina*, un ejecutivo confesaba a Tracy Kidder: "No estoy seguro de que IBM, con su organización, pueda competir en el mercado tradicional de los minicomputadores. Sería como meter a un pez dorado con una piraña en la pecera".[72] Poco después, los caimanes del PC se zamparon de un bocado a las pirañas de los minicomputadores. En 1977, el año en que Steve Jobs y Steve Wozniak lanzaron el Apple II, el CEO del gigante productor de minicomputadores Digital Equipment Corporation, Ken Olsen, afirmaba: "No hay razón por la que cualquier persona no pueda tener un ordenador en su casa".[73] Este ciclo es anterior a los ordenadores. Los señores feudales probablemente se habrían burlado de la idea de que "el pequeño, aburrido y vulgar grupo de comerciantes y prestamistas" de alguna manera usurparía su poder. Tardó siglos en suceder, pero el capitalismo triunfó.[74] La historia no se repite, pero rima. En este capítulo, separamos los mitos y malentendidos de los verdaderos desafíos que plantea la implementación.

Finalmente, en la conclusión, delineamos lo que los lectores pueden hacer. Estos años formativos de la Web3 son tiempos épicos. Podremos lanzar la vista atrás y observar esta época como los historiadores han hecho con revoluciones anteriores. El historiador británico Eric Hobsbawm afirmó que el "breve siglo XX", que comenzó en 1914 con el estallido de la Primera Guerra Mundial, terminó en 1989 con el colapso de la Unión Soviética.[75] La balanza geopolítica se inclinó dramáticamente ese año, si bien el impacto fue menos dramático para los negocios, la sociedad y la vida cotidiana de los estadounidenses. De hecho, en retrospectiva, el momento presente podría señalar el fin del largo siglo XX y el amanecer de una nueva era y, con ella, una nueva frontera económica y cultural en línea.

---

72. Kidder, *The Soul of a New Machine*, p. 19.
73. Jack Schofield, "Ken Olsen Obituary", *Guardian*, 9 de febrero de 2011, `https://www.theguardian.com/technology/2011/feb/09/ken-olsen-obituary`.
74. James Burnham, *The Managerial Revolution*. Lume Books, Londres, 1941, p. 84.
75. Maya Jaggi, "A Question of Faith", *Guardian*, 14 de septiembre de 2002, `https://www.theguardian.com/books/2002/sep/14/biography.history`

CAPÍTULO 2

Diseñando la web de la propiedad

La Web3 no surgió de la mente de un genio solitario trabajando en un garaje, sino que es el producto de siglos de innovación en el ámbito de la computación.[1] Uno de sus precursores fue Alan Turing. En 1948, Turing escribió: "No necesitamos... una cantidad infinita de máquinas diferentes realizando trabajos distintos. Con una sola máquina será suficiente". Turing imaginó reemplazar "el problema al que se enfrenta la ingeniería de producir distintas máquinas para realizar trabajos diferentes" con "el trabajo de oficina que supondría 'programar' una máquina universal capaz de realizar estas tareas".[2] La labor de Turing inspiró inventos como el protocolo Ethereum y su lenguaje de programación nativo, Solidity.

La Web3 tampoco surgió de la maquinaria institucional de las grandes corporaciones, con "equipos de ingenieros anónimos aportando mejoras graduales", como sí parece haber sido el caso de muchos de los avances de la era digital temprana nacidos de empresas como Bell Labs e IBM.[3] A diferencia de la primera era de Internet, el grueso de la Web3 no tuvo su origen en programas de investigación con financiación gubernamental. Más bien, ha surgido a partir del trabajo de miles de colaboradores que a veces cooperan y a veces compiten entre sí, en un proceso de experimentación largo y orgánico

1. Walter Isaacson, *The Innovators: How a Group of Hackers, Geniuses, and Geeks Created the Digital Revolution* (Simon & Schuster, (Nueva York, 2014), x, `https://www.amazon.com/Innovators-Hackers-Geniuses-Created-Revolution/dp/1476708703/`, consultado el 20 de noviembre de 2022.
2. Alan M. Turing, "Intelligent Machinery", Report 67/228, National Physical Laboratory, julio de 1948, `https://www.npl.co.uk/getattachment/about-us/History/Famous-faces/Alan-Turing/80916595-Intelligent-Machinery.pdf`, consultado el 20 de noviembre de 2022.
3. Isaacson, *The Innovators*, 91, citando a Kurt Beyer, *Grace Hopper and the Invention of the Information Age*. MIT Press, Cambridge, MA, 2009).

repleto de avances y callejones sin salida, grandes saltos adelante y algunos retrocesos, que continúan impulsando la tecnología y sus avances. Esta historia, que guarda tanta relación con la ingeniería social como con la ingeniería informática, seguirá desarrollándose.

En palabras de Walter Isaacson, "la innovación se da cuando en tierra fértil caen semillas maduras".[4] Como si de tierra bajo nuestros pies se tratara, pisamos estrato sobre estrato de innovación tecnológica, cada uno con características únicas propias de su época. Esta "pila" de tecnología está formada por elementos constructivos de diferentes épocas, que conforman la base de toda innovación digital. Puede que la Web3 sea "el último grito", pero su *terroir* es complejo y generativo; y en algunos casos, tiene décadas de historia. En palabras de Jesse Walden, cofundador de Variant Fund: "Esta tarta de varios pisos configura una suma de elementos mayor que sus partes individuales. Dota a los desarrolladores de más herramientas para construir aplicaciones que aprovechen todas las características especializadas de cada una de las capas que la conforman".[5]

A veces, la idea correcta o la persona o grupo de personas adecuadas aparecen en el instante preciso para sembrar las semillas de algo nuevo.[6] Isaacson nos recuerda que el primer alunizaje solo pudo darse porque los potentes microchips que guiaban los sistemas de propulsión eran lo suficientemente pequeños como para caber en el cabezal de un cohete, y el programa espacial hizo viable la industria de los microchips.[7] En 1965, la NASA ya compraba el 72 % de todos los chips fabricados en Estados Unidos, ayudando a financiar la incipiente industria y sus futuras aplicaciones comerciales.[8]

He aquí otra lección: los gobiernos no solo pueden fomentar las condiciones para que se den la innovación y el espíritu empresarial, sino que también pueden apoyar económicamente y utilizar activamente esta tecnología mientras las empresas desarrollan aplicaciones comerciales. La historia está repleta de excelentes ejemplos. Para incentivar la inversión en tecnologías novedosas de eficacia no probada, la Constitución estadounidense concedió a los inventores un monopolio limitado sobre sus ideas mediante patentes, y el gobierno federal otorgó a los primeros empresarios de barcos de vapor

---

4. Isaacson, p. 39.
5. Jesse Walden, entrevista con Alex Tapscott a través de Zoom, 25 de octubre de 2022.
6. Isaacson, *The Innovators*, p. 35.
7. Isaacson, pp. 181-183.
8. Charles Fishman, "How NASA Gave Birth to Modern Computing-and Gets No Credit for It", *Fast Company*, 13 de junio de 2019, `https://www.fastcompany.com/90362753/how-nasa-gave-birth-to-modern-computing-and-gets-no-credit-for-it`.

monopolios sobre el comercio en las vías fluviales del país.[9] Durante un tiempo, los primeros inventores y emprendedores cobraron tarifas monopolísticas en recompensa por entregar barcos que funcionaran. Asimismo, el gobierno estableció asociaciones público-privadas con los pioneros del ferrocarril, aportando capital de los contribuyentes, nivelando el terreno y obligando a los propietarios a vender sus tierras para proyectos de obras públicas mediante expropiaciones.[10] En la primera era de Internet, mucho antes de que se inventara "la web" tal y como la conocemos, el gobierno respaldó y utilizó ARPANET y otras etapas tempranas de desarrollo de la tecnología. Hasta ahora, no ha sido el caso de la Web3, pero eso podría cambiar a medida que la tecnología madure. Parafraseando a Victor Hugo, nada hay más poderoso en el mundo de los negocios que una idea a la que le llegan el momento y la tecnología adecuadas.

Las primitivas de la Web3

¿Cómo describir los bloques básicos que componen la Web3? Podríamos establecer una analogía con el mundo natural: la Web3 es como un organismo o un ecosistema de organismos, como un arrecife de coral que desde unos inicios modestos va creciendo hasta convertirse en un vasto organismo conectado. Al igual que diferentes especies de coral forman un arrecife, las distintas clases de innovaciones de la Web3 forman este ecosistema tecnológico interdependiente. ¿Cómo denominarlos? ¿Qué tal "primitivas", tan irreducibles y elementales que los desarrolladores las utilizan para componer cosas completamente nuevas?[11]

Las cadenas de bloques son un buen ejemplo de lo anterior. Son configuraciones ingeniosas de diferentes componentes básicos, algunos de los cuales conocemos desde hace más de una década, pero necesitábamos personas creativas para ensamblarlos en combinaciones novedosas y, en este caso, revolucionarias. Tomemos por ejemplo dos de las primitivas fundamentales de las cadenas de bloques: la función *hash* (utilizada en la prueba de trabajo, que ayuda a almacenar datos de transacciones en la cadena, asegura la red y mejora la privacidad, entre otras cosas) y la firma digital (que valida y autentica la propiedad e integridad de un activo digital) fueron pioneras

9. Gibbons v. Ogden (1824), `https://www.archives.gov/milestone-documents/gibbons-v-ogden`.

10. Bhu Srinivasan, *Americana: A 400-Year History of American Capitalism*. Penguin Press, Nueva York, 2017), pp. 80-82 (ferrocarril), pp. 59-60 (barcos de vapor).

11. Ali Yahya, entrevista con Alex Tapscott a través de Zoom, 14 de octubre de 2022.

a mediados del siglo XX y comercializadas en otros tipos de software en las décadas de 1980 y 1990.[12] Si las combinamos con una red *peer-to-peer*, entonces tenemos una nueva arquitectura que nos permite mover, almacenar y asegurar valor. La Unión Europea está evaluando la posibilidad de utilizar la función *hash* SHA-256 (empleada en Bitcoin) para su euro digital, ya que los expertos creen que es resistente a la computación cuántica, lo que significa que ni siquiera los ordenadores teóricamente más potentes podrían hackearla.[13]

Tan importantes como las anteriores son las llamadas "máquinas virtuales", que podemos utilizar para ejecutar código de manera distribuida en muchos nodos de una red *blockchain* como Ethereum, y a la que sus creadores han bautizado con el nombre de Máquina Virtual de Ethereum (EVM). Sin embargo, al igual que ocurre con la función *hash* y la firma digital, las máquinas virtuales cuentan con una larga historia que se remonta a la década de 1930.[14] En la década de 1960, IBM desarrolló su propia máquina virtual, en la cual los usuarios podían ejecutar varios programas, cada uno en su propio entorno virtual.[15]

La criptografía, posiblemente la primitiva más primitiva de todas en Web3, se remonta al siglo V a. C. Las primeras aplicaciones de la criptografía no afectaban únicamente a secretos militares o estatales, sino también a la información comercial sensible. Los comerciantes del antiguo Egipto reemplazaban las letras por símbolos (en lo que se conoce como "cifrado por sustitución") para confundir a los destinatarios no deseados, y los mesopotámicos utilizaban un sistema de números y símbolos para codificar sus mensajes. Algunos historiadores creen que los comerciantes inventaron

---

12. Hallam Stevens, "Hans Peter Luhn and the Birth of the Hashing Algorithm", en *Spectrum*, IEEE, 30 de enero de 2018, https://spectrum.ieee.org/hans-peter-luhn-and-the-birth-of-the-hashing-algorithm; y W. Diffie y M. E. Hellman, "New Directions in Cryptography", *IEEE Transactions on Information Theory*, IT-22 (1976), pp. 644-654, https://www.signix.com/blog/bid/108804/infographic-the-history-of-digital-signature-technology.

13. Anexo 1, "Front-End Prototype Providers Technical Onboarding Package", ECB-PUBLIC, European Central Bank, 7 de diciembre de 2022, https://www.ecb.europa.eu/paym/digital_euro/investigation/profuse/shared/files/dedocs/ecb.dedocs221207_annex1_front_end_prototype_providers_technical_onboarding_package.en.pdf; y Metaco, "Quantum Resistance", 23 de marzo de 2021, https://www.metaco.com/digital-assets-glossary/quantum-resistance/.

14. M. Benda, "Turing's Legacy for the Internet", *IEEE Internet Computing* 1, núm. 6 (nov.-dic., 1997): pp. 75-77, https://ieeexplore.ieee.org/document/643940.

15. "IBM Virtual Machine Fiftieth Anniversary", IBM, última actualización 3 de agosto de 2022, https://www.vm.ibm.com/history/50th/index.html; y "Control Program", IBM, última actualización 29 de septiembre de 2022, https://www.ibm.com/docs/en/zvm/7.2?topic=product-control-program-cp, consultado el 9 de diciembre de 2022.

la escritura para comunicarse a larga distancia.[16] Como su propio nombre sugiere, la criptografía es esencial para los criptoactivos (los denominados *tokens*) y, en consecuencia, para la Web3. Entre otros propósitos, utilizamos la criptografía para cifrar y asegurar transacciones o proteger datos de usuarios y verificar la integridad de la cadena de bloques, de modo que solo el remitente y el destinatario de la transacción puedan ver su contenido, pero todos puedan confirmar que ha tenido lugar.

La Web3 se erige a hombros de gigantes, con los innovadores de hoy dando nuevas formas a diversas primitivas inmortales. En la actualidad, la Web3 es, junto con la inteligencia artificial, una de las áreas más emocionantes del mundo de la ciencia computacional, gracias a la aparición de primitivas completamente nativas. Del mismo modo que Steve Jobs combinó monitores de tubo de rayos catódicos, interfaces gráficas de usuario, ratones y teclados con un sistema operativo propietario para transformarlo en un ordenador personal, los emprendedores de la Web3 combinan lo antiguo y lo nuevo para crear nuevas herramientas que descentralizan el poder, mejoran la privacidad y ofrecen a los usuarios de la Web3 funcionalidades mejoradas, como la demostración de la propiedad o el control de los activos digitales.

Según Ali Yahya de Andreessen Horowitz, los protocolos de *blockchain* son muy potentes porque "nos permiten crear programas que, en cierto sentido, tienen vida propia. Son programas autoejecutables, libres de interferencias de las personas que los escribieron originalmente, de las personas que controlan el hardware que los ejecuta y de las personas que interactúan con esos programas mientras se ejecutan".[17] ¿Cuáles son las primitivas nativas de la Web3, los componentes básicos con los que se construye esta nueva Internet?

1. *Tokens*: cómo representamos el valor de forma digital

En tanto que *tabula rasa* que permite programar casi cualquier cosa de valor, el *token* es un elemento fundamental en la Web3. Todo se está reconceptualizando en *tokens*, desde el dinero hasta el arte, desde los valores bursátiles hasta los créditos de carbono. Citando la publicación en el blog de su colega Albert Wenger sobre la monetización de protocolos, Brad Burnham de Union Square Ventures habla de los *tokens* como "el modelo de negocio nativo del

16. Kaveh Waddell, "The Long and Winding History of Encryption", *Atlantic*, 13 de enero de 2016, `https://www.theatlantic.com/technology/archive/2016/01/the-long-and-winding-history-of-encryption/423726/`.

17. Yahya, entrevista con Alex Tapscott.

software de código abierto".[18] Como señala Wenger, la única forma de ganar dinero con protocolos de código abierto era "crear software que lo implementara e intentar vender este software (o, más recientemente, alojarlo). Dado que la creación de este software [era] una acción separada, muchos de los investigadores que han creado algunos de los protocolos más exitosos actualmente en uso han cosechado un beneficio económico directo escaso".[19] Los *tokens* brindan a los desarrolladores una vía para monetizar sus aportaciones al código abierto y un incentivo para seguir aportando, ya que su participación va ganando valor a medida que más empresas van construyendo sobre ella.

Los *tokens* se dividen en diferentes categorías, como *tokens* fungibles y *tokens* no fungibles (NFT), donde un elemento fungible sería aquel que podemos reemplazar fácilmente "con otro elemento que es prácticamente igual, como la madera o el papel moneda", en un contrato legal.[20] Diferentes plataformas de *blockchain*, como Solana y Cosmos, admiten diferentes tipos de *tokens*. Por simplificar, centrémonos en Ethereum. Dos estándares en Ethereum son ERC-20 para *tokens* fungibles y ERC-721 para NFT. Estos dos estándares representan la mayor parte del valor de los activos en Ethereum, y podemos programarlos para representar lo que queramos, desde puntos de lealtad hasta votos en unas elecciones. No todos los *tokens* son iguales: si bien los *tokens* ERC-20 son todos idénticos en utilidad, valor y funcionalidad y son, por tanto, fungibles, las unidades de un *token* ERC-721 no lo son.[21] Por ejemplo, un emprendedor que lance un nuevo proyecto Web3 podría querer incentivar a un nuevo usuario con un *token*: el usuario gana el *token* al usar la plataforma, y el *token* le da al usuario voz en cómo la comunidad administra el proyecto. Estos "*tokens* de gobernanza" son indistinguibles entre sí, y por lo tanto son fungibles. En cambio, los *tokens* ERC-721 que representan arte u otros bienes digitales únicos son demostrablemente únicos, demostrablemente distintos y, por lo tanto, no fungibles, es decir, no intercambiables contractualmente.

---

18. Albert Wenger, "Crypto Tokens and the Coming Age of Protocol Innovation", *Continuations Blog*, 28 de julio de 2016, `https://continuations.com/post/148098927445/crypto-tokens-and-the-age-of-protocol-innovation`; y Brad Burnham, "Protocol Labs", *Union Square Ventures*, 18 de mayo de 2017, `https://www.usv.com/writing/2017/05/protocol-labs/`, consultado el 27 de noviembre de 2022.

19. Wenger, "Crypto Tokens and the Coming Age of Protocol Innovation".

20. "fungible things, n.", *Wex Online*, Legal Information Institute, Cornell Law School, actualizado en julio de 2021, `https://www.law.cornell.edu/wex/fungible_things#`, consultado el 27 de noviembre de 2022.

21. Campbell R. Harvey, Ashwin Ramachandran y Joey Santoro, *DeFi and the Future of Finance*. Wiley, Hoboken, NJ, 2021), 23, 37, `https://www.wiley.com/en-us/DeFi+and+the+Future+of+Finance-p-9781119836025`.

2. Algoritmos de consenso: cómo acordamos el estado de una red descentralizada

Para que los *tokens* tengan valor, debemos asegurarnos de que no puedan existir en dos lugares al mismo tiempo. Si podemos copiar *tokens* del mismo modo que copiamos información en Internet, estos dejan de ser escasos. Necesitamos una manera de mantener el estado de la red para evitar el denominado "problema de doble gasto".[22]

Aquí entran en escena los algoritmos de consenso, utilizados para llegar a un acuerdo sobre el estado de un sistema distribuido sin necesidad de una autoridad central. La historia de los algoritmos de consenso se remonta a la década de 1980 y al desarrollo del problema de los generales bizantinos, planteado por los expertos en computación Leslie Lamport, Robert Shostak y Marshall Pease. En esta analogía, un grupo de generales intenta coordinar un ataque contra su enemigo.[23] Con sus ejércitos distribuidos en diferentes ubicaciones, los generales deben comunicarse por medio de mensajeros humanos. ¿Cómo acordar un plan de ataque si sus mensajeros pueden mentir, o si un general puede influir sobre el resultado? La solución debe tolerar estas deficiencias del sistema, es decir, debe ser "tolerante a fallas bizantinas" para que la mayoría de los generales sean leales al plan. ¿Cómo conseguirlo?

Primero, los generales acuerdan un "algoritmo de consenso" que todos utilizarán para determinar el estado de sus ejércitos descentralizados, de modo que ninguno de ellos tenga que depender de un solo general para tomar decisiones. Algunos ejemplos de algoritmos de consenso incluyen la prueba de participación (PoS, del inglés *proof of stake*) y la prueba de trabajo (PoW, del inglés *proof of work*). Supongamos que todos nuestros generales bizantinos han invertido su dinero en este ataque. Si fracasan colectivamente, perderán las inversiones realizadas individualmente. Si uno o más generales traicionan al resto y actúan por libre, los generales colaboradores aún pueden ganar la guerra, pero los traidores pagarán un precio. El mecanismo de consenso recompensa a los generales por haber actuado en beneficio de los ejércitos del colectivo. En general, así es como funciona la prueba de participación: los participantes del mercado en Ethereum, Cosmos, Cardano y otras redes PoS colocan sus activos en la red a cambio de un retorno sobre dicha inversión (este retorno se conoce con el nombre de "recompensa por participación"). Se les paga si la red funciona normalmente, de tal manera

---

22. "Double-Spending", Corporate Finance Institute, 9 de octubre de 2022, `https://corporatefinanceinstitute.com/resources/cryptocurrency/double-spending/`.

23. Leslie Lamport, Robert Shostak y Marshall Pease, "The Byzantine Generals Problem", SRI International, 11 de junio de 2000, `https://lamport.azurewebsites.net/pubs/byz.pdf`.

que sus intereses coinciden con los de todos los demás. A veces deben bloquear temporalmente sus activos, como en el caso de Ethereum; en otros, como en Cardano, pueden intercambiarlos al instante.[24]

Alternativamente, imaginemos que los generales han reunido una cantidad ingente de recursos (soldados, armamento, etc.) para este ataque crucial. Solo lo habrían hecho si quisieran que su empresa tuviera éxito. Sus intereses se orientan hacia la consecución de un resultado positivo. Podríamos decir que los generales han hecho su parte. En Bitcoin, algunos participantes aportan poder computacional en lugar de activos. A estos participantes los denominamos "mineros", porque su labor de minado libera nuevos bitcoins de la red del mismo modo en que la minería de pico y pala extraía oro del suelo. Sus ordenadores consumen energía, les cuestan dinero y los alejan de otros usos productivos, y por ello reciben nuevos bitcoins como incentivo para mantener el sistema en funcionamiento.

Ambos sistemas tienen ventajas e inconvenientes. En el mecanismo de prueba de participación (PoS) de Ethereum, un solo actor puede controlar (cuando no poseer) suficientes *tokens* para dominar la red mediante la delegación, de tal modo que aquellos usuarios incapaces o no dispuestos a hacerlo por sí mismos simplemente asignan la tarea a un actor más grande y sofisticado. La prueba de trabajo de Bitcoin dificulta considerablemente esta concentración, pero utiliza una cantidad considerable de energía y no es tan escalable. Estos son desafíos de implementación que abordaremos más adelante. Por ahora, ambos sistemas trabajan para reemplazar una autoridad central con un estado en red.

3. Contratos inteligentes: cómo automatizamos acuerdos comerciales

Yahya añade los denominados "contratos inteligentes" a la lista de primitivas fundamentales. La cadena de bloques de Bitcoin, que estimuló la puesta en marcha de la Web3, es eficiente para mover, almacenar y asegurar bitcoins, pero tiene una funcionalidad limitada. En los años que siguieron al lanzamiento de la cadena de bloques de Bitcoin, muchos desarrolladores con intención de emprender exploraron formas de programar la red para realizar tareas adicionales, como registrar títulos de propiedad o asegurar transacciones en otros activos, lo que entonces se conocía como "monedas coloreadas". Estas iniciativas no alcanzaron el éxito deseado porque Bitcoin no era programable. Si las cadenas de bloques son "nuevos ordenadores con

24. Red Sheehan, "Cardano: Slow and Steady Scales the Chain", Messari, 27 de diciembre de 2022, `https://messari.io/report/cardano-slow-and-steady`.

nuevas capacidades", en palabras de Chris Dixon, a la cadena de bloques de Bitcoin le faltaba una característica: no era una máquina de propósito general tal y como la había descrito Turing, ya que no podíamos programarla y reprogramarla para realizar una amplia (posiblemente infinita) variedad de tareas.

Es aquí donde entran en escena las plataformas de contratos inteligentes, como Ethereum, que podemos programar para realizar tareas más complejas. Un contrato inteligente es un tipo especial de aplicación descentralizada, según Nick Szabo, quien acuñó el término en la década de 1990. Puede ser "una máquina con reglas que podríamos haber definido en un contrato, pero que en su lugar escribimos en una máquina", como si de una máquina dispensadora de refrescos se tratara.[25] En palabras de Szabo: "Podemos confiar en que el código se ejecute correctamente sin tener que confiar en los propietarios de ninguno de los ordenadores en las que se ejecuta".[26] Los innovadores de la Web3 están reemplazando la lógica empresarial de los acuerdos tradicionales por contratos inteligentes, una práctica que muy probablemente se extenderá a no mucho tardar a la economía en general, porque los usuarios pueden "codificar de forma segura reglas para cualquier tipo de transacción e incluso crear activos escasos con una funcionalidad especializada" a través de contratos inteligentes.[27]

4. Organizaciones autónomas descentralizadas: cómo coordinamos activos con acciones

Los *tokens* son una clase esencial de activos para las nuevas organizaciones digitalmente nativas o DAO, a través de las cuales desconocidos de todo el mundo pueden aunar sus recursos y coordinar su talento y destrezas para crear algo de valor; es similar a un proyecto de código abierto como Linux, pero de tal modo que quienes realicen una aportación reciban una compensación justa. Un ejemplo es Gitcoin, descrito en su sitio web como una "comunidad de constructores, creadores y protocolos en el corazón de los ecosistemas de la web abierta".[28] La plataforma de Gitcoin hace lo que Kickstarter e Indiegogo no hacen: empareja ideas para productos y servicios no solo con

25. Nick Szabo, "Winning Strategies for Smart Contracts", prólogo de Don Tapscott, Blockchain Research Institute, 4 de diciembre de 2017, `https://www.blockchainresearchinstitute.org/project/smart-contracts`.

26. Szabo.

27. Campbell R. Harvey, "DeFi Infrastructure", en *DeFi and the Future of Finance*, Duke University y NBER, 2022, `https://people.duke.edu/~charvey/Teaching/697_2021/Public_Presentations_697/DeFi_2021_2_Infrastructure_697.pdf`.

28. "About Gitcoin", *s.d.*, `https://gitcoin.co/about`, consultado el 2 de febrero de 2023.

donantes dispuestos a respaldar proyectos y posibles usuarios de dichos productos y servicios, sino también con el talento necesario para construirlos y hacerlos realidad. Además, los propietarios de *tokens* de Gitcoin tienen tanto una participación en la financiación como en la gobernanza de las ideas que respaldan. En palabras de su cofundador Scott Moore: "Gitcoin opera ahora como una DAO, lo que significa que operamos como una infraestructura de propiedad comunitaria. Operamos una infraestructura que tiene por objeto crear más infraestructura. Nuestro principio rector es la ley de Conway", en referencia al principio de que los sistemas replican las estructuras de comunicación de una organización.[29] Gitcoin defiende su modelo de organización a través de su mecanismo de financiación. "Se trata de una pieza importante que ilustra el funcionamiento de este espacio", afirma Moore.

Moore explica cómo, en una organización más centralizada, los responsables de mantenimiento y los desarrolladores necesitan compartir el contexto de forma continuada con un grupo pequeño, es decir, solo con una pequeña parte de la organización. En una organización descentralizada, especialmente una autónoma, los defensores de ciertas actividades deben compartir información constantemente, a través de muchos canales diferentes. "En la Web3, tienes tus chats de Telegram, Discord, Signal, foro de Discourse y votos de Snapshot, y todos estos diferentes componentes de gobernanza requieren atención. La atención, por tanto, sigue siendo un recurso que escasea", afirma Moore. "Hemos tratado de encontrar vías para simplificar ese proceso. Así es como hemos ido haciendo evolucionar la DAO con el paso del tiempo, con la intención de hacerla más ágil".[30]

Gitcoin tiene grupos ejecutivos en forma de corrientes o áreas de trabajo: los miembros de la DAO votan sobre ellas y les asignan presupuestos. Miembros externos e independientes de la comunidad conocidos como "delegados" (en inglés, *stewards*) se encargan de estas áreas. En otras palabras, Gitcoin cuenta con una especie de cuerpo legislativo y un cuerpo ejecutivo. Moore lo compara con una economía virtual con una estructura de gobernanza, incentivos, y personas con roles distintos dentro de esa economía. Moore, que ve cierto riesgo de que las DAO se burocraticen en exceso, describe el desafío: "En una organización tradicional, tenemos estructuras, procesos y jerarquías muy estandarizados. Las personas saben qué está pasando. Saben qué lugar le corresponde a cada cual. Saben lo que

---

29. Scott Moore, entrevista con Alex Tapscott a través de Zoom, 8 de septiembre de 2022. Véase también Nathania Gilson, "What Is Conway's Law?", *Atlassian Teamwork Blog*, 28 de diciembre de 2021, `https://www.atlassian.com/blog/teamwork/what-is-conways-law-acmi`.

30. Entrevista de Moore con Alex Tapscott.

se supone que deben hacer".[31] Todo esto aún no ocurre en las DAO. Moore cree que las DAO pueden tener liderazgo sin jerarquía. Siguen pudiendo tener estructura, pero todavía estamos intentando saber qué formas adoptará.

5. Pruebas de conocimiento cero: cómo programamos la privacidad en la Web3

Las pruebas de conocimiento cero (*zero-knowledge proof*), como su propio nombre indica, son herramientas que permiten verificar que una de las partes conoce un secreto, pero sin revelar el secreto en cuestión.[32] "Las pruebas de conocimiento cero son el Santo Grial de las primitivas del *blockchain*", afirma Yahya. Son "menos intuitivas y quizás más controvertidas, pero igual de importantes que los contratos inteligentes en tanto que primitiva. Sobre ellas, las personas construyen primitivas compuestas reducibles, pero que siguen siendo fundamentales, como el creador de mercado automatizado o las curvas de vinculación", dos innovaciones importantes en las finanzas descentralizadas.[33]

Si un gobierno o banco central quisiera recrear de manera creíble el efectivo en forma digital (conocido como CBDC), necesitaría pruebas de conocimiento cero para respaldar transacciones completamente anónimas. Después de todo, cuando pagamos en efectivo por cualquier producto en el supermercado, los trabajadores no nos piden un documento de identidad (salvo si se trata de una sustancia controlada, como el alcohol).

Yahya compara una prueba de conocimiento cero con un sudoku: resolverlo es difícil, pero verificar que lo hemos resuelto y que nuestra solución es correcta es mucho más sencillo. "Esa asimetría entre la cantidad de trabajo necesaria para resolverlo y la cantidad de trabajo que se necesita para verificar la solución es la clave". ¿Por qué querríamos usar semejante rompecabezas? "Supongamos que yo tengo un programa que quiero ejecutar. Tal vez tarde un tiempo en ejecutarse. Quiero externalizar su ejecución a otra persona, y quiero cierta garantía de que esta persona lo ha ejecutado correctamente. Eso es lo que una prueba de conocimiento cero me permite hacer".[34] En otras palabras, el objetivo es ofrecer una vía para que una de las partes (el responsable de probar algo) le demuestre a otra (el verificador) que conoce cierta

---

31. Moore, entrevista con Alex Tapscott.
32. Licheng Wang, Xiaoying Shen, Jing Li, Jun Shao y Yixian Yang, "Cryptographic Primitives in Blockchains", *Journal of Network and Computer Applications* 127 (2019): pp. 43-58, https://www.sciencedirect.com/science/article/pii/S108480451830362X.
33. Yahya, entrevista con Alex Tapscott.
34. Yahya, entrevista con Alex Tapscott.

información, sin revelar ningún dato sobre el contenido de la información como tal. Cualquiera que necesite demostrar que posee cierto conocimiento sin revelar los detalles relativos al mismo puede utilizar esta tecnología.

Las pruebas de conocimiento cero (ZK) crean un marco para la privacidad, fundamental tanto para transacciones financieras específicas como para la libertad personal en general. Las cadenas de bloques son registros inmutables de todas las transacciones que tienen lugar en una red. Crean una transparencia radical para los participantes del mercado: no confíes en una autoridad central, verifica en la cadena. Sin embargo, ¿qué ocurre si necesitamos verificar que algo ha sucedido sin compartir ninguno de los detalles? Supongamos que un inversor activista quisiera acumular con cierta discreción una cantidad significativa de acciones en una empresa, sin que el público inspeccione al detalle cada una de las operaciones en la cadena. Podríamos utilizar pruebas de conocimiento cero para hacerlo de manera anónima mientras verificamos las operaciones. Existen aplicaciones que van más allá del dinero y las finanzas. ¿Y si un gobierno quisiera validar y verificar el recuento de votos en unas elecciones realizadas en una cadena de bloques, sin revelar quién ha votado a quién? ¿Y si quisiéramos construir sistemas de identificación digital que permitieran a las personas probar algún dato relativo a su persona sin revelar información personal?

Tal y como explica Yahya: "Hay dos partes en una prueba de conocimiento cero: un componente que tiene que ver con la computación verificable, y otro que tiene que ver con el conocimiento cero, relacionado con la privacidad. Es confuso porque empleamos el término pruebas de conocimiento cero, pero a menudo estas pruebas no se utilizan para proteger la privacidad, sino que se utilizan para la computación verificable, como en las soluciones de escalabilidad de *rollups* de conocimiento cero (*ZK-rollups*)" planteadas para abordar los límites actuales de plataformas como Ethereum.[35] Aquí, Yahya se refiere a las llamadas redes de capa 2, construidas sobre capas 1 como Ethereum, donde los usuarios pueden realizar transacciones fuera de la capa 1 y posteriormente "agrupar" sus transacciones en un lote que otros pueden verificar en la capa 1 (es decir, en la cadena de bloques de Ethereum). Así, para que las transacciones ocurran fuera de la cadena, necesitamos una manera de verificar que todas ellas han tenido lugar. Los *rollups* de conocimiento cero nos ayudan con esta tarea.

En las finanzas tradicionales (las llamadas TradFi), las compañías de inversiones como Goldman Sachs no necesariamente compensarían y liquidarían todas y cada una de las transacciones en la que participasen.

35. Yahya, entrevista con Alex Tapscott.

Las compensarían o "agruparían" todas antes de liquidarlas en efectivo. De manera similar, en un casino, los apostantes no acuden a caja a convertir sus ganancias en efectivo cada vez que ganan una apuesta en el *blackjack* antes de volver a apostar. Con los *rollups* de conocimiento cero, podemos realizar liquidaciones en bloque comprobables y privadas en las cadenas de bloques. Los *rollups* pueden actuar como compensación; la liquidación definitiva tendrá lugar más adelante. No obstante, las comparaciones entre transacciones de Wall Street y la Web3 no son tan exactas, según Jake Hannah, cofundador de SX Network, una popular plataforma de predicción de la Web3 donde los usuarios pueden apostar sobre el resultado de eventos futuros. SX funciona en Polygon, muy similar a una capa 2. "Ethereum no es la Reserva Federal. Ethereum es un protocolo descentralizado en el que la gente puede confiar. No son diez personas que se reúnen cada tres meses".[36]

En cuanto a los *rollups* de conocimiento cero, "la prueba es muy pequeña, por lo que puede caber dentro de una cadena de bloques, junto con la salida de una computación dentro de un bloque en Ethereum, por ejemplo", explica Yahya. "Se trata de algo muy potente, porque nos enfrentábamos al trilema de escalabilidad: un compromiso intermedio entre rendimiento y descentralización. Si queremos más rendimiento, entonces tendremos que hacer que cada nodo en la red sea más potente. Pero, si cada nodo debe ser más potente, entonces el número de personas que pueden permitirse ejecutar nodos es menor, y la red se vuelve más centralizada".[37] Esto se aplica solo en redes como Bitcoin, donde cada nodo debe hacer el trabajo para cada transacción. Con las pruebas de conocimiento cero, ya no necesitamos que cada nodo haga todo el trabajo; solo necesitamos que un nodo lo verifique. Así es como resolvemos nuestro trilema. Podemos tener lo que Yahya llamó "rendimiento a través del paralelismo", donde cada nodo ejecuta un cálculo una vez y proporciona la prueba para que todos los demás la verifiquen, al tiempo que mantenemos la descentralización.

6. Carteras: cómo gestionamos nuestros bienes e identidades digitales

Las billeteras son a la Web3 lo que los navegadores fueron para la Web1 y las aplicaciones móviles y teléfonos inteligentes fueron para la Web2. Los innovadores llevan una generación trabajando sobre la idea de una billetera digital. Como muchos de los bloques básicos de la Web3, no surgieron de

36. Jake Hannah, entrevista con Alex Tapscott a través de Zoom para el podcast *DeFi Decoded*, 1 de diciembre de 2021.

37. Yahya, entrevista con Alex Tapscott.

la nada. En 1988, mucho antes de la aparición de las cadenas de bloques, los reclutas del Cuerpo de Marines de los Estados Unidos en Parris Island, Carolina del Sur, utilizaban un tipo de tarjeta inteligente al que llamaban "billetera electrónica", en lugar de dinero en efectivo o tarjetas de crédito.[38] En 1992, el criptógrafo David Chaum, un importante precursor de la Web3, describió una "computadora inteligente del tamaño de una tarjeta de crédito" que su empresa DigiCash había desarrollado y que almacenaba identidades digitales y dinero digital, capaz de intercambiar este último y verificar el primero.[39] Tenía el aspecto de una calculadora del tamaño de un carnet de identidad de cierto grosor.[40]

Algún tiempo después Bill Gates, cofundador de Microsoft, compartió su concepto de una "PC de billetera", un dispositivo portátil del tamaño de una billetera tradicional.[41] En un libro publicado en 1995, *Camino al futuro*, Gates escribió que dicho dispositivo mostraría mensajes, horarios y correo electrónico. Lanzó una predicción audaz: "En lugar de tener moneda en papel, la nueva billetera almacenará dinero digital infalsibicable".[42] Marc Andreessen lamentó no haber lanzado Netscape con una billetera: en su opinión, el pecado original de Internet fue la carencia de una capa de transacciones.[43] Su equipo también sopesó la idea de una billetera como variante temprana de *plugin* para el navegador, algo que ahora es común en billeteras como MetaMask.

---

38. John Algeo y Adele Algeo, "Among the New Words", *American Speech* 63, núm. 4 (1988): pp. 345-352, `https://www.jstor.org/stable/i219247`, consultado el 11 de agosto de 2020. Los autores se refieren a un artículo publicado en *PC Week*, 5 de enero de 1988.

39. David Chaum, "Achieving Electronic Privacy", *Scientific American* 267, núm. 2 (1992): pp. 96-101, `https://www.jstor.org/stable/24939181`, consultado el 11 de agosto de 2020.

40. Para una investigación más detallada sobre el tema de las billeteras por parte del Blockchain Research Institute, véase Don Tapscott, "Toward a Universal Digital Wallet: A Means of Managing Payments, Data, and Identity", Blockchain Research Institute, 18 de noviembre de 2020, `https://www.blockchainresearchinstitute.org/project/toward-a-universal-digital-wallet/`.

41. Paul Andrews, "PC in Your Pocket: Bill Gates Previews Wallet That Knows You Well", *Seattle Times*, 2 de febrero de 1993; Chris Tilley, "A Look Back to the Beginnings of the Microsoft PDA Project", HPC Factor, enero de 2005, `https://www.hpcfactor.com/reviews/editorial/walletpc`; y Sean Gallagher, "Back to the Future: Dusting off Bill Gates' The Road Ahead", *Ars Technica*, 4 de febrero de 2014, `https://www.arstechnica.com/information-technology/2014/02/back-to-the-future-dusting-off-bill-gates-the-road-ahead`, consultado el 25 de agosto de 2020.

42. Bill Gates con Nathan Myhrvold y Peter Rinearson, *The Road Ahead*. Viking Penguin, Nueva York, 1995, pp. 74-75.

43. Marc Andreessen, "From the Internet's Past to the Future of Crypto", entrevistado por Katie Haun para el *podcast a16z*, 29 de agosto de 2019, `https://a16z.com/2019/08/29/Internet-past-crypto-future-crypto-regulatory-summit/`.

Al parecer, Satoshi Nakamoto codificó la primera billetera de Bitcoin, Bitcoin-Qt, lanzada en febrero de 2009.[44] Establecer una definición precisa de una billetera digital no es tarea sencilla. Para explicar el concepto, solemos recurrir a diferentes metáforas. Gates lo comparó con una navaja suiza.[45] Nosotros lo describimos como "una caja negra personal" en nuestro libro *La revolución blockchain*.[46] Otros han utilizado términos como billetera *blockchain*, billetera digital, billetera electrónica, billetera móvil, billetera en línea y billetera web casi de manera intercambiable. Lo más importante es el concepto de autocustodia: como suele decirse, "si no eres dueño de tus claves, no eres dueño de tus monedas", lo que significa que, si no eres dueño de tus claves privadas, con las cuales transferir tus propias monedas y firmar transacciones, entonces realmente no tienes ningún *token*.[47] "El concepto de 'separación de la propiedad y el control' carece de significado sociológico o histórico. Ser propietario de algo significa controlarlo. Sin control no hay propiedad", argumentó el intelectual del siglo XX James Burnham, añadiendo que el problema central es "el control sobre el acceso al objeto en cuestión y el trato preferencial en la distribución de sus productos".[48]

"El colapso de FTX terminó de convencerme de que la Web3 se cohesionará en torno a principios de transparencia, autocustodia y propiedad", dijo Sidney Powell, cofundador y CEO de Maple Finance. "Antes de esto, la cantinela más frecuente era que la Web3 se caracterizaba por carecer de velocidad y una experiencia de usuario elegante, lo que significaba que todos recurrirían a utilizar servicios financieros centralizados [como FTX] para interactuar. El compromiso intermedio subyacente aquí era asumir el riesgo de la contraparte [es decir, el riesgo de que el socio comercial quiebre]; la velocidad se lograba a expensas de la seguridad y el control".[49]

Powell espera que los constructores reconsideren sus principios de diseño y enfaticen en lugar de oscurecer aquellos aspectos de la cadena de bloques que afectan a la experiencia del usuario (como por ejemplo conectar billeteras directamente y ver transacciones en Etherscan), que "demuestran

44. Kai Sedgwick, "Bitcoin History, Part 18: The First Bitcoin Wallet", Bitcoin.com, 6 de octubre de 2019, `https://news.bitcoin.com/bitcoin-history-part-18-the-first-bitcoin-wallet`, consultado el 25 de agosto de 2020.

45. Gates, *The Road Ahead*, p. 76.

46. Don Tapscott y Alex Tapscott, *Blockchain Revolution: How the Technology Behind Bitcoin and Other Cryptocurrencies Is Changing the World*. Penguin Portfolio, Nueva York, 2018, pp. 14-16.

47. Olusegun Ogundeji, "[Andreas] Antonopoulos: Your Keys, Your Bitcoin. Not Your Keys, Not Your Bitcoin", *Cointelegraph*, 10 de agosto de 2016, `https://cointelegraph.com/news/antonopoulos-your-keys-your-bitcoin-not-your-keys-not-your-bitcoin`.

48. James Burnham, *The Managerial Revolution*. Lume Books, Londres, 1941, p. 84.

49. Sidney Powell, correo electrónico a Alex Tapscott, 25 de noviembre de 2022.

auditabilidad y seguridad". En el ámbito comercial, espera ver "una aceleración de los participantes de CeFi [finanzas centralizadas como FTX] y TradFi que utilizan las vías de DeFi", ya que estas vías reducen su coste de capital (es decir, no necesitarán pagar a sus usuarios tanto por el riesgo de contraparte) y sus usuarios requerirán pruebas de reservas en cada solución. "En general, estamos muy emocionados por la reafirmación de la autocustodia y la transparencia, porque destaca las fortalezas clave de construir en DeFi", afirma.[50]

En la raíz de las billeteras digitales está la custodia. Cuando eres dueño de tus claves privadas, eres dueño de tus activos. Para quienes buscan abandonar una moneda inflacionaria o un sistema financiero corrupto, la autocustodia representa una gran ventaja, como explicaremos más adelante. Pero, para muchos usuarios que no confían en sí mismos para mantener grandes cantidades de activos de manera segura, la autocustodia puede resultar abrumadora, lo que se convierte en una barrera para su adopción generalizada. Para muchos posibles usuarios corporativos de *tokens*, la autocustodia puede ser inviable: más allá de la responsabilidad del intermediario si el valor de sus clientes desaparece sin autorización del cliente, la legislación podría requerir que las empresas financieras no retengan activos digitales para sus clientes. Sin embargo, depositar toda nuestra confianza en un tercero para asegurar nuestros activos digitales es arriesgado y contrario al espíritu de la Web3. Hester Peirce, comisionada de la SEC, afirmaba en un discurso reciente: "La confianza ciega en intermediarios centralizados es antitética a lo cripto".[51] ¿Hay alguna alternativa?

Es cierto que la multifirma (o *multisig*) y la multicomputación son dos enfoques relacionados para la custodia de activos digitales que podrían mitigar estas preocupaciones. La multifirma requiere la firma de múltiples partes, como el propietario del activo, el custodio, un administrador externo, o algún otro tercero, antes de que cualquiera de las partes pueda actuar sobre un activo o cuenta. Una billetera *multisig* podría tener diez firmantes diferentes: el CEO, el CFO, el tesorero, un auditor designado por terceros o un fiduciario completamente diferente. La *multisig* reduce el riesgo de actores malintencionados. Dado que las partes firman todas las transacciones en la cadena, mejora la transparencia en la toma de decisiones. Safe (anteriormente conocida como Gnosis Safe) ayuda a asegurar miles de millones de dólares en criptoactivos a través de más de veinte mil billeteras *multisig*. Varias DAO

50. Powell, correo electrónico a Alex Tapscott.

51. Hester Peirce, "Remarks before the Digital Assets", Duke Conference, Washington DC, US Securities and Exchange Commission, 20 de enero de 2023, https://www.sec.gov/news/speech/peirce-remarks-duke-conference-012023#_ftnref15.

líderes de Web3 confían en Safe para la custodia segura y la gestión de activos, como Synthetix y Aave.[52] Frente a esto, los sistemas multicomputacionales dividen la responsabilidad de gestionar un solo activo entre varios nodos informáticos, cada uno con su propio conjunto de protocolos de seguridad diseñados por una organización diferente, lo que añade redundancia y podría mejorar la transparencia. Empresas como Fireblocks, por ejemplo, ejecutan nodos geográficamente segregados que aseguran el activo junto con el propietario del activo.

Ambas técnicas son tecnológicamente sofisticadas, pero sus defensores albergan la esperanza de que los usuarios nunca necesiten entender cómo funcionan las técnicas. Se limitarán a activar su técnica elegida apretando un botón, como podrían abrir una puerta de automóvil y encender el motor del automóvil o desbloquear su iPhone.

Las prioridades de la Web3

Componibilidad

En la teoría de sistemas, el término "componibilidad" hace referencia a la relación entre diferentes componentes.[53] Para los usuarios de la Web3, esto supone contar con aplicaciones que se conectan entre sí de manera fluida con funcionalidades integradas. Por ejemplo, un mercado descentralizado de compraventa de activos digitales es más componible si puede conectarse a una aplicación de préstamos para que los usuarios puedan obtener un préstamo utilizando como garantía sus activos en la plataforma. Con sistemas componibles, podrían usar ese préstamo, por ejemplo, para comprar un NFT en un mercado de NFT y participar en su juego favorito de Web3. Este concepto resulta atractivo para los desarrolladores, que pueden conectar instantáneamente y de forma integrada lo que quieran a diferentes piezas de software, como si fueran piezas de Lego, para obtener una estructura completamente nueva.

Otros ámbitos de la sociedad y del mundo de la empresa dependen de esa componibilidad. Por ejemplo, los contenedores intermodales son altamente componibles en barcos y trenes, y su invención fue muy beneficiosa para el comercio y la prosperidad en todo el mundo. Combinar negocios, celebrar contratos y contratar personal suele ser más sencillo en una jurisdicción única

---

52. Safe, "Unlock Digital Asset Ownership", Safe Ecosystem Foundation, 12 de abril de 2023, `https://safe.global/`.

53. Franck Barbier, "Composability for Software Components: An Approach Based on the Whole-Part Theory", en *Proceedings of Eighth IEEE International Conference on Engineering of Complex Computer Systems*, 2002, pp. 101-106, DOI:10.1109/ICECCS.2002.1181502.

que cuando la misma operación se realiza entre diferentes países. Las leyes hacen que la lógica comercial de los contratos sea componible, pero las partes aún deben hacer frente a obstáculos, como cualquiera que haya participado en el comercio global puede atestiguar. Gracias a la alta componibilidad de las aplicaciones Web3, podemos combinar un número casi infinito de aplicaciones (es decir, diferente software), en una única web de negocios, acelerando los procesos de descentralización y globalización.

En teoría, la componibilidad a nivel de software conlleva grandes avances en lo que a eficiencia se refiere. En la práctica, ciertas *blockchains* como Bitcoin, Ethereum y Solana no son componibles (es decir, no son interoperables) entre sí, porque cada una tiene una base de código o estándar diferente, similar a los estándares de corriente alterna y corriente continua de la época temprana de la electricidad, o los estándares VHS y Betamax en el ámbito del entretenimiento doméstico. Hasta que estas diferentes cadenas de bloques sean verdaderamente componibles, los aspirantes a emprendedores deberán elegir un bando o diversificar el riesgo minimizar pérdidas. Andrew Young, fundador de SX Network, el mercado de predicciones descentralizado más popular de la Web3, afirma: "Si implementas tu aplicación descentralizada en Ethereum o Polygon, en realidad también puedes implementarla en una plataforma como Avalanche", compatible con Ethereum.[54] Por contraposición a lo anterior, Young señala el caso de "Solana o EOS, donde tienes que reconstruir toda tu infraestructura para implementar tu aplicación en Solana. Es como Android versus iPhone".[55] Es la Web3 siguiendo los pasos de la Web2. Al igual que ocurrió en los mercados de la electricidad o del vídeo, las guerras de estándares cripto se siguen librando en la actualidad. En nuestro ejemplo de la electricidad, los sistemas eléctricos aún no son componibles: necesitamos adaptadores diferentes para recargar nuestros dispositivos en distintas tomas de corriente en diferentes países. En otras ocasiones, los estándares que ganan la batalla a menudo ceden, con el tiempo, ante otras innovaciones disruptivas: después de todo, VHS, Betamax, DVD y otros formatos físicos dieron paso al *streaming*.

Tokenomics

En Web3, cualquiera puede aportar código propio a un proyecto de código abierto y hacerse con una parte de ese software vía *tokens*. De manera similar, cualquier persona o grupo de personas con una idea y talento para el

54. Andrew Young, entrevista con Alex Tapscott a través de Zoom para el *podcast DeFi Decoded*, 1 de diciembre de 2021.

55. Young, entrevista con Alex Tapscott.

desarrollo de software puede lanzar su propio DAO y gestionar su propia cartera de activos sin necesidad de recurrir a inversores profesionales, como por ejemplo inversores de capital riesgo. En estos sistemas económicos de la Web3, los *tokens* actúan como incentivos. El término *tokenomics* o economía de *tokens* describe el estudio de los aspectos económicos de una criptomoneda u otro activo digital. Varios factores influyen en la *tokenomics*: la utilidad del *token*, los mecanismos codificados en el *token* para atraer usuarios, el modelo de distribución del *token*, la oferta y demanda del momento y su potencial para incrementar su valor. Si se tiene en mente la idea de una infraestructura pública perdurable, la economía de *tokens* puede impulsar el crecimiento de los usuarios a largo plazo. En cambio, si lo que se tiene en mente son las ganancias a corto plazo, la economía de *tokens* puede desanimar a los usuarios y hacer que la atención de los desarrolladores se desvíe de la creación de cosas útiles.

En una empresa controlada de forma centralizada, por el contrario, ese programador sería un empleado o proveedor de servicios, y recibiría un salario o cobraría la tarifa que su contrato estipulara. Según el Banco Mundial, si un emprendedor quisiera poner en marcha su propio negocio, a nivel global le llevaría un promedio de 20 días hacerlo.[56] Algunos países, como Nueva Zelanda, facilitan y abaratan el proceso, ya que permiten poner en marcha un negocio en un día, mientras que en Venezuela se necesitan 230 días, en Camboya 99, y en Filipinas, 33.[57] Quizás este nivel tan alto de fricción, atribuible en gran medida a la ineficiencia y corrupción gubernamentales (lo que los economistas denominan "transacciones no comercializadas"), sea la razón por la cual estos tres países están experimentando un uso muy elevado de aplicaciones Web3 y criptoactivos en general.[58] Lanzar un *token* en un intercambio descentralizado como Uniswap es sencillo. Por ello, muchos *tokens* carecen intrínsecamente de valor, y algunos se lanzan desde el principio como una especie de broma o meme. Algunos observadores concluyen (erróneamente) que un umbral de entrada con tan pocos requisitos constituye una falla inherente, dado que cualquier tecnología que permita a una entidad lanzar cualquier activo u organización sin ningún obstáculo conducirá a numerosos fracasos y a más de una estafa. Sin fricción, los emprendedores pueden lanzar

---

56. "Time Required to Start a Business (Days)", *Doing Business*, World Bank, 2019, https://data.worldbank.org/indicator/IC.REG.DURS?end=2019&most_recent_value_desc=true&start=2003.

57. "Time Required to Start a Business (Days)".

58. Oliver E. Williamson, "Public and Private Bureaucracies: A Transaction Cost Economics Perspective", *Journal of Law, Economics & Organization* 15, núm. 1 (1999): pp. 306-342, https://www.jstor.org/stable/3554953.

con mayor facilidad una variedad de activos útiles y potencialmente muy valiosos, incluso en lugares con gobiernos locales corruptos o ineficientes que dificultan la obtención de capital o la incorporación de un negocio.

Escalabilidad

Al igual que ocurre con todas las tecnologías en sus inicios, la Web3 tiene un inmenso potencial y varias limitaciones. Los motores de combustión interna eran máquinas poco confiables, ruidosas y peligrosas, llegando a ser prohibidos en algunas jurisdicciones.[59] Los hermanos Wright volaron un avión con alas de muselina marca Pride of the West, utilizada en la fabricación de ropa interior femenina; hubo quien proclamó que mejor habría sido utilizar la tela para su propósito original.[60]

Estas limitaciones iniciales llevaron a algunos a concluir que una tecnología como la web nunca estaría lista para el gran público, que nunca podría serlo todo para todo el mundo. Una forma de expresar ese "nunca estará lista" es el conocido como "trilema", una heurística que permite evaluar un protocolo de *blockchain*. Enfrentados a la necesidad de elegir entre seguridad de la red, escalabilidad y descentralización, los desarrolladores deben elegir dos de esas opciones. Según este marco, si los desarrolladores quieren un protocolo seguro, deben renunciar a la velocidad. Bitcoin es un buen ejemplo de dicho protocolo. Un protocolo rápido puede no ser tan seguro. Solana tiene muchos usuarios y las transacciones son relativamente baratas, pero su red ha sufrido múltiples caídas.[61] Que otras cadenas de bloques como Bitcoin y Ethereum funcionen las 24 horas, los 7 días de la semana, los 365 días del año sin tiempo de inactividad ni problemas es realmente extraordinario. Los mercados del mundo de las finanzas tradicionales, en cambio, se cierran a diario, y sus sistemas se someten regularmente a reparaciones y actualizaciones, pero, si estamos diseñando una red inmutable y segura, pausar la cadena es un problema grave.

¿Es posible que necesitemos un protocolo más fácilmente escalable? No, es la respuesta de Walden, de Variant Fund. Nos pidió que pensáramos en los primeros tiempos de la web, cuando muchos temían que el protocolo

59. Brian Ladd, *Autophobia: Love and Hate in the Automotive Age*. University of Chicago Press, Chicago, 2008), https://press.uchicago.edu/Misc/Chicago/467412.html.

60. *Pride of the West & Mars*, Jet Propulsion Laboratory, California Institute of Technology, 15 de enero de 2020, https://www.jpl.nasa.gov/images/pia24438-pride-of-the-west-mdash-and-mars.

61. Best Owie, "Solana's Network Blackout Puts It in Dire Straits Among Competitors", *Bitcoinist.com*, 12 de abril de 2022, https://bitcoinist.com/solanas-network-blackout-puts-it-in-dire-straits-among-competitors/.

de Internet no pudiera escalar al ritmo necesario para dar cabida a todos los usuarios que querrían conectarse. "No fue así como se desarrolló la primera Internet. Se desarrolló a partir de una serie de protocolos superpuestos entre sí, tanto para escalar la red como para agregar características como la privacidad, que llegó a través del protocolo SSL [capa de *sockets* seguros, *secure sockets layer*]. El correo electrónico llegó a través del protocolo SMTP [protocolo de transferencia de correo simple, *simple mail transfer protocol*] e IMAP [protocolo de acceso a mensajes de Internet, *Internet message access protocol*]. Esta especialización de protocolos amplió las posibilidades existentes y dio como resultado la rica Internet que tenemos hoy".[62] De manera similar, los primeros automóviles ni siquiera tenían volante, y mucho menos amortiguadores de muelles, limpiaparabrisas, espejos retrovisores, dirección asistida, sistemas de inyección de combustible y otras características que en apenas unas décadas se convirtieron en estándar. La innovación no siempre progresa de forma lógica: los fabricantes de automóviles instalaron los primeros encendedores de cigarrillos treinta años antes de añadir los cinturones de seguridad.[63]

Interoperabilidad

A pesar de su promesa de componibilidad, las cadenas de bloques tienen un problema de interoperabilidad: mover activos nativos de una cadena a otra es difícil. En lugar de trabajar con un único estándar de bloques de Lego, nuestros creadores trabajan con una mezcolanza de materiales que se parecen, pero que no encajan fácilmente entre sí.

Cualquier aficionado a *Star Trek* conoce la expresión "Transpórtame, Scotty". Las cadenas de bloques necesitan algo parecido a un transportador de Star Trek para convertir la materia (en este caso, activos en cadena) en un medio teletransportable, antes de volver a transformarla en materia con poco o ningún riesgo. La solución principal, conocida con el nombre de puente, se asemeja más al canal de Wonkavision de la película *Charlie y la fábrica de chocolate*, donde las partículas transportadas debían pasar por la sala del estirador de caramelo para recuperar su tamaño.

Consideremos lo sucedido con Ronin, una cadena lateral o *sidechain* de Ethereum creada para el popular juego Axie Infinity. En marzo de 2022, los *hackers* aprovecharon una vulnerabilidad en el código para tomar el control de

62. Walden, entrevista con Alex Tapscott.

63. "The History of Car Technology", Jardine Motors Group, *s.d.*, `https://news.jardinemotors.co.uk/lifestyle/the-history-of-car-technology`, consultado el 12 de abril de 2023.

la mayoría de las claves de validación necesarias para transferir fondos desde el puente de Ronin. El hecho de que un número muy elevado de las claves de validación estuviera concentrado en manos de Sky Mavis, creador de Axie, evidencia el riesgo de la centralización frente a la descentralización, pero no proporciona ningún consuelo a los usuarios afectados. En total, los *hackers* se hicieron con unos asombrosos 600 millones de dólares en *ether* y USDC, 400 millones de dólares, los cuales pertenecían a usuarios de la plataforma. El ataque fue un gran revés para Axie y Sky Mavis[64] y tuvo lugar después del hackeo del puente Wormhole de Solana. A pesar de lo que su nombre sugiere (en inglés, *wormhole* significa agujero de gusano), no transforma la materia (en este caso, dinero en forma de *tokens*) de una dimensión (*blockchain*) a otra. Los puentes siguen siendo una vulnerabilidad importante que socava la confianza diaria de los usuarios en esta tecnología.

Las redes Ethereum y Bitcoin no pueden comunicarse entre sí, y lo mismo ocurre con las docenas de otras redes de cadenas de bloques destacadas en funcionamiento hoy en día. El valor registrado en una red no es visible ni transferible a otras cadenas de bloques sin la intervención de algún tipo de intermediario.

Traslademonos ahora al universo de *La guerra de las galaxias*. Otra forma de lograr la interoperabilidad es a través de estándares y protocolos. Así como *Star Trek* tenía su traductor universal, *La guerra de las galaxias* contaba con su propia lengua franca, el básico galáctico, que permitía que especies diversas se comunicaran a través de las galaxias. La adopción de estándares y protocolos comunes en *blockchain* permitiría que diferentes redes se comprendan entre sí e intercambien información.

El segundo problema es que, en esta fase temprana de uso del *blockchain* por parte de las empresas, ninguna empresa quiere apostar por una solución de cadena de bloques que no sea interoperable con sus socios de la cadena de suministro, sus clientes o los organismos reguladores que utilizan *blockchain* para transacciones oficiales. Una forma de lograr estabilidad es ser compatible con Ethereum, la plataforma líder, y ejecutar aplicaciones en estas plataformas similares a Ethereum, como una especie de "computadora virtual mundial" que las acomode a todas. Esta sencilla solución podría limitar la innovación y obligar a los proyectos a cumplir con ciertos estándares que no se ajustan a sus necesidades a largo plazo.

---

64. Prashant Jha, "The Aftermath of Axie Infinity's $650M Ronin Bridge Hack", *Cointelegraph*, 12 de abril de 2022, `https://cointelegraph.com/news/the-aftermath-of-axie-infinity-s-650m-ronin-bridge-hack`.

"La visión de la computadora mundial que Ethereum y otros proyectos (los llamados 'asesinos de Ethereum') promueven se parece mucho a aquella visión anterior a Internet de un *mainframe* mundial", nos cuenta Ethan Buchman, cofundador de la red de *blockchain* Cosmos. "Como si IBM o alguna otra empresa tuviera el control de la única computadora para gobernarlas a todas y nadie más fuera a necesitar una computadora personal".[65] En la versión de Buchman, todos nos conectaríamos a través de terminales tontas a "una gran computadora principal superpoderosa ubicada en algún sótano de una gran corporación" que se escalaría, cubriría todas las bases y se encargaría de "todas las necesidades informáticas de todos".[66]

En los debates sobre la interoperabilidad se identifican "dos bandos: por un lado, están quienes defienden una visión basada en un enfoque multicadena; por otro, los partidarios de las cadenas cruzadas", afirma Sunny Aggarwal. En la primera visión, "tendríamos todas estas cadenas de bloques generalizadas, donde las aplicaciones implementan múltiples versiones de sí mismas en diferentes cadenas. Vemos este enfoque en aplicaciones DeFi como SushiSwap, donde SushiSwap se implementa a sí misma en todas partes y cuenta con instancias en Ethereum, Arbitrum, Polygon y la cadena BNB", en referencia a algunas otras redes populares. Aggarwal subraya el inconveniente de este enfoque: "Todos estos ecosistemas son independientes: dividen su liquidez entre todas estas cadenas diferentes".[67]

En la visión de los partidarios de las cadenas cruzadas, tenemos cadenas de bloques específicas para una aplicación con una cadena (como la Osmosis de Aggarwal) que realiza una función de intermediaria entre cadenas, sin dividir su liquidez entre ellas y sin comprometer su autonomía, velocidad y seguridad.[68] Aggarwal ha hecho realidad esta visión en la red Cosmos, utilizando su protocolo de comunicación entre cadenas de bloques (IBC, *Inter-Blockchain Communication Protocol*), que define reglas y estándares para que diferentes redes de cadenas de bloques intercambien datos y transacciones de manera consistente y segura. Para mantener su autonomía, cada aplicación puede seguir utilizando su propia cadena. En palabras de Aggarwal: "Como aplicación, la única forma de protegerte de los problemas de gobernanza ajenos es contar con tu propia cadena". La capacidad de procesamiento es otro aspecto a tener en cuenta. Greg Osuri, cofundador de Akash Network, un proveedor

65. Ethan Buchman, entrevista con Alex Tapscott y Andrew Young a través de Zoom para el *podcast DeFi Decoded*, 17 de noviembre de 2021.

66. Buchman, entrevista de Alex Tapscott y Andrew Young.

67. Sunny Aggarwal, entrevista con Alex Tapscott a través de Zoom, 8 de agosto de 2022.

68. Aggarwal, entrevista con Alex Tapscott.

descentralizado de servicios en la nube construido con un protocolo IBC, lo explica: "Debes heredar la escalabilidad que la cadena subyacente te proporciona. Esto te puede venir bien, porque no necesitas trabajar en la protección del sistema desde cero. Pero también tiene desventajas, porque no tienes control sobre el destino de tu software".[69]

Para Jelena Djuric, cofundadora y CEO de Noble, un proyecto de Cosmos, Cosmos es lo más parecido que tenemos a la web descentralizada original que crearon Tim Berners-Lee, Vint Cerf y otros. "En Cosmos, no podemos hablar de una única empresa, de un único líder, de un único fundador, de una única vulnerabilidad. Mi sensación es que aquella Internet originaria podría haberse desarrollado así: un montón de personas al azar distribuidas por el mundo, que podrían conocerse o no, que podrían hacer negocios juntas o no, trabajando sobre la misma pila, desarrollándola y poniéndola a disposición de otras personas".[70] Otra vez nos topamos con la misma palabra: pila. Si la pila es el *terroir*, entonces este grupo tan diverso estaría incubando diferentes clases de organizaciones. Al igual que ocurriría si cultivásemos de forma intensiva semillas pertenecientes a diferentes cultivos en un mismo terreno de dimensiones reducidas, en ocasiones los grupos dentro de Cosmos brotan demasiado cerca el uno del otro y luchan entre sí por los recursos. Pero, en general, se genera un sistema dinámico. "De la misma manera que cualquiera puede lanzar un sitio web [en Internet], cualquiera en Cosmos puede lanzar una cadena, activo o aplicación", afirma Djuric.[71]

¿Cómo garantiza Cosmos la seguridad en un entorno en el que todos utilizan su pila para lanzar creaciones diversas que compiten entre sí? Según Aggarwal, los sistemas Web3 no centralizarán la seguridad en una única plataforma gigantesca como Ethereum. Lo que ocurrirá, más bien, es que diseñadores y arquitectos distribuirán la seguridad. "Diferentes validadores optarán por compartir su identidad en todas estas *appchains*", según Aggarwal. "Si los validadores realizan alguna acción maliciosa en Osmosis", como por ejemplo gastar dos veces un *token* OSMO, entonces "serán penalizados en toda la red", refiriéndose al proceso mediante el cual los participantes en una red como Cosmos pierden parte de lo que depositaron como garantía por no haber actuado con el mejor interés de la red en mente. En la opinión de Aggarwal, "así funcionará el futuro de la seguridad. Veremos un entramado

69. Greg Osuri, entrevista con Alex Tapscott y Andrew Young, *podcast DeFi Decoded*, episodio 73, 15 de diciembre de 2021, `https://podcasts-francais.fr/podcast/defi-decoded/defi-decoded-why-defi-needs-a-truly-decentralized-`.

70. Jelena Djuric, entrevista con Alex Tapscott a través de Zoom, 12 de enero de 2022.

71. Djuric, entrevista con Alex Tapscott.

de seguridad en red donde todas las cadenas comparten la seguridad entre sí. No tendrá un único centro, como sí ocurre en los sistemas *hub-and-spoke*".[72] Será algo más parecido a la Organización del Tratado del Atlántico Norte (OTAN) o la Federación Unida de Planetas de Star Trek, unidos por unos principios compartidos y el compromiso común de proteger a toda la galaxia (o, dicho de otro modo, la totalidad de Cosmos).

La Web3 y la inteligencia artificial: dos fuerzas imparables a punto de colisionar

La Web3 está convergiendo con la inteligencia artificial (IA) y el aprendizaje automático (*machine learning*), combinándose de formas significativas. Dado que no soy un experto en inteligencia artificial, le pedí a una voz experta en este campo que me lo explicara:

> El aprendizaje automático o *machine learning* es un método que, en lugar de programarlas explícitamente, enseña a las computadoras a aprender a partir de datos. Utiliza algoritmos para analizar datos, aprender de ellos y posteriormente hacer predicciones o tomar decisiones basadas en lo que ha aprendido. El proceso comienza proporcionando al algoritmo grandes cantidades de datos, que utiliza para aprender las relaciones entre la entrada y la salida deseada. El algoritmo utiliza lo que ha aprendido para predecir resultados o tomar decisiones a partir de nuevos datos. Con el tiempo, a medida que el algoritmo va procesando más y más datos, sus predicciones se vuelven cada vez más precisas, al igual que sus acciones.

Le pregunté a la misma voz experta de qué manera las tecnologías Web3 podrían ayudar a la IA a alcanzar su máximo potencial sin menoscabar la privacidad y los derechos de propiedad de las personas:

> Los silos de datos de la Web2 limitan la cantidad y tipo de datos disponibles para el entrenamiento de las IA de todo el mundo. Esta falta de diversidad de los datos obstaculiza el desarrollo de modelos de inteligencia artificial más avanzados y sofisticados que trabajen por el bien común.
>
> Con la Web3, diferentes actores pueden colaborar y compartir más datos. Las cadenas de bloques y las redes *peer-to-peer* pueden funcionar como una infraestructura segura y transparente a la hora de almacenar y compartir datos. Por ejemplo, Ocean Protocol está construyendo un mercado descentralizado de datos. En dicha

72. Aggarwal, entrevista con Alex Tapscott.

> plataforma, diferentes personas y organizaciones pueden compartir de manera segura sus datos con desarrolladores de IA, con el fin de crear modelos de IA más precisos y diversos.
> Otro ejemplo es el proyecto Holochain, una plataforma de computación distribuida que permite construir aplicaciones descentralizadas. Los científicos podrían utilizar esta plataforma para crear sistemas de inteligencia artificial más transparentes y responsables, así como más seguros y resistentes a ataques.

Le formulé también una pregunta relativa a los retos de implementación de la inteligencia artificial en la Web3:

> La falta de escalabilidad representa un desafío: las tecnologías actuales de la Web3 aún no pueden manejar las grandes cantidades de datos y potencia computacional que la IA necesita. Los innovadores se enfrentan además a desafíos regulatorios y éticos, tales como la protección de los datos personales o la necesidad de brindar a las personas un acceso justo a los recursos de la inteligencia artificial.
> En general, si bien la Web3 tiene el potencial de respaldar una mayor colaboración y compartición de datos en el desarrollo de la inteligencia artificial, innovadores y reguladores deben aún afrontar importantes desafíos para que esto sea una realidad.[73]

¿Le ha parecido una explicación útil? Espero que sí. Después de todo, las respuestas las ha redactado ChatGPT 3, de OpenAI. Si usted, lector, no ha sido capaz de identificar que las líneas que acaba de leer no han sido redactadas por un humano, ¿cómo puede estar seguro de que la IA no ha escrito este libro o cualquier otro material que haya podido consultar? Si bien es cierto que estas preguntas exceden los límites de este libro, el acaparamiento masivo de datos generados por los usuarios por parte de la Web2 y otras tecnologías de vanguardia como la inteligencia artificial sí son de nuestra incumbencia. De hecho, la convergencia de la Web3 y la inteligencia artificial forma parte de un fenómeno más grande conocido como ciencia descentralizada, o DeSci.

Aunque aún se encuentra en una fase de desarrollo temprano, la firma de investigación de Web3, Messari, ha catalogado al menos 85 proyectos diferentes en varios sectores clave, como la financiación (cómo los estudios científicos y otras iniciativas recaudan fondos), los datos (cómo se organizan y evalúan los datos, y cómo se compensa de manera justa a los usuarios) e incluso el ámbito de la edición y las publicaciones científicas (cómo llegan

---

73. OpenAI, 6 de diciembre de 2022, `https://openai.com/api/`.

los hallazgos científicos a su público objetivo, saltándose a los intermediarios tradicionales).[74] En el caso de la inteligencia artificial en particular, los conocidos como modelos grandes de lenguaje o modelos colosales de lenguaje (*Large Language Models* o LLM) dependen de grandes cantidades de datos; a algunos observadores les preocupa que los profesionales de la IA estén utilizando datos sin el conocimiento o el consentimiento de sus creadores, que tampoco recibirían una compensación justa por el uso de sus activos. Los usuarios podrían tokenizar sus datos con marcas de agua para que, cada vez que alguien los use, su creador reciba un pago a cambio. ¿Frenará esto la investigación en inteligencia artificial, al dificultar el acceso a los datos o encareciendo su adquisición? ¿O conducirá en cambio a reservas de datos cada vez más grandes y mejores, que acelerarán esta industria al tiempo que protege a los creadores? La Fundación Ocean Protocol está gestionando un protocolo con una funcionalidad *compute-to-data* comparable a otras tecnologías de preservación de la privacidad como el cómputo multiparte y el cifrado homomórfico.[75] A través de este protocolo en la red principal de Ethereum, particulares y organizaciones pueden conceder permisos para que los modelos de IA accedan a sus datos, al tiempo que salvaguardan su privacidad y propiedad.[76] Este tipo de solución podría conducir a la aparición de nuevos y más avanzados modelos de inteligencia artificial, que podríamos utilizar para una amplia gama de aplicaciones en áreas importantes como la salud y la educación.

Conclusiones

A medida que la tecnología madura, dejamos de pensar en cómo funciona. ¿Alguien sabe qué ocurre bajo el capó cuando pulsamos el botón de encendido en un vehículo del siglo XXI? En tanto no lleguemos a ese punto en la Web3, seguirá siendo necesario levantar el capó. Y, cuando lo hagamos, esto es lo que veremos:

---

74. Stephanie Dunbar y Stephen Basile, "The Decentralized Science Ecosystem: Building a Better Research Economy", Messari, 7 de marzo de 2023, `https://messari.io/report/the-decentralized-science-ecosystem-building-a-better-research-economy`.

75. "Ocean Protocol: Tools for the Web3 Data Economy", informe técnico, Ocean Protocol Foundation Ltd. con BigchainDB GmbH, 1 de septiembre de 2022, `https://oceanprotocol.com/technology/roadmap#papers`.

76. Trent McConaghy, "How Does Ocean Compute-to-Data Related to Other Privacy-Preserving Approaches?", *Ocean Protocol Blog*, Ocean Protocol Foundation, 28 de mayo de 2020, `https://blog.oceanprotocol.com/how-ocean-compute-to-data-relates-to-other-privacy-preserving-technology-b4e1c330483`.

1. Innovaciones tecnológicas y empresariales con décadas, a veces siglos, de historia, que han resistido el paso del tiempo y han demostrado su utilidad: innovaciones novedosas y pioneras en las ciencias de la computación, primitivas fundamentales como las pruebas de conocimiento cero, DAO y contratos inteligentes, con multitud de aplicaciones para los negocios y más allá.
2. Cadenas de bloques y mecanismos de consenso que ofrecen soporte a registros distribuidos, activos digitales y cualquier otra cosa imaginable, combinándolos con contratos inteligentes, pruebas de conocimiento cero, y así sucesivamente.
3. Funcionalidades como la componibilidad, la interoperabilidad y la escalabilidad, aún rudimentarias y muy lejos de ser perfectas. El uso de *tokens* como incentivos para construir activos y organizaciones nativas de Web3 ha sido un proceso de prueba y error, en el que cada fallo mejora el estudio e implementación de estos modelos tokenómicos.
4. Mecánicas subyacentes (es decir, elementos innovadores) que aprovechan estas primitivas fundamentales, ensamblándolas en forma de productos y servicios útiles.
5. Innovaciones concurrentes, tales como la inteligencia artificial y el aprendizaje automático, que debemos escalar de manera responsable en esta próxima era digital.

Todas las primitivas son importantes, pero algunas son esenciales. Los activos digitales o *tokens*, el tema del próximo capítulo, son esenciales para la Web3.

PARTE II.
TRANSFORMACIONES

CAPÍTULO 3

Activos

Los cronistas que compilaron el *Domesday Book* o *Libro de Winchester* poco después de la conquista normanda en 1066 documentaron la enorme desigualdad de riqueza de la Inglaterra medieval.[1] "La familia real poseía directamente el 20% de las tierras, la Iglesia tenía el 25% y una docena de magnates controlaban otro 25%. El país estaba en realidad controlado por unas 250 personas: el rey, los grandes prelados (elegidos por él) y alrededor de 170 barones feudatarios que recaudaban ingresos de más de 100 libras al año procedentes de sus tierras".[2] A lo largo y ancho de Europa, un puñado de personas y grupos controlaban toda la tierra, la clase de activo más importante de la economía feudal.

Esta desigualdad en la propiedad de activos no fue en absoluto una excepción histórica, si bien el detallado registro realizado a nivel nacional sí lo fue. Durante más de cuatro milenios, comerciantes y escribas de la corte han mantenido registros de transacciones y posesiones de activos, desde los inventarios del Rey Escorpión de Egipto (3499-3200 a. C.) y las crónicas de Ur en Mesopotamia (2112-2004 a. C.) hasta las tablillas de Ugarit en Siria (1200-1185 a. C.).[3] Un indicio revelador de la brecha entre ricos y pobres en

1. "Great Domesday", Catalogue Reference: E 31/2, National Archives, United Kingdom, *s.d.*, https://www.nationalarchives.gov.uk/domesday/discover-domesday/.

2. Robert Tombs, *The English and Their History*. Vintage, Nueva York, 2015, p. 50.

3. Richard Mattessich, "The Oldest Writings, and Inventory Tags of Egypt", *The Accounting Historians Journal* 29, nº. 1 (junio de 2002): pp. 95-208, https://www.jstor.org/stable/40698264; Daniel C. Snell, *Ledgers y Prices: Early Mesopotamian Merchant Accounts* (Yale University Press, New Haven, 1982), https://babylonian-collection.yale.edu/sites/default/files/files/YNER%208%20Snell%2C%20Ledgers%20and%20Prices%20-%20Early%20Mesopotamian%20Merchant%20Accounts%2C%201982.PDF; Roger Atwood, "The Ugarit Archives", *Archaeology Magazine*, julio/agosto de 2021, https://www.archaeology.org/issues/430-2107/features/9752-ugarit-bronze-age-archive; y Sun Jiahui, "How Ancient Chinese Buried the Living Along with the Dead", *The World Of Chinese*, 12 de noviembre de 2021, https://www.theworldofchinese.com/2021/11/how-ancient-chinese-buried-the-living-along-with-the-dead/.

el antiguo Egipto y China fue la cantidad de sirvientes, esclavos y soldados enterrados con sus soberanos, cuyos derechos divinos sobre la propiedad se extendían al Más Allá.[4]

La era industrial propició un cambio en la distribución de la riqueza, que se transfirió de los propietarios de tierras a manos de los capitalistas. En el siglo XIX, los primeros magnates de la industria como Cornelius Vanderbilt aprovecharon las nuevas tecnologías industriales, como las máquinas de vapor y la novedosa invención de las sociedades de responsabilidad limitada en el ámbito jurídico, para construir vastos imperios comerciales y amasar fortunas personales. Son frecuentes las comparaciones de nuestra época con la denominada Edad Dorada estadounidense (*Gilded Age*), pero hoy en día la riqueza está muy lejos de estar tan concentrada como lo estuvo durante los primeros años de la era industrial. Si en su lecho de muerte Vanderbilt hubiera liquidado todos sus activos, habría retirado de la circulación 1 de cada 9 dólares en Estados Unidos.[5] Si Elon Musk o Jeff Bezos liquidaran hoy sus activos, cada uno retiraría de la circulación menos de 1 de cada 100 dólares.[6] A pesar de la desmesurada riqueza de Vanderbilt, su riqueza acumulada era proporcionalmente menor que la que controlaban los grandes terratenientes medievales en la época feudal, como deja claro el *Libro de Winchester*.

El mundo sigue siendo desigual. Sin embargo, los mayores propietarios de activos hoy en día no son aquellos barones ladrones, sino los fondos indexados de Vanguard y BlackRock, cuyos propietarios son en buena medida pequeños y medianos inversores. Los fondos de pensiones, que invierten en nombre de sus clientes, son algunos de los principales agentes responsables de la distribución de capital del mundo. No todos participan de manera igual en esta expansión de las franquicias financieras. En Estados Unidos, el 87 % de los hogares no blancos tenían una cuenta bancaria en 2013, en comparación con el 93 % del país en general, y el 64 % de los estadounidenses blancos afirmaron tener acciones, en comparación con el 46 % de las personas de color.[7] Esta situación es el legado del pasado desigual y racista del país. El educador y reformador estadounidense Booker T. Washington entendió

---

4. Jiahui, "How Ancient Chinese Buried the Living Along with the Dead"; y John Noble Wilford, "With Escorts to the Afterlife Pharaohs Proved Their Power", *New York Times*, 16 de marzo de 2004, `https://www.nytimes.com/2004/03/16/science/with-escorts-to-the-afterlife-pharaohs-proved-their-power.html`.

5. T. J. Stiles, *The First Tycoon*. Vintage Books, Nueva York, 2010, p. 569.

6. Stiles, p. 569.

7. Jason Furman, "Financial Inclusion in the United States", *Obama White House Blog*, 10 de junio de 2016, `https://obamawhitehouse.archives.gov/blog/2016/06/10/financial-inclusion-united-states`; Lydia Saad y Jeffrey M. Jones, "What Percentage of Americans Own Stock? " *The Short Answer*, Gallup, 12 de mayo de 2022, `https://news.gallup.com/poll/266807/percentage-americans-owns-stock.aspx`.

muy pronto que la propiedad era fundamental para alcanzar la igualdad. En una primera época en la que se dedicó a enseñar a estudiantes negros y a observar la labor legislativa de congresistas negros, Washington concluyó que las leyes y el derecho al voto eran necesarios, pero no suficientes para tal propósito: "Además de papeletas para votar, necesitamos propiedad, industria, destrezas, economía, inteligencia y carácter; ninguna raza carente de tales elementos podrá alcanzar el éxito duradero". Durante casi cien años después de la Reconstrucción, las leyes racistas de Jim Crow, de alcance estatal, hicieron prácticamente imposible que los negros emplearan su industria, habilidad y otras facultades para crear riqueza, poniendo de manifiesto la necesidad de que un soberano poderoso (en este caso, el gobierno de Estados Unidos) garantizara los derechos consagrados en las Decimocuarta (1868) y Decimoquinta Enmiendas a la Constitución (1870). Si bien este patrón de desigualdad aún perdura, lo cierto es que la inclusión en términos financieros ha aumentado de forma significativa en Estados Unidos en las últimas décadas, y a pasos agigantados si consideramos el paso de los siglos.

¿Qué más ha cambiado desde la época de Vanderbilt? Cuando Vanderbilt amasó su fortuna, Wall Street era accesible solo para un puñado de individuos extremadamente ricos. Con el tiempo, los mercados se democratizaron. Con la invención de los fondos mutuos de extremo abierto (1924), los corretajes de descuento (1975), los fondos cotizados en bolsa (1991), las cuentas de *trading* sin comisiones (2019) y la propiedad fraccionada de acciones de oferta pública (década de 2010), donde un inversor teóricamente puede comprar una participación de 1 dólar de una acción de 300 dólares de Microsoft (en lugar de comprar acciones completas), lo cierto es que cualquiera puede invertir en los mercados. La intervención estatal también contribuyó a equilibrar las cosas a través del impuesto sobre la renta y el impuesto de sucesiones, o la ampliación de la seguridad social (que tiene sus orígenes en las denominadas "leyes de pobres" en Inglaterra y en sociedades fraternales como los masones, pero que no se implantaron universalmente hasta el New Deal).[8] Los sindicatos ayudaron a garantizar un salario digno para un mayor número de trabajadores, y las pensiones militares y del mundo de la empresa permitieron salvaguardar los ahorros para la jubilación.

En el pasado, los gobiernos han intervenido para redistribuir la riqueza: Enrique VIII, incapaz de obtener un divorcio del papa, confiscó todas las tierras de la Iglesia (que representaban casi un tercio del total) y las vendió a particulares, creando con ello una nueva clase: la *gentry*, formada por

---

8. "Traditional Sources of Economic Security", *Historical Background and Development of Social Security*, Social Security Administration, *s.d.*, `https://www.ssa.gov/history/briefhistory3.html`, consultado el 12 de abril de 2023.

terratenientes con intereses comerciales. Posiblemente, la "intervención gubernamental" de Enrique esté en el origen de la agricultura moderna y la industrialización, según algunos estudiosos.[9] A pesar de estas transformaciones, ya en el siglo XX, buena parte de los avances en la democratización de la propiedad de activos son atribuibles a las fuerzas del mercado y la innovación. Lo mismo ocurrirá con la Web3. Los gobiernos pueden intervenir para dividir los monopolios de la Web2, pero es más probable que la innovación de la Web3 transforme radicalmente esos modelos de negocio. La propiedad es un incentivo poderoso. Los *tokens* otorgan a sus titulares derechos económicos y de gobernanza sobre sus bienes digitales, y cualquiera puede hacerse con ellos; llamémoslos activos básicos universales.

Esto nos lleva a considerar otra tendencia a largo plazo. A medida que la economía se ha globalizado, los activos se han ido volviendo más abstractos y menos táctiles. En la era preindustrial, la tierra era fuente de riqueza en una época dominada por la agricultura, la tala de árboles y la minería, industrias del sector primario.[10] En el siglo XIX, a medida que la industrialización fue cobrando impulso, materias primas como el carbón y el petróleo, así como los activos de planta y otros activos de capital, incrementaron su valor, al igual que los billetes, valores, certificados de depósito, patentes y otras invenciones intangibles de la mente humana. Con la explosión de nuevos activos y clases de activos, el capitalismo redefinió lo posible. El biógrafo T. J. Stiles explica la aportación de Cornelius Vanderbilt a la aparición del capitalismo moderno: "Los dispositivos imaginados del comercio fueron abstrayendo de forma gradual lo tangible, transformándolo en meros *tokens*, y después en menos que *tokens*. El dinero pasó de adoptar la forma de monedas de oro a billetes respaldados por oro, y de ahí a comprobantes de papel de curso legal y registros contables en cuentas bancarias".[11] Stiles señala además que la arquitectura invisible de las finanzas modernas que hoy damos por sentada surgió en la época de Vanderbilt "en medio de acalorados debates, confusión y una intensa resistencia". ¿Te resulta familiar? En palabras de Stiles: "Como si de un fantasma se tratara, la empresa abandonó el cuerpo del propietario particular y se convirtió en un ser en sí misma", una entidad con personalidad jurídica propia.[12]

---

9. Leander Heldring, James A. Robinson, y Sebastian Vollmer, "The Long-Run Impact of the Dissolution of the English Monasteries", Working Paper 21450, National Bureau of Economic Research, agosto de 2015, revisado abril de 2021, `https://www.nber.org/system/files/working_papers/w21450/w21450.pdf`.

10. "A Brief History of Mining", Earth Systems, 2006, `https://www.earthsystems.com/history-mining/`.

11. Stiles, p. 568.

12. Stiles, p. 568.

La aplicación más revolucionaria de la Web3, o más bien su activo más revolucionario, no adoptará la forma de versiones digitales de intangibles que ya poseemos y comprendemos, como acciones, dinero, fondos mutuos y otros activos financieros. Después de todo, las empresas más valiosas del siglo XIX eran dueñas de creaciones mentales, no de los frutos de la tierra. Quedaron enmarcadas por las leyes de la propiedad y se encarnaron en nuevas tecnologías, como los diferentes instrumentos financieros que representaban intereses en compañías de ferrocarril, fábricas de acero, fabricantes textiles, bancos comunitarios, etc. De forma similar, los activos más valiosos de la Web3 probablemente no serán acciones y bonos digitales ni otro activo heredado, sino algún elemento nativo de la Web3.

Naturalmente, la Web3 nos permitirá actualizar nuestros activos heredados. Mike Dudas, de la firma de capital de riesgo 6MV, resume el sentimiento de la industria: "Una parte muy importante de las clases de activos del mundo se tokenizará, comenzando con las criptomonedas".[13] Tiene sentido: los activos digitales ofrecen la posibilidad de alcanzar un acuerdo instantáneo, global y definitivo de igual a igual entre cualquier persona, empresa o entidad. Los usuarios se benefician de una mayor rapidez, un acceso más amplio y una mayor liquidez en activos financieros, por ejemplo.

Lo más probable es que Wall Street, tal y como lo conocemos, vea reducida su importancia global. Los primeros servicios de tecnologías financieras construyeron sus innovaciones sobre una infraestructura heredada, fortaleciendo la posición de los intermediarios centralizados. En cambio, los emisores de *tokens* aspiran a distribuir el control sobre el dinero y los activos hacia los usuarios. Esta historia de destrucción creativa no es nueva: con frecuencia, la tecnología ha perjudicado, más que reforzado, a las empresas ya establecidas, si bien las excepciones son numerosas. Por ejemplo, *The New York Times* realizó su transición del papel a lo digital, rediseñó su modelo de negocio y empezó a llegar a más lectores, ganando influencia a nivel global y superando los 10 millones de suscriptores en 2022.[14] Aun así, las empresas más valiosas de las Web1 y Web2 no fueron los periódicos, y las entidades más valiosas que surgirán de la Web3 no serán los bancos. Al igual que Vanderbilt y sus contemporáneos de la era industrial con su petróleo, acero, telégrafos, ferrocarriles y bienes raíces, los visionarios de la Web3 están reconfigurando los activos digitales para crear nuevos usos y valores. De nuevo, la historia no se repite, pero rima.

---

13. Mike Dudas, entrevista con Alex Tapscott a través de Zoom, 16 de septiembre de 2022.

14. Edición impresa y digital. "The New York Times Company Reports Second-Quarter 2022 Results", nota de prensa, *New York Times*, 3 de agosto de 2022, `https://nytco-assets.nytimes.com/2022/08/Press-Release-6.26.2022-Final-X69kQ5m3-2-1.pdf`.

Los componentes básicos de la Web3

¿Qué hace que los *tokens* sean unos agentes de transformación tan potentes para la propiedad de activos, la creación de riqueza y los negocios? Al igual que las acciones de las corporaciones acumularon gran parte del valor de la economía industrial, gran parte del valor en la economía digital se acumulará en los componentes básicos de la Web3, a saber: los *tokens* de redes descentralizadas.

Muchas corporaciones tradicionales como Nike, Microsoft, LVMH Moët Hennessy Louis Vuitton y otras han tenido éxito en la Web3. Muchas otras seguirán su estela. Coinbase, el mayor bróker minorista de Web3 que cotiza en Nasdaq (COIN), tiene un valor de alrededor de 15.000 millones de dólares y más usuarios que TD Ameritrade.[15] Al igual que ocurrió durante la fiebre del oro de California, estas empresas encargadas de suministrar herramientas y servicios básicos a sectores emergentes prestan un servicio a emprendedores, especuladores y otros pioneros. Pero la capitalización de mercado de todas las empresas, tanto públicas como privadas, que están directamente involucradas en esta industria, como por ejemplo las plataformas de intercambio de criptoactivos y custodios como Coinbase y Circle (pero no Nike y Microsoft, cuyos negocios actuales siguen siendo en su mayor parte no basados en la Web3), todavía palidece en comparación con la capitalización de mercado de 1 billón de dólares de los *tokens*.[16]

¿Cómo llega un fragmento de código salido de la mente un programador con talento a tener un valor de más de 1 billón de dólares en una década? La respuesta es resolviendo un problema de computación de más de 30 años de antigüedad: el problema del doble gasto. El valor de los *tokens* depende de las cadenas de bloques, registros distribuidos de transacciones que todos pueden ver pero que nadie puede alterar. Las cadenas de bloques actúan como única fuente de verdad a la hora de demostrar la propiedad y procedencia de activos. Existen numerosas razones por las que un *token* en particular tiene valor, pero todos los *tokens* se benefician de ser demostrablemente escasos. Las transacciones en *tokens* son casi instantáneas y la liquidación es definitiva. Una vez registradas en una cadena de bloques, estas transacciones son muy costosas de revertir, lo que infunde confianza tanto en los *tokens* como en las cadenas de bloques en tanto que plataformas de intercambio.

---

15. "Market Capitalization of Coinbase (COIN)", *Companies Market Cap*, a 12 de abril de 2023, `https://companiesmarketcap.com/coinbase/marketcap/`.

16. Sobre la capitalización de mercado de los *tokens* en la actualidad, véase CoinGecko, `https://www.coingecko.com/`. Por ejemplo, Ethereum, la segunda plataforma de criptoactivos en valor, tiene una capitalización de mercado de 217.000 millones de dólares comparada con Coinbase, la compañía Web3 más grande con cotización en bolsa, y cuya capitalización de mercado alcanza los 15.500 millones de dólares. "Market Capitalization of Coinbase", *Companies Market Cap*, 17 de mayo de 2023, `https://companiesmarketcap.com/coinbase/marketcap/`.

Los *tokens* tienen otras características importantes. En primer lugar, son **programables**: podemos diseñarlos para cumplir prácticamente cualquier tarea en una función que requiera escasez y una verificación de la propiedad. Particulares y empresas los emplean en la actualidad para representar arte, acciones, votos, canciones, personajes de mundos virtuales, contratos de préstamos, historiales crediticios, atributos de identidad, posiciones en un consejo de administración, entradas para un concierto, credenciales, derivados financieros, créditos de carbono, monedas, certificados de depósito para productos básicos, acciones fraccionarias de fondos mutuos o la propiedad fraccionada de un edificio, por nombrar tan solo algunos usos.

Dentro de poco, compilar un listado de usos como el que acabamos de enumerar será tarea inútil, como lo sería enumerar todos los usos que los sitios web tenían en 1999. Podemos programar *tokens* con una alta divisibilidad cuando es preciso fraccionar una unidad de valor en unidades más pequeñas (como por ejemplo cuando tenemos un dólar digital como unidad de intercambio o la escritura de una propiedad de tiempo compartido en Aruba), pero quizás no cuando se trate de un voto en unas elecciones o un billete de avión.

Los *tokens* son **autocustodiables**, lo que significa que podemos optar por mantenerlos nosotros mismos en nuestra propia billetera digital, o bien confiarlos a un tercero. La autocustodia no está exenta de riesgos: si el usuario pierde la clave privada de su billetera digital y olvida hacer una copia de seguridad, puede que nunca recupere sus activos.[17] Según la empresa de investigación de criptoactivos Chainalysis, las claves perdidas han supuesto la pérdida de entre el 17 y el 23 % de todos los bitcoins minados.[18] Las cifras probablemente sean mucho menores para otros activos. En sus primeros tiempos, el bitcoin era poco más que un experimento monetario utilizado por un puñado de aficionados. Durante casi dos años, careció por completo de valor, por lo que no se prestaba tanta atención a la seguridad de los activos. Muchos bitcoins se perdieron en aquellos años. En cualquier caso, no sorprende que hayan aparecido servicios de ayuda para recuperar *tokens*, así como métodos que permiten recuperar los *tokens* propios.[19] Lo que algunos ven como una debilidad letal puede ser (para otros) uno de los principales

17. Nathanial Popper, "Lost Passwords Lock Millionaires out of Their Bitcoin Fortunes", *New York Times*, 14 de enero de 2021, `https://www.nytimes.com/2021/01/12/technology/bitcoin-passwords-wallets-fortunes.html`.

18. Rick Delafont, "Chainalysis: Up to 3.79 Million Bitcoins May Be Lost Forever", *NewsBTC*, 12 de abril de 2018, `https://www.newsbtc.com/news/bitcoin/chainalysis-up-to/`.

19. James Royal, "Are Your Lost Bitcoins Gone Forever? Here's How You Might Be Able to Recover Them", Bankrate, 11 de febrero de 2022, `https://www.bankrate.com/investing/how-to-recover-lost-bitcoins-and-other-crypto/`; y Brian Nibley, "Tracking Down Lost Bitcoins and Other Cryptos", SoFi, 13 de septiembre de 2022, `https://www.sofi.com/learn/content/how-to-find-lost-bitcoin/`.

atractivos de la Web3. En los países en vías de desarrollo, la autocustodia es útil cuando la banca es accesible solo para unos pocos privilegiados o cuando las instituciones locales no son de fiar.

En apenas unos años, la Web3 ha pasado de 0 a cerca de 320 millones de usuarios, medidos en propietarios de *tokens*.[20] ¿Será la autocustodia un impedimento para su implantación masiva en el mercado? ¿O cambiará el comportamiento de los usuarios? Se dice que Gottlieb Daimler, pionero del automóvil, afirmó: "La demanda global de vehículos no superará el millón de unidades, por el simple hecho de que faltan conductores".[21] Otras versiones sitúan su predicción más cerca de las 5.000 unidades.[22] En cualquier caso, es evidente que Daimler no anticipó cambios en el comportamiento de los usuarios. Su visión del automóvil, común entre los pioneros de la industria, era esqueumórfica: los automóviles eran carruajes motorizados para ricos con chófer. Tenemos equivalentes modernos. Los *baby boomers* se maravillaban de que sus hijos, los *millennials*, navegaran por la web en la década de 1990. Hoy en día, la mayoría de los estadounidenses pasan al menos cuatro horas al día en sus teléfonos inteligentes.[23] Los jóvenes se sienten perfectamente cómodos siendo dueños de sus propios NFT y otros bienes digitales, si bien puede que sus padres necesiten algo más de tiempo para ponerse al día.

Dado que los *tokens* son autogestionados, también **carecen de permisos y son resistentes a la censura**, lo que significa que podemos poseerlos y usarlos sin interferencias de terceros (por ejemplo, los gobiernos), y podemos programarlos como queramos. Es difícil detener o editar una transacción en *tokens*. Muchos *tokens* son creados con software de código abierto; cualquiera puede utilizarlos, igual que el correo electrónico. Los activos digitales han contribuido a financiar la guerra en Ucrania, respaldar movimientos de protesta en Bielorrusia, Hong Kong y Myanmar, y proteger a los venezolanos de los efectos paralizantes de la hiperinflación. También los delincuentes utilizan *tokens*, al igual que naciones rebeldes y probablemente terroristas (como veremos más adelante, en la descripción de "*Tokens* que financian a los combatientes por la libertad"). "El valor real en una red de pagos que carece de permisos es poder respaldar cualquier moneda", afirma Kain Warwick de Synthetix, una

---

20. "Cryptocurrency Ownership Data", Triple A, 5 de abril de 2023, `https://triple-a.io/crypto-ownership-data/`.
21. "Automobile Anecdotes", Stuttgart-Marketing GmbH, *s.d.*, `https://www.stuttgart-tourist.de/en/automobile/automotive-anecdotes-1`, consultado el 12 de abril de 2023.
22. Lars Bosteen "Early Mis-Prediction of the Demand for Automobiles", History Stack Exchange, 18 de agosto de 2021, `https://history.stackexchange.com/questions/65780/early-mis-prediction-of-the-demand-for-automobiles`.
23. L. Ceci, "Time Spent per Day on Smartphone", Statista, 14 de junio de 2022, `https://www.statista.com/statistics/1224510/time-spent-per-day-on-smartphone-us/`.

"plataforma de activos sintéticos respaldados por criptomonedas".[24] "Teníamos en mente esta idea de *stablecoins* multidivisa. Lanzamos varias monedas fiduciarias. Al mismo tiempo, también lanzamos moneda en oro y plata porque pensamos: 'Si nos ponemos a ello, ¿por qué no oro y plata?'. Curiosamente, a la gente le encantó el oro. La gente decía: '¡Anda, oro sintético! ¡Justo lo que estábamos esperando!'".[25] Naturalmente, no es necesario sufrir bajo ningún yugo opresor para entender el valor de los activos no custodiados: intenta realizar una transferencia bancaria una vez ha cerrado la sucursal. Además, en muchos casos, necesitamos poder acceder de forma sencilla y rápida a los *tokens*, como entradas para conciertos, votos y dinero.

Al igual que ocurre con otros activos en la economía, los *tokens* pueden ser **fungibles** o **no fungibles.** Un *token* fungible es intercambiable con otros *tokens* de su misma clase; por ejemplo, el bitcoin es fungible. A la mayoría de la gente le daría igual poseer uno u otro tipo de bitcoin: ambos tienen el mismo valor y utilidad. Las acciones de una empresa como Apple son fungibles: cada acción otorga la misma participación económica, derechos y obligaciones que una acción de una clase similar. El dinero es fungible: un billete de un dólar es igual a otro billete de un dólar. Por el contrario, el valor de un NFT (*token* no fungible) no es necesariamente igual al de otros NFT. Cada *token* es único. Este es el motivo por el que los NFT son un medio popular para expresar la propiedad de arte digital, activos culturales y otro tipo de propiedad intelectual o experiencias personalizadas singulares. Sin embargo, dado que podemos crear un número casi infinito de activos tangibles e intangibles únicos en el mundo, es probable que el mercado de NFT crezca mucho más allá de estos casos de uso iniciales.

Los *tokens* pueden estar **colateralizados** o **no colateralizados.** El valor de los *tokens* no colateralizados fluctúa libremente en comparación con otros, según el valor subyacente inherente del *token*. El dinero, hoy en día, no está respaldado por ningún colateral. Hasta hace cincuenta años, cualquiera podía canjear billetes de dólar por oro, bajo ciertas condiciones. A pesar de haber perdido ese respaldo, los billetes de dólar siguen siendo muy valiosos: los firmantes del Acuerdo de Bretton Woods de 1944 eligieron el dólar estadounidense como la moneda de reserva global. China ha intentado hacer lo propio con el yuan, pero el dólar aún representa el 60% de los depósitos de los bancos centrales en todo el mundo.[26] Ethereum es la segunda plataforma

---

24. "Synthetixio", GitHub, consultado el 18 de diciembre de 2022, `https://github.com/Synthetixio`.
25. Kain Warwick, entrevista con Alex Tapscott a través de Zoom, 15 de agosto de 2022.
26. Kate Duguid y Nikou Asgari, "Central Banks Look to China's Renminbi to Diversify Foreign Currency Reserves", *Financial Times*, 30 de junio de 2022, `https://www.ft.com/content/ce09687f-f7e5-499a-9521-d98cbd4c5ac1`.

de *blockchain* más valiosa del mundo, y ofrece soporte a casi medio millón de desarrolladores que crean miles de aplicaciones con servicios para millones de usuarios. Usuarios y desarrolladores necesitan su *token* nativo, ETH, como combustible o "gasolina" para llevar a cabo cálculos descentralizados, aplicaciones y transacciones, de forma muy parecida a como repostarían en una gasolinera. Esta utilidad inherente hace que ETH sea un *token* muy valioso que genera demanda, pero la posesión de un ETH no concede derecho alguno sobre la propiedad de ningún otro activo, ya se trate de oro, cuentas por cobrar, instalaciones y equipo físicos o propiedad intelectual, entre otros. Más adelante, veremos cómo ETH otorga a sus titulares derechos sobre los ingresos del protocolo, una parte de los cuales se utiliza para reducir el total de *tokens* ETH en circulación, de manera similar a como una empresa podría utilizar sus beneficios para recomprar sus propias acciones. Pese a todo, sigue siendo un *token* no respaldado por un colateral, en el sentido clásico del término.

Por otro lado, los creadores de ciertas *stablecoins*, diseñadas para mantener su valor vinculado al dólar estadounidense (USD), sí otorgan derechos sobre otros activos. Por ejemplo, Centre Consortium respaldó su *stablecoin* gestionada centralmente, el USD Coin (USDC), dólar por dólar con bonos gubernamentales en bancos estadounidenses. MakerDAO respaldó su *stablecoin* DAI con otros *tokens*. Debido a que los *tokens* son volátiles, estas *stablecoins* mantienen una proporción de reserva de 2:1 o más. De cualquier manera, el poseedor puede canjear la *stablecoin* en cualquier momento por el activo subyacente: están colateralizadas. Algunas *stablecoins* son especialmente inestables. En 2020, los creadores del protocolo Terra, con su *token* nativo LUNA, lanzaron una *stablecoin* algorítmica llamada US Terra (UST), programada para vincularse al dólar estadounidense. El algoritmo de Terra calculaba la oferta y la demanda relativas de UST y aumentaba o disminuía la oferta total para que el valor de la moneda se mantuviera estable. Sin embargo, a diferencia de otras *stablecoins*, estaba infracapitalizada, lo que significa que cada UST no estaba respaldada en dólares en una proporción de 1:1. La insuficiencia de colateral puso en riesgo el protocolo de Terra LUNA en caso de que se produjera una retirada masiva y repentina de depósitos. Eso es lo que sucedió en mayo de 2022: los poseedores de UST se apresuraron a canjear sus activos por los dólares subyacentes, de forma muy parecida a lo ocurrido en la década de 1930. UST colapsó, y con ella el protocolo Terra.

Los *tokens* son **transferibles de igual a igual (*peer-to-peer*)**. Las aplicaciones descentralizadas (dApps) de la Web3 son componibles, lo que significa que podemos ensamblarlas con otras como si fueran bloques de construcción, siempre y cuando se ejecuten en plataformas similares o compatibles entre sí. También podemos intercambiar cualquier activo con cualquier otro activo dentro de este universo *peer-to-peer*. Como James Dale Davidson y Lord William Rees-Mogg predijeron en *El individuo soberano*, "las probabilidades de encontrar a alguien con deseos exactamente recíprocos a los tuyos aumentan sustancialmente cuando tienes acceso instantáneo a todo el mundo, en lugar de depender solo de aquellas personas a las que podrías conocer a escala local".[27]

La naturaleza componible, líquida y de igual a igual de los *tokens* nos lleva a repensar conceptos fundamentales como el dinero. El economista austriaco Friedrich Hayek ya lo anticipó: "Aunque normalmente damos por sentado que existe una frontera clara entre lo que es dinero y lo que no lo es (y por lo general las leyes intentan establecer tal distinción), lo cierto es que, en lo que a los efectos causales de los eventos monetarios respecta, tal diferencia no existe. Lo que encontramos es un continuo en el que objetos con diversos grados de liquidez, o con valores que pueden fluctuar independientemente entre sí, tienden a solaparse cuando funcionan como dinero".[28] ¿Qué sucede cuando cualquiera puede encontrar a cualquier otra persona en cualquier lugar y establecer un mercado para sus *tokens*? Algunas *startups* de la Web3, como Anoma, están creando mercados privados de trueque que permiten emparejar compradores y vendedores de cualquier activo, de igual a igual. ¿Quieres pagar tu hipoteca con NFT o usar acciones de Apple para comprar entradas para un concierto? En palabras de Adrian Brink, fundador de Anoma: "El objetivo final de todo bien podría ser una disrupción de la propia idea del dinero, que fue creado para resolver los problemas y limitaciones del trueque".[29] Volveremos sobre esta cuestión.

Tokens que financian a los combatientes por la libertad

Los *tokens* han desempeñado un papel destacado en la financiación del esfuerzo de guerra ucraniano contra Rusia. Desde el inicio del conflicto, miles de individuos anónimos, así como algunas empresas y figuras públicas, han enviado más de 100 millones de dólares en donaciones de criptomonedas para resistir la invasión y ayudar a la población asediada.[30] El colectivo

---

27. James Dale Davidson y Lord William Rees-Mogg, *The Sovereign Individual: Mastering the Transition to the Information Age*. Simon & Schuster, Nueva York, 1997, p. 216.
28. Friedrich A. von Hayek, *Denationalization of Money*. Institute of Economic Affairs, Londres, 1976, p. 56.
29. Adrian Brink, entrevista con Alex Tapscott a través de Zoom para el podcast *DeFi Decoded*, 31 de marzo de 2022.
30. "Ukraine Government Turns to Crypto to Crowdfund Millions of Dollars", *Elliptic Blog*, 11 de marzo de 2022, `https://www.elliptic.co/blog/live-updates-millions-in-crypto-crowdfunded-for-the-ukrainian-military`, consultado el 31 de marzo de 2022.

artístico Pussy Riot, contrario a Putin, contribuyó con el lanzamiento de Ukraine DAO, una organización virtual descentralizada que ha recaudado más de 6,5 millones de dólares.[31]

Estas donaciones son posibles únicamente porque los *tokens* son activos digitales al portador resistentes a la censura y transferibles de igual a igual. En tanto que activos líquidos, fungibles y autocustodiados, sus titulares pueden intercambiarlos fácilmente por moneda fiduciaria, bienes y servicios. Existen innumerables razones para utilizar dinero resistente a la censura, y la lista de motivos no hace más que crecer. Los manifestantes del Convoy por la Libertad en Canadá utilizaron criptoactivos para financiar su movimiento después de que GoFundMe y otros intermediarios cancelaran sus cuentas. Fueron muchos quienes se pronunciaron contra las acciones de los manifestantes en Ottawa.[32] Los mismos grupos guardaron silencio sobre el bitcoin cuando se utilizó para financiar a los combatientes ucranianos por la libertad.

Alex Wilson, fundador de la plataforma de donaciones de criptoactivos *The Giving Block*, cree que la naturaleza de esta clase de activos, carente de permisos, encaja con una base de usuarios poco acostumbrados a pedir permiso. En el ámbito de las donaciones en criptomonedas, menciona "la gran popularidad de los derechos humanos entendidos en sentido amplio", y añade que "la comunidad cripto cree que puede hacer las cosas mejores que las organizaciones sin ánimo de lucro".[33] Muchos de los proveedores de armamento a Ucrania prefieren recibir el pago en *tokens* en lugar de convertirlo en moneda fiduciaria. Según el subsecretario de Defensa de Ucrania, "es más fácil, menos complicado y más transparente y rápido si lo comparamos con una transacción SWIFT [*Society for Worldwide Interbank Financial Telecommunication*], que podría demorarse más de un día".[34]

El hecho de que los *tokens* contribuyan a financiar el esfuerzo bélico enfatiza las diferencias entre la Web3 y la Web2. Imaginemos que este conflicto hubiera estallado hace diez años: en la versión Web2 de los acontecimientos, una ciudadanía apasionada donaría a la Cruz Roja y publicaría mensajes alentadores en una red social centralizada como Facebook, donde recibirían

31. PartyBid App, PartyDAO, a 31 de marzo de 2022, https://www.partybid.app/party/0x4508401BaDe71aE75fE70c97fe585D734f975502.

32. Andrew J. Hawkins, "The Anti-vaxx Canadian Truckers Want to Talk to You About Bitcoin", *The Verge*, 9 de febrero de 2022, https://www.theverge.com/2022/2/9/22925823/canadian-trucker-convoy-anti-vaxx-bitcoin-press-conference, consultado el 31 de marzo de 2022.

33. Alex Wilson, entrevista con Alex Tapscott a través de Zoom, 9 de agosto de 2022.

34. Amitoj Singh, "Ukraine Is Buying Bulletproof Vests and Night-Vision Goggles Using Crypto", *CoinDesk*, 7 de marzo de 2022, https://www.coindesk.com/policy/2022/03/07/ukraine-is-buying-bulletproof-vests-and-night-vision-goggles-using-crypto/, consultado el 31 de marzo de 2022.

críticas de otros usuarios por su "activismo de sofá". Si incumplieran los términos de uso del servicio, podrían ser censurados o incluso expulsados de la plataforma sin apelación posible. En la era de la Web3, podemos utilizar activos digitales para armar a quienes luchan por su libertad, respondiendo al llamamiento del presidente ucraniano Volodímir Zelenski: "Necesito municiones, no que me saquen de aquí en coche".[35]

Los *tokens* son a la Web3 lo que los sitios web fueron a la Web1

Los *tokens* son las herramientas definitorias de la Web3, dando vida a sus variadas aplicaciones, del mismo modo que los sitios web definieron la Web1. Lo que los contenedores de carga hicieron por el movimiento global de mercancías, los *tokens* pueden hacerlo por el movimiento de valor de igual a igual. Los *tokens* pueden contribuir a la reducción de costes, mejorar la velocidad, disminuir la fricción e incrementar exponencialmente la productividad económica. Al igual que es posible llenar un contenedor con una gran variedad de mercancías, podemos programar un *token* con un número de atributos cercano a infinito. El dinero programable es un buen ejemplo. Supongamos que el lector quiere enviar dinero a su hija, que estudia en la universidad: el dinero programable funcionaría solo en algunos supermercados, pero no en licorerías. Si el sitio web contenía información, los *tokens* contienen valor o activos. En palabras de Chris Dixon, de Andreessen Horowitz: "Para mí, un sitio web es un contenedor. Es un contenedor que puede contener código, imágenes y texto. Que guarda enlaces a otros sitios web. Podríamos llenar nuestros contenedores con lo que quisiéramos".[36] Sin embargo, los sitios web eran solo una pieza del rompecabezas. La *World Wide Web* original nos permitió vincular nuestros sitios web (los contenedores) entre sí.

He elegido esta metáfora con toda la intención: el contenedor de carga mejoró radicalmente la velocidad y eficiencia de la industria del transporte, permitiendo a las empresas globalizar sus cadenas de suministro. Según una estimación, la adopción del contenedor condujo a un incremento del comercio en un 790% en 20 años, superando con creces los beneficios generados por los acuerdos de libre comercio en el mismo periodo de tiempo.[37] De una

35. Sharon Braithwaite, "Zelensky Refuses US Offer to Evacuate, Saying 'I Need Ammunition, not a Ride'", *CNN*, Cable News Network, 26 de febrero de 2022, `https://www.cnn.com/2022/02/26/europe/ukraine-zelensky-evacuation-intl/index.html`.

36. Chris Dixon, entrevista con Alex Tapscott a través de Zoom, 2 de septiembre de 2022.

37. "The Humble Hero: Containers Have Been More Important for Globalisation Than Freer Trade", *Economist*, 18 de mayo de 2013, `https://www.economist.com/finance-and-economics/2013/05/18/the-humble-hero`.

forma muy parecida, el diseño de la *World Wide Web* original incorporó un sistema que permitía conectar estos contenedores entre sí, "y así fue como obtuvimos este precioso sistema emergente construido desde abajo, todos estos pequeños mundos dentro de otros mundos que se vinculan entre sí".[38]

Al igual que en un contenedor o un sitio web podemos meter cualquier cosa, también podemos meter cualquier cosa en un activo digital y asignarle propiedad. Según Dixon: "La propiedad clave aquí es que, en lugar de ser un contenedor de mercancías, puede ser un contenedor de propiedad".[39] A pesar de sus infinitas posibilidades, una gran mayoría de personas da por sentado que todos los *tokens* son una variante de bitcoin, una criptomoneda u algún otro activo financiero. En parte, la confusión se debe a la ambigüedad semántica de palabras como "*token*" y "criptoactivo", y de frases como "activo digital" y "activo virtual", que se utilizan de manera intercambiable. La industria y los medios especializados no ayudan al usar "criptomoneda" como un término general. La mayoría de los *tokens* no tienen nada que ver con la moneda como caso de uso. ¿Es una credencial NFT una moneda? ¿Y una obra de arte? ¿O un *token* que otorga gobernanza sobre una organización descentralizada? ¿O un avatar con el que jugamos en un videojuego de la Web3? ¿Y qué ocurre con un NFT que contiene los términos de un contrato financiero personalizado entre dos partes?

Lo cierto es que los primeros debates sobre la Web3 se centraron en el bitcoin y, en consecuencia, en el dinero y otros activos financieros existentes. Mantener el foco en el dinero, las acciones y demás instrumentos es tranquilizador y resulta fácil de entender, puesto que son activos ya existentes. A menudo, nos referimos al bitcoin como "oro digital" y enfatizamos las similitudes entre ambos, como la oferta fija, la producción limitada y el alto consumo de energía, del mismo modo en que comparábamos los primeros sitios web con revistas, periódicos y anuncios clasificados. Era esqueumórfico.

Chris Dixon cree que fue Steve Jobs quien popularizó el término "esqueumórfico". Tiene sentido, porque Jobs siempre diseñaba pensando en el futuro, tirando del público en esa dirección. El término tiene dos significados relevantes para la Web3. El primero es el desafío que supone comercializar una tecnología disruptiva. A menudo, implica un salto mental demasiado abrupto desde la tecnología existente, de modo que sus usuarios potenciales no son capaces de vislumbrar sus usos ni ver cómo esta nueva tecnología se relaciona con la tecnología que ya están utilizando. ¿Por qué iban a querer un teléfono con correo electrónico, cámara, música y sistemas de posicionamiento

38. Dixon, entrevista con Alex Tapscott.

39. Dixon, entrevista con Alex Tapscott.

geoespacial? Jobs se vio obligado a realizar transiciones metafóricas apoyadas en indicadores visuales; de ahí que el icono de correo electrónico sea un sobre sin abrir, el del teléfono sea un auricular a la antigua usanza, el navegador sea una brújula y la aplicación de notas, un cuaderno de papel. Y lo más obvio de todo: Jobs puso a su invento el nombre de teléfono (iPhone), aun cuando se tratara de mucho más que un simple teléfono. Fue una técnica deliberada para conseguir que lo novedoso nos resultara más familiar. Jobs era el amo.

El segundo significado es el desafío de ver el potencial de una innovación tan desconcertante única y exclusivamente en los términos de la tecnología actual, donde metáforas como el papel o la edición, o el dinero digital y los registros distribuidos de transacciones contables, limitan enormemente la imaginación del legislador o de los líderes de la industria. Esa es la preocupación de Dixon: "En tecnología, uno de los errores clave que la gente suele cometer es confundir la implementación inicial de una nueva tecnología con la tecnología en sí misma". Bitcoin inauguró y lideró la industria temprana de lo "cripto" y su análisis mucho antes de que la Web3 apareciera en el lenguaje cotidiano.

Consideremos la evolución de los principales medios creativos más novedosos, donde los creadores tienden a importar comportamientos de medios preexistentes. Las primeras películas eran muy parecidas a la pantomima teatral; no eran más que obras teatrales ambientadas con música. Tal vez fuera la consecuencia del proceso que se seguían para conseguir financiación: ¿cómo presentar una idea innovadora sin dar la impresión de que estás un poco loco? Con el tiempo, directores y productores añadieron sonido, planos o tomas de establecimiento, primeros planos y movimientos de cámara. Incorporaron a sus películas la edición, los efectos visuales y de sonido, y la animación. Como nos recuerda Dixon, la industria tardó dos o tres décadas "en desarrollar lo que ahora consideramos una gramática y un vocabulario nativos" a la hora de crear películas; o, mejor dicho, de crear experiencias inmersivas, abrumadoras y verdaderamente cinematográficas, que no parecieran obras teatrales.[40]

¿Cuál sería el equivalente de la web en el mundo predigital? La historiadora y novelista Irene Vallejo, cuya imponente obra *El infinito en un junco* explora el origen de los libros, realizó una observación perspicaz sobre Internet al señalar que Tim Berners-Lee "buscó inspiración en el espacio ordenado y ágil de las bibliotecas públicas". Los localizadores universales de la web, conocidos como URL, eran "el equivalente exacto de la signatura de una biblioteca", y el protocolo de transferencia de hipertexto de la web,

40. Dixon, entrevista con Alex Tapscott.

conocido por sus siglas HTTP, "actúa como las fichas de solicitud que rellenamos para pedirle al bibliotecario que busque el libro deseado". Internet, afirma la autora, "es una emanación, multiplicada, vasta y etérea, de las bibliotecas".[41] Dicho de otro modo: Berners-Lee fundó la Biblioteca Virtual de la *World Wide Web*, que sigue funcionando en la actualidad.

Dixon está de acuerdo: "Podría decirse que la web, en 1993, se parecía a una revista. Pero, si analizas su esencia, verás que era una forma de entrelazar código, imágenes y texto a través de esta trama de hipervínculos. Si avanzamos rápidamente en el tiempo hasta la actualidad, tenemos Sigma, una *suite* completa de diseño gráfico en un sitio web.[42] Tienes todas estas aplicaciones riquísimas que ofrecen software como servicio". En otras palabras, decir que la web era como una revista es lo mismo que decir que una novela era como una biblioteca. La primera biblioteca que reconoceríamos como tal fue fundada en Alejandría, Egipto, por Ptolomeo, uno de los generales de Alejandro Magno. Tuvieron que pasar casi dos mil años más para que naciera la biblioteca moderna gracias al mecenazgo de los Medici en Florencia, Italia, en el siglo XV.[43] Lo bueno, a veces, lleva su tiempo. Como nos recuerda Dixon: "La gente tardó unos diez o veinte años en ver qué podían hacer con esta nueva primitiva, el sitio web".[44] Fue algo bastante parecido al proceso por el que la gente fue descubriendo lo que podía llegar a expresar a través de los libros a lo largo de milenios. Puede que los libros empezaran como una forma de narrar las conquistas de reyes o hazañas de los dioses, pero evolucionaron de formas infinitas. ¿Qué nos deparará el futuro para los activos digitales o *tokens*?

Aun cuando algunas aplicaciones tempranas sean esqueumórficas, a menudo terminan siendo productos de nicho altamente especializados, en lugar de convertirse en potentes disruptores. Sunny Aggarwal, fundador de Osmosis (una plataforma descentralizada o *exchange* de intercambio de *tokens*), lo explica: "Veremos un proceso de transición por el que los activos heredados se transformarán en nativos digitales".[45]

El desarrollador principal de Ethereum, Tim Beiko, ha sabido interpretarlo a la perfección: "Cuando salieron al mercado los teléfonos móviles, la aplicación más revolucionaria de tu iPhone no era Excel. La aplicación verdaderamente revolucionaria fue Instagram, porque aprovechó la cámara,

---

41. Irene Vallejo, *El infinito en un junco*, Siruela (2021), p. 45.
42. Design Services, Sigma Technology Group, *s. d.*, https://sigmatechnology.com/service/design-services/, consultado el 16 de septiembre de 2022.
43. Vallejo, *Papyrus*, p. 22.
44. Dixon, entrevista con Alex Tapscott.
45. Sunny Aggarwal, entrevista con Alex Tapscott a través de Zoom, 8 de agosto de 2022.

o Uber que aprovechó el GPS. Los desarrolladores de aplicaciones se preguntaron: '¿Cuáles son las capacidades computacionales del dispositivo? ¿Cómo las aprovechamos?'. Los usuarios quieren esas aplicaciones que solo son posibles gracias a la cadena de bloques, y muchas de ellas tienen que ver con la resistencia a la censura. El hecho de que los usuarios puedan ser propietarios de sus NFT es un logro tremendo. Antes de Ethereum no existían ni Bored Ape Yacht Club ni CryptoPunks", en referencia a dos proyectos populares de NFT.[46]

¿Cuál será el activo más revolucionario de la Web3?

En la edición de bolsillo en lengua inglesa de *La revolución blockchain*, presentamos una taxonomía que permitiera comprender el floreciente mundo de los activos digitales. Desde entonces, hemos ampliado la lista a once tipos:

1. Las **criptomonedas** como el bitcoin son intentos de crear dinero nativo de Internet que pueda funcionar como reserva de valor, unidad de cuenta y medio de intercambio *peer-to-peer*. El dinero, una de las creaciones más importantes y perdurables de la humanidad, está experimentando una revolución histórica. El dinero, que durante milenios ha ido evolucionando desde las conchas de cauri hasta las tablillas de arcilla, los metales preciosos, los billetes de banco y los saldos bancarios, está dando un nuevo gran salto adelante: se está digitalizando. Las innovaciones de la próxima década serán decisivas a medida que los gobiernos, las corporaciones globales y una sociedad civil digital cada vez más asertiva compitan por el control de nuestras vidas económicas. Quien quiera entender nuestro futuro colectivo, que siga el rastro del dinero. Bitcoin es la criptomoneda dominante, con un valor de mercado de aproximadamente 400.000 millones de dólares estadounidenses. Además, representa casi el 40 % del valor de mercado total de todos los *tokens*.
2. Los ***tokens* de protocolo** como ETH, que sustentan las plataformas de contratos inteligentes de capa 1 como Ethereum, son fundamentales para el desarrollo de aplicaciones Web3. Piense en Ethereum como un servicio de la Web3. En esta analogía, Ethereum sería la red eléctrica y ETH, la electricidad. Para calentar nuestros hogares y recargar nuestros automóviles eléctricos, necesitamos electricidad. Para ejecutar aplicaciones y realizar transacciones en la red Ethereum, necesitamos ETH. Cuantas más aplicaciones se construyan en Ethereum, más valor

46. Tim Beiko, entrevista con Alex Tapscott a través de Zoom, 9 de agosto de 2022.

acumulará su *token* nativo, debido al crecimiento en la demanda de ETH. Una empresa energética gana más dinero cuanto más numerosa sea su clientela. Entre las plataformas de contratos inteligentes se incluyen Solana y Avalanche. Algunas de estas plataformas son compatibles con Ethereum (como Avalanche), mientras que otras son redes autónomas separadas (como Solana). John Wu, presidente de Ava Labs, compara la compatibilidad con Ethereum con un estándar tecnológico del pasado. "Fíjate en la historia de la tecnología. Por ejemplo, Betamax o VHS. Una vez que tienes un número mínimo de personas usando cierto estándar, cuentas con una masa crítica que te permite despegar. Ethereum ha llegado a este punto. ¿Por qué no hacerlo compatible, pero mejor?", sostiene.[47] Una categoría separada de *tokens* de protocolo alimenta las redes de capa 2 construidas sobre las redes de capa 1, como Ethereum. Las redes de capa 2 actúan como subestaciones, bombeando energía a través de las redes para hacerlas funcionar de manera más fluida y rápida, y también se benefician de la seguridad subyacente de la "cadena principal". Son lo que se conocen también como cadenas de ejecución. Cuanta más demanda haya para la subestación que regula el flujo de transacciones (como las "horas pico" en una red), mayor será la demanda para ese *token*. Las transacciones en la capa 2 son *peer-to-peer*. Pero, si hay una disputa, puede escalarse a la capa 2 de Ethereum. Es decir, podemos pensar en las transacciones de capa 2 como si fueran contratos privados, mientras que ETH sería el sistema judicial que media en una disputa en la cadena. Cadenas de capa 2 como Arbitrum y Optimism cuentan con un *token* propio y, por lo tanto, se incluyen en esta categoría.

3. Los ***tokens* de gobernanza y utilidad** otorgan a sus titulares una participación económica y poder de decisión sobre el funcionamiento de un protocolo, servicio o producto. Los usuarios del producto o servicio pueden ganar o comprar estos *tokens* en el mercado abierto. En este sentido, constituyen incentivos poderosos para unirse a una red desde el principio. Podemos emitir *tokens* de gobernanza en una plataforma de contratos inteligentes. Por ejemplo, los titulares de UNI tienen derecho a voto en decisiones que afectan al *exchange* descentralizado Uniswap, que opera en Ethereum.[48] O podemos basar *tokens* de gobernanza en cadenas de bloques independientes. En el ecosistema de Cosmos, por ejemplo, cada aplicación tiene su propia cadena. Otros proyectos, como Filecoin, tienen sus propias cadenas de bloques dedicadas. ¿Te imaginas que los

47. John Wu, entrevista con Alex Tapscott a través de Zoom, 9 de agosto de 2022.

48. "The Uniswap Protocol Is a Public Good Owned and Governed by UNI Token Holders", Uniswap Governance, *s. d.*, `https://uniswap.org/governance`.

primeros usuarios de Facebook hubieran participado de los beneficios económicos de la plataforma por el mero hecho de usarla? Ganarían *tokens* de Facebook por publicar imágenes y relacionarse con amigos. Con el tiempo, tendrían derecho a votar sobre la gestión de plataforma, incluida la toma de decisiones relativas a la venta a terceros de los datos personales de los usuarios de Facebook.

4. **Oráculos:** Las cadenas de bloques son registros inmutables de transacciones en una red. La información registrada en dichas cadenas es confiable, susceptible de ser buscada y auditada. Esta es una de sus grandes ventajas. Sin embargo, se trata de sistemas autocontenidos, lo que significa que no tienen "acceso" a datos del mundo real. Supongamos que tenemos un contrato inteligente vinculado a la tasa de interés de referencia de la Reserva Federal, el precio de las acciones de Apple, el resultado de un evento deportivo, una fuente de datos de una inteligencia artificial, expedientes médicos, cifras de población, cifras del PIB, la tasa de inflación, el precio de la vivienda, o cualquiera de las infinitas fuentes de datos externas a la cadena. ¿Cómo trasladaríamos esos datos a una cadena de bloques para que el contrato pudiera ejecutarse? Es lo que se conoce como el "problema del oráculo", cuestión que abordaremos en el capítulo dedicado a los servicios financieros. Una solución pasa por utilizar una única fuente de autoridad, pero corremos el riesgo de la centralización. Protocolos como Chainlink y UMA buscan descentralizar el proceso del oráculo asegurando al mismo tiempo datos confiables. Su *token* nativo se paga a aquellos nodos de la red que proporcionan datos precisos. Si nuestra tesis sobre la Web3 es correcta, la necesidad de incluir en la cadena datos externos a ella será cada vez mayor, lo que impulsará la demanda de redes de oráculos y, por lo tanto, del *token* subyacente.
5. ***Tokens* de interoperabilidad:** Estos son los *tokens* nativos de protocolos como Cosmos y Polygon, que ayudan a conectar diferentes cadenas de bloques entre sí. Ya hemos descrito el reto de la componibilidad y la interoperabilidad entre cadenas. Para superar este desafío, necesitamos formas de conectar redes dispares, de manera similar a como TCP/IP conecta las redes web. Estos *tokens* no son fácilmente categorizables. Por ejemplo, muchas aplicaciones construidas en el ecosistema de Cosmos no "residen" en Cosmos, como sí lo hacen en Ethereum. En consecuencia, el desarrollo de aplicaciones no impulsa necesariamente la demanda de ATOM, el *token* nativo de Cosmos. Sin embargo, los desarrolladores se benefician de la "seguridad compartida" de validadores compartidos con la cadena principal, haciendo que Cosmos sea más valioso porque es el más grande. Quizás la forma más fácil de pensar en este tipo de

tokens es como unidad de cuenta para canales y otras arterias del comercio de la cadena de bloques. Cuanto más comercio intercontinental o *interblockchain* haya, más prosperarán estas plataformas.

6. Los **valores tokenizados o *securities tokens*** son *tokens* que representan derechos sobre un instrumento o valor financiero, como una acción o un bono. Un valor tokenizado podría ser una participación en una empresa, un bono, un contrato derivado o una unidad de fondos mutuos, entre otros. Los fondos indexados DeFi, como Index Co-op (DAO lanzada por Set), funcionan como un ETF de *tokens* descentralizado, con alrededor de 400 millones de dólares. Debido a que el de los valores financieros es un mercado regulado, nos encontramos con un ámbito ampliamente trabajado por las empresas tradicionales. Las cadenas de bloques permiten la compensación, liquidación y registro instantáneos de activos, incluidos los instrumentos o valores financieros. Sin embargo, los valores tokenizados no están exentos de desafíos. Hay mucha resistencia al cambio en las prácticas arraigadas. Cambiar a un formato "criptonativo" supone un desafío cuando todo el flujo de trabajo es analógico. Los clientes están acostumbrados a los enfoques convencionales y puede que no deseen cambiar. A pesar de estos desafíos, docenas de ofertas de valores tokenizados de entidades como Banco Santander, Société Générale, el Banco Mundial, Banco Bilbao Vizcaya Argentaria, Banco de Montreal, Union Bank y otros han tenido éxito. Aunque el potencial es enorme, los valores tokenizados siguen siendo un nicho minoritario, en gran parte porque aún no son ampliamente reconocidos por la legislación actual.
7. Los ***tokens* corporativos** son emitidos por empresas centralizadas, a menudo plataformas de intercambio de criptoactivos. En cierto sentido, son un híbrido entre una tarjeta de puntos de lealtad y los *tokens* de gobernanza. Podemos ganarlos al utilizar una plataforma y canjearlos por descuentos especiales, recompensas, ofertas promocionales, y así sucesivamente, en plataformas de intercambio centralizadas. No obstante, no siempre incorporan derechos económicos y de gobernanza, como los *tokens* de gobernanza (o las acciones, sin ir más lejos). Sin embargo, suelen ser más útiles que los puntos de lealtad tradicionales, y son fungibles. En las plataformas de intercambio más populares como Binance y Coinbase no puedo canjear mis puntos de la cadena hotelera Starwood por efectivo; solo puedo canjearlos en la propia cadena de hoteles. Pero sí puedo canjear fácilmente mis *tokens* corporativos por efectivo. Los usuarios de *tokens* pueden hacer un mal uso de sus *tokens* e incurrir en abusos. FTX, ahora en quiebra, creó su propio *token* (llamado FTT) supuestamente como un activo útil que implementó en su plataforma por muchas de

las razones mencionadas, pero manipuló las transacciones con activos para inflar artificialmente su valor, utilizando un FTT inflado como colateral para realizar operaciones arriesgadas y posiblemente transferencias de fondos ilegales a su empresa hermana, Alameda Research. Una organización que quiera fomentar la confianza deberá distribuir su moneda corporativa de manera justa y equitativa. Bien utilizados, los *tokens* corporativos podrían convertirse en el modelo a seguir para los programas de recompensas de las empresas en la Web3.

8. Los ***tokens* de activos o recursos naturales** están respaldados por activos como el carbono, el agua o el aire. Ya hemos explicado la diferencia entre activos colateralizados y no colateralizados: ambos han encontrado un equilibrio adecuado entre oferta y demanda. Los activos no colateralizados como el bitcoin han encontrado millones de inversores entusiastas que lo consideran oro digital. Las *stablecoins*, respaldadas por dólares en el banco, han demostrado ser una variante de dinero digital más sencilla, rápida y económica que lo que ofrecen los intermediarios financieros. Los *tokens* de activos naturales son activos colateralizados, como el crédito de carbono. Las compensaciones por emisiones de carbono pueden ayudar a combatir el cambio climático. Un registro global descentralizado que permitiera comprar, vender y retirar créditos podría contribuir sustancialmente al crecimiento de la industria.
9. Las ***stablecoins*** son activos digitales vinculados a otro activo con un valor estable, como el dólar estadounidense. Las *stablecoins* son el principal medio de intercambio en Web3 y se han multiplicado por veinte en apenas unos años, hasta alcanzar los 135.000 millones de dólares.[49] En la actualidad, existen dos tipos de *stablecoins*: centralizadas y descentralizadas. Las centralizadas son emitidas por empresas y respaldadas por reservas mantenidas en instituciones financieras tradicionales (TradFi). La USDC de Centre superó los 45.000 millones de dólares en suministro circulante y manejó alrededor de 12.000 millones al día en volumen en 2022, más de diez veces el de Venmo, la aplicación de pago más popular en Estados Unidos.[50] La segunda categoría son las *stablecoins* descentralizadas, respaldadas por criptoactivos bloqueados en contratos inteligentes, que en la práctica son un tipo de software que controla el dinero. DAI, la *stablecoin* descentralizada original, lanzada en Ethereum y mantenida por MakerDAO, tiene aproximadamente 4.700.000 millones

---

49. "Stablecoins by Market Capitalization", CoinGecko, a 17 de mayo de 2023, `https://www.coingecko.com/en/categories/stablecoins`.
50. "State of the USDC Economy", *Circle*, Circle Internet Financial Ltd., 10 de marzo de 2023, `https://www.circle.com/hubfs/PDFs/2301StateofUSDCEconomy_Web.pdf`.

de dólares en circulación y en su punto más alto tenía 500 millones de dólares al día en volumen.[51] AngelList, una plataforma líder para inversiones de capital riesgo, ahora acepta *stablecoins* para determinadas inversiones.[52] Mastercard anunció su intención de integrar *stablecoins* en su red, y VISA admite la liquidación de transacciones con la *stablecoin* USDC. La lista sigue creciendo.

10. Los ***tokens* no fungibles (NFT)** son bienes digitales únicos y no intercambiables.[53] Hay tantos casos de uso posibles para los NFT como activos únicos en el mundo. La idea de programar bienes digitales se remonta a hace una década, con las llamadas "monedas coloreadas" de la red Bitcoin. No lograron despegar porque esa red admitía transacciones, pero no programas. No fue hasta que apareció Ethereum con un estándar de *token* peculiar llamado ERC-721 que los NFT despegaron. En lugar de almacenar todos los ID de *tokens* como un saldo único, "cada unidad [ERC-721] tiene su propio ID único que se puede vincular a metadatos adicionales (como datos, textos, imágenes, etc.), que lo diferencian de otros *tokens* derivados del mismo contrato".[54] Un buen ejemplo es una obra de arte digital: los metadatos son la propia obra de arte. El NFT ERC-721 es el equivalente a la firma y el certificado de autenticidad.
11. Las **monedas digitales de los bancos centrales** (CBDC) son activos digitales emitidos por gobiernos y bancos centrales. En 2021, *The Economist* publicó en portada un reportaje titulado "*Govcoins*: las monedas digitales que transformarán las finanzas".[55] La expectación es palpable. Sin embargo, hasta la fecha, pocos (cuando no ninguno) de estos proyectos están funcionando a gran escala. En teoría, los CBDC podrían mejorar la eficiencia, alcance y capacidad de respuesta de los bancos centrales.

---

51. "Dai Price Chart (DAI)", CoinGecko, a 17 de mayo de 2023, https://www.coingecko.com/en/coins/dai.
52. AngelList (@angellist), *post* de Twitter, 28 de septiembre de 2021 (1:17 p. m.), https://twitter.com/AngelList/status/1442901252552101888, consultado el 15 de octubre de 2021.
53. Cryptorigami, "Introducing ERC 420-The Dank Standard", *PepeDapp Blog*, Medium, 27 de mayo de 2018, https://medium.com/pepedapp/erc-420%C2%B9-the-dank-standard-83d7bb5fe18e; Eugene Mishura y Seb Mondet, "FA2-Multi-Asset Interface, 012", Software Freedom Conservancy, 24 de enero de 2020, https://gitlab.com/tezos/tzip/-/blob/master/proposals/tzip-12/tzip-12.md; "Onflow/flow-nft", *GitHub*, *s. d.*, https://github.com/onflow/flow-nft; y Metaplex NFT, Metaplex Foundation, 19 de septiembre de 2022, https://z6uiuihwujnmmqy6obdswfnfoe4rcbavovcljbg4ki3vjfovftpa.arweave.net/z6iKIPaiWsZDHnBHKxWlcTkRBBV1RLSE3FI3VJXVLN4/index.html.
54. Campbell R. Harvey, Ashwin Ramachandran, y Joey Santoro, *DeFi and the Future of Finance*. Wiley, Hoboken, NJ, 2021, p. 27.
55. "The Digital Currencies That Matter: Get Ready for Fedcoin and the e-euro", *Economist*, 8 de mayo de 2021, https://www.economist.com/leaders/2021/05/08/the-digital-currencies-that-matter.

Sus defensores argumentan que podrían incluir a personas sin cuenta bancaria, reducir costes y detectar riesgos financieros con antelación. El Partido Comunista de China considera su yuan digital como complementario a su sistema de crédito social, un medio para influir en el comportamiento de los ciudadanos. *The Economist* recomienda tratar los CBDC "con optimismo y humildad".[56] A esta combinación yo añadiría la palabra "escepticismo". En palabras de Chris Giancarlo, expresidente de la Comisión de Negociación de Futuros de Productos Básicos (CFTC), "el dinero es demasiado importante como para dejarlo en manos de los bancos centrales".[57]

En conjunto, estas once categorías representan casi el 100 % de todo el valor de mercado de los activos digitales. Sin embargo, el valor de mercado puede ser una medida incompleta si observamos los activos de la Web3 en su totalidad. Consideremos un activo de la Web3 actualmente en desarrollo: los denominados *soulbound tokens*, término utilizado para describir un *token* no transferible y no fungible vinculado a un individuo, como una especie de número de la seguridad social inteligente con su propia billetera digital.[58] Podría ocurrir que el Estado nos asignara uno de estos *tokens* al nacer, como un certificado de nacimiento. Quizás se convierta en parte fundamental de nuestra identidad, un repositorio seguro, privado y en evolución de datos a los que podremos acceder y utilizar libremente, por ejemplo, para obtener el carnet de conducir, abrir una cuenta bancaria, demostrar nuestra identidad sin revelar información personal, quizás a través de una prueba de conocimiento cero. Cuando pedimos algo en un bar, el camarero solo necesitará saber si alcanzamos o superamos la edad legal para consumir alcohol, sin necesidad de conocer nuestro nombre, dónde vivimos, si somos donantes de órganos o cualquier otra información personal.

Esto plantea algunas preguntas interesantes sobre los *tokens*. ¿Cuál es el "valor de mercado" de los *soulbound tokens* si nunca será posible crear un mercado para este tipo de *token*? ¿Qué hay de los votos en unas elecciones? Sabemos que hay quienes gastan dinero para influir en el resultado de unas elecciones, pero ¿podemos cuantificar el valor de un *token* electoral que no tiene ninguna otra utilidad (como, por ejemplo, un *token* de gobernanza que permite a sus titulares votar y tal vez recibir alguna recompensa económica

56. "The Digital Currencies That Matter".

57. Chris Giancarlo, entrevista con Alex Tapscott, a través de Zoom, 13 de diciembre de 2022.

58. E. Glen Weyl, Puja Ohlhaver y Vitalik Buterin, "Decentralized Society: Finding Web3's Soul", Social Science Research Network, 10 de mayo de 2022, `https://dx.doi.org/10.2139/ssrn.4105763`.

del protocolo)? Además, esta lista no es exhaustiva. Habrá docenas, quizás cientos, de tipos diferentes de *tokens* en la taxonomía. Quizás el concepto de valor de mercado pierda utilidad a medida que un mayor número de *tokens* representen valores como la identidad que, ya sea por ley o por la naturaleza del propio código, no podemos comprar ni vender.

Si bien confiamos en que estas categorías de activos digitales perdurarán y crecerán, tenemos menos confianza en qué activos individuales sobrevivirán a largo plazo. Si el *token* es el componente fundamental de la Web3, como el sitio web lo fue de la Web1, entonces muchos de los activos digitales actuales terminarán como los primeros sitios web de la era puntocom: en el más absoluto de los olvidos. Algunos activos pueden convertirse en la base de plataformas de miles de millones de dólares que respaldan la nueva Internet de la propiedad, exactamente igual que los primeros sitios web de la era puntocom, como Amazon, se convirtieron en gigantes de la Web2. Sin embargo, el activo estrella de la Web3 probablemente aún no ha nacido.

¿Qué debemos buscar en la próxima generación de proyectos Web3? La Historia nos sirve de guía: las nuevas tecnologías no solo hacen más fácil lo difícil; también hacen posible lo imposible. Sin embargo, en las etapas iniciales de cualquier nueva tecnología, las innovaciones emergentes tienden a ser esqueumórficas, imitando aquello que ya existe: los primeros sitios web de la Web1 se parecían a revistas, catálogos y anuncios clasificados, pero el verdadero poder de Internet residía en ser una plataforma para la comunicación y colaboración en línea. Los primeros activos de la Web3 se asemejan a activos del mundo real e incluso utilizan el mismo lenguaje, como criptomonedas, criptocoleccionables (lo que ahora llamamos NFT) y *stablecoins*, entre otros términos. Lo mismo ocurrió con las aplicaciones revolucionarias de la Web1, como la página web y el correo electrónico.

¿Cómo deberían los responsables de políticas públicas pensar en los activos digitales?

Para los organismos reguladores y los responsables de políticas públicas, la Web3 supone un *shock* para el *statu quo* mucho mayor que cualquier tecnología de la información que la haya precedido. Evidentemente, los ordenadores, Internet y los teléfonos inteligentes plantearon retos complicados para los legisladores, obligándoles a poner en tela de juicio todo aquello que daban por sentado, así como las legislaciones vigentes. Uno de los primeros elementos básicos de la web fue un protocolo de seguridad conocido como SSL o capa de conexión segura (*Socket Layer Security*), reemplazada por el protocolo

TLS (*Transport Layer Security*). Este protocolo fue de gran importancia para el desarrollo inicial de la web, ya que se encargaba de cifrar información tales como números de tarjetas de crédito o números de la seguridad social de manera segura a través de Internet. Utilizaba además un cifrado de 128 bits, considerada un tipo de criptografía de alta seguridad cuyo uso comercial era ilegal. Una normativa excesivamente estricta podría haber acabado con la web; sin embargo, su uso fue despenalizado, impulsando el desarrollo de la web comercial.

En la actualidad, los organismos reguladores se enfrentan a decisiones más difíciles si cabe. Hay quien considera que todos los bienes digitales son instrumentos o valores financieros, porque tienen un precio o valor y pueden comprarse o venderse. Esto sería el equivalente a llamar "periódicos" a todos los blogs porque estos últimos utilizan palabras que pueden leerse, citarse y plagiarse. Sí, las acciones y bonos tokenizados de las empresas son valores financieros, al igual que muchos otros activos financieros. Pero ¿qué pasa con el arte digital, los *tokens* que otorgan acceso a propiedad intelectual con licencia y los bienes virtuales fungibles en los videojuegos? ¿Y qué hay de los *tokens* vinculados a nuestra identidad? Que estas clases de activos tengan o no precedentes dependerá de cómo los legisladores, los organismos reguladores y los tribunales los interpreten en función de la legislación vigente, y de dónde consideren que dichas leyes deben aplicarse, caso por caso y jurisdicción por jurisdicción. La industria debe educar a los organismos reguladores, que deberán priorizar su formación en la materia, avanzar con cautela y poner la innovación y la experimentación en el centro. Aquellas jurisdicciones capaces de establecer reglas básicas y salvaguardas serán las que atraigan más innovadores, puestos de trabajo y atención mediática. Volveremos sobre estos temas en los capítulos 9 y 10.

Tokens: los componentes básicos de las organizaciones nativas de Internet

Las sociedades de capitales de Inglaterra y los Países Bajos fueron una gran innovación: permitieron compartir el riesgo y llevaron a cabo grandes empresas, como los viajes trasatlánticos. La industrialización llevó a este tipo de sociedades a adquirir un mayor protagonismo con la invención de la primera sociedad de responsabilidad limitada (SRL o LLC, por sus siglas en inglés, de *limited libability company*), donde los inversores particulares no solo unían sus recursos, sino que también veían limitada su responsabilidad sobre su inversión inicial. Si compramos una acción de Apple por 100 dólares y la empresa quiebra, perdemos 100 dólares, pero no tenemos ninguna responsabilidad adicional si la empresa, por ejemplo, debe miles de millones a sus acreedores o tiene que hacer frente a una demanda judicial colectiva.

"Antes de la aparición de las sociedades de responsabilidad limitada y las sociedades de tipo C de Delaware, si tenías una compañía de ferrocarriles y alguien moría en tu ferrocarril, ibas a juicio o a la cárcel. Por este motivo, la gente montaba empresas y asociaciones solo con familiares, personas de su más absoluta confianza", afirma Chris Dixon de Andreessen Horowitz.[59] Incluso si no matabas a nadie, podías terminar en la cárcel si quebrabas.[60] Las SRL lo cambiaron todo. El Merchants Bank se convirtió en la primera SRL en 1811, a comienzos de la Edad Dorada de la expansión industrial estadounidense.[61] Las corporaciones de tipo C fueron un paso más allá, separando los activos, ingresos y responsabilidad fiscal de los propietarios o accionistas de los de la empresa. Con ello, se estableció una división aún más clara entre los propietarios de negocios y las propias corporaciones.[62] Las corporaciones se convirtieron en entidades separadas y vivas, adquiriendo personalidad jurídica propia y sobreviviendo a sus fundadores y primeros accionistas durante varias generaciones.

La fórmula de la corporación casaba a la perfección con el tipo de negocios de la era industrial. Empresas técnicamente complejas e intensivas en capital, como la construcción del ferrocarril o el lanzamiento de una empresa automotriz, una acería, una refinería de petróleo o una mina de oro, eran excesivamente arriesgadas e imposibles de financiar para una sola familia. Las corporaciones ayudaron a distribuir el riesgo y proporcionaron a los inversores una guía para entender de qué manera la empresa y el negocio sobrevivirían a sus fundadores. Además, permitieron que muchos particulares pudieran dar un modesto primer paso hacia la propiedad de capital. Pero ¿funciona la forma corporativa de propiedad a la hora de construir y crear redes? Lo cierto es que lanzar una nueva empresa capaz de competir con los gigantes de la Web2 de hoy exigiría sumas ingentes de capital. En ausencia de alternativas, empresas que podrían rivalizar entre sí han dado

59. Dixon, entrevista con Alex Tapscott.

60. "The Key to Industrial Capitalism: Limited Liability", *Economist*, 23 de diciembre de 1999, https://www.economist.com/finance-and-economics/1999/12/23/the-key-to-industrial-capitalism-limited-liability.

61. Frederick G. Kempin, Jr., "Limited Liability in Historical Perspective", *American Business Law Association Bulletin, s. d.*, https://www.bus.umich.edu/KresgeLibrary/resources/abla/abld_4.1.11-33.pdf.

62. Julia Kagan, "C Corporation", *Investopedia*, 22 de julio de 2022, https://www.investopedia.com/terms/c/c-corporation.asp, consultado el 16 de septiembre de 2022.

por sentado que la corporación era mejor vehículo para formar y sostener nuevas redes, y "trataron de apoyarse en una estructura que había sido concebida para compañías industriales con inversiones muy elevadas de capital". Como resultado, estas grandes redes se comportan como fideicomisos de la era industrial, tratando de acaparar todos los recursos hasta convertirse en monopolios.[63]

"Lo que sucedió con la Web2 es en cierto modo predecible. Para diseñar un sistema mejor, necesitamos replantear los activos desde cero. Esta no era la intención original de Satoshi, y probablemente ni siquiera lo fue de Vitalik", afirma Dixon, refiriéndose al inventor anónimo de Bitcoin, Satoshi Nakamoto, y al visionario detrás de Ethereum, Vitalik Buterin. "Sin embargo, creo que esta nueva clase de activos nativos de las redes de la información surgió colectivamente, a partir de los esfuerzos de toda la comunidad. Es puramente digital. Es global", afirma.[64] Los *tokens* son los bloques básicos de la Web3: un nuevo conjunto de herramientas que reflejarán el ingenio humano y quizás también nuestros impulsos menos nobles, en una asombrosa variedad de nuevas organizaciones globales e interconectadas entre sí. Podría incluso suceder que los *tokens* den al traste con la propia fórmula de la corporación.

Conclusiones

Los activos digitales son una nueva capacidad elemental o primitiva técnica que utilizamos para programar en línea prácticamente cualquier cosa de valor. Hasta la aparición de las cadenas de bloques, no teníamos forma de diseñar la escasez digital; es decir, nadie podía copiar bienes digitales valiosos una y otra vez, y no había manera de expresar la propiedad en línea sin confiar en un tercero. Estas son algunas de las conclusiones de este capítulo:

1. Podemos entender los *tokens* en dos contextos:
   i. Aunque el "efecto Mateo", una parábola bíblica, afirma que la riqueza se acumula en manos de los ricos, a lo largo de la Historia la riqueza se ha distribuido de manera cada vez más equitativa: hoy en día, los fondos indexados (a menudo propiedad de pequeños inversores) son los mayores accionistas de la industria estadounidense.[65] Los planes de pensiones, que invierten en nombre de los trabajadores,

---

63. Dixon, entrevista con Alex Tapscott.

64. Dixon, entrevista con Alex Tapscott.

65. "Matthew Effect", ScienceDirect, consultado el 25 de noviembre de 2022, https://www.sciencedirect.com/topics/psychology/matthew-effect.

representan algunos de los principales distribuidores de capital en los mercados financieros. Las herramientas de la Web3 acelerarán esta democratización de la riqueza.

ii. A medida que la economía gana en complejidad, los activos se vuelven más abstractos. En época feudal, la tierra era la clase de activo más importante en la economía, y el oro era el medio de intercambio cuando el trueque no era posible. La industrialización aceleró la aparición de nuevos activos, con la llegada de valores como los certificados de acciones, los bonos, las cartas de porte y los recibos de depósito. La digitalización de activos y la invención de nuevos bienes digitales nativos de la Web3 forman parte de esta evolución histórica.

2. Hoy en día contamos con varias categorías de *tokens*, como criptomonedas, *tokens* de protocolo, *stablecoins*, *tokens* de gobernanza y NFT. Representan la mayor parte de la capitalización de mercado, pero esa taxonomía cambiará a medida que avancemos.
3. Los *tokens* tienen algunos principios fundamentales que los diferencian de los activos tradicionales. Son *peer-to-peer*, resisten la censura, son autocustodiables y existen en bases de datos públicas inmutables. Además, se presentan en variedades infinitas: fungibles o no fungibles, colateralizados o no, y emitidos por una corporación, gobierno, ONG o entidad nativa de Internet como una DAO.
4. Por las razones mencionadas, los ahorradores de países en vías de desarrollo están adoptando *tokens* como Bitcoin para protegerse contra la devaluación de la moneda, financiar movimientos de protesta o transferir dinero entre particulares sin utilizar efectivo. La posibilidad de ganar valor en la Web3 por lo que cada uno aporta a las redes, sin importar nuestra identidad o lugar de residencia, nos beneficia a todos, especialmente a ti, lector.

Como veremos, la Web3 permite a los creadores y usuarios de Internet ganar más por sus aportaciones en línea, transformando la dinámica entre plataformas, creadores y consumidores.

CAPÍTULO 4

La gente: todos somos creadores y propietarios

Durante milenios, gobernantes y mecenas adinerados han apoyado a muchos de los grandes artistas de la historia. En época medieval, por ejemplo, las sociedades atravesaban por situaciones demasiado desesperadas como para respaldar una educación individual universal, mucho menos las artes profesionales y otras formas más elevadas de cultura. Tanto los particulares acaudalados como las instituciones tenían motivos diversos para patrocinar las artes. Para los Medici, una familia de banqueros de Florencia, el arte y la arquitectura eran útiles a la hora de proyectar riqueza y poder. Después de todo, la construcción de monumentos en honor a la familia (fenómeno que conocemos como "la arquitectura del poder") era un acto que perduraba más allá de las vidas de los individuos. Para la Iglesia católica, sus colosales emprendimientos artísticos provocaban el asombro de las masas. ¡Solo una mano guiada por el poder divino podía haber creado tal belleza! Unida a las vívidas escenas de almas condenadas camino del infierno, esta actividad creadora mantenía al campesinado bajo el control eclesiástico.[1] Para los soberanos, los encargos teatrales ayudaban a avivar el nacionalismo. Fueran cuales fueran sus motivos, hoy no tendríamos a Shakespeare de no haber sido por la reina Isabel I, ni a Botticelli sin Lorenzo Medici o a Miguel Ángel sin el papa Pablo III. El arte religioso y la iconografía florecieron muy especialmente mientras la Iglesia fue uno de los agentes más ricos en la economía. La gente seguía expresándose por vías creativas a través del arte popular, la artesanía, la danza y la música, mas no a cambio de una recompensa económica, sino por la satisfacción que producía la actividad creadora.

Las cosas empezaron a cambiar en el siglo XIX. La litografía posibilitó la producción en masa de un arte visual que las clases profesionales podían permitirse. El aumento de la alfabetización, combinado con las técnicas de

1. Kelly Grovier, "The Most Terrifying Images in History?", BBC, 19 de febrero de 2020, `https://www.bbc.com/culture/article/20200214-the-art-of-terror-how-visions-of-fear-can-help-us-live`.

impresión industrial, hizo que los libros y periódicos fueran asequibles y accesibles para la mayoría, impulsando la labor de los escritores. A finales del siglo XIX, Thomas Edison inventó el fonógrafo, su creación favorita. Edison produjo discos que, al entrar en contacto con una aguja, reproducían música. Si bien inicialmente fueron un artículo de lujo, los fonógrafos se convirtieron en un elemento destacado en los salones de la América de la Edad Dorada. En la década de 1920, la radio y el cine democratizaron aún más el acceso a la cultura, pero no tanto su creación. El número de personas dispuestas a pagar por la cultura creció y se inauguró la era de los medios de comunicación de masas.[2]

Puede que los historiadores recuerden el siglo XX como una primera época dorada de las industrias creativas, una época en la que diferentes clases de artistas podían ganarse la vida decentemente con su oficio, cuando las ventas de discos de vinilo y CD generaban un flujo constante de regalías para que cantantes, músicos de estudio, compositores, letristas y muchos otros trabajadores tras bambalinas pudieran obtener una compensación justa por su trabajo. Los estudios de cine y otros intermediarios controlaban la producción y distribución de las creaciones, por lo que no existía una correspondencia directa entre la compensación obtenida y el control o el poder sobre las mismas.[3] A menudo, estos intermediarios obtenían más mayores beneficios de lo que merecían.[4] Los artistas albergaban la esperanza de que Internet restara protagonismo a los guardianes e intermediarios de la industria y, en cierta medida y por un tiempo, así fue. Pero Internet también hizo que fuera más difícil ganarse la vida como creador, especialmente en el caso de los músicos. Aparecieron entonces nuevos intermediarios. En la actualidad, con los NFT y otros bienes digitales, disponemos de un nuevo conjunto de herramientas que permite a los creadores de contenido monetizar su trabajo de un modo que recuerda al mecenazgo de otras épocas. En la economía de la Web2, a los creadores "se les paga en *likes*", afirma Tyler Winklevoss, cofundador y CEO de Gemini, una bolsa de criptomonedas regulada que también funciona como billetera y servicio de custodia. "Los *likes* adquieren una forma abstracta, como si fueran dinero, una capa

---

2. Hua Hsu, "The End of White America?", *Atlantic*, enero-febrero de 2009, `https://www.theatlantic.com/magazine/archive/2009/01/the-end-of-white-america/307208/`.
3. Ben Sisario, "The Music Industry Is Wrestling with Race. Here's What It Has Promised", *New York Times*, 1 de julio de 2020, `https://www.nytimes.com/2020/07/01/arts/music/music-industry-black-lives-matter.html`.
4. Elias Leight, "The Music Industry Was Built on Racism. Changing It Will Take More Than Donations", *Rolling Stone*, 5 de junio de 2020, `https://www.rollingstone.com/music/music-features/music-industry-racism-1010001/`.

intermedia entre recibir una compensación económica y la influencia que uno va construyendo", explica. Los usuarios de la Web3 reciben "un pago en *tokens*, lo cual es más justo y permite recompensar a los usuarios en proporción al valor que aportan".[5]

El modelo de producción creativa del siglo XX tenía una naturaleza industrial, muy uniforme. El modelo que propone la Web3 será más personalizado: los creadores podrán adaptar sus relaciones con aquellos aficionados dispuestos a gastar más que un seguidor esporádico. También elimina a los intermediarios de muchas de las fases del proceso creativo. Los superfans son, en este contexto, los mecenas de antaño, ya que gastan más que el aficionado promedio y son parte interesada de las empresas creativas a las que brindan su apoyo. Juntos, los creadores y sus fans son dueños del valor que generan.

¿Por qué la Web2 no sirve a los creadores?

"Durante mucho tiempo, especialmente mientras trabajaba en la industria de la animación, me sentí como una tuerca en una gran maquinaria, siempre ejecutando la visión de otra persona", nos cuenta la artista conocida como pplpleasr.[6] "Crecí viendo películas de [Hayao] Miyazaki, anime, películas de Pixar y todo lo relacionado con contar buenas historias en forma de películas de animación y cine tradicional". Justo eso es lo que pplpleasr quería: contar historias a través de medios digitales. Pero se encontró un camino repleto de obstáculos. En primer lugar, la disparidad de género. "La industria de los efectos visuales generados por ordenador es un sector predominantemente masculino", afirma. El último trabajo de pplpleasr no fue como empleada de ninguna empresa, sino como autónoma. El departamento para el que trabajaba en Blizzard nunca había contratado a una mujer en plantilla. La segunda barrera era cultural. "Cuando creces en una familia asiática, no te enseñan a defenderte, a luchar por ti misma ni a ascender en la escala social. Se valoran más nociones como ser humilde y dejar que tu trabajo hable por sí mismo", nos recuerda. "Trabajar en silencio en un estudio de efectos visuales tenía mucho más sentido para mí" en su camino hacia la estabilidad.

Sin embargo, que las cosas tuvieran sentido era para pplpleasr menos importante que el arte que quería crear. "Me di cuenta de que detrás de todos estos protocolos DeFi había mucho dinero, pero se promocionaban

5. Tyler Winklevoss, entrevista con Alex Tapscott a través de Zoom, 12 de septiembre de 2022.
6. pplpleasr, entrevista con Alex Tapscott a través de Zoom, 1 de noviembre de 2022.

usando memes muy básicos, creados por gente sin dotes artísticas, usando Microsoft Paint y otras plataformas. Empecé con animaciones pequeñas para promocionar varios protocolos DeFi, plasmando el espíritu y la cultura característicos de cripto-Twitter. Eso es lo que a la gente le gustó tanto de mi trabajo en ese entonces... y así fui saltando de un encargo a otro. Fui de un lado para otro, primero un vídeo para un protocolo, después otro contrato... Y así fue como terminé creando un vídeo para cada protocolo DeFi: a través del boca a boca".

pplpleasr es una emprendedora: una animadora autodidacta, una artista DeFi hecha a sí misma, alguien capaz de identificar oportunidades para interactuar con la comunidad cripto y aprovecharlas. "Hice una animación para el anuncio de Uniswap V3", recuerda, en referencia a una de las aplicaciones más populares de finanzas descentralizadas, y añade: "Sabía que habría muchas miradas puestas en esta animación en concreto. Le dediqué mucho más esfuerzo que a cualquier otra animación porque sabía que era importante. Por aquel entonces, los NFT estaban empezando a ganar popularidad. Mi primera incursión en el mundo de los NFT fue en 2020, pero en aquel entones no eran para tanto. Pensé en cómo podía combinar estas dos áreas. Cuando terminé el vídeo de Uniswap, lo subasté como un NFT [por 525.000 dólares], algo que no había hecho con mis vídeos anteriores de DeFi. Se convirtió en mi obra maestra. PleasrDAO me ayudó a hacerme un nombre en ese espacio".[7]

El ascenso meteórico de los NFT ha inspirado titulares sensacionalistas, centrados principalmente en los precios exorbitantes que alcanzan algunos proyectos de NFT populares y, en ocasiones, controvertidos. Sotheby's vendió la obra del ahora célebre artista digital Beeple, *Everydays: The First 5,000 Days*, por 69 millones de dólares. Los NFT para los denominados "proyectos de arte generativo" como CryptoPunks (representaciones sencillas que reproducen imágenes similares a personajes de videojuegos de ocho bits) han ganado popularidad por su rareza y prestigio cultural, y se han vendido por valores superiores a cientos de miles de dólares. Este tipo de consumo ostentoso por parte de quienes se lo pueden permitir ha generado una reacción contraria a los NFT. Sin embargo, yendo más allá del titular y a escalas más modestas, los NFT han empoderado a artistas y creadores, permitiéndoles acceder a unas ganancias dignas por su arte. El mundo de la cultura necesitaba un nuevo modelo de negocio: los NFT son parte de

---

7. Ekin Genç, "An Ad for Uniswap Just Sold for $525,000 as an NFT", *DeCrypt*, 27 de marzo de 2021, `https://decrypt.co/63080/an-ad-for-uniswap-just-sold-for-525000-as-an-nft-heres-why`; pplpleasr entrevista con Alex Tapscott.

la solución. Hoy por hoy, no todo el mundo puede ser artista, pero todos los artistas disponen de una herramienta que les permite hacer aquello que aman.

El sueño de pplpleasr era "crear obras de arte para mí misma. Tenía todos los ingredientes, pero no sabía cómo hacerlo". pplpleasr abrió una cuenta de Instagram con el objetivo de pulir sus habilidades: "Crearé pequeñas obras de arte digitales en 3D". Sin embargo, su cuenta se convirtió en una plataforma para la expresión personal: "A lo largo de mi carrera en el campo de los efectos visuales, nadie me había animado a hacer algo así. Fueron años necesarios para adquirir todas esas destrezas que ahora me permiten dirigir mi visión artística".[8]

Instagram es una plataforma de la Web2 que intentó incorporar los NFT. "Obtienes un 50% de las ventas, o algo por el estilo. Pero esto puede suponer un problema ya que la propia obra de arte está animada, lo que te obliga a elegir un fotograma específico". pplpleasr descubrió que el mercado de arte tradicional no era muy diferente del arte digital y la animación. Se trataba en buena medida "de establecer relaciones con las personas adecuadas, hacer *networking*, ir a eventos y galerías, conseguir que los comisarios de exposiciones te seleccionaran. Hay muchísimos intermediarios, muchas montañas que escalar para alguien a quien le han enseñado a ser humilde y estar calladita. Hacía entrevistas y, mientras esperaba una respuesta, me entraba una ansiedad tremenda".

Cuando aparecieron los NFT y pplpleasr vendió su primer NFT de arte digital, "flipé. Alguien había comprado aquello en formato digital, y me pagan el 10% cada vez que la obra se venda en el futuro. Fue un punto de inflexión para mí. Era la primera vez que podíamos monetizar nuestro trabajo, en lugar de cultivar *likes* o de intentar que alguien expusiera tu trabajo en una galería".[9]

pplpleasr focaliza toda su atención en el público. "Si bien es cierto que la gente creía que mis animaciones eran geniales, lo que realmente generaba más interés eran mis vídeos de *making-of*. En las películas de Pixar, los DVD incluyen material adicional en los que [los creadores] recorren el estudio y te cuentan cómo hicieron la película. Resulta que a la gente le encanta ese tipo de cosas. Cuando me puse frente a la cámara y me grabé con una cámara de mala calidad hablando sobre mi trabajo, también llamó la atención".[10]

---

8. pplpleasr, entrevista con Alex Tapscott.
9. pplpleasr, entrevista con Alex Tapscott.
10. pplpleasr, entrevista con Alex Tapscott.

De contenidos generados por el usuario a contenidos monetizados y propiedad del usuario

La guionista de Hollywood Jessie Nickson-Lopez ha dado vida a algunos de los personajes más inolvidables de la televisión moderna. Como miembro fundador del equipo de escritores de *Stranger Things*, desarrolló el personaje de Once. También ha escrito para *The Outsiders*, *Narcos: México* y otras series de éxito. En 2022, Apple dio luz verde al programa de Nickson-Lopez, *Lucia*, dirigido por Damien Chazelle, el director ganador de un Oscar por *La La Land* y *Whiplash*, con Nickson-Lopez como productora ejecutiva. Es una estrella en el firmamento de Hollywood. A sus 35 años, el currículum de Nickson-López es el sueño de la mayoría de los escritores. A pesar de su éxito, sigue considerándose guionista. Nos habló de su verdadera pasión como cofundadora de MV3, una *startup* de la Web3. A medio camino entre el *storytelling* y la tecnología, MV3 quiere revolucionar la televisión, el cine y el propio modelo de negocio de Hollywood. La historia de Nickson-Lopez nos recuerda la enorme amplitud y diversidad que caracterizan a los perfiles de los creadores de este espacio.

MV3 es una colección de 6.500 NFT de diferentes personajes, que son las piezas básicas con las que se construirá un "universo" narrativo de gran riqueza, creado por Nickson-Lopez y el equipo de MV3. Los propietarios participarán de la propiedad intelectual (PI), tendrán voz en el desarrollo de su personaje e incluso serán cocreadores de las historias con el equipo de MV3. Los diferentes atributos de los personajes podrían terminar apareciendo en películas, televisión y otros medios narrativos. Podrían convertirse en personajes de un videojuego o avatares en el metaverso. Imagine comprar un personaje de *Star Wars* en 1976 antes del lanzamiento de la primera película y compartir la trayectoria de ese mismo personaje a lo largo de decenas de películas, adaptaciones y acuerdos de licencia; esto es lo que pretende MV3. Desde su lanzamiento, MV3 ha recaudado alrededor de 2 millones de dólares para financiar el proyecto.

Nickson-Lopez habló con nosotros por Zoom desde su hogar en Los Ángeles, donde vive con su esposo y cofundador de MV3, el director Torey Kohara. Nos explicó cómo su hermano y tercer cofundador de MV3, Roberto Nickson, terminó convenciéndola de prestar atención a los NFT en 2021. Según Nickson-Lopez, "entré en este espacio muy decidida. Había invertido en Ethereum, entendía cómo funcionaba. No solo entendía cómo funciona la emoción vinculada al riesgo, una parte intrínseca de todo esto, sino también las oportunidades que surgían en términos de propiedad, en este caso la propiedad de un activo". No tuvo que pasar mucho tiempo hasta que empezó a establecer conexiones con su propio mundo. "La escritora que hay en mí pensó al instante: 'Yo sé cómo funciona Hollywood'. En los próximos meses, a mi correo electrónico van a llegar proyectos de NFT, y me van a decir: 'Oye, estamos buscando un escritor para adaptar este NFT'. Sé que va a pasar. Hollywood lo adapta absolutamente todo. Y yo sabía que no sería capaz de hacerlo".[11]

¿Por qué? Porque la mayoría de los proyectos de NFT no tenían historias que contar. La creación de estos activos vinculados a los personajes de una película es tan contraria a la forma actual de crear contenidos (donde los estudios son dueños de la propiedad intelectual y deciden cómo usarla), que a los pioneros del sector ni siquiera se les pasó por la cabeza darles una oportunidad. Los primeros NFT, más que algo radicalmente nuevo, eran más parecidos a cartas de Pokémon. En otras palabras: eran esqueumórficos.

Por ejemplo, la escasez y el carácter programable de los NFT dieron origen a cientos de llamativos proyectos pfp o de imagen de perfil (*profile picture project*), con cientos o miles de variaciones sobre un tema común: un pingüino, un mono, un gorila, un personaje pixelado de ocho bits, una roca gris, y así sucesivamente. La lógica es que, cuanto más singular fuera el personaje, mayor sería su valor. En los días eufóricos del mercado alcista, estos NFT "extremadamente raros" alcanzaron precios de cientos e incluso millones de dólares, aunque solo un puñado de estas iniciativas retienen hoy un valor significativo.

Consideremos Bored Ape Yacht Club (BAYC), creado por Yuga Labs. BAYC comenzó como una colección de llamativas representaciones de monos animados, popularizados en forma de pfps en línea para famosos y personalidades influyentes de Internet. Los dueños de un Bored Ape pueden revenderlo, fraccionarlo, venderlo por partes e incluso obtener un préstamo con el NFT como garantía. En otras palabras: son activos digitales que incorporan muchos de los derechos comunes en los activos no digitales. Yuga Labs aprovechó el éxito de la fiebre inicial de pfps para explorar nuevos caminos, incluyendo la narrativa y un juego de rol multijugador masivo en línea llamado *Otherside*, actualmente en fase de desarrollo una vez superada la fase de recaudación masiva de fondos con la que Yuga vendió 1.000 millones de dólares en activos virtuales en *Otherside* a los futuros usuarios del juego aún por desarrollar, llamados *Voyagers*.[12] Los Bored Apes también

11. Jessie Nickson-Lopez y Torey Kohara, entrevista con Alex Tapscott a través de Zoom, 26 de septiembre de 2022.

12. Dean Takahashi, "Bored Ape Company Yuga Labs Appoints Activision Blizzard's Daniel Alegre as CEO", *VentureBeat*, 19 de diciembre de 2022, https://venturebeat.com/games/bored-ape-company-yuga-labs-appoints-activision-blizzards-daniel-alegre-as-ceo/.

otorgan al titular la licencia de la propiedad intelectual. Eso es exactamente lo que el actor y productor Seth Green tenía planeado con su Bored Ape llamado Fred Simian antes de que un tal "Mr. Cheese" le robara a Fred. Green decidió pagar el rescate que le pedía el secuestrasimios (aproximadamente 297.000 dólares), para recuperar sus derechos de propiedad intelectual, un hecho inédito en este nuevo mundo feliz de la Web3.[13]

Green es una persona creativa que podría hacer algo original con su mono Fred, pero, para Nickson-Lopez, "la mayoría de los escritores que conozco serían incapaces de adaptar un proyecto de NFT porque la mayoría carecen de una historia propia. Se trata simplemente de variaciones de las mismas fotos".[14] Estos primeros proyectos de NFT son valiosos por su escasez y por lo que le enseñan al mundo, lo que los convierte en algo más parecido a bienes de lujo coleccionables y escasos que a personajes susceptibles de ser adaptados en una película o programa de televisión. Pueden resultar muy valiosos por su escasez, pero adaptar un pfp para contar algo tendría tanto sentido como elegir un bolso exclusivo Gucci como protagonista de su propia miniserie (salvo que quisiéramos adentrarnos en el género de terror protagonizado por objetos asesinos inanimados). Parafraseando aquel gran teorema filosófico: mil monos aburridos trabajando mil años no serán capaces de escribir la próxima superproducción de Hollywood (aunque eso no impedirá que Seth Green lo intente).

La historia de MV3 es "un choque entre Silicon Valley y Gotham City, donde los empresarios tecnológicos han ocupado el lugar de los políticos y androides conscientes deambulan por las calles en busca de su libertad".[15] Ambientada en una "sociedad ciberpunk distópica" en 2081, tras una catástrofe climática, MV3 se centra en "un grupo heterogéneo de rebeldes idealistas" que luchan por "arrebatar el poder a la corporación dueña de la ciudad".[16] El hermano de Nickson-Lopez, Roberto, cree que MV3 podría convertirse en la "próxima gran franquicia, nacida de una colección de NFT, donde los titulares pueden participar directamente de las ventajas de la propiedad intelectual". Según Nickson-Lopez: "En Hollywood, son tus fans quienes deciden si vives o mueres. Da igual lo bueno que sea tu proyecto: si tus fans no te ven, si no apoyan tu película o tu proyecto de televisión, no vas a ninguna parte. No te renovarán para una segunda temporada, y

13. Sarah Emerson, "Seth Green Bored Ape NFT Returned", *BuzzFeed News*, 9 de junio de 2022, `https://www.buzzfeednews.com/article/sarahemerson/seth-green-bored-ape-nft-returned`.

14. Nickson-Lopez y Kohara, entrevista con Alex Tapscott.

15. Story, MV3: The Battle for Eluna, a 12 de abril de 2023, `https://mv3hq.notion.site/Story-ecdaaa3a8a71447598726d8f8a2504fe`.

16. Story, MV3: The Battle for Eluna.

ninguna plataforma te elegirá". Saber que los seguidores respaldarán un proyecto es clave para poner en marcha la maquinaria de Hollywood a la hora de gastar 100 millones de dólares o más en una película o programa de televisión. En palabras de Nickson-Lopez: "Lo que hicimos fue darle la vuelta. Creé el mundo de Eluna City y sus personajes". Se trata de un proyecto ambicioso, y el equipo de MV3 lo sabe.

Si bien Nickson-Lopez diseñó el universo MV3 y creó las historias de fondo o *backstories* de los personajes principales, ni ella ni su equipo decidirán el rumbo de la historia. "Para mí, lo más emocionante ha sido ver el nivel de creatividad que hemos inspirado en personas que nunca habían creado nada, pero que son consumidores de mundos distópicos y de ficción. Se nota que están ávidos por jugar. Nuestros fans son parte de nuestra comunidad, nuestros socios en la labor creativa. Debido a su interés en el universo MV3 y sus personajes, les emociona enormemente la posibilidad de construirlo con nosotros. Ha sido muy inspirador para mí".

MV3 ofrece talleres creativos para los titulares de sus NFT, con el fin de ayudarles a desarrollar los antecedentes de sus personajes. El *fanfic*, un género en el que los fans escriben finales alternativos y nuevos capítulos para obras que cuentan con derechos de propiedad intelectual ya consolidados, ha sido una parte muy importante en el desarrollo de franquicias populares como Harry Potter, pero rara vez llegan a integrarse en las tramas oficiales. Como nos recuerda el cofundador de MV3, Kohara: "Creo que el *fanfic* siempre ha sido considerado una especie de hijo no deseado de la franquicia".[17] Sin embargo ahora, al ser dueños de sus personajes, los fans pueden ser parte de la escritura de sus historias y participar económicamente de este potencial. Dado que sentía curiosidad, compré un NFT. Ahora soy parte interesada, y tendré la oportunidad de ver si un escritor especializado en el mundo de los negocios es capaz de escribir ciencia ficción creíble.

Según Nickson-Lopez, el modelo de producción de los grandes estudios nunca permitiría que los fans crearan contenido o fueran copropietarios de este. Cuando apareció en escena, algunos actores clave veían el *fanfic* como una idea radical; quizás incluso lo vieran como una infracción de los derechos de autor. "Como dicen mis abogados: 'Es como si estuvieras haciendo pedazos algo muy valioso y dándole los pedazos a la gente'. A lo que nosotros respondemos: '¡Exacto! Eso es *exactamente* lo que estamos haciendo'. La gente realmente no puede entenderlo. Lo que realmente me emociona es que esto se puede cambiar".[18]

17. Nickson-Lopez y Kohara, entrevista con Alex Tapscott.

18. Nickson-Lopez y Kohara, entrevista con Alex Tapscott.

En cuanto a los derechos de autor, la Organización Mundial de la Propiedad Intelectual (OMPI) y otros expertos legales han analizado las consecuencias potenciales de los NFT, pero por regla general son los litigios en curso y las decisiones de los tribunales los que mejor aclaran el panorama.[19] Dicho esto, los artistas del mundo de los NFT y otros creadores familiarizados con las leyes de propiedad intelectual con frecuencia especifican cómo quieren que el mercado trate sus NFT en una jurisdicción dada. Al igual que ocurre con las licencias de Creative Commons, estos creadores tienen la opción de elegir cuáles son los derechos de propiedad intelectual que desean preservar, de haberlos, y cuáles desean otorgar bajo licencia a los compradores de un NFT.[20] "Si la clave de los NFT es que permiten representar derechos de propiedad sobre un activo, ¿por qué iban a elegir los creadores ceder sus derechos de propiedad intelectual a través de licencias de Creative Commons (CC0)?", es la pregunta retórica que formulaba en Twitter el profesor de la Escuela de Negocios de Harvard, Scott Duke Kominers, en agosto de 2022.[21]

En una publicación posterior en su blog, Kominers y Flashrekt (seudónimo utilizado por un *influencer* del mundo de los NFT), intentaron responder a esa pregunta. Su argumento recordaba al libro de Lawrence Lessig *Por una cultura libre: cómo los grandes medios de comunicación utilizan la tecnología y la Ley para clausurar la cultura y controlar la creatividad.*[22] En aquel libro de 2004, Lessig (profesor de la Facultad de Derecho de Harvard y cofundador de Creative Commons) explicaba la "dimensión social de la creatividad: cómo el trabajo creativo se basa en el pasado y cómo la sociedad fomenta o inhibe ese proceso de creación mediante leyes y tecnologías". Lessig describe cómo los "monopolizadores de la cultura" de las grandes tecnológicas han "[reducido] el dominio de las ideas públicas".[23] En su opinión, debería ser un derecho del creador, no de una corporación, decidir que su obra pase al dominio público. Las licencias Creative Commons ofrecen numerosas opciones a los creadores. Del mismo modo, Kominers y Flashrekt explican cómo el arte vive o muere por su relevancia cultural, de manera que permitir

19. Andres Guadamuz, "Non-fungible Tokens (NFTs) and Copyright", *WIPO*, diciembre de 2021, `https://www.wipo.int/wipo_magazine/en/2021/04/article_0007.html`.

20. Creative Commons, "FAQ: CC and NFTs", 9 de septiembre de 2022, `https://creativecommons.org/cc-and-nfts/`.

21. Scott Kominers (@skominers), *post* de Twitter, 3 de agosto de 2022 (6:46 a. m.), `https://twitter.com/skominers/status/1554780692067794945`.

22. Lawrence Lessig, *Free Culture: How Big Media Uses Technology and the Law to Lock Down Culture and Control Creativity* (Penguin Books, Nueva York, 2004), `https://lessig.org/product/free-culture/`.

23. Lessig, "About the Book", *Free Culture, s. d.*, `https://lessig.org/product/free-culture/`.

que todos copien, versionen y se inspiren en una obra original puede contribuir a difundirla más ampliamente y lograr que goce de una mayor relevancia cultural. Los autores abogan por que los creadores se hagan con el control creativo, pero añaden que ahora sus opciones son programables en los NFT.[24]

Volviendo a MV3, el modelo que defiende regalar o vender la propiedad intelectual en las fases iniciales de un proyecto puede presentar algunas desventajas. El plan trazado por MV3 (consistente en recaudar fondos mediante la venta de personajes, escribir historias y crear propiedad intelectual en torno a esos mismos personajes) es muy similar a los juegos de la Web3. Ria Lu, ejecutiva de juegos Web3 en Filipinas, explica la diferencia entre los juegos basados en NFT y los juegos tradicionales: "En los juegos tradicionales, creas el juego, lo lanzas y poco a poco vas ingresando dinero. La comunidad se construye paso a paso. Por el contrario, en los juegos NFT, primero construyes la comunidad, después ganas dinero y, por último, creas el juego".[25] La comunidad es lo primero. MV3 adopta un enfoque parecido.

En última instancia, proyectos como MV3 terminarán funcionando no solo porque involucran a sus fans en las ganancias económicas, sino también porque les ceden cierto control a la hora de dar forma a las historias. Ceder el control creativo y económico a los fans va en contra del modelo de Hollywood, y así lo reconoce Nickson-Lopez: "Ahora escribo por dinero, porque me contratan, porque lo necesito", admite. "Lo odio. Realmente lo odio porque pienso: 'Vaya, ahora en lugar de escribir para todas esas personas a las que quiero y aprecio, en lugar de escribir para mí misma, escribo para ganar dinero. Ahora mismo, escribo para los accionistas de Apple. Tengo que hacerles felices'". Involucrar a los fans en el proceso creativo, por amor a los personajes y no solo por dinero, es lo que sin ningún género de dudas impulsa a estos creadores y dota de propósito y significado a sus respectivos proyectos.

Puede que haya quien escriba *fanfic* por amor a sus personajes, pero lo cierto es que los creadores de historias que generan audiencias podrían ser recompensados por su labor. En el caso de MV3, los mejores escritores integrarán a sus personajes en la narrativa de una manera orgánica y significativa.

¿Cómo están haciendo realidad Nickson-Lopez y su equipo su visión en MV3? ¿A qué desafíos se enfrentan? Para empezar, para que la propiedad intelectual de las personas aparezca reflejada en un videojuego, alguien debe

---

24. Flashrekt y Scott Duke Kominers, "Why NFT Creators Are Going cc0", *a16z Crypto Blog*, 3 de agosto de 2022, `https://a16zcrypto.com/cc0-nft-creative-commons-zero-license-rights/`.

25. Ria Lu, entrevista con Alex Tapscott a través de Zoom, 12 de octubre de 2022.

diseñar el juego de modo que los usuarios puedan insertar sus personajes y líneas argumentales en una narrativa más amplia. En cuanto a los riesgos, es posible que los estudios nunca accedan a adquirir derechos de propiedad intelectual que no puedan controlar en exclusiva, lo que obligaría a los creadores de cualquier producto de cine o televisión a autofinanciarse. De ser así, los creadores deberán sopesar cuidadosamente cómo calcular el valor que sus patrocinadores crean para después ofrecerles una compensación justa. Surgen otras preguntas: ¿qué leyes y tratados internacionales rigen este tipo de propiedad intelectual creada de forma colaborativa? Conocemos la máxima empresarial según la cual no importa lo bien que contrates, siempre habrá más talento fuera de tu organización que dentro. Lo mismo ocurre en estas comunidades. ¿Cómo filtrar el talento de tal forma que permita encontrar las joyas que enriquecerán este universo? Una vez hemos adoptado este contenido, ¿cómo fallarán los tribunales en los litigios que vayan llegando a los tribunales? ¿Tendrán los cocreadores con sede en Filipinas el derecho a interponer demandas judiciales para exigir el cumplimiento de sus derechos en un tribunal de California? ¿Pueden los creadores y visionarios de MV3 y otros proyectos NFT realmente acabar con Hollywood tal y como lo conocemos? Y, por supuesto, ¿despertará Hollywood y creará su propia versión del modelo, en la que los estudios mantengan el control?

Warner Bros. ya ha anunciado una serie de NFT de edición limitada relacionada con la franquicia de *El señor de los anillos*, y son muchos los famosos que se han subido a la ola de los NFT para mejorar su reputación en el ámbito tecnológico o impulsar su marca personal. Sin embargo, todavía estamos lejos de que un usuario cualquiera pueda comprar un elfo, un orco o un *hobbit*. Puede que a los estudios de Hollywood más innovadores les cueste enfrentarse al conocido como dilema del innovador, y se limiten a innovar con esta tecnología de forma marginal. Sin embargo, el riesgo de que las empresas ya establecidas y consolidadas coopten esta tecnología o acaben con los innovadores a golpe de demanda judicial, obstaculizando la financiación inicial de sus proyectos, es real. ¿Puede un puñado de creadores novatos armados con estas nuevas herramientas enfrentarse a la meca del cine? Es una empresa difícil. Dicho lo cual, cosas más raras se han visto.

Del control corporativo al control de la comunidad

pplpleasr ha lanzado un experimento algo diferente en el *storytelling* mediante NFT, llamado Shibuya. En un *post* de su blog en el que anunciaba el proyecto, la artista identificó algunas de las limitaciones que constriñen el *storytelling* en la actualidad: "Muchos de nosotros todavía dedicamos toda nuestra atención a consumir contenidos en formato largo, ya sea un cortometraje, una película o una serie de televisión. El problema es que este tipo de contenido es extremadamente caro y que crearlo lleva mucho tiempo". En consecuencia, solo grandes empresas como los estudios cinematográficos pueden permitirse crear este tipo de contenidos, pero ¿qué pasaría si los creadores tuvieran otra forma de financiar colectivamente una película u otro gran proyecto y recaudar los fondos necesarios para hacerlo realidad? El blog continúa: "¡La tecnología sobre la que se sustentan los NFT se puede utilizar para mucho más [que proyectos de pfp]! Sentí la necesidad de crear un espacio donde poder desarrollar contenidos de formato largo en la cadena de bloques. Así surgió la idea de Shibuya, un experimento Web3 en la que el visionado de este tipo de contenidos es gratuito, pero está monetizado en la cadena de bloques con el fin de permitir la participación del espectador en el proceso creativo y la propiedad compartida".[26]

pplpleasr nos resume la idea de Shibuya: "Es una plataforma descentralizada que combina Netflix con Kickstarter, que te permite recurrir al *crowdsourcing* (colaboración abierta distribuida) no solo para obtener información, sino también financiación, ambas de forma simultánea". Shibuya utiliza "métodos que permiten interactuar con el medio, para que el *crowdfunding* resulte más interesante que en Kickstarter", donde los usuarios se limitan a dar dinero y esperar.[27]

En una producción cinematográfica tradicional, los estudios de Hollywood crean una red de propiedad intelectual encerrada en una misteriosa caja negra; nadie sabe qué sucede allí dentro, excepto la propia industria. La estructura jerárquica y verticalizada de la industria favorece las "apuestas seguras" frente a aquellas obras de nuevos artistas de futuro más incierto, pero potencialmente excelentes. El resultado son infinidad de obras derivadas en lugar de nuevos productos que permitan generar nueva propiedad intelectual. Hollywood ha adaptado *fanfiction* en aquellos casos en los que puede retener el control sobre el 100% del proyecto, pero la industria sigue mostrándose reacia a interactuar con los fans a nivel económico o creativo. En otras palabras: no sabe cómo coordinar a un grupo de personas que no se conocen entre sí y que no tienen por qué confiar los unos en los otros. pplpleasr cree que "la cadena de bloques supone un paso en la dirección

---

26. pplpleasr, "Shibuya & White Rabbit Pilot", *Shibuya.xyz*, 28 de febrero de 2022, `https://medium.com/@shibuya.xyz/shibuya-white-rabbit-pilot-c901e8bb76a4`.

27. pplpleasr, entrevista con Alex Tapscott.

adecuada, puesto que aun cuando tenemos un montón de personas que no confían en los demás, todos ellos están de acuerdo en que la cadena de bloques es algo en lo que sí pueden confiar".[28]

El desafío radica en la gobernanza del proceso creativo. Coger una idea cualquiera y permitir que la comunidad la desarrolle con una estructura completamente plana, incluyendo a personas sin experiencia ni conocimiento del proceso, podría dar como resultado "o bien nada, o bien algo que no tenga calidad", afirma pplpleasr. Shibuya se cuenta entre las iniciativas que actualmente intentan hacer frente a este desafío: saber identificar la frontera entre cuánto control conceder a los usuarios y cuánto dejar en manos de directores creativos que sepan lo que se traen entre manos. Esta tenue frontera será algo a lo que MV3 y probablemente muchos otros proyectos creativos de la Web3 deberán hacer frente. "Saber encontrar el equilibrio adecuado nos permitirá lograr el mejor producto". pplpleasr nos recuerda la importancia de la sabiduría de las masas en sitios como Rotten Tomatoes o Yelp, donde los usuarios "confían en la opinión del colectivo". Shibuya quiere aprovechar las ventajas de esta visión colectiva y aplicarla a la creación de propiedad intelectual. "Creo que es bueno involucrar a los superfans o a la comunidad en las primeras etapas de un proyecto, en lugar de trabajar en el cuarto de guionistas al modo tradicional de Hollywood, como si fuera una caja negra, sin mostrarle nada a nadie", afirma pplpleasr. "Sin ninguna duda, creo que hacer partícipe a la comunidad desde un principio es algo valioso, si bien no tardas en descubrir que en realidad la gente no quiere trabajar tanto como dicen".[29]

El proyecto *White Rabbit* ha configurado el armazón para una trama con dos finales alternativos. El final que más votos reciba determinará si el protagonista de la película es bueno o malo. Los creadores en busca de financiación deben identificar los hitos en el proceso donde quieren contar con la opinión del público, allí donde sus aportaciones no sacrificarán la calidad de la historia ni la obra de arte. "¿Por qué no permitir que la gente pueda acceder a este contenido de calidad, en lugar de dejarlo en manos de unos pocos que están monopolizando la industria cinematográfica tradicional?", pregunta pplpleasr. "No creo que hubiera tenido ninguna posibilidad sin esta nueva tecnología o este cambio de paradigma. Tratar de abrirme camino en el Hollywood tradicional, en un mundo anterior a lo cripto o la Web3, me habría llevado a librar una batalla cuesta arriba que probablemente perdería".[30]

---

28. pplpleasr, entrevista con Alex Tapscott.
29. pplpleasr, entrevista con Alex Tapscott.
30. pplpleasr, entrevista con Alex Tapscott.

En diciembre de 2022, Shibuya anunció que había recaudado 6,9 millones de dólares de Andreessen Horowitz y Variant Fund. Famosos como Kevin Durant y Paris Hilton aportaron la parte final de la financiación. En una rueda de prensa, pplpleasr afirmó que quería que Shibuya fuera el "A24 de la Web3", en referencia al estudio de Hollywood conocido por grandes éxitos del cine *indie* como *Luz de luna*, *Lady Bird* y *Todo a la vez en todas partes*.[31] Lo irónico sería que Universal Pictures optase por *White Rabbit* y pplpleasr se convirtiera en una figura de relumbrón en Hollywood, pero quizás nos estemos adelantando a los acontecimientos.

De comunidades basadas en plataformas a comunidades portátiles

A Roneil Rumburg le apasiona la música; le importa como forma artística. Apoya a los artistas, y es un miembro entusiasta y defensor de la comunidad musical. Por este motivo, se preocupó cuando vio que todos sus artistas favoritos abandonaban SoundCloud en masa. "SoundCloud era el hogar de la comunidad, el sitio donde, por aquel entonces, pasábamos todo nuestro tiempo ", recuerda.[32] "Así que nos preguntamos: '¿Por qué se van?'".

Resultó que SoundCloud había tomado una serie de decisiones perjudiciales para los miembros de aquella primera comunidad de artistas. "Cambiaron la forma en la que funcionaba el descubrimiento de nuevos artistas. El cambio se percibió como una forma de penalizar el contenido creado por la comunidad para favorecer el contenido más institucionalizado en términos de propiedad y gestión. Además, adoptaron diferentes políticas comunitarias que no casaban bien con su base de usuarios". Como resultado de estas desafortunadas decisiones, "muchos artistas abandonaron la plataforma", según Rumburg.

Lo ocurrido con SoundCloud fue el último episodio en una serie de decepciones sufridas por artistas que habían ido peregrinando de una plataforma de distribución de música a otra. "Desde Myspace al principio, pasando por YouTube, hasta SoundCloud, cada vez que saltaban de una plataforma a otra perdían a sus seguidores. Además, no tenían soberanía ni control sobre los datos, y carecían de capacidad alguna para llegar a esas personas", afirma Rumburg. "Si eres un *youtuber* con muchos seguidores y creas una nueva cuenta en TikTok, no tienes ninguna manera de trasladar tu base

31. Andrew Hayward, "Pplpleasr's Shibuya NFT Video Platform Raises $6.9M to Build the A24 of Web3", *Decrypt*, 8 de diciembre de 2022, `https://decrypt.co/116749/pplpleasrs-shibuya-nft-video-platform-raises-6-9m-to-build-the-a24-of-web3`.

32. Roneil Rumburg, entrevista con Alex Tapscott a través de Zoom, 11 de agosto de 2022.

de seguidores a TikTok. Empiezas de cero". Es la manera de encadenar a los mejores creadores a una plataforma; hasta cierto punto, funciona. "Es muy raro que alguien pase con éxito de una plataforma a otra. En buena medida tiene que ver con la imposibilidad de arrastrar contigo a tus seguidores". La impresión (acertada o no) es que, como resultado de aplicar esta lógica de retención de creadores, "la aparición de nuevos medios favorece la aparición de diferentes formas de creatividad. Con cada nueva plataforma de medios surge una nueva clase de creadores".

Es más: cada nueva plataforma es dueña de las relaciones que establece con sus usuarios, en forma de datos. Los artistas desconocen quiénes son sus seguidores o cómo estos utilizan su contenido, lo que les impide desarrollar nuevos contenidos adaptados a este conocimiento. Peor aún: para poder difundir su música a través de Spotify, los artistas independientes deben recurrir a distribuidores externos. Las regalías fluyen en sentido inverso, ya que pasan en primer lugar por estos intermediarios y llegan luego a los artistas, "con mucha fricción por el camino".

Rumburg reduce el problema a "un desacople en los incentivos entre aquello que es bueno para la empresa y lo que es bueno para los creadores y consumidores de esos activos". Las plataformas de medios asociadas a la Web2 terminan formando "relaciones parasitarias" con las personas que dotan de valor a sus redes de contenidos. "YouTube no tendría valor ni utilidad si nadie subiera vídeos a la plataforma. Lo mismo pasa con Spotify. Pero los efectos de red de estas plataformas han sido duraderos. Eso es lo que hace que la gente las siga utilizando". Rumburg ha observado cómo, con la aparición de cada nueva plataforma, el patrón se repite: "Por lo general, el contenido es excelente y gratuito. Las plataformas funcionan bien cuando las redes son pequeñas y están creciendo. Una vez que logran algún efecto de red, la dinámica de la relación cambia", transformándose en una dinámica extractiva.

Rumburg se pregunta si una plataforma que ayudara a "los artistas a conectar directamente con sus seguidores y crear vínculos con ellos sería más resistente, con el tiempo, a estas presiones", en referencia a la presión de SoundCloud para obtener beneficios.[33]

Rumburg cofundó Audius, una plataforma comunitaria diseñada para facilitar el descubrimiento de nueva música, que pone a los artistas al mando.[34] "No es que Audius no trate de ayudar a los artistas a ganar dinero,

33. Rumburg, entrevista con Alex Tapscott.

34. Roneil Rumburg, Sid Sethi, y Hareesh Nagaraj, "Audius: A Decentralized Protocol for Audio Content", Libro Blanco, Audius Inc., 8 de octubre de 2020, `https://whitepaper.audius.co/AudiusWhitepaper.pdf`, consultado el 27 de noviembre de 2022.

pero SoundCloud se vio sometida a ciertas presiones temporales que obligaron a la plataforma a tomar una serie de malas decisiones", afirma. Audius está construido en Ethereum y Solana. Sus cofundadores creyeron que "si los artistas realmente eran dueños, manejaban y controlaban los medios de distribución, Audius podría ser resistente a estos errores en la toma de decisiones. Además, al conceder a los artistas cierto poder sobre el crecimiento de la red, podríamos crear un sistema eterno".[35] La capacidad de un artista para importar o exportar datos sería una característica distintiva clave.

Este último punto es realmente importante. "Si la cultura lo es todo, entonces las comunidades son lo que definen parte de esa cultura", en palabras de Aleksander Larsen, cofundador y director de operaciones de Sky Mavis y su juego, Axie Infinity.[36] "La Web3 está en pañales, dependiendo de cómo te relacionas o pasas tu tiempo. Por ejemplo, el lado DeFi es muy diferente del lado NFT, con sus artistas, músicos y jugadores", nos recuerda. "La historia va también de todas estas tribus que también usan lo cripto. Por ejemplo, la comunidad de Axie tiene una cultura muy definida en comparación con lo que podrías encontrar en una comunidad de protocolos DeFi. Pero, a mayor escala, todos los usuarios quieren ser dueños de sus activos. Quieren libertad. Valoran la transparencia".

Las plataformas de Internet son valiosas porque los usuarios también son editores de contenido y creadores en línea. Tal vez disfrutes publicando comentarios en Twitter, participando en discusiones en Reddit o subiendo tus propias fotos y vídeos a Facebook, Instagram o TikTok. Tanto el contenido generado por el usuario como el mapa de relaciones o grafo social que mantenemos a través de nuestra participación en redes son esenciales para el éxito de esas plataformas. El valor de Facebook está directamente relacionado con los efectos de red, que son una función de la participación del usuario en la plataforma. A pesar de las carencias de la Web2 en determinadas áreas, la democratización de la edición y publicación de contenidos es, en líneas generales, una consecuencia positiva.

Ciertamente, la Web3 no anda escasa de plataformas que extraen valor a cambio de comodidad y un servicio útil. Pensemos en OpenSea, lanzada como plataforma dominante de oferta e intercambio de NFT. OpenSea cobra una tarifa o "regalía" por la venta de NFT a través de la plataforma, de forma similar a como lo haría un marchante de arte u otro intermediario tradicional. Sin embargo, tras una fase inicial de éxito, OpenSea tuvo que hacer frente rápidamente a diversos competidores. Tal y como señala la firma de

35. Rumburg, entrevista con Alex Tapscott.

36. Aleksander Larsen, entrevista con Alex Tapscott a través de Zoom, 9 de agosto de 2022.

investigación en Web3 *The Block*, "los mercados de NFT habían mantenido una competencia feroz por la liquidez al eludir las regalías del creador, permitiendo que los competidores redirigieran la liquidez de OpenSea, generando mercados libres de tarifas como SudoSwap, X2Y2 y Magic Eden". Como resultado, "el volumen de las transacciones libres de regalías pasó del 2,8 % del volumen total de negociación en enero a un 30 % a finales de noviembre" de 2022, lo que supuso un incremento significativo. Gracias a las plataformas abiertas, usuarios y creadores pueden trasladar sus activos a otro lugar, si así lo desean. Sin ataduras. Este tipo de competencia vigorosa puede generar más innovación y riqueza para los creadores.[37]

Si la Web2 permitió a los usuarios generar contenido, la Web3 permite a las comunidades generar contenido y "ser su propietario" de forma colectiva. ¿Qué significa esto exactamente? En el caso de MV3, los usuarios son propietarios de los activos que crean. Además, pueden dar forma al arco narrativo de sus personajes y a la dirección futura del universo MV3, el contenido propiedad de la comunidad.

Cuando creó Shibuya, pplpleasr veía estas herramientas y plataformas de la Web2 y Web3 como complementarias entre sí. "Mucha gente en la Web3 comete el error de pensar que necesitan desvincularse por completo de la Web2". Shibuya podría ser el lugar donde los usuarios financian colectivamente y crean propiedad intelectual, pero Shibuya no tiene por qué ser el destino final de dicha propiedad intelectual ni su único medio de distribución. Por ejemplo, los usuarios podrían crear un cortometraje en Shibuya y distribuirlo a través de YouTube. "Es lo mismo que Right Click Save, que no es nada malo porque es publicidad gratuita para lo que estás haciendo en Web3.[38] La Web3 es simplemente una nueva vía para monetizar, pero ahora mismo nos encontramos bastante lejos de poder captar la atención de un público tan masivo en la Web3. Así que aún necesitamos tráfico procedente de la Web2 para complementar lo que estamos construyendo en Web3. Es la evolución natural de Internet. Ahora mismo, la Web3 nos ofrece soluciones para determinados problemas de la Web2".[39]

La propiedad comunitaria es importante para los creadores: a través de NFT y contratos inteligentes, los creadores pueden codificar sus reclamaciones sobre los ingresos generados y automatizar los pagos de dichos ingresos. Músicos, artistas y otros creadores utilizan las herramientas de la Web3 para

---

37. "Digital Asset Outlook 2023", The Block, 20 de diciembre de 2022, `https://www.tbstat.com/wp/uploads/2022/12/Digital-Asset-2023-Outlook.pdf`.

38. Right Click Save, ClubNFT, *s. d.*, `https://www.rightclicksave.com/`.

39. pplpleasr, entrevista con Alex Tapscott.

redefinir su oficio. Estas nuevas funcionalidades nos afectan a todos, tanto a los creadores como a los usuarios de las plataformas de Internet. La Web2 nos dio las redes sociales son sus grafos sociales.

En palabras del inversor de capital riesgo Jesse Walden, la Web3 nos brinda redes socioeconómicas con grafos socioeconómicos: "Lo que une a las personas aquí son necesariamente las relaciones personales, en lugar de relaciones económicas o basadas en intereses".[40] La Web3 no reemplazará a Facebook con una red social parecida dotada de características propias de la Web3. Muy probablemente lo hará con una alternativa diferente, novedosa y, hasta ahora, imposible.

Los NFT y otros *tokens* son clave para desbloquear "comunidades con acceso restringido mediante *tokens*" cuyos participantes puedan demostrar la propiedad sobre algún activo que les brinde acceso a servicios y otros beneficios y prerrogativas, como una especie de membresía en un club social donde el *token* sería el equivalente a una entrada. Las posibilidades de lo que estas comunidades de acceso restringido mediante *tokens* pueden ofrecer en términos de productos o servicios son infinitas. Podrían ser historias interactivas y proyectos de creación de mundos como MV3 o Shibuya, colectivos con acceso restringido mediante *tokens* como *Friends With Benefits* para creadores de arte digital, una red social para amigos y familiares, una liga de fútbol *fantasy*, un gremio de jugadores para participar en un juego de rol, o un DAO para coleccionistas de arte como Flamingo DAO o Trends.vc, donde los propietarios pueden acceder por anticipado a informes de tendencias, o muchísimos otros constructos sociales, empresariales o comunitarios.[41]

Cualquier contenido y energía creativa que aportemos a estas redes socioeconómicas nos convierte en participantes económicos de los potenciales beneficios de tales comunidades. Según Jesse Walden, cofundador y socio general de Variant Fund, "el modelo que estamos empezando a ver en Web3 no es el de un creador transmitiendo en *streaming* por Twitch TV, creando contenido para un público que puede ir de una a muchas personas. Se trata más bien de un modelo en el que los creadores trabajan directamente con su comunidad de seguidores, que son propietarios del producto creativo real que generan, para construir historias y entretenimiento juntos".[42] Aunque nadie se une a estas comunidades únicamente por las recompensas económicas, serán un aliciente.

---

40. Jesse Walden, entrevista con Alex Tapscott a través de Zoom, 25 de octubre de 2022.

41. "Token-Gated Communities: $80,000+ Community, Soulbound NFTs and Web 2.5", Trends.vc, *s. d.*, `https://trends.vc/trends-0082-token-gated-communities/`.

42. Walden, entrevista con Alex Tapscott. Sobre Twitch TV, véase `https://www.twitch.tv/p/en/about/`.

El nuevo medio es el nuevo mensaje

"Si Bitcoin es una reserva de valor, los NFT son una reserva de cultura", afirma Yat Siu, cofundador de Animoca Brands, un estudio de juegos Web3. La cultura, añade, es la "mayor reserva económica jamás vista", término que en el mundo de los juegos hace referencia a la creación y fluir del valor, como el agua en un sumidero. Siu considera que la cultura es un activo infravalorado, y que en la actualidad disponemos de un mecanismo para almacenar ese valor digitalmente.

En 1964, el experto en medios Marshall McLuhan afirmó: "El medio es el mensaje".[43] Por aquel entonces, los medios escritos, la radio y la televisión eran los medios dominantes. Era la era de la radiodifusión, cuando los medios fluían en una única dirección, desde el productor hasta el consumidor. Demos un salto en el tiempo a la era de la Web2: gracias a esa gran imprenta que fue el Internet de la información, cualquiera podía crear contenido y publicarlo en línea, pero solo una plataforma potente con fuertes efectos de red como Spotify podía monetizar la música. Los artistas debían plegarse a las plataformas de *streaming* o correr el riesgo de que los usuarios compartieran y copiasen sus creaciones sin garantías y sin recibir compensación alguna. Peor aún lo tenían los creadores visuales digitales, que no disponían de herramientas para monetizar y proteger su arte contra cualquier transgresión contra la propiedad intelectual.

Mientras las grandes plataformas de la Web2 consolidaban y convertían en mercancía los medios creativos, esas mismas plataformas convertían simultáneamente a todo el mundo en creadores, dotándonos de herramientas para transformarnos en periodistas-ciudadanos, fotoblogueros y *microinfluencers* en nuestros respectivos círculos sociales y comunidades en línea. Los algoritmos controlados por un puñado de grandes empresas llevaron a las primeras comunidades de individuos con intereses similares a refugiarse en cámaras de eco que reforzaban sus convicciones, donde el propósito no era informar o entretener, sino satisfacer egos y confirmar prejuicios y opiniones preexistentes. La frase de McLuhan se refería a los medios de radiodifusión, específicamente a la televisión, pero es aplicable a otras épocas. Hoy en día, las redes sociales son el medio de información principal. Con frecuencia, los propios medios se han convertido en el centro del discurso, ya se trate del papel de Facebook en la propagación de la desinformación o la amplificación de las voces más extremistas durante las elecciones presidenciales de 2016 y campañas sucesivas, o el culebrón sobre la compra de Twitter por parte de Elon Musk.

---

43. Marshall McLuhan, *Understanding Media: The Extensions of Man*, prólogo de Lewis H. Lapham (MIT Press, Cambridge, MA, 1994), `mitpress.mit.edu/books/understanding-media`.

En 1996, Bill Gates publicó un ensayo titulado *El contenido es el rey*, en el que predijo el impacto que la web tendría en su segunda era como plataforma donde los usuarios pudieran publicar contenidos: "Una de las cosas emocionantes acerca de Internet es que cualquiera con un ordenador personal y un módem podrá publicar cualquier contenido que sea capaz de crear".[44] Gates definía el contenido en sentido amplio, en forma de "ideas, experiencias y productos". Los usuarios de la Web2 generaron infinidad de contenidos; a algunos, especialmente los creadores de software, les fue muy bien. Pero las plataformas de software controlaban la distribución y se quedaban con la mayor parte del valor, de forma muy parecida a lo que ocurría con las grandes cadenas de televisión antes de la aparición del Internet comercial.

"En la Web2, la información es una mercancía. La información es infinita", asegura Lex Sokolin de ConsenSys. "Por lo tanto, la información no tiene ningún valor, pero la atención sobre esa información se convierte en un producto comercializable a través de la publicidad". Para quienes han desarrollado su carrera profesional bajo el paradigma de la Web2, utilizar la propiedad para limitar la distribución parece un error (aun cuando eso implique que los creadores reciban una compensación muy escasa). "Los NFT son algo muy incómodo para los emprendedores de la Web2, que están ahí para liberar información y democratizar el acceso a la misma", agrega Sokolin.[45]

Si bien en la actualidad son las plataformas las que dominan la distribución, Yat Siu ha apostado el futuro de su empresa, Animoca Brands, a que esta dinámica de poder cambie. Una de las tesis centrales de Animoca es que los derechos de propiedad digital transforman el contenido "consumible" en un "activo" con un valor tremendo. Así, el propio contenido se convierte en la plataforma. Los creadores retienen el valor a nivel de contenido, mas no a nivel de distribución, controlado por un puñado de empresas. Hasta ahora, esto tiene sentido de forma intuitiva: el valor combinado de todos los NFT creados en OpenSea es mayor que el valor de mercado de OpenSea como tal. El valor de todos los *tokens* es mucho mayor que el de los intercambios y proveedores de billeteras que nos dan acceso a dichos *tokens*.[46]

---

44. Bill Gates, "Content Is King", Microsoft, 3 de enero de 1996, Wayback Machine, `https://web.archive.org/web/20010126005200/http://www.microsoft.com/billgates/columns/1996essay/essay960103.asp`, consultado el 21 de enero de 2023. Columna sindicada por el New York Times Syndication Sales Corp. y archivada en Nexis UNI bajo Bill Gates, "On the Internet, Content Is King. On the Internet, Cyberspace Content Is King", *Evening Post* (Wellington, Nueva Zelanda), 16 de enero de 1996.

45. Lex Sokolin, entrevista con Alex Tapscott a través de Zoom para el podcast DeFi Decoded, 1 de febrero de 2022.

46. Yat Sui, entrevista con Alex Tapscott, 10 de enero de 2023.

La frase de McLuhan parece hoy más profética que nunca.[47] Si los medios de radiodifusión y sus imitadores esqueumórficos son el equivalente de la Web1 y las redes sociales lo son de la Web2, los bienes digitales como los NFT definirán la Web3. Al vender un NFT, el artista fusiona el mensaje (el arte) con el medio (el bien digital) en un solo producto.

Todos somos creadores

Estas historias ilustran las formas novedosas en que los creadores aprovechan las herramientas de la Web3 para interactuar con sus seguidores en otro nivel, al tiempo que abren más vías comerciales para ganar dinero y participar de sus creaciones como propietarios. La mayoría de las personas, sin embargo, no son artistas ni guionistas, ni viven vidas completamente basadas en la Web3, ganando *tokens* y especulando sobre el valor de los NFT y otros artefactos culturales. ¿Están destinadas la mayoría de las personas a desempeñar el papel de meros espectadores en este renacimiento de la creatividad? No, afirma Yat Siu de Animoca Brands, uno de los inversores más influyentes en Web3.

Siu siempre se ha sentido cómodo navegando entre diferentes culturas, idiomas y sistemas económicos, como resultado de una crianza atípica. Étnicamente chino, este emprendedor nació en Viena, Austria, hijo de dos profesionales de éxito formados en música clásica. Creció hablando alemán con sus compañeros de clase y amigos, mayoritariamente blancos. De niño, Siu pasaba temporadas con su madre en Berlín Oriental, donde vivió de cerca el comunismo autoritario. Al volver a Viena se conectaba a CompuServe, donde encontró una comunidad de personas procedentes de países diferentes. Estudió música, pero se sintió cautivado por los ordenadores. De adolescente, consiguió su primer trabajo para Atari en Alemania. En su odisea profesional, ha emprendido negocios en Internet en las tres eras de la web. En la década de 1980, compraba y vendía activos virtuales. A principios de la década de 2010, su empresa fue una de las pioneras en juegos móviles antes de que Apple retirara sus aplicaciones de su plataforma.[48]

En 2017, Yat Siu se topó con la Web3. De inmediato comprendió su importancia y redirigió el rumbo de Animoca Brands hacia este nuevo mundo feliz. Muy pronto, Animoca Brands se convirtió en uno de los

47. Parte de este contenido se publicó por primera vez en Alex Tapscott, "With NFTs, the Digital Medium Is the Message", *Fortune*, 4 de octubre de 2021, `https://fortune.com/2021/10/04/nfts-art-collectibles-medium-is-the-message/`.

48. Siu, entrevista con Alex Tapscott.

agentes creativos e inversores más influyentes de la industria, especialmente en el ámbito de los juegos Web3. Sus décadas de experiencia y su singular educación han proporcionado a Yat Siu una visión del mundo que muchos de sus contemporáneos no tienen.

En primer lugar, los padres de Siu adoptaron la tecnología con los brazos abiertos. Fueron la primera familia de su barrio con TV por satélite para ver las noticias de todo el mundo, algo que dotó a Yat de una perspectiva global.[49] Sus padres le compraron un ordenador personal Atari ST. "Descubrí comunidades en línea en la era anterior a Internet" donde "no importaba que fuera asiático".

Fundada en Silicon Valley en la década de 1970, Atari era por aquel entonces una potencia de la industria, conocida por los juegos Pong y Space Invaders. Que la empresa contratara a un adolescente austriaco titulado en música podría parecer, a primera vista, inusual. Pero la compañía era conocida por ser poco convencional. Como Walter Isaacson recoge en su libro *Los innovadores*: "Todos los viernes se organizaba una fiesta con cerveza y marihuana, que a veces terminaba con un chapuzón sin ropa, especialmente si se habían alcanzado los objetivos de la semana". Por costumbre, uno de los fundadores de la compañía celebraba las reuniones de juntas en su *jacuzzi*.[50] Imagino que la cerveza era mejor en las oficinas de la compañía en Alemania.

Puede que Siu fuera una de las primeras personas en comprar un activo virtual para un juego de ordenador. "No había ningún sistema de pago, no existía PayPal. Literalmente tuve que enviar un cheque y esperar a que lo cobraran". El vendedor podría haber desaparecido una vez cobrado el dinero de Yat, pero cumplió con su parte del trato: "Nos encontramos en el equivalente a un bar de mala muerte dentro de aquella especie de mazmorra multiusuario, y realizamos el intercambio".

Siendo hijo de músicos, Siu sabía que ganarse la vida como artista era difícil. "Mi madre nunca entendió mucho de negocios". Los mandamases de la industria se aprovechaban de músicos como su madre y sus colegas, "básicamente porque carecían de conocimientos sobre sistemas financieros, sistemas comerciales y contratos", explica.[51] Siu reconoce que no todo el

49. Enid Tsui, "Internet Whizz Yat Siu on Programming at 13 and Landing a Job at Atari as a Schoolboy", *South China Morning Post*, 6 de julio de 2017, Wayback Machine, `https://web.archive.org/web/20170706084545/https://www.scmp.com/magazines/post-magazine/long-reads/article/2101469/internet-whizz-yat-siu-programming-13-and-landing`.

50. Walter Isaacson, *The Innovators: How a Group of Hackers, Geniuses, and Geeks Created the Digital Revolution*. Simon & Schuster, Nueva York, 2014, p. 214.

51. Siu, entrevista con Alex Tapscott.

mundo se beneficiará por igual de la propiedad en línea, pero todos podemos participar. "Creemos que la Web3 puede proporcionar no tanto una renta básica universal, sino una 'equidad básica universal', el concepto de que todos generamos algún tipo de datos". Existen los creadores activos, como artistas, desarrolladores de software y creadores de juegos; y después están los "creadores pasivos que contribuyen al efecto de red y reciben una recompensa a cambio".[52] Siu describe la economía de la industria del juego, que ampliaremos en el próximo capítulo. En los juegos gratuitos, los usuarios pueden descargar juegos y jugar gratis; pero, si quieren disfrutar de características adicionales del juego, deben pagar. Según Siu, únicamente entre el 1 al 3% de los usuarios pagan. "Los 100.000 millones de dólares de ingresos que generan los juegos gratuitos provienen de un subconjunto pequeñísimo del total del público que juega". El 97 o 99% restante sigue siendo importante, porque contribuyen al efecto de red del juego. Algunos podrán atraer a cinco o cien personas que pagan poco, o a una persona que paga mucho. Si no existieran los usuarios que juegan sin pagar, los jugadores que sí están dispuestos a pagar no pagarían. "Es un cambio de valores", afirma Siu. Quienes juegan de forma gratuita "contribuyen al efecto de red y, por lo tanto, deben ser recompensados".[53] Después de todo, son sus datos y su tiempo.

Al hablar de cómo podríamos aplicar este modelo a una red tradicional como Facebook, Siu cree que "quizás la mayoría de los usuarios valgan apenas unos cientos o miles de dólares. No está mal, ¿verdad? Pero también estamos creando equidad. No estamos diciendo que todos seamos iguales. Lo que decimos es que todos tenemos la posibilidad de formar parte de esto".[54]

Jesse Walden está de acuerdo: no solo los creadores profesionales pueden beneficiarse de la propiedad digital. En su opinión, la Web3 empodera a los seguidores de estos creadores y a las comunidades en un sentido más amplio. En noviembre de 2021, un grupo de entusiastas de la criptografía y aficionados a la Historia se reunieron en línea con el fin de recaudar fondos para comprar la última copia de la Constitución de los Estados Unidos que quedaba en manos privadas.

Con el fin de recaudar los millones necesarios para lanzar una oferta creíble, el grupo formó el ConstitutionDAO.[55] Rápidamente, la iniciativa se convirtió en un fenómeno en línea. Llegado el momento de la subasta,

52. Siu, entrevista con Alex Tapscott.

53. Siu, entrevista con Alex Tapscott.

54. Siu, entrevista con Alex Tapscott.

55. "Refunds are now available, you have two choices", ConstitutionDAO (2021), *s. d.*, `https://www.constitutiondao.com/`.

la DAO disponía de 40 millones de dólares en fondos procedentes de miles de contribuyentes que vieron la oportunidad de que "Nosotros, el Pueblo" se hiciera con el control de un artefacto tan importante. Benjamin Franklin estaría orgulloso. En última instancia, ConstitutionDAO no ganó la subasta, pero fue un momento crucial que demostró de qué manera un grupo de individuos puede utilizar las herramientas de la Web3 para organizarse espontáneamente en torno a una causa, recaudar fondos y crear algo con utilidad o valor económico.

Walden plantea un caso hipotético. Imaginemos que Taylor Swift pierde el control de sus grabaciones originales ante Scooter Braun, un ejecutivo discográfico. En represalia, Taylor vuelve a grabar álbumes completos, dinamitando el valor del catálogo de Braun. La cantante no habría intentado recomprar sus grabaciones. "Puede que haya un precio que Taylor no estuviera dispuesta a pagar, pero tal vez sus fans sí estuvieran dispuestos a pagar colectivamente porque no valoran solo las regalías; valoran la experiencia de ser propietarios", afirma Walden. "Mi teoría es que la próxima generación de Internet convertirá a todos los usuarios de productos y servicios en propietarios".[56]

Variant es un inversor semilla, lo que a menudo supone invertir en un proyecto empresarial antes de que este alcance el ajuste óptimo de producto/mercado o tan siquiera de contar con un producto como tal. En ocasiones, las *startups* necesitan un punto de vista externo para ver aquello que los *insiders* no son capaces de ver, lo que explica la peculiar ruta seguida por Walden para convertirse en uno de los inversores más respetados de la industria.

Walden sostiene que los *tokens* son productos que satisfacen ciertas necesidades y deseos de los usuarios, incluida la necesidad de disfrutar de seguridad financiera, ser escuchados y participar. Para algunos propietarios, los *tokens* brindan un sentido de pertenencia social y comunidad, y satisfacen la necesidad de controlar cómo trabajamos.[57] También añaden un nivel de privacidad: los propietarios de *tokens* pueden proteger la propiedad de bienes digitales bajo una especie de pseudoanonimato, si así lo desean.

En 2016, la parlamentaria danesa Ida Auken causó un gran revuelo con la publicación de un artículo de opinión para el Foro Económico Mundial titulado "Bienvenido a 2030. No tengo nada, no tengo privacidad y la vida

56. Walden, entrevista con Alex Tapscott.

57. Jesse Walden, "Tokens Are Products", Variant Fund, 24 de agosto de 2022, `https://variant.fund/articles/tokens-are-products/`.

nunca ha sido mejor".[58] El artículo causó una gran controversia y fue objeto de duras críticas en la red, especialmente entre ciertos grupos de derechas que ya desconfiaban profundamente del Foro Económico Mundial. Hoy, la lectura del artículo parece una cápsula del tiempo que nos llevara a mediados de la década de 2010, cuando las empresas de la llamada "economía compartida" facilitaban el uso compartido de viajes, alquiler de casas de vacaciones y demás. Los *millennials*, afectados por la crisis financiera y sin poder permitirse gran cosa, usaban de buen grado estos servicios, animados por capitalistas de riesgo que subvencionaban el crecimiento de estas *startups* de la Web2, haciéndolas accesibles para muchos. La tesis de Auken de que "todo lo que considerabas un producto ahora se ha convertido en un servicio" parece algo ingenua, vista en perspectiva, si tenemos en cuenta las dificultades que muchas de estas empresas han tenido a la hora de tener ganancias cuando deben hacer frente a una competencia intensa y sin el respaldo económico del capital riesgo. Si acaso, la Web3 da la vuelta al discurso de la parlamentaria. Auken afirmaba que todos los productos se convierten en servicios. La Web3 postula que todos los servicios se convierten en activos mediante la propiedad en línea.[59]

En las empresas de la llamada economía compartida, como Uber y Airbnb, los creadores de valor (como conductores, arrendatarios y usuarios) no comparten la riqueza de manera equitativa. Estas plataformas son monopolios naturales que agregan y revenden mano de obra excedente, vehículos, habitaciones vacantes y otros. Diversos estudios han demostrado que tales monopolios no generan un valor proporcional para los trabajadores, los clientes y la sociedad. Imaginemos, en cambio, plataformas Web3 que no sean propiedad de nadie, gobernadas por los usuarios, donde estos pueden acumular el valor que generan.

En algunos aspectos, Auken fue visionaria, anticipando las concesiones que hacemos en la Web2 cuando dependemos de plataformas. En el artículo reseñado señala: "De vez en cuando me molesta el hecho de no tener una privacidad real. No tener un lugar al que ir sin registrarme. Sé que todo lo que hago, pienso y sueño queda registrado en alguna parte. Solo espero

---

58. Ida Auken, "Welcome to 2030. I Own Nothing, Have No Privacy, and Life Has Never Been Better", *World Economic Forum*, 11 de noviembre de 2016, `https://web.archive.org/web/20161125135500/https://www.weforum.org/agenda/2016/11/shopping-i-can-t-really-remember-what-that-is`. El Foro Económico Mundial inicialmente archivó la entrada bajo el epígrafe "Values of Fourth Industrial Revolution on the Global Agenda", pero la eliminó de su sitio web el 6 de mayo de 2021; `https://web.archive.org/web/20210505052848/https://www.weforum.org/agenda/2016/11/how-life-could-change-2030/`, 27 de noviembre de 2022.

59. Walden, entrevista con Alex Tapscott.

que nadie lo use en mi contra".[60] Desde que Auken escribió su artículo, se han producido dos grandes cambios que afectan al comportamiento de los usuarios. En primer lugar, cada vez más usuarios de Internet muestran cierta cautela sobre cómo se utiliza su información y toman medidas para protegerla. En segundo lugar, y quizás más importante, es el hecho de que estamos asistiendo a un retorno a la propiedad. Resulta que los *millennials* sí quieren ser dueños de cosas que hasta hace poco no podían permitirse. Hoy en día, representan el 43 % de los compradores de vivienda, de lejos el mayor porcentaje de cualquier generación, y son los mayores compradores de automóviles y otros productos básicos que las generaciones anteriores daban por descontados.[61] Las condiciones duales de la "economía del alquiler" de la Web2, donde no tenemos propiedad ni derechos, combinadas con el movimiento pendular favorable a la propiedad de manera más general, crean las condiciones perfectas para comprobar si una web basada en la propiedad puede generalizarse.

John Locke, el gigante de la Ilustración, escribió: "Cada hombre detenta la propiedad de su propia persona. Sobre ella, nadie, excepto él mismo, tiene derecho alguno. El trabajo de su cuerpo y la obra de sus manos son, podríamos decir, propiamente suyos". Locke fundamentó su propuesta en la idea de que el trabajo y las acciones de una persona le hacían merecedores de su propiedad. "Porque siendo este trabajo propiedad incuestionable del trabajador, ningún hombre sino él puede tener derecho a lo que una vez se le une".[62] Cabe señalar que Locke se sentía perfectamente cómodo poniendo esos derechos en tela de juicio cuando le convenía, al igual que lo hicieron sus contemporáneos para avanzar en el colonialismo o la esclavitud, que perduró en el Imperio Británico hasta 1833. Aun así, la idea de que cuando las personas invierten tiempo y esfuerzo en crear algo de valor, deberían tener algún derecho sobre ese algo, sigue siendo válida. Sin embargo, no es así como funcionan las cosas para los creadores en línea, incluidos los usuarios de Internet.

Las finanzas descentralizadas han demostrado que las redes propiedad de los usuarios pueden crecer rápidamente al incentivar la adopción temprana. Uniswap, un *exchange* descentralizado, es un buen ejemplo: las plataformas de intercambio se vuelven cada vez más valiosas cuanta más liquidez tienen,

---

60. Auken, "Welcome to 2030".

61. Spencer High, "NAR Report Shows Share of Millennial Home Buyers Continues to Rise", National Association of Realtors, 23 de marzo de 2022, `https://www.nar.realtor/newsroom/nar-report-shows-share-of-millennial-home-buyers-continues-to-rise`.

62. John Locke, *Two Treatises of Government and A Letter Concerning Toleration*, 1690, p. 112.

motivo por el que Uniswap incentivaba a los usuarios a proporcionar liquidez desde el principio con su *token* nativo UNI. Cuanta más liquidez tenga una plataforma de intercambio, mejor. Es algo que beneficia tanto a la plataforma como al usuario/creador. Ahora imaginemos una red social Web3 que esté dando sus primeros pasos. Los costes iniciales de lanzar un nuevo servicio son elevados, por lo que, para compensarlos, el proyecto ofrece incentivos a los primeros participantes mediante un *token* de gobernanza que les otorga voz y derechos económicos sobre la plataforma. Los *tokens* funcionan como un incentivo muy potente para la colaboración masiva y la adopción de la plataforma, al convertir a los primeros usuarios en participantes económicos en la red.

En palabras de Chris Dixon: "En la era de la Web2, superar el desafío de poner en marcha una red desde cero suponía un esfuerzo heroico a nivel de emprendimiento, a lo que en muchos casos se añadía una enorme inversión en ventas y marketing".[63] Este proceso, difícil y costoso, llevó a que apenas unas pocas redes lograran un alcance global. Una vez firmemente establecidas, era muy difícil que nuevas redes dirigidas a usuarios parecidos pudieran competir (pensemos en Facebook). Dixon continúa: "La Web3 introduce una nueva y poderosa herramienta para poner en marcha una red: los incentivos en forma de *tokens*. La idea básica, durante la fase inicial cuando los efectos de red aún no han entrado en escena, pasa por proporcionar a los usuarios una utilidad financiera mediante recompensas en forma de *token* para compensar la falta de utilidad nativa".[64] No existen barreras para que los usuarios lancen un *token* y prueben suerte en la construcción de redes. Puede que el número de proyectos que fracasen sea mayor que en ciclos tecnológicos anteriores, dado que el número total de proyectos será mucho mayor, lo cual subraya la importancia de los *tokens* en la colaboración masiva, la coordinación y la creación de valor.

No nos volvamos locos: ¿y si los incentivos mediante *tokens* tuvieran un impacto negativo?

En 2004, cursaba primero en Amherst College cuando oí a una chica de mi clase hablar sobre un nuevo sitio web llamado "The Facebook". Como la chica me gustaba, le hice caso y me abrí una cuenta, a pesar de mi

63. Chris Dixon (@cdixon), *post* de Twitter, 1 de octubre de 2021 (6:50 p. m.), `https://twitter.com/cdixon/status/1444072368859533316`, consultado el 15 de octubre de 2021.

64. Chris Dixon (@cdixon), *posts* de Twitter, 1 de octubre de 2021 (6:50 p. m.), `https://twitter.com/cdixon/status/1444072370788978691` y `https://twitter.com/cdixon/status/1444072374798675970`, consultado el 15 de octubre de 2021.

escepticismo inicial. Conocía a personas que usaban Myspace y Friendster, y había llegado a la conclusión de que nadie que tuviera amigos e intereses reales se pasaría la vida en línea. Aquella chica y yo no estábamos destinados el uno para el otro, pero me convertí en un ávido usuario de Facebook y, como el primer millón aproximado de adoptantes tempranos de la red social en ese momento, construí muy rápidamente un grafo social con cientos de conexiones. El primer Facebook no tenía anuncios y era bastante agradable: nos encantaba intercambiar nuestro tiempo y capital social por el acceso a un servicio de comunicación gratuito mejor que el correo electrónico.

Para cualquier nueva red, los adoptantes tempranos tienen un valor enorme. Todas nuestras conexiones ayudaron a crear los efectos de red que consolidaron la posición de Facebook como líder del mercado. A pesar de ello, no participamos de ningún beneficio económico por nuestras aportaciones. En un principio resultaba aceptable, ya que The Facebook era una distracción divertida y útil. Más tarde, todos caímos en el trato faustiano de la Web2, renunciando a nuestros datos, privacidad y autonomía en línea a cambio de una publicidad hipersegmentada.

Ahora imaginemos la versión Web3 de una red social. Desde el principio, los intereses de todos los participantes están más alineados: seguimos utilizando el servicio para conectarnos con amigos, compartir fotos y crear comunidades, pero conservamos todos los derechos sobre nuestras fotos si así lo deseamos, obtenemos un derecho de participación en la red y tenemos voz sobre la adopción de decisiones estratégicas y cambios técnicos. Cuanto más la usamos y recomendamos, y cuantos más contenidos subamos a la red, mayores serán nuestras ganancias. Con incentivos tan poderosos, otras personas se unen, participan y atraen nuevos usuarios a la red. A pesar de la fuerte competencia de los líderes del sector, ya consolidados y bien capitalizados, la red social propiedad de los usuarios irá poco a poco socavando sus bases. Los nuevos usuarios se benefician con el aumento de valor del *token* nativo de la nueva red. Tanto los fundadores como los primeros adoptantes salen beneficiados. ¿Dónde está el problema?

Lamentablemente, algunos creadores han diseñado sus modelos basados en Web3 de forma tan deficiente que los primeros usuarios aparecen solo para explotar las recompensas de *tokens*, indiferentes al servicio subyacente. Una vez dichos incentivos se agotan, pasan a la siguiente plataforma explotable, y los titulares de *tokens* restantes luchan entre sí por hacer con unas migajas de propiedad. Este comportamiento desanima a los usuarios normales y corrientes, temerosos de que su experiencia en Internet quede excesivamente focalizada en los aspectos financieros.

La introducción de recompensas financieras podría acarrear otras consecuencias no deseadas. Jimmy Wales, cofundador de Wikipedia, me explicó por qué cree que los incentivos de Web3 son una "idea terrible para Wikipedia".[65] Su principal preocupación era que el dinero terminaría corrompiendo lo que describe como la pureza intelectual de Wikipedia, donde los colaboradores editan por amor al conocimiento, no porque alguien esté dispuesto a pagarles. "Si estás hablando de un artículo sobre, digamos, Exxon Valdez, es muy probable que al único actor con dinero al que le importe tu artículo sea, justamente, Exxon". Aceptar pagos de los protagonistas de las entradas de Wikipedia "probablemente no sea lo que realmente queremos de una enciclopedia neutral de alta calidad", asegura.[66] Su segunda preocupación es: ¿cómo o en concepto de qué se les paga a los colaboradores? Si recibieran dinero por las visitas a la página, tendrían incentivos para exagerar de forma sensacionalista sus artículos, a expensas del contexto y la precisión. En tercer lugar, Wales considera que algunas *blockchains* como Bitcoin tenían huellas ecológicas inaceptables, motivo por el que Wikipedia dejó de aceptar donaciones en criptomonedas.[67] Por último, Wales se mostró escéptico respecto a la recaudación de fondos con *tokens* para apoyar a voluntarios: "No es algo que nadie en la comunidad pida o exija en estos momentos". Una entidad innovadora como Wikipedia podría diseñar un sistema que abordara estas cuestiones, pero para Wales los riesgos son excesivos.[68]

A pesar de estas reservas, Wales se mostró entusiasmado con las plataformas propiedad de los usuarios para otros propósitos, como la retransmisión en *streaming* de música y vídeo, donde los creadores podrían ser mejor remunerados y disfrutar de un mayor acceso a sus datos. A lo largo de nuestra conversación, se mostró favorable a vías sencillas por las que los colaboradores pudieran hacerse con el control de una parte de las plataformas que utilizan como una aspiración muy positiva. Al igual que pplpleasr, Nickson-Lopez y muchos otros creadores que aprovechan estas herramientas, Wales ve las DAO específicamente como sencillas herramientas nativas de Internet para organizar a personas afines en torno a una idea creativa. "No vamos a hacer todo este trabajo para regalarlo. Vamos a trabajar duro, luego trataremos de colocarlo en Netflix, venderlo en Amazon Prime e intentar que se estrene en

---

65. Jimmy Wales, entrevista con Alex Tapscott a través de Zoom, 24 de febrero de 2023.
66. Wales, entrevista con Alex Tapscott.
67. Muyao Shen, "Wikipedia Ends Crypto Donations as Environmental Concerns Swirl", *Bloomberg News*, Bloomberg LP, 2 de mayo de 2022, `https://www.bloomberg.com/news/articles/2022-05-02/wikipedia-ends-crypto-donations-amid-environmental-concern`, consultado el 12 de abril de 2023.
68. Wales, entrevista con Alex Tapscott.

cines", afirma Wales, intuyendo la mentalidad de los miembros de la DAO. "Tendremos éxito en línea, como comunidad. Todos tendremos voz y voto, y recibiremos una parte en función de nuestras aportaciones. Veamos cómo podemos hacerlo de un modo justo". Lo más importante es que todos se convierten en propietarios y comparten el éxito. "Si trabajas para un estudio y tienes éxito", añade Wales, eso es estupendo para tu currículum y genial para el estudio, pero no obtienes ningún ingreso en concepto de venta de entradas, promociones comerciales, *streaming* o vídeo bajo demanda, venta de licencias en el extranjero y otros ingresos porque "no eras dueño" de tus creaciones.[69]

A pesar de estos beneficios tan evidentes, las redes propiedad de los usuarios no son modelos inherentemente más justos o sostenibles. Por ejemplo, una red propiedad de los usuarios podría optar voluntariamente por crear un modelo impulsado por anuncios en lugar de optar por generar suficientes beneficios para mantener la red en un estado de desarrollo continuo, garantizar su seguridad y mejorar la experiencia del usuario. En este ejemplo, una mayoría de propietarios de *tokens* podría votar a favor de un modelo al que la mayoría de los usuarios se opusiera. ¿Es la versión Web3 del Mark Zuckerberg de diecinueve años un emprendedor obsesionado con los *tokens*, decidido a lanzar un modelo de distribución de *tokens* viral, cuyo valor se dispara, se desploma y se extingue?

Muchos emprendedores inteligentes con la mejor de las intenciones han tropezado al dar los primeros pasos en sus proyectos. Por ejemplo, Axie Infinity fue pionera en la categoría de los juega-y-gana, pero los incentivos no eran del todo acertados. Los primeros usuarios pudieron hacerse con activos de gran valor. Los que llegaron más tarde pidieron prestado dinero para jugar, solo para descubrir que las recompensas se habían agotado, dejándolos endeudados. Sky Mavis, el creador de Axie Infinity, dio marcha atrás, se enfocó en la tarea de generar una jugabilidad excelente, colaborando con los jugadores para lograr su objetivo. Aleksander Larsen, fundador de Sky Mavis, era partidario de que la jugabilidad impulsara la siguiente etapa de crecimiento: "Si puedes igualar a los juegos existentes, especialmente los juegos móviles, en cuanto a calidad, y además agregar la propiedad Web3 de los objetos del juego, tienes una fórmula ganadora".[70]

Otros, como Uniswap, han seguido gozando de popularidad una vez desaparecidos todos aquellos usuarios que ganaron un dinero fácil a través de los *tokens* nativos. ¿Cómo lo han logrado? En primer lugar, han creado un modelo de distribución de *tokens* equitativo y sostenible que incentiva

---

69. Wales, entrevista con Alex Tapscott.

70. Larsen, entrevista con Alex Tapscott.

la adopción a largo plazo. En segundo lugar, no dependen únicamente de los incentivos de *tokens* para impulsar la adopción. Una emisión de *tokens* excesiva podría diluir el valor de cada *token*, incluso cuando se hace crecer la red a corto plazo. Podría funcionar como estrategia de crecimiento, pero, si la propiedad en la red es parte de la experiencia del usuario, los propietarios querrán que sus activos retengan valor, no que se desvanezca en la nada como si fueran marcos alemanes en la República de Weimar. En tercer lugar, hacen que la aplicación o servicio subyacente sea inherentemente útil. La gente se une a Uniswap por la comunidad, la cultura y la funcionalidad, no solo por la recompensa de *tokens*. Por último, hacen que la propiedad sea parte de la experiencia del usuario, no la única experiencia del usuario. Con una participación en la propiedad, los usuarios participan en la creación de riqueza y tienen voz y voto en el funcionamiento de la plataforma.

El yo virtual

La idea del "individuo" ha desempeñado un papel destacado en nuestra sociedad y economía desde la Ilustración. Martín Lutero promovió una interpretación personal de la Biblia, eliminando a intermediarios como los sacerdotes o el papa. En *La riqueza de las naciones*, Adam Smith abogaba por que los individuos actuaran en beneficio propio, lo que redundaría en beneficio de la comunidad. El hedonismo invita a los individuos a encontrar fines más nobles en sus placeres personales. La democracia, mediante la fórmula de "una persona, un voto", sitúa al individuo en el centro de la narrativa.[71] En este marco, el individuo es soberano y tiene derechos. Los individuos tienen agencia y propiedad sobre sí mismos. Sin embargo, en la Web2 hemos perdido parte de la agencia y el control sobre nosotros mismos, especialmente en línea. Un ejemplo de esta pérdida es la reputación.

La reputación es uno de los aspectos fundamentales de toda actividad económica. "Siempre que se produce una interacción, una transacción económica entre dos partes, ambas buscan establecer un nivel de confianza mutua", afirma Stepan Gershuni, cofundador de Gyde One y una autoridad en sistemas de reputación en Web3.[72] El coste de establecer la confianza es uno de los principales puntos de fricción que Ronald Coase identificó en una obra seminal, *La naturaleza de la empresa*.[73] "Podría tratarse de un banco

---

71. James Burnham, *The Managerial Revolution*. Lume Books, Londres, 1941, p. 84.
72. Stepan Gershuni, entrevista con Alex Tapscott a través de Zoom, 26 de enero de 2023.
73. Ronald H. Coase, "The Nature of the Firm", *Economica* 4, núm. 16 (noviembre de 1937): pp. 386-405, `https://doi.org/10.2307/2626876`.

o un protocolo que concede préstamos y se asegura de que sean devueltos. O una empresa de juegos que busca usuarios destacados. Podría tratarse de un empleador que desea contratar a un desarrollador de Solidity", explica Gershuni. "Pueden llevar a cabo cinco rondas de entrevistas, o pueden revisar la reputación profesional *on-chain* del candidato y acelerar el proceso de contratación, porque de este modo pueden estar seguros de que esta persona posee todas las habilidades técnicas, y reducir el proceso de cinco a una sola entrevista que ponga a prueba la afinidad con la cultura de la empresa".[74]

Gobernar y controlar nuestras propias identidades simplificará nuestras vidas en línea, mejorará nuestra privacidad y nos ayudará a gestionar y beneficiarnos de nuestros activos de datos.[75] Mediante servicios Web3 de acreditación como Braintrust, podríamos verificar fácilmente las credenciales de un candidato, cambiando el papel de la persona encargada de la selección de personal, la persona que anda a la búsqueda de empleo y la responsable de recursos humanos. No existe consenso en el mundo de la empresa o en el gobierno sobre cuáles deberían ser los siguientes pasos de la identidad *on-chain*. Una identidad digital podría ser un activo que cada individuo tiene y controla, empezando por un certificado de nacimiento, o podría ser relevante solo a nivel de billetera, como un medio para almacenar y gestionar activos digitales, certificados y cuentas. Ryan Selkis, fundador de Messari, afirma: "Al vincular diversos atributos a billeteras, dichas billeteras podrían poseer atributos o diferentes NFT o credenciales que la persona podría mostrar en función de las circunstancias. A nivel individual, podríamos tener diez billeteras diferentes o una billetera que contenga todos nuestros activos, toda nuestra propiedad intelectual".[76]

Otra pieza básica usada para garantizar la identidad digital autosoberana en la Web3 es el Ethereum Name Service (ENS), una versión descentralizada del sistema de nombres de dominio que particulares y empresas pueden utilizar para crear una identidad única en la cadena asociada con una dirección de Ethereum en la cadena de bloques de Ethereum. Un particular podría utilizar este nombre en lugar de compartir datos privados para enviar y recibir pagos o acceder a servicios y aplicaciones. Las empresas podrían utilizar ENS para autenticar a sus clientes, proporcionar acceso a servicios y almacenar de manera segura los datos del cliente.[77]

---

74. Gershuni, entrevista con Alex Tapscott.

75. Phillip J. Windley, "Framing and Self-Sovereignty in Web3", *Technometria Blog*, 15 de febrero de 2022, `https://www.windley.com/archives/2022/02/framing_and_self-sovereignty_in_web3.shtml`, consultado el 31 de marzo de 2022.

76. Ryan Selkis, entrevista de Alex Tapscott a través de Zoom, 24 de agosto de 2022.

77. Documentación ENS, abril de 2022, `https://docs.ens.domains/`.

ENS es una pieza fundamental para otros proyectos. Por ejemplo, Unstoppable Domains está desarrollando aplicaciones para que los usuarios creen y gestionen sus propios dominios web vinculados a su nombre de ENS. Otros proyectos, como Name Bazaar, están desarrollando mercados donde los usuarios pueden comprar, vender e intercambiar sus nombres ENS. Por último, proyectos como Universal Login están creando aplicaciones para que los usuarios accedan a aplicaciones descentralizadas con su nombre ENS, sin necesidad de recordar direcciones largas y complejas asociadas con la cadena de bloques. Para un particular, un dominio a prueba de censura podría ser la pieza clave de su identidad digital. Imaginemos a un grupo de disidentes capaz de mantener una página web en ENS, ejecutándose en una nube descentralizada bajo un régimen autoritario incapaz de desactivarla.

Por su parte, Gershuni ha identificado docenas de empresas inmersas en la creación de sistemas de reputación descentralizados, todas ellas explorando diversos casos de uso. La puntuación crediticia es uno de los más importantes, con actores como kycDAO, Violet y Spectral.[78]

¿Qué es lo que diferencia a estos sistemas *on-chain*? Gershuni lo explica: en la Web3, no necesitamos depender de una única fuente de confianza como Equifax. De hecho, ni siquiera necesitamos ver los datos. Podemos usar lo que Gershuni denomina "insignias de conocimiento cero", que demuestran que la información privada o secreta es verdadera, sin necesidad de revelarla. Gershuni señala que Sismo, otro de los actores del sector, está utilizando la tecnología de insignias de conocimiento cero precisamente para esto.[79]

A comienzos de 2023, fuimos testigos de una explosión de soluciones de identidad *on-chain*, como el ampliamente utilizado Gitcoin Passport, que proporciona a los usuarios de Web3 una forma de construir un registro descentralizado de sus credenciales. El sistema permite a los usuarios recopilar "sellos", una especie de recibos de actividad *on-chain*. Con su portafolio de sellos, los titulares de estos pasaportes pueden desbloquear nuevas experiencias y beneficios de la Web3 en plataformas como Gitcoin Grants: "Cuanto más verifiques tu identidad, más oportunidades tendrás de votar y participar en toda la Web3".[80] Los sistemas de reputación de la Web3, como Gitcoin Grants, son componibles: permiten a los usuarios (mas no a los sitios

---

78. Gershuni, entrevista con Alex Tapscott. Véase también `https://kycdao.xyz/`, `https://www.violet.co/` y `https://www.spectral.finance/`, consultado el 12 de abril de 2023.

79. Gershuni, entrevista con Alex Tapscott; y "ZK Badges", Sismo Docs, última actualización 12 de mayo de 2023, `https://docs.sismo.io/sismo-docs/readme/sismo-badges`, consultado el 17 de mayo de 2023.

80. Gitcoin Passport, n. d., `https://passport.gitcoin.co/`.

visitados ni a las plataformas utilizadas), agregar todo tipo de actividades Web3 a una identidad soberana única. En la Web3, somos los verdaderos dueños de nuestro yo virtual, con nuestra reputación, activos, historial de transacciones, datos y mucho más.

Conclusiones

La Web1 y la Web2 democratizaron la posibilidad de que los creadores compartieran su contenido, ideas y talento con un público global. La Web3 les dota, finalmente, de las herramientas necesarias para monetizarlo adecuadamente. Además, todos somos creadores, y cada uno tenemos un papel y una oportunidad en esta nueva economía de la creación. Las principales conclusiones de este capítulo son:

1. La Web2 falló a los creadores. Los artistas, como por ejemplo los músicos, vendían copias físicas de su trabajo. Las tecnologías digitales convirtieron esos activos en mercancía gratuita impulsada a través de la web, ahora transformada en imprenta, hasta que su valor llegó a cero. Este vacío creó oportunidades para que las plataformas reestructuraran la cadena de valor, convirtiéndose en nuevos intermediarios. La consecuencia fue que los creadores terminaron recibiendo por sus creaciones incluso menos dinero que antes.
2. El contenido generado por los usuarios se está transformando en contenido propietario de esos mismos usuarios, en lugar de en contenido capturado automáticamente de forma gratuita por las plataformas de redes sociales. Los aficionados y otros patrocinadores que aportan tiempo y energía a comunidades, artistas y creadores en línea obtienen recompensas a cambio de su aportación. Estos aficionados y seguidores actúan guiados por el cariño, el afán de diversión y la pasión; si sus acciones generan valor, deberían poder recibir algo a cambio. Con la Web3, esto es posible.
3. La Web3 revertirá el modelo de propiedad intelectual (IP) si proyectos como Shibuya y MV3 tienen éxito. Regalar parte de la franquicia desde el primer día es anatema para los magnates del viejo paradigma, pero bien podría ser la forma en que los creadores pueden lanzar nuevos proyectos manteniendo el control tanto sobre sus creaciones como de la comunidad. Además, las comunidades serán portátiles y componibles, y no dependerán de una única plataforma, ya que los usuarios controlan sus propios activos, datos e identidad.

4. El medio sigue siendo el mensaje. La Web3 es un medio digital para generar valor, no solo información. Cuando Yat Siu afirmaba que los NFT son una reserva de cultura, estaba repitiendo el mensaje de Marshall McLuhan. Los *tokens* son el medio y, por lo tanto, el mensaje.
5. Los *tokens* no garantizan un modelo más equitativo o sostenible. Los malos modelos de *tokens* pueden frenar el crecimiento de proyectos prometedores, al generar un desajuste entre intereses e incentivos. Por el contrario, cuando están bien diseñados, los *tokens* y sus ecosistemas pueden fomentar nuevas formas de organizaciones nativas de Internet.
6. En la Web2, nuestro yo virtual existe en forma de fragmentos propiedad de docenas de empresas, agencias gubernamentales y otros agentes. En la Web3, controlamos y somos dueños de todas las piezas de ese yo virtual.
7. El mundo de la cultura necesita un nuevo modelo de negocio: las herramientas de la Web3 pueden garantizar que los creadores reciban un pago inmediato y justo, así como que participen más plenamente del valor que crean.

CAPÍTULO 5

Las organizaciones

Introducción al capitalismo HODL

Como cofundador de Variant Fund, una destacada empresa de capital de riesgo Web3, Jesse Walden ha apostado por algunas de las organizaciones descentralizadas más conocidas, como la plataforma de intercambio Uniswap o Poplygon, la solución de escalabilidad de Ethereum, que en la actualidad tienen un valor de 5.000 dólares y 8.000 millones de dólares, respectivamente. Nacido en Estados Unidos y graduado en la Universidad McGill de Canadá, Walden comenzó su carrera en Montreal como representante de músicos independientes emergentes como Solange Knowles y Blood Orange, "la clase de artistas sobre los que solemos leer en revistas especializadas como *Pitchfork*", bromea.[1] "La música es una de las industrias más luditas cuando hablamos de nuevas tecnologías", asegura. Walden vio la oportunidad de ayudar a los artistas con los que trabajaba, para que aprovecharan las plataformas tecnológicas con el fin de poder "llegar directamente a sus seguidores y monetizar su música, sin necesidad de recurrir a terceros, como las grandes discográficas".[2] Aplicando los conocimientos adquiridos durante su época como agente en la industria musical, Walden fundó Mediachain, una solución de datos basada en la cadena de bloques para ayudar a los creadores a ser retribuidos por su trabajo en línea. "En 2014, Bitcoin era lo más conocido en el espacio cripto. Nos interesaba lo que las cadenas de bloques podían aportar a los diferentes tipos de activos digitales. Trabajábamos con todo tipo de activos multimedia, como imágenes, vídeos, canciones", explica Walden.[3] Mediachain era una buena idea; muchos de sus conceptos básicos son ahora moneda común en el mercado de los NFT. Pero, en 2014, no era el momento

1. Jesse Walden, entrevista con Alex Tapscott a través de Zoom, 25 de octubre de 2022.
2. Walden, entrevista con Alex Tapscott.
3. Walden, entrevista con Alex Tapscott.

de Mediachain, en parte debido a la falta de una buena plataforma tecnológica que la hiciera funcionar. "Esto fue antes del lanzamiento de Ethereum", asegura. "Francamente, era demasiado pronto".[4]

Pese a todo, el tiempo que Walden trabajó como *manager* de artistas y emprendedor en medios de comunicación le ayudó a perfeccionar sus ideas para Variant, que fundó en 2018 después de una temporada en Andreessen Horowitz, donde participó en el lanzamiento de su primer fondo de inversiones Web3: "De un modo u otro", asegura, "todos somos creadores en línea. No tiene por qué ser música. Podría ser código o contenido en las redes sociales. La Web3 tiene el potencial de convertir en propietarios a todos los creadores en línea, a todos los usuarios de estos productos y servicios".[5] Si la tesis de Variant es correcta, y si los 5.000 millones de usuarios de Internet en todo el mundo terminan convirtiéndose en propietarios de los servicios que consumen, con todos los derechos y responsabilidades que implica la propiedad, estaríamos ante una de las mayores revoluciones económicas y sociales que hayamos conocido. En consecuencia, debemos tratar de responder a las muchas y apremiantes preguntas sobre lo que esto significa para las empresas y la respuesta que los líderes de hoy deben dar.

Comencemos por cómo vamos a denominar a estos nuevos usuarios-propietarios. En los círculos corporativos es frecuente utilizar el término "capitalismo de los grupos de interés" (del inglés *stakeholder capitalism*), basado en la idea de que las empresas deben actuar guiadas no solo por el interés de sus accionistas, sino también de sus clientes, los socios de la cadena de suministro, sus empleados y las comunidades en las que operan, incluido el medio ambiente y el impacto de las empresas sobre el clima y la desigualdad social. Si bien el capitalismo de los grupos de interés tiene sus defectos (después de todo, ¿queremos que sean los líderes empresariales quienes decidan lo que es mejor para nosotros como sociedad, en lugar de los ciudadanos a través de sus representantes electos?), en general esta forma de capitalismo ha convertido a muchas empresas en agentes ciudadanos corporativos más responsables. Sin embargo, para las redes propiedad de los usuarios, acuñaremos un nuevo término: el capitalismo HODL, derivado del inglés *stakehodler*, un término compuesto por la palabra *hodler* (creada a partir de una errata tipográfica en inglés, *HODLING*, para referirse a quienes conservan sus *tokens* a largo plazo con la esperanza de que su valor a futuro compense la volatilidad del mercado) y la palabra *stake* (en referencia a un usuario de Internet propietario de un yo digital y activos digitales,

4. Walden, entrevista con Alex Tapscott.
5. Walden, entrevista con Alex Tapscott.

que obtiene una compensación justa por aquello que crea en línea).[6] Un *stakehodler* tiene tanto voz como voto, un interés económico en cómo cada red gestiona los recursos globales importantes. Al igual que los *hodlers*, los *stakehodlers* poseen *tokens*, no solo como inversiones a largo plazo, sino como experiencias cotidianas en tanto que usuarios de Internet.

¿Cómo deberíamos llamar a estas organizaciones globales, descentralizadas y nativas de Internet, construidas sobre un modelo de propiedad de *tokens*, donde los usuarios obtienen una parte del pastel? La denominación más comúnmente utilizada es organización autónoma descentralizada o DAO, por sus siglas en inglés (*Decentralized Autonomous Organization*). Cierto: es un poco largo. Pero es un término preciso y apropiado. Si bien las DAO son novedosas, comparten una conexión económica en común con las *startups* del Silicon Valley, que se originan en la respuesta que los seres humanos damos a los incentivos.

"Si quieres atraer al mejor talento del mundo para que trabaje en un proyecto ambicioso, debes compensarlos con la posibilidad de ser dueños del mismo", asegura Walden, expresando una máxima fundamental de Silicon Valley.[7] Los propietarios se implican más. Se enorgullecen de lo que hacen y trabajan con ahínco por el éxito del proyecto, porque les importa su futuro. La Web3 aplica el concepto de propiedad (normalmente reservado para los fundadores, los inversores de capital de riesgo y los primeros empleados clave), a redes enteras. "Si retrocedemos hasta Bitcoin, los primeros desarrolladores y tecnólogos que construyeron e hicieron funcionar la red de Bitcoin fueron recompensados con una participación en la red a cambio de sus aportaciones", afirma Walden. En tanto que entidad inversora, Variant se ve a sí misma como socia no solo de los equipos que respalda, sino también de los propietarios-usuarios de estas plataformas. "Lo que realmente me llamó la atención al adentrarme en lo cripto fue que las primeras redes en el mundo cripto no se crearon en Silicon Valley. Y, sin embargo, utilizaban el mismo modelo de propiedad para atraer el talento necesario para construir y operar dichas redes".[8]

Jimmy Wales plantea la hipótesis de una película producida de forma colaborativa entre iguales. En este planteamiento, personas de diferentes países podrían participar y obtener un interés en algún proyecto en igualdad de condiciones a través de una DAO. Una iniciativa así sería prácticamente imposible

---

6. GameKyuubi, "I AM HODLING", *Bitcoin Forum*, Simple Machines NPO, 18 de diciembre de 2013, `https://bitcointalk.org/index.php?topic=375643.msg4022997#msg4022997`, consultado el 29 de noviembre de 2022.

7. Walden, entrevista con Alex Tapscott.

8. Walden, entrevista con Alex Tapscott.

en un mundo Web2, según Wales, porque "elaborar contratos válidos para todos esos países y pagar a la gente sería muy complicado" (de hecho, prohibitivamente complicado). En cambio, afirma Wales, "lo vamos a hacer como una DAO".[9] Es evidente que este tipo de proyectos en sus etapas iniciales de desarrollo conllevan riesgos, tal y como reconoce Wales, pero la experiencia de Silicon Valley nos dice que son muchas las personas expertas las que aceptarán el riesgo a corto plazo a cambio de una recompensa a largo plazo.

Este modelo es distinto a todo lo anterior. Del mismo modo que el modelo de los estudios de Hollywood exige el control creativo sobre la propiedad intelectual, los inversores de capital de riesgo tradicionalmente han querido ejercer el control sobre sus inversiones o, al menos, una gran influencia en cómo los emprendedores dirigen sus operaciones. Después de todo, respaldar empresas en sus etapas iniciales es arriesgado y conlleva costos de oportunidad. En las redes Web3, los inversores de capital de riesgo (como también, por cierto, los fundadores) a menudo conforman una pequeña minoría entre los propietarios de *tokens*, mientras que los usuarios poseen el resto.

La aparición de estas organizaciones nativas de Internet basadas en *tokens* (DAO) ha supuesto la mayor disrupción para el mundo de los negocios y la empresa desde la invención de las sociedades de responsabilidad limitada hace 200 años. Las nuevas tecnologías e innovaciones obligan a los líderes empresariales a tomar decisiones difíciles sobre el camino a seguir. En las etapas iniciales, donde nos encontramos hoy, surgen más preguntas que respuestas. A los líderes se les conoce por la calidad de las preguntas que plantean.

¿Qué significa para las organizaciones en general y las empresas en particular el hecho de que a la mesa de la propiedad se sienten ahora millones de usuarios individuales? ¿Cómo puede un equipo directivo "liderar" una empresa eficazmente cuando sus clientes tienen un interés económico en el éxito de la empresa, y además tienen voz y voto sobre la manera en la que sus ejecutivos la dirigen? Desde el punto de vista del usuario o cliente, ¿cómo cambia la propiedad la experiencia del usuario? Ser propietario, ¿hace que los usuarios sean más leales a una marca o estén más dispuestos a cambiar cuando se les ofrece un mayor beneficio económico en otra parte? En el caso de plataformas tecnológicas como las redes sociales que se benefician de los efectos de red, ¿el potencial de establecer vínculos económicos más sólidos hace que la red sea más resistente y esté mejor posicionada para crecer? ¿O la obstaculiza con distracciones? ¿Se obsesionarán los usuarios con los altibajos de sus inversiones, como hacen los inversores volubles? "Que los usuarios pasen a ser propietarios significa que tus usuarios son inversores, y los inversores

9. Jimmy Wales, entrevista con Alex Tapscott a través de Zoom, 24 de febrero de 2023.

están sujetos a los vaivenes del mercado", afirma Jesse Walden. No basta con ofrecer una gran experiencia de usuario. "Para mantenerlos involucrados en tanto que usuarios, es preciso brindarles una gran experiencia en tanto que 'propietarios'".[10] Puede que la propiedad en línea solucione el esquivo problema al que se enfrentan muchas organizaciones basadas en Internet como Wikipedia o Internet Archive (u otras organizaciones sin ánimo de lucro en general), a saber: que los usuarios no tienen incentivo alguno para mantener y mejorar estos bienes digitales más allá de su pasión por el trabajo y su defensa de los principios que inspiran a este tipo de organizaciones.

Yochai Benkler, autor de *La riqueza de las redes*, un libro fundamental sobre los inicios de la Web2, afirma: "Los individuos podemos lograr más cosas mediante afiliaciones flexibles, en lugar de requerir relaciones estables a largo plazo, como pudieran ser las relaciones de trabajo o la participación en organizaciones formales, con el fin de garantizar una cooperación eficaz".[11] Sin embargo, la realidad de la Web2 era que las organizaciones formales ejercían un dominio absoluto, mientras las afiliaciones flexibles quedaban marginadas. Es probable que Kevin Owocki y el equipo de Gitcoin tengan razón: la propiedad a través de *tokens* facilita la identificación del talento que permita resolver un problema dado, y nos permite aplicar el modelo de código abierto al ámbito corporativo encargado de coordinar tareas complejas y la provisión de servicios.

De las sociedades de capitales a las redes propiedad de los usuarios

Si bien las primeras sociedades de capitales se remontan al siglo XI en China, con algunos ejemplos dispersos en Europa alrededor de la misma época, fue durante la era de los grandes descubrimientos, entre los siglos XV y XVII, cuando se generalizaron. La idea era sencilla, producto de las necesidades impuestas por el nuevo modelo de negocios de la época: el comercio global. Varios inversores podían agrupar su capital para afrontar una gran empresa, como construir una mina o, más frecuentemente, equipar barcos para el comercio.

Las sociedades de capitales supusieron una innovación importante en la historia del capitalismo y popularizaron algunos conceptos novedosos. En primer lugar, hicieron posible los emprendimientos comerciales complejos

10. Walden, entrevista con Alex Tapscott.

11. Yochai Benkler, *The Wealth of Networks: How Social Production Transforms Markets and Freedom*. Yale University Press, New Haven, CT, 2006, p. 9.

que un particular no podía llevar a cabo de forma individual. En segundo lugar, los propietarios podían intercambiar acciones sin que el funcionamiento diario de la empresa se viera afectado.

En esta era mercantilista, muy pocos individuos disponían de fondos suficientes para equipar varias naves para un viaje transatlántico. Además, estas empresas iniciales eran muy arriesgadas. En palabras de Matthew Campbell y Kit Chellel en su libro *Dead in the water*, la póliza de seguro marítimo más antigua que ha llegado hasta nuestros días, que data de 1613, "se comprometía a soportar los impactos financieros causados por 'soldados, fuego, enemigos, piratas, salteadores, ladrones, cargas tiradas por la borda, patentes de corso y represalias, arrestos, restricciones y detenciones de reyes y príncipes y de todas las demás personas, pillaje del capitán y marineros, y de todos los demás peligros, pérdidas y desgracias cualesquiera que puedan acontecer'".[12] Ningún particular sería lo bastante insensato como para arriesgarlo todo con tantas cosas como podrían salir mal. Convenía por tanto reunir a algunos aristócratas y mercaderes de la ciudad en busca de aventuras, agruparlos en torno a una nueva compañía y zarpar lo más rápido posible en busca del tesoro. Los coloridos nombres que recibían estas empresas, como "La Compañía de aventureros de Inglaterra que comercian en la Bahía de Hudson" (posteriormente conocida como la Compañía de la Bahía de Hudson), nos dan idea del carácter de sus accionistas, movidos tanto por el derecho a fanfarronear como por el potencial económico de la empresa.

En cualquier caso, las primeras sociedades de capitales procuraban minimizar el riesgo en la medida de lo posible, asegurando monopolios exclusivos en forma de cartas reales bajo la guía del Consejo Privado en Inglaterra, o las cartas de comercio redactadas por los Estados Generales en los Países Bajos, con la garantía explícita o implícita de que el gobierno de la nación intervendría en nombre de la compañía (y viceversa).[13] Mientras Locke escribía sus *Dos Tratados* y la Compañía de las Indias Orientales Neerlandesas y la Compañía de la Bahía de Hudson comerciaban en alta mar, la moderna industria de los seguros nacía en la Lloyd's Coffee House.[14]

---

12. Matthew Campbell y Kit Chellel, *Dead in the Water: A True Story of Hijacking, Murder, and a Global Maritime Conspiracy*. Penguin Portfolio, Nueva York, 2022, p. 38.

13. "Royal Charters", Privy Council Office, UK Government, *s. d.*, https://privycouncil.independent.gov.uk/royal-charters/; "The 1621 Charter of the Dutch West India Company", Historical Society of the New York Courts, *s. d.*, https://history.nycourts.gov/about_period/charter-1621/, consultado el 13 de abril de 2023.

14. Charles Wright y C. Ernest Fayle, "A History of Lloyd's: From the Founding of Lloyd's Coffeehouse to the Present Day", *Nature* 122 (25 de agosto de 1928): pp. 267-268. https://doi.org/10.1038/122267a0.

Las sociedades de capitales fueron haciéndose cada vez más populares en el comercio global, pero inicialmente no se hicieron extensivas a otras industrias. La tristemente célebre Burbuja de los mares del Sur, una catástrofe financiera causada por la especulación y el colapso de la Compañía de los mares del Sur, llevó a la aprobación de la *Bubble Act* o Ley antiburbuja de 1720, que prohibía la formación de sociedades de capitales sin Carta Real. En el siglo que siguió, la Corona otorgó Cartas a tan solo dos compañías.

A principios del siglo XIX, las demandas del capitalismo moderno y la producción industrial hicieron necesario un cambio en las leyes para facilitar la creación de empresas dedicadas a la manufactura, la construcción de ferrocarriles y otras empresas con altas exigencias de capital. Es aquí donde entra en acción la sociedad de responsabilidad limitada. "Para mí, la sociedad de responsabilidad limitada es la clase de activos consustancial a las industrias altamente intensivas en capital", asegura Chris Dixon, de Andreessen Horowitz. Por ley, una sociedad de responsabilidad limitada separa los activos e ingresos de los propietarios o accionistas de los de la empresa. Los inversores solo pueden perder lo que han invertido en la compañía, por lo que su responsabilidad financiera es limitada.[15] Pueden invertir o desinvertir con el transcurso del tiempo, y la empresa puede seguir existiendo independientemente de ellos y de generaciones sucesivas.

Con la aparición de la tecnología de la máquina de vapor y los estándares ferroviarios, un empresario que quisiera construir un ferrocarril no tenía la capacidad de conseguir suficiente dinero de su familia. Lo mismo ocurría con la construcción de la infraestructura necesaria para las redes eléctricas. Necesitaban un nuevo mecanismo para recaudar capital de desconocidos. La sociedad de responsabilidad limitada fue el vehículo que lo hizo posible. Ello posibilitó el crecimiento de los mercados de valores y toda la infraestructura financiera con la que contamos en la actualidad.

La sociedad de responsabilidad limitada (SRL) es ampliamente considerada en la actualidad como una innovación fundamental para el capitalismo moderno, junto con la máquina de vapor y la locomotora. En 1926, *The Economist* publicaba que la "persona anónima" que inventó el concepto de responsabilidad limitada merecía ocupar "un lugar honorífico junto a Watt, Stephenson y otros pioneros de la revolución industrial".[16] La clase de activos de la sociedad de capital (acciones y bonos) estaba plenamente en consonancia con esta nueva categoría de negocios.

---

15. Julia Kagan, "C Corporation", *Investopedia*, 22 de julio de 2022, `https://www.investopedia.com/terms/c/c-corporation.asp`, consultado el 16 de septiembre de 2022.

16. "The Key to Industrial Capitalism: Limited Liability", *Economist*, 23 de diciembre de 1999, `https://www.economist.com/finance-and-economics/1999/12/23/the-key-to-industrial-capitalism-limited-liability`.

¿Han llegado la sociedad de responsabilidad limitada y la corporación de clase C al final de su vida útil en la era digital? Cuando aparecieron las primeras redes informáticas, "intentamos adoptar una estructura que había sido inventada para industrias intensivas en capital. Ahora tenemos estas grandes redes que se comportan como compañías ferroviarias, tratando de acaparar todos los recursos", asegura Chris Dixon.[17] Los magnates del ferrocarril entendieron la necesidad de que diferentes redes interoperaran con el uso de un ancho de vía estándar, pero Dixon tiene razón cuando señala que intentaron establecer monopolios en diferentes zonas de EE. UU. "Cuando es posible acaparar o monopolizar armas o herramientas de producción, se tiende a centralizar el poder", sostienen James Dale Davidson y Lord William Rees-Mogg en *El individuo soberano*.[18] El comportamiento de los primeros gigantes de Internet deja entrever que estas empresas dejan mucho que desear. Si las compañías con Carta Real fueron fundamentales en la era mercantil y las sociedades de responsabilidad limitada lo fueron durante la era industrial, las redes propiedad de los usuarios pueden llegar a definir la siguiente etapa de la era digital.

Las SRL y las DAO comparten algunas similitudes. Ambos tipos de organizaciones permiten a particulares compartir el riesgo y la recompensa potencial en una empresa comercial. Sin embargo, las SRL son creaciones de nuestro sistema legal, generalmente entidades legales únicas gestionadas por un número limitado de individuos, sujetas a las leyes y regulaciones de sus respectivas jurisdicciones. Las DAO, por su parte, no están (todavía) sujetas a ningún marco legal y a menudo operan sin restricciones gubernamentales, aunque casi con toda seguridad esto cambiará. Por último, las SRL a menudo requieren un capital significativo para establecerse y comenzar a operar, mientras que las DAO pueden formarse y lanzarse con un capital mínimo.

La Revolución Industrial marginó a la élite terrateniente que había dominado la sociedad, si bien fue un proceso muy largo. Para emprender vastas empresas, Cornelius Vanderbilt puso en marcha, a mediados del siglo XIX, su modelo de corporaciones gigantescas, altamente intensivas en capital y legalmente complejas, pero tuvieron que transcurrir décadas para que se convirtiera en el modelo dominante. Albert Wenger, cofundador de Union Square Ventures y autor del libro *The World After Capital*, lo explica: "Cuando pasamos de ser cazadores-recolectores a ser agricultores y la tierra se convirtió en un bien escaso, quienes en última instancia detentaban

17. Dixon, entrevista con Alex Tapscott.

18. James Dale Davidson y Lord William Rees-Mogg, *The Sovereign Individual: Mastering the Transition to the Information Age*. Simon & Schuster, Nueva York, 1997, p. 70.

el poder eran quienes controlaban la tierra".[19] Cuando la Ilustración dio paso a la era de la ciencia, la tecnología y la industria, los poderosos "no pensaron: '¡Aquí llega la era industrial! ¡Deberíamos facilitarle las cosas a la industrialización!'. Lo que dijeron fue: 'Podemos tener tanques y acorazados para conseguir *más tierra*'".[20] La victoria del capital sobre la tierra suele situarse a finales del siglo XIX, pero Wenger asegura que las viejas costumbres murieron muy lentamente, con consecuencias desastrosas: "Todo el programa de Hitler estaba basado en la idea del *lebensraum*, y sus partidarios fueron los aristócratas: ellos controlaban la tierra. Era algo que, para ellos, tenía pleno sentido". (La política del *Lebensraum*, término que en alemán significa "espacio vital", fue un principio político nazi consistente en despejar amplias zonas de Europa para favorecer el asentamiento alemán, fuera cual fuera el coste en vidas humanas). En ocasiones, afirma Wenger, las transiciones son más perniciosas si cabe, cuando quienes ostentan el poder llegan a la conclusión siguiente: "Voy a usar esta nueva herramienta para consolidar el poder que ya tengo".[21] A mediados del siglo XX, las élites agrarias ya no controlaban los activos más productivos o lucrativos en la economía. La tierra dio paso al capital, los aristócratas a los plutócratas. Entonces, ¿qué deberían hacer los líderes del paradigma dominante de hoy, las corporaciones, para prepararse ante los cambios radicales que se avecinan?

De nuevo ante el dilema del innovador

Seguramente, la Web3 tendrá un impacto muy significativo sobre muchas empresas, al igual que la Web1 y Web2 cambiaron para siempre el negocio de la venta por catálogo, los procesos de contratación del talento o la importancia del centro comercial como lugar de reunión popular para el adolescente norteamericano. Por ejemplo, las plataformas descentralizadas como Uniswap han sido pioneras en la aparición de una nueva forma de realizar transacciones de igual a igual, libre de fricción y casi en cualquier activo. Los usuarios aplicarán la innovación más importante de todas (conocida como creador de mercado automatizado o AMM, del inglés *automated market marker*), a acciones y bonos, desbaratando el negocio de

---

19. Albert Wenger, *The World After Capital: Economic Freedom, Information Freedom, and Psychological Freedom*, 9 de agosto de 2022, `https://worldaftercapital.org/`; Albert Wenger, entrevista con Alex Tapscott a través de Zoom, 16 de diciembre de 2022.
20. Wenger, entrevista con Alex Tapscott.
21. Wenger, entrevista con Alex Tapscott.

las bolsas tradicionales. Plataformas propiedad de creadores para compartir música, como Audius, desafiarán el modelo de negocio de Spotify. Las *stablecoins* podrían reemplazar las redes bancarias tradicionales en las que confiamos para el envío de remesas internacionales.

Sin embargo, a pesar del impacto a largo plazo de las tecnologías Web3 en diversas industrias como los juegos, y los riesgos para las empresas ya establecidas en su sector (entre ellos la desaparición de intermediarios propiciada por la aparición de nuevos actores emergentes, la pérdida de control sobre los datos, transacciones y activos de clientes, y la creciente competencia de nuevos modelos y cómo eso obliga a los actores ya establecidos a revisar la manera tradicional de hacer las cosas), los riesgos son hoy por hoy limitados. En consecuencia, las oportunidades para que muchas de estas empresas consolidadas adopten esta tecnología surgen lentamente. Como resultado de ello, estas empresas han optado en su mayoría por mantenerse a la espera, mientras experimentan con dichas tecnologías en los márgenes. Nos viene a la mente la adopción de NFT como coleccionables tokenizados por parte de algunas marcas, al igual que el impulso de algunas firmas financieras para ofrecer inversiones en bitcoin a sus clientes, sin considerar el impacto más amplio de las finanzas descentralizadas y los activos digitales en general en su negocio. A muchas empresas consolidadas les cuesta identificar las oportunidades. La comisionada de la SEC, Hester Peirce, se hizo eco de las palabras de Clayton Christensen cuando imploró a sus colegas que fueran pacientes con la Web3: "La tecnología tarda en desarrollarse y a menudo debe combinarse con avances innovadores en otros campos para alcanzar su máximo potencial. Entretanto, especialmente a ojos de un observador externo, puede parecer incómoda, inútil o perjudicial".[22]

"Esta paradoja, que nos permite ver la naturaleza disruptiva de una tecnología (pero no su lugar en nuestro negocio hoy en día), define el desafío al que se enfrentan muchos empresarios. Las empresas exitosas, especialmente aquellas bien gestionadas, a menudo descartan las nuevas tecnologías porque la dirección se enfoca en ofrecer valor a sus mejores clientes, no a una minoría marginal que a menudo son los clientes potencialmente menos rentables. En 1997, Christensen escribió: 'Generalmente, las tecnologías disruptivas ofrecen un rendimiento inferior a los productos establecidos en los mercados principales. Pero tienen otras características que funcionan para

22. Hester Peirce, "Remarks before the Digital Assets", Duke Conference, Washington DC, Comisión de Bolsa y Valores de EE. UU., 20 de enero de 2023, https://www.sec.gov/news/speech/peirce-remarks-duke-conference-012023#_ftnref15.

clientes marginales o no clientes'.[23] Esto es cierto para la Web3: mercados emergentes como Filipinas tienen la mayor tasa de adopción de aplicaciones de juegos *gana-y-juega* para Web3".

"Este 'teléfono' tiene demasiados defectos como para ser considerado con seriedad un medio de comunicación", escribió un comité nombrado por el presidente de la Telegraph Company (predecesora de Western Union) al estudiar la patente para el teléfono de Alexander Graham Bell, que Bell quería vender.[24] Las herramientas que utilizamos para medir nuestros productos y servicios más exitosos a menudo nos fallan cuando nos enfrentamos a algo nuevo. "Los mercados que no existen no pueden ser analizados", observa Christensen.[25] "No solo las aplicaciones de mercado para la tecnología disruptiva son desconocidas en el momento de su desarrollo, sino que son inimaginables".[26] Ahí radica el desafío para los actores consolidados, pero no para los capitalistas de riesgo. En palabras de Chris Dixon, de Andreessen Horowitz: "Prácticamente no confiamos en el tamaño del mercado para casi nada, porque una tecnología verdaderamente potente tiende a crear nuevos mercados y casos de uso. Si hubiéramos analizado AirBnB basándonos en el mercado hotelero del momento, no habríamos sabido ver el verdadero alcance de la oportunidad que presentaba".[27]

Asimismo, ¿cómo medir el impacto potencial sobre los ingresos de los actores ya establecidos a partir de este tipo de disrupción? Dixon asegura que es imposible cuantificarlo, debido a las muchas variables, incluidos los nuevos modelos de negocios. "IBM todavía anda por aquí. HP, lo mismo. No creo que sean especialmente relevantes en el mundo actual, y tampoco creo que estén creciendo rápidamente. Pero los grandes actores tecnológicos tienden, en cierto sentido, a perpetuarse. La gente sigue usando Microsoft Office. Es probable que, dentro de 30 años, la gente siga usando alguna variante de Google Search", comenta. "Pero ¿crecerán tan rápidamente, serán tan rentables? ¿Serán tan cultural y económicamente relevantes? ¿Dependerán los creadores de ellos, del algoritmo de clasificación de Facebook o TikTok? No lo sé. No tengo una opinión firme al respecto. Si quieres que te diga la verdad,

---

23. Clayton M. Christensen, *The Innovator's Dilemma When New Technologies Cause Great Firms to Fail*. Harvard Business School Press, Boston, 1997, p. xv.
24. "Top 10 legal battles: Bell Telephone v Western Union (1879)", *Guardian*, 6 de agosto de 2007, https://www.theguardian.com/technology/2007/aug/06/bellvwestern; y Peter Baida, "Hindsight, Foresight, and No Sight", *American Heritage* 36, nº 4 (junio-julio de 1985), https://web.archive.org/web/20200906141427/https://www.americanheritage.com/hindsight-foresight-and-no-sight.
25. Christensen, *The Innovator's Dilemma*, p. 147.
26. Christensen, *The Innovator's Dilemma*, p. 147.
27. Dixon, entrevista con Alex Tapscott.

me da igual cómo les vaya".[28] Muchas compañías con una posición hoy consolidada no lograrán hacer la transición a la Web3, pero la Historia nos ofrece numerosos ejemplos de empresas que han pasado con éxito de un paradigma informático a otro, como IBM, que dominó el sector desde comienzos del siglo XX hasta los albores de la era del ordenador personal. Esta vez, empresas como Microsoft se han posicionado en el ámbito de la Web3, la inteligencia artificial y otras áreas emergentes. Puede que les vaya bien.

Dixon lo explica: "En tecnología, trabajamos con capas. Si una empresa triunfa, si tiene éxito, seguirá haciendo durante mucho tiempo lo que sabe hacer. Más adelante van apareciendo los avances, las siguientes oleadas. Así es como veo la Web3: ganemos la próxima ola". Dixon hace referencia a la estrategia que siguen muchos fabricantes de software empresarial, consistente en "aprovechar las nuevas oportunidades, por un lado, y triunfar sobre modelos preexistentes por otro. Gracias a las nuevas tecnologías, aprovechar las nuevas oportunidades es más sencillo. El lado cripto de la Web3 es muy importante, y creo que Facebook ha hecho verdaderos esfuerzos en esa área. Salvo Facebook, las tecnológicas ya asentadas básicamente lo han ignorado. No pasa nada: para nosotros, para las *startups*, supone una oportunidad".[29]

Cuando la tecnología es tan incipiente que la oportunidad de mercado está mal definida, los empresarios se enfrentan el desafío de reunir tanto los recursos como la voluntad corporativa para entrar en estos mercados. Así ha sido con la Web3 hasta hace poco: las empresas se han ido alejando de las áreas más vanguardistas de la Web3 y han vuelto a su zona de confort, centrándose en las tecnologías existentes y experimentando de forma marginal con lo que Donald Sull del Instituto Tecnológico de Massachusets (MIT) denomina la "inercia activa", "respondiendo a los cambios más disruptivos mediante la aceleración de actividades que tuvieron éxito en el pasado".[30]

O bien se han unido a consorcios en los que intercambiar opiniones con sus pares, promover su propia visión e intentar influir en el desarrollo de la cadena de bloques en sus respectivos sectores. En un capítulo, muy aptamente titulado "Tratando con el enemigo", David Furlonger y Christophe Uzureau de Gartner comparten sus conclusiones sobre por qué las empresas se asocian a sus competidores en consorcios centrados en *blockchain*: para aprender, para debatir abiertamente sus ideas y así no infringir las leyes antimonopolio y, quizás lo más importante, para gestionar el riesgo mediante

28. Dixon, entrevista con Alex Tapscott.

29. Dixon, entrevista con Alex Tapscott.

30. Donald Sull, "Why Good Companies Go Bad", *Harvard Business Review*, julio-agosto de 1999, https://hbr.org/1999/07/why-good-companies-go-bad.

el desarrollo y la promoción de estándares industriales para los negocios, la tecnología y la verificación de proveedores.[31] Más adelante, Furlonger y Uzureau nos lanzan una llamada de atención: "Las empresas que compiten directamente entre sí en un sector dado no suelen llevarse bien". ¿Cuál es la principal razón que explica el fracaso de los consorcios? El acaparamiento de información. "Todo se reduce a una cuestión de confianza", escriben, sin un ápice de ironía.[32] Para estos autores, "aquellos consorcios muy focalizados y con metas muy claras son más efectivos que consorcios más amplios con intenciones mal definidas".[33]

Para Yat Siu de Animoca Brands, las cadenas de bloques empresariales o corporativas no han entendido lo que hace que estas redes sean tan poderosas: su carácter abierto y su componibilidad. "En general, a las empresas les gusta mantener todo en relativo secreto... Si nos fijamos en los beneficios derivados de los derechos de propiedad digital, lo primero que constatamos es que nos permiten componer con libertad sobre la base, generando efectos de red. La propiedad digital nos da la capacidad de crear efectos de red ilimitados, a partir del trabajo de otros, del mismo modo en que también lo han permitido los derechos sobre la propiedad física".[34]

Los efectos de red potencialmente "ilimitados" también son efectos de red "compartidos", no propiedad de ninguna empresa o entidad única. "Debido a la componibilidad abierta (aspecto que determina el modo en que conceptualizamos la inversión en este espacio), no podemos intentar monopolizar y acumular los efectos de red".[35] Los países comunistas probaron ese modelo, que fracasó; "el pueblo" no era realmente dueño de los medios de producción: eran sistemas cerrados. Lo mismo ocurre con las cadenas de bloque empresariales. "Cuando creas una *blockchain* corporativa, estás limitando la capacidad de componer sobre la misma", afirma Siu. "Puede que funcione con tu red empresarial de cien o incluso mil clientes o clientes y proveedores, pero cuando estamos hablando de agregar millones de clientes y personas, entonces... un *ledger* o libro mayor descentralizado es una ventaja".

Por ejemplo, una *startup* podría estudiar a cualquiera que haya comerciado en OpenSea en los últimos seis meses a partir de datos en cadena y animarlos a realizar un cambio, utilizando para ello recompensas en *tokens*. Dado que

---

31. David Furlonger y Christophe Uzureau, *The Real Business of Blockchain: How Leaders Can Create Value in a New Digital Age*. Harvard Business Review Press, Cambridge, MA, 2019, pp. 54-58.

32. Furlonger y Uzureau, pp. 62-64.

33. Furlonger y Uzureau, p. 66.

34. Yat Siu, entrevista con Alex Tapscott a través de Zoom, 11 de enero de 2023.

35. Siu, entrevista con Alex Tapscott.

los usuarios son dueños de su arte y sus coleccionables digitales, el coste para ellos es trivial. OpenSea no ha mantenido su posición de monopolio durante más de unos pocos meses. Siu nos pide que consideremos un escenario hipotético: "Imagina que todos pudiéramos acceder a la base de datos Amazon y decir: 'A todos los clientes que hayan comprado un monitor Razer: tenemos un monitor especial para ti, para que lo pruebes. O te daremos un 10% de descuento si te vienes con nosotros. El carácter abierto de este modelo lo pone patas arriba, y eso es lo que nos encanta de este espacio".[36]

Yorke E. Rhodes III, cofundador de la cadena de bloques en Microsoft, tiene una opinión algo distinta. "No digo que no haya consorcios exitosos. Estamos ejecutando un consorcio de cadena de suministro exitoso dentro del ecosistema de la alta tecnología, que debería estar totalmente implementado y en fase de producción en los próximos 6 meses. Hoy por hoy es una pila Web3 que ejecuta Quorum", afirma. "Lo que digo es que los consorcios pueden funcionar, pero son diminutos en comparación con el mundo. ¿Cómo podríamos tener suficientes consorcios como para satisfacer todas las necesidades de una empresa como FedEx, que comercia con todo el mundo? Ese es el problema de escala de los consorcios".[37]

En opinión de Rhodes, los responsables de la toma de decisiones en las empresas empezaron a cuestionar la viabilidad de estas redes cerradas que, por su naturaleza, no podían conectarse a la infraestructura pública. En cambio, "si creas cadenas basadas en Ethereum, como Quorum, entonces sí, puedes. Puedes tomar tu plataforma y hacer algo público con ella porque es compatible en un 99%". Describe un proyecto que ha lanzado en Microsoft, centrado en las cadenas de suministro: "He cogido un equipo muy pequeño conformado por un investigador y un mentor, para validar la hipótesis de que se puede tomar esta pila de aplicaciones, con cambios mínimos desde el punto de vista del código y de la infraestructura, y desplegarla en una combinación de cadena principal y capas 2 en un espacio compatible con EVM", refiriéndose a aquellas cadenas de bloques que interoperan fácilmente con Ethereum. "Eso validará mi tesis sobre que la pila tecnológica es esencialmente la misma".[38]

Bajo la dirección de Satya Nadella, Microsoft ha adoptado plenamente un modelo de software como servicio, en la nube. A diferencia de HP e IBM, se ha implantado con éxito en nuevos mercados. Es la segunda empresa más grande del mundo. Dixon está de acuerdo. "Microsoft ha hecho las cosas bien. En la actualidad es, básicamente, una empresa de software empresarial.

36. Siu, entrevista con Alex Tapscott.

37. Yorke E. Rhodes III, entrevista con Alex Tapscott a través de Zoom, 6 de octubre de 2022.

38. Rhodes, entrevista con Alex Tapscott.

El mercado de software empresarial tiene dinámicas competitivas diferentes. Los costes de cambio para el software empresarial son muy muy altos. Microsoft no ganó la batalla de Internet. Llegó tarde a la nube, y obviamente se perdió mucho en el ámbito de la movilidad, pero hizo un muy buen trabajo poniéndose al día, y lo hizo a través de un empaquetado efectivo", asegura. Dixon describe cómo el Internet de consumo y los mercados de consumo en general tienden a ser objeto de mayores disrupciones que los mercados empresariales y gubernamentales. "El destino de Blockbuster fue mucho más dramático que el de IBM y las empresas de software para empresas. Cada mercado tiene sus propias características. El software de consumo puede ser bastante difícil si no te modernizas y te mantienes al tanto de las tendencias".[39] Los disruptores Web3 centrados en los mercados empresariales pueden tardar más en desplazar a los proveedores de servicios empresariales de Web2; pero, si tienen éxito, disponen de un poco más de tiempo para navegar los cambios futuros.

Rhodes trabaja en una empresa de informática fundada mucho antes que la web, cuyos cofundadores fueron lo suficientemente visionarios (a comienzos de la década de 1990) para reconocer el valor de eCash, el sistema de pago digital de David Chaum, y querer integrarlo en Windows 95.[40] Microsoft realizó su transición hacia una empresa tecnológica diversificada, centrándose en convertir su software descargable en software como servicio para empresas (SaaS, del inglés *software as a service*), en lugar de centrarse en obtener ingresos por publicidad. Cabe destacar que LinkedIn es una red social que monetiza los datos de los usuarios, pero la mayor parte de sus ingresos proviene de suscripciones de pago, no de anuncios personalizados.

Rhodes fue testigo de primera mano de esta apertura de la mentalidad corporativa. Refiriéndose a sí mismo como "un tío de empresa", afirma: "Se reconoció que la cadena de bloques pública, comparada con la cadena de bloques empresarial privada, era muy similar a cómo era Internet frente a la intranet, en términos de una pila de protocolos". Cuando la web comercial irrumpió en escena a principios de la década de 1990, muchas empresas vieron su potencial, pero tenían sus reservas. Era "insegura", "poco robusta" y "usada por delincuentes". ¿Le suena de algo? En su lugar, las empresas construyeron su propia Internet: redes propietarias y con permisos que utilizaban

39. Dixon, entrevista con Alex Tapscott.

40. "How DigiCash Blew Everything", trad. compañeros de Ian Grigg, editado por Grigg y enviado a la lista de correo electrónico de Robert Hettinga, 10 de febrero de 1999, https://cryptome.org/jya/digicrash.htm. Véase también "Hoe DigiCash Alles Verknalde", *Next!*, enero de 1999, https://web.archive.org/web/19990427142412/http://www.nextmagazine.nl/ecash.htm.

protocolos de Internet, a las que denominaron *intranets*. Con el tiempo, sin embargo, a medida que la infraestructura pública fue haciéndose más robusta y global, las empresas abandonaron estos sistemas cerrados y adoptaron la Internet pública. Rhodes sostiene que algo similar está sucediendo hoy con las cadenas de bloques. A medida que las tecnologías *blockchain* evolucionan hacia la Web3, los empresarios están empezando a entender que se pueden construir aplicaciones robustas en redes públicas mucho más potentes que las privadas, al igual que hace décadas el paso de la intranet a Internet brindó nuevas posibilidades a las empresas.

Rhodes describe los primeros tiempos de la cadena de bloques empresarial, donde aquellos que tenían una empresa centrada en el ámbito digital (en su nube, con su tecnología y su deseo por acumular patentes) "intentaron recrear la magia de las *blockchains* públicas a gran escala, pero con incentivos para 'la empresa'. El resultado fueron productos como Hyperledger Fabric, una base de datos alabada hasta la saciedad, o Corda. El problema es que ambos carecían de una herramienta pública. En términos de los recursos que teníamos a nuestra disposición, siempre nos mantuvimos cerca de aquello que era viable en Internet como herramienta pública".[41]

A medida que empresas como Accenture, IBM y otras iban introduciéndose en el espacio del *blockchain* empresarial, se dieron cuenta de que las cadenas de bloques como sistemas distribuidos que coordinan la gobernanza entre distintos actores eran una idea interesante. "En realidad, sin embargo, es bastante difícil conseguir que la gente participe", asegura Rhodes. IBM tuvo cierto éxito al atraer participantes de renombre, como Carrefour, Dole, Driscoll's, Golden State Foods, Kroger, McCormick, McLane, Merck, Nestlé, Tyson Foods, Unilever y Walmart, para que participaran en las pruebas piloto de su solución de cadena de bloques privada dedicada a la trazabilidad de alimentos y medicamentos, y en asociarse con el gigante danés del transporte marítimo Maersk con el fin de desarrollar una plataforma para la logística de contenedores de carga.[42] "IBM es el niño mimado de la cadena

41. Rhodes, entrevista con Alex Tapscott.

42. "IBM Announces Blockchain Collaboration with GSF and Other Supply Chain Leaders to Address Food Safety", nota de prensa, Golden State Foods, 22 de agosto de 2017, https://goldenstatefoods.com/news/ibm-announces-blockchain-collaboration-gsf-supply-chain-leaders-address-food-safety/; "IBM Food Trust Expands Blockchain Network to Foster a Safer, More Transparent and Efficient Global Food System", nota de prensa, IBM, 8 de octubre de 2018, https://newsroom.ibm.com/2018-10-08-IBM-Food-Trust-Expands-Blockchain-Network-to-Foster-a-Safer-More-Transparent-and-Efficient-Global-Food-System-1; "US Food and Drug Administration Drug Supply Chain Security Act Blockchain Interoperability Pilot Project Report", IBM, febrero de 2020, https://www.ibm.com/downloads/cas/9V2LRYG5; y "About TradeLens", *s. d.*, https://www.tradelens.com/about, todos consultados el 11 de noviembre de 2022.

de bloques autorizadas", afirma Gennaro "Jerry" Cuomo, líder y portavoz de la cadena de bloques de IBM en sus primeros tiempos. Hablando de su papel, afirma: "Estudié el bitcoin y la cadena de bloques. Los estudié, pero nunca llegué a tener una experiencia práctica con ellos". Posteriormente conoció Ethereum, comprendió en profundidad la visión de Vitalik Buterin de Ethereum como una computadora virtual mundial, y "se enamoró".[43]

Cuomo se fue emocionando a medida que iba descubriendo más y más secretos mientras exploraba en profundidad las cadenas de bloques públicas. Tomemos la reputación, por ejemplo. IBM ha dedicado bastante más de 100 años a comprender las necesidades de "computación, tabulación y registro" de las empresas, gracias a patentes que se remontan a la década de 1880 y a su primer contrato gubernamental importante en 1890, diseñado para realizar labores de recuento y análisis del censo de EE. UU. ese mismo año.[44] La reputación de IBM ha crecido a medida que crecía la industria y la red eléctrica. Sin embargo, explica Cuomo, "con estas redes de cadenas de datos, es posible generar confianza y construir una reputación 'mediante algoritmos'", no mediante la provisión de servicios durante varias generaciones.[45] Los algoritmos también permiten destruir reputaciones con bastante rapidez. Pensemos en el ecosistema Terra, con su *token* nativo LUNA respaldando su *stablecoin* algorítmica, Terra USD. El algoritmo funcionó tal como había sido diseñado, pero, cuando los titulares de activos empezaron a desechar sus Terra USD, LUNA no pudo estabilizar el valor de la *stablecoin*.[46]

Rhodes (de Microsoft) comparte su experiencia, comparando Ethereum y otras cadenas de bloques públicas como sustratos (o capas base) con la Internet pública como un sustrato, un marco predeterminado. "Si dices: 'Estamos construyendo sobre esto y podemos proporcionar conexiones seguras', entonces no es necesario discutir sobre el sustrato. Más bien, lo que tienes que decidir es si te unes a este pequeño grupo o a aquel otro. Ethereum así lo reconoció y fue muy transparente desde el principio: 'Tenemos este sustrato. Es la versión pública de Internet de las cadenas de bloques. Apostamos por esto. Este es el sustrato. Ahí está. Si quieres participar, veamos

---

43. Gennaro "Jerry" Cuomo, entrevista con Alex Tapscott a través de Zoom, 29 de agosto de 2022.

44. "International Business Machines Corporation", Computer History Museum, n. d., `https://www.computerhistory.org/brochures/g-i/international-business-machines-corporation-ibm/`; y "Chronological History of IBM", IBM, consultado el 11 de noviembre de 2022, `https://www.ibm.com/ibm/history/history/history_intro.html`.

45. Cuomo, entrevista con Alex Tapscott.

46. Patrick Lowry, "When Algorithms Fail: How an Algorithmic Stablecoin's Collapse Fuelled a Crypto Bear Market". *Iconic Holding Blog*, 24 de agosto de 2022, `https://iconicholding.com/when-algorithmic-stablecoins-fail/`.

cómo hacerlo, ya sea en la cadena principal, en capa 2, o como sea'. En realidad, es una elección más sencilla para las empresas 'porque es una no elección'. Se trata de elegir si se quiere optar por un sustrato global o no. Si quiero un público objetivo más amplio, entonces me dirijo hacia este sustrato público, en lugar de atraer a la gente hacia un centro de excelencia o a una red de consorcio".[47]

Para una empresa con casi cincuenta años de antigüedad, Microsoft se ha posicionado como líder en tres de las tecnologías fundamentales del futuro: la Web3, la inteligencia artificial y el metaverso. Los clientes de empresa de Microsoft que quieren experimentar con herramientas Web3 contactan con el equipo de Rhodes, debido al carácter extremadamente especializado del conocimiento que, como grupo, han acumulado sobre la tecnología. La "transformación verde" de Ethereum que siguió a La Fusión (el paso a un algoritmo de consenso de participación o *proof-of-stake*) ha eliminado cualquier preocupación ambiental, social y de gobernanza corporativa (ESG) sobre el uso de cadenas de bloques públicas, algo que debería preocupar a las empresas orientadas al consumidor y, de hecho, a todas las empresas. Como veremos, las herramientas Web3 (como los NFT), más modernas y sencillas, reducen significativamente las barreras para su adopción.

Microsoft también lidera el campo de la inteligencia artificial. Para financiar la investigación en IA, Microsoft invirtió 1.000 millones de dólares en OpenAI, la organización que lanzó la aplicación web ChatGPT (*Generative Pretrained Transformer*) en noviembre de 2022.[48] ChatGPT demostró que podía responder preguntas complejas, escribir poesía, depurar código, contar chistes y mucho más. Aunque aún estamos lejos de lo que Ray Kurzweil denominó "la singularidad" (el momento en el que la inteligencia artificial supere a la inteligencia humana), la IA y el aprendizaje automático serán claramente una fuerza dominante en nuestras vidas. Microsoft no solo respaldó OpenAI; además, garantizó un acuerdo exclusivo en la nube con la *startup* de IA. En la actualidad, Microsoft está desplegando a gran escala la tecnología de OpenAI en sus productos de software.[49]

Por último, el agresivo crecimiento de Microsoft en el ámbito de los videojuegos y los mundos virtuales presagia sus ambiciones en el metaverso. Cuando Bill Gates y Dwayne Johnson anunciaron la primera Xbox

---

47. Rhodes, entrevista con Alex Tapscott.
48. Alex Hughes, "ChatGPT: Everything You Need to Know About OpenAI's GPT-4 tool", BBC Science Focus, 3 de abril de 2023, `https://www.sciencefocus.com/future-technology/gpt-3/`.
49. Greg Brockman, "Microsoft Invests in and Partners with OpenAI to Support US Building Beneficial AGI", OpenAI, 22 de julio de 2019, `https://openai.com/blog/microsoft/`.

en el Consumer Electronics Show de 2001, es probable que la compañía no anticipara que, dos décadas después, la plataforma de juegos le ayudaría a ingresar al metaverso; y sin embargo, aquí estamos.[50] En 2014, Microsoft pagó 2.500 millones de dólares por *Minecraft*, el popular videojuego que recrea un mundo virtual donde los usuarios pueden crear sus propios entornos con piezas de construcción. *Minecraft* es más que un juego: sus usuarios han colaborado en las construcción de ciudades virtuales tan grandes como Los Ángeles (500 millas cuadradas), por ejemplo, y en 2020, Reporteros Sin Fronteras "encargó la construcción de un museo dentro de *Minecraft*", bautizado como la Biblioteca sin Censura, donde usuarios de Rusia, Arabia Saudí y Egipto podían leer literatura prohibida y obras de periodistas censurados.[51]

A finales de 2022, más de 170 millones de personas utilizaban *Minecraft* mensualmente.[52] La Comisión Federal de Comercio de EE. UU. (FTC, del inglés *Federal Trade Commission*) ha presentado una queja contra Microsoft, con el fin de bloquear su adquisición del editor de videojuegos Activision Blizzard.[53] A la comisión le preocupa que la compañía "elimine a los competidores de sus consolas Xbox".[54] El aperturismo de Microsoft hacia la Web3 tiene límites. Por ejemplo, la compañía anunció recientemente la prohibición de minar bitcoins a través de su servicio en la nube Azure.[55] Sin embargo, si consideramos en conjunto su nivel de apertura hacia la Web3, sus inversiones en IA y su larga historia en el ámbito de los videojuegos y los mundos virtuales, la posición de Microsoft es mejor que la de la mayoría para afrontar la próxima era de la informática, el entretenimiento y los negocios.

---

50. David Becker, "Microsoft Got Game: Xbox Unveiled", CNET, 2 de enero de 2002, https://www.cnet.com/culture/microsoft-got-game-xbox-unveiled/.
51. Matthew L. Ball, *The Metaverse: And How It Will Revolutionize Everything*. Liveright, Nueva York, 2022, pp. 10-11.
52. "Minecraft Live Player Count and Statistic", ActivePlayer.io Game Statistics Authority, a 13 de abril de 2023, https://activeplayer.io/minecraft/.
53. "United States of America Before the Federal Trade Commission in the Matter of Microsoft Corp. and Activision Blizzard, Inc.", caso nº 9412, versión editada para el público, 8 de diciembre de 2022, https://www.ftc.gov/system/files/ftc_gov/pdf/D09412MicrosoftActivisionAdministrativeComplaintPublicVersionFinal.pdf.
54. "FTC Seeks to Block Microsoft Corp. 's Acquisition of Activision Blizzard Inc.", nota de prensa, Federal Trade Commission, 8 de diciembre de 2022, https://www.ftc.gov/news-events/news/press-releases/2022/12/ftc-seeks-block-microsoft-corps-acquisition-activision-blizzard-inc.
55. Duncan Riley, "Microsoft Bans Cryptocurrency Mining on Azure Without Pre-approval". SiliconANGLE Media Inc., 15 de diciembre de 2022, https://siliconangle.com/2022/12/15/microsoft-bans-cryptocurrency-mining-azure-without-pre-approval/#.

El impacto de los NFT en la conciencia empresarial

Gracias a la creciente popularidad de los NFT, marcas comerciales como Gucci e incluso Taco Bell pueden lanzar un proyecto Web3 que puede alcanzar un impacto desproporcionado con costes relativamente bajos y una mínima capacidad técnica. Por ejemplo, Nike ha generado más de 150 millones de dólares en ventas de NFT.[56] Es cierto que algunos de estos NFT son meras operaciones publicitarias, pero otros, como el programa de recompensas NFT de Starbucks, son innovaciones significativas para el negocio. Todas estas empresas tenían en común un enfoque gerencial. Como escribe Christensen, "en su búsqueda del mercado para una tecnología disruptiva, habían concebido la posibilidad de un fracaso temprano 'de la forma más barata posible'".[57]

Yorke Rhodes, de Microsoft, describe el efecto de los *tokens* no fungibles en este espacio. "Este pequeño *token* tan peculiar, llamado ERC-721 o NFT, llamó la atención de los creadores y de cualquier persona que trabajara con activos digitales fuera del ámbito de las criptomonedas". Rhodes es profesor adjunto de publicidad y relaciones públicas en la Universidad de Nueva York, donde imparte un curso sobre marketing de comercio electrónico.[58] "Cualquier empresa dedicada al negocio digital, ya sea licencias de software, juegos, publicidad, etc., hace marketing digital. Los NFT tienen propiedades muy definidas que se pueden asociar con marcas y bienes de consumo, como Nike, Adidas y otros". Rhodes explica cómo ha cambiado la narrativa empresarial: "De repente, a todas las empresas les pareció relevante esta tecnología llamada '*blockchain* pública' y el sustrato de criptomonedas sobre el que se asienta". Incluso empresas como las farmacéuticas, que inicialmente no participaban de ella, encontraron aplicaciones relevantes, tales como la trazabilidad de la cadena de suministro.

"Nos contactan marcas de las que jamás habíamos oído hablar", asegura Rhodes. "Todo esto cambia las necesidades de quienes trabajamos en Microsoft, en todas las divisiones, incluidos nuestros ejecutivos, que ahora dicen: 'Aquí está pasando algo. Nuestras marcas nos están pidiendo ayuda. ¿Qué respuesta podemos dar?'. Estamos inmersos en una travesía interna, como muchas otras grandes empresas tecnológicas. Tenemos productos que

---

56. Gurjot Dhanda, "How Nike won with NFTs", Covalent, 3 de febrero de 2023, `https://www.covalenthq.com/blog/how-nike-won-with-nfts/#`.

57. Christensen, *The Innovator's Dilemma*, p. xv.

58. Yorke E. Rhodes III, Directorio de profesores, School of Professional Studies, New York University, 2022, `https://www.sps.nyu.edu/homepage/academics/faculty-directory/14416-yorke-e-rhodes-iii.html#courses14416`.

van desde productos orientados al consumidor a productos orientados a usuarios profesionales, productos *back-end* y todos los productos de Office, hasta la nube. Hay mucho espacio para implementaciones Web3".

En 2018, Microsoft adquirió el popular servicio de alojamiento de repositorios de código GitHub, que utiliza el sistema de control de versiones distribuido de código abierto Git.[59] Rhodes cree que GitHub había adoptado elementos "como declaraciones verificables o NFT *soulbound* como herramientas de verificación comunitaria y participación en los repositorios de desarrolladores. Esa decisión le corresponde en realidad a GitHub. ¿Debería LinkedIn adoptar *tokens soulbound*, declaraciones o cualquier otra herramienta? Esa decisión le corresponde a LinkedIn. Te diría que, a nivel de estrategia, están pasando cosas relevantes". Cada equipo de trabajo tendrá que descubrir qué sentido tiene para ellos y formarse para tomas las decisiones adecuadas.

"Aun cuando la gente ve a Microsoft como una empresa Web2, estamos mejor posicionados para aprovechar las declaraciones verificables, la identidad descentralizada, porque no es esencial desde el punto de vista de los ingresos, mientras que el 97% de los ingresos de Facebook provienen de aplicaciones que monetizan los datos del consumidor. Esto nos horroriza. Si bien es cierto que contamos con un motor de búsqueda como Bing donde en parte pasan cosas así, creemos firmemente que la soberanía de los datos del consumidor y la privacidad son muy importantes. No queremos tener aquellos activos que operan en nuestro poder, donde figuran datos relativos a profesionales, empresas o consumidores. Preferiríamos no tenerlos. Es un riesgo tentador para los *hackers* y, por lo tanto, está asociado a un tema de valor que es necesario tener en cuenta".

Un marco para las redes propiedad de los usuarios

Si los usuarios van a ser propietarios de las redes, es necesario crear un nuevo modelo para organizar esta producción colaborativa en línea. Debemos abordar la cuestión de la gobernanza descentralizada de recursos, incluida la toma de decisiones, los fondos destinados a nuevas iniciativas, la contratación y despido de colaboradores, las demandas por mala praxis, la compra de propiedades en diferentes jurisdicciones, la influencia de los grupos de presión sobre los gobiernos o la celebración de contratos, entre otras. ¿Cuál será nuestra

59. Klint Finley, "What Exactly Is GitHub Anyway?", *TechCrunch*, 14 de julio de 2012, `https://techcrunch.com/2012/07/14/what-exactly-is-github-anyway/`; y Paul V. Weinstein, "Why Microsoft Is Willing to Pay So Much for GitHub", *Harvard Business Review*, 6 de junio de 2018, `https://hbr.org/2018/06/why-microsoft-is-willing-to-pay-so-much-for-github`.

motivación? ¿Maximizar las ganancias para los titulares de *tokens* o mejorar la experiencia del usuario? ¿Pagaremos dividendos cuando la red genere ingresos o reinvertiremos las ganancias en nuevos productos y servicios?

En *La riqueza de las redes*, Yochai Benkler sostiene que "el término 'producción entre iguales' describe un subconjunto de prácticas de producción basadas en el común. Se refiere a sistemas de producción que dependen de la acción individual voluntaria y descentralizada, en lugar de ser asignada jerárquicamente". Muchas de las primeras DAO contaron con la participación voluntaria en la red de personas bienintencionadas, pero de vez en cuando es necesario contar con algún mecanismo de coordinación. Benkler sostiene que "[l]a centralización es una respuesta concreta al problema de cómo hacer que el comportamiento de muchos agentes individuales pueda integrarse en un modelo efectivo o lograr un resultado eficaz".[60]

Para superar estos problemas, los usuarios-propietarios pueden organizar sus redes de propiedad de usuarios en forma de DAO con un equipo encargado del liderazgo o la gestión; estas DAO pueden optimizarse para lograr diferentes resultados. Según Jesse Walden, "las empresas propiedad de un grupo de accionistas orientan sus procesos con el único objetivo de maximizar las ganancias de los accionistas; en cambio, las redes de propiedad de usuarios pueden actuar guiados por la voluntad de sus usuarios. Los usuarios pueden preferir que la red, el producto o el servicio de la capacidad extractiva de la red sea mínima. Es decir, que no se cobren tarifas innecesarias y que únicamente se cobre la tarifa mínima para garantizar el coste del funcionamiento del servicio".[61] En el libro *El shock del futuro*, publicado en 1970, Alvin Toffler anticipó esta forma más flexible y dinámica de gobernanza y toma de decisiones, a la que denominó "adhocracia": "La organización del futuro: cinética, dinámica y rica en información, plagada de estructuras y organizaciones transitorias e individuos dotados de gran movilidad".[62]

Si las corporaciones encarnaban el modelo de producción de la era industrial, las DAO encarnan lo que Benkler ha denominado la "inteligencia en red". A pesar de que su nombre incluye la palabra "autónoma", las DAO son en gran medida una creación humana, al igual que las corporaciones. Reflejan tanto el ingenio humano como nuestros peores instintos, conformando una gran diversidad de organizaciones globales y en red. Las DAO pueden estructurar las redes de producción entre iguales de Benkler. Benkler escribió a mediados de la década de 2000, en un momento en que el software de código

60. Benkler, *The Wealth of Networks*, p. 62.

61. Walden, entrevista con Alex Tapscott.

62. Alvin Toffler, *Future Shock*. Random House, Nueva York, 1970, p. 144.

abierto estaba generando recursos nuevos e importantes: "Los proyectos de software libre no dependen de mercados ni de modelos de gestión jerarquizados para organizar la producción. Los programadores suelen participar en un proyecto porque se lo manda su jefe. No suelen participar en un proyecto por dinero, aun cuando haya participantes que se centren en la apropiación a largo plazo a través de actividades orientadas a ganar dinero, como las labores de consultoría o los contratos por servicio".[63] Las DAO son mecanismos que permiten a los usuarios hacerse con la propiedad de una parte de los productos y servicios que utilizan, pero también son una vía cómoda y sencilla de retribuir a quienes aportan código y valor añadido a la red.

¿Cuáles son algunas de las características que distinguen a las DAO? En primer lugar, a menudo incorporan una billetera compartida (muy similar al fondo común del Monopoly), controlada por sus usuarios y partes interesadas. Cualquiera puede convertirse en propietario de una DAO ganando o comprando un *token* nativo, que puede ser un *token* de gobernanza o un NFT. Este *token* facilita la gobernanza y coordinación económica de los fondos en la billetera.

Los titulares de *tokens* también votan sobre cómo distribuir fondos, asignar presupuestos, contratar y despedir colaboradores, y así sucesivamente. Las DAO ya coordinan los recursos económicos de proyectos DeFi como Uniswap. Los protocolos DeFi suelen tener muchas transacciones (pensemos en una plataforma de intercambio donde se compran y se venden activos ininterrumpidamente). Los protocolos desvían los ingresos procedentes de la actividad comercial hacia la billetera común. Pero también podemos financiar los fondos de las DAO por muchas de las vías en que las empresas acceden al capital, mediante inversiones externas, ingresos procedentes de los usuarios o la revalorización de sus *tokens* nativos.

Las DAO tienen otras características. Como su propio nombre indica, son descentralizadas, lo que significa que a menudo atraen a colaboradores y usuarios de todo el mundo. Generalmente son abiertas y sin permisos, por lo que cualquiera puede interactuar con ellas. No obstante, si se desea participar de sus beneficios económicos o de su gobernanza, por regla general es preciso ser propietario. Las DAO también son personalizables. Son un lienzo en blanco para experimentar con la propiedad comunitaria, la gobernanza y los nuevos modelos de negocio. Esto significa que pueden ser complejas o simples. Las DAO ya se utilizan ampliamente en Web3 para diversas tareas, desde organizar un pequeño colectivo de personas con una billetera compartida hasta servir como estructura organizativa para un protocolo Web3

---

63. Benkler, *The Wealth of Networks*, p. 50.

con una tesorería de millones. Pueden reproducir funciones de corporaciones complejas o tareas simples e incluso temporales, como la creación de un gremio en un mundo virtual/videojuego o fundar una organización benéfica para financiar una labor humanitaria urgente, como ocurrió con Ukraine DAO tras la invasión rusa.

Si las DAO son constructos humanos que permiten organizar activos y personas orientados a una causa común con un fondo compartido y la posibilidad de votar periódicamente sobre asuntos importantes, ¿no son en realidad corporaciones formadas por propietarios de *tokens* en lugar de accionistas? No. Vitalik Buterin, cofundador de Ethereum, escribe sobre cómo en sus inicios, las DAO han dado paso a voces que piden que se parezcan más a una empresa: "El argumento siempre es parecido: la gobernanza altamente descentralizada es ineficaz, y las estructuras tradicionales de gobernanza corporativa, con sus juntas directivas, sus CEO y similares, han evolucionado a lo largo de cientos de años para optimizar el objetivo de tomar buenas decisiones y ofrecer valor a sus accionistas en un mundo cambiante".[64]

Según Buterin, los críticos de las DAO ven a los defensores de estas como idealistas armados de una creencia ingenua en un modelo igualitario y descentralizado, en lugar de uno jerárquico. Buterin no está de acuerdo, y postula que las DAO no solo son superiores a las empresas, sino que son el único modelo viable en tres circunstancias. La primera es lo que denomina "entornos cóncavos", término referido a situaciones en las que no hay una respuesta clara y en las que se requiere llegar a un acuerdo o una solución parcial. La centralización puede prestarse a respuestas polarizadas frente a una pregunta que provoca división de opiniones. La descentralización tiene un carácter más deliberativo, y la sabiduría de la multitud es mejor que contar con un único responsable encargado de la toma de decisiones. En el segundo escenario, la red requiere la descentralización para resistir la censura. En ocasiones, las aplicaciones deben seguir funcionando "mientras resisten ataques de poderosos agentes externos", incluidas las grandes corporaciones o poderes estatales. Ukraine DAO recaudó fondos para el ejército ucraniano cuando las plataformas de pago cerraron sus canales por incumplimiento de los términos de servicio. Por último, las DAO deben mantener una equidad creíble, donde "asumen funciones similares a las de un estado-nación, como la provisión de infraestructura básica, y características como la previsibilidad, la robustez y la neutralidad son valoradas por encima de la eficiencia".[65] Hay

64. Vitalik Buterin, "DAOs Are Not Corporations: Where Decentralization in Autonomous Organizations Matters", Vitalik Buterin's Website, 20 de septiembre de 2022, `https://vitalik.ca/general/2022/09/20/daos.html`.

65. Vitalik Buterin, "DAOs Are Not Corporations".

muchas otras razones por las cuales las DAO podrían ser el instrumento más adecuado, como un menor coste para organizarse, una mayor capacidad para aprovechar el talento global, una mayor participación de los propietarios. y la facilidad para generar y distribuir recompensas de propiedad en forma de *tokens*, por nombrar algunas. Exploremos ahora algunas áreas de experimentación e implementación de las DAO.

DAO para el mundo de la empresa, la cultura y los juegos

Otras DAO se esfuerzan por facilitar el uso de herramientas Web3 para diversos tipos de negocios. Por ejemplo, la *startup* de Web3 Aragon ayuda a diferentes organizaciones a coordinarse y colaborar entre sí, pero las empresas también podrían usar DAO para crear y gestionar equipos o departamentos descentralizados, permitiendo una mayor flexibilidad y colaboración internas. Aragon proporciona infraestructura de código abierto y *plugins* de gobernanza a más de 3.800 DAO que buscan sacar partido a los procesos de toma de decisiones descentralizados. Con la *suite* de aplicaciones y servicios de Aragon, cualquier persona puede poner en marcha una DAO. Los titulares del *token* nativo ANT de Aragon participan de la gobernanza de la DAO de la Red Aragon, así como del sistema resolución de disputas, Aragon Court. Desde su lanzamiento en 2016, Aragon ha construido una comunidad de alcance global compuesta por más de 300.000 miembros.[66]

¿Por qué una empresa no vinculada con la Web3 querría adoptar estas herramientas? Son varias las posibles razones. En primer lugar, las empresas podrían usar una DAO para gestionar las relaciones con sus socios externos, proveedores o clientes.[67] Las DAO públicas ofrecen un medio transparente y descentralizado para gestionar los datos que conforman estas relaciones. DAOstack y Boardroom están intentando hacer algo parecido.

Los juegos Web3 son otra de las fronteras donde los innovadores están implementando DAO, como *DGaming*, *Axie Infinity*, *The Sandbox*, *ChainGuardians* y *CryptoSpaceX*. En un juego Web3, los creadores de la DAO

---

66. "About Aragon", Aragon Association, a marzo de 2023, https://aragon.org/about-aragon; Cryptopedia Staff, "Aragon (ANT): DAOs for Communities and Businesses", Gemini Trust Co. LLC, 21 de octubre de 2021, https://www.gemini.com/cryptopedia/aragon-crypto-dao-ethereum-decentralized-government; y "Aragon", CoinMarketCap, *s. d.*, https://coinmarketcap.com/currencies/aragon/, todos consultados el 13 de abril de 2023.

67. "Security", *Tour TradeLens*, IBM Corp. y GTD Solution Inc., 2018, Wayback Machine, https://web.archive.org/web/20211028022622/https://tour.tradelens.com/security; y "TradeLens Data Sharing Specification", *TradeLens Documentation*, IBM Corp. aynd GTD Solution Inc., 2018, Wayback Machine, https://web.archive.org/web/20220608080928/https://docs.tradelens.com/reference/data_sharing_specification/, consultados el 13 de abril de 2023.

podrían usarla para controlar ciertos aspectos del juego, como la distribución de activos, la gestión de la economía virtual del juego, o su moneda nativa, como en el caso de *Axie*. Todas las transacciones en las DAO son *on-chain*, transparentes e inmutables. Si el proceso es abierto y público, donde la comunidad de jugadores puede ver propuestas de cambio, realizar aportaciones al debate y seguir el recuento de votos independientemente de si ellos mismos votan o no, entonces confiarán más en la decisión de adoptar los cambios.

Los innovadores también utilizan las DAO para controlar los recursos del metaverso compartido basado en Web3. Por ejemplo, Decentraland es una plataforma de realidad 3D descentralizada. Su propiedad colectiva corresponde a los usuarios, que comparten una misma visión para "decidir el futuro del mundo virtual". En este mundo virtual, los usuarios pueden explorar terrenos (LAND), crear experiencias únicas e intercambiar activos digitales entre ellos. También pueden monetizar contenido y aplicaciones a través de dos *tokens* en la red: MANA (una criptomoneda) y LAND (un NFT). Fundada en 2017 por Ari Meilich y Esteban Ordano, Decentraland recaudó 25,5 millones de dólares en inversiones con el fin de animar a una red global de usuarios a colaborar en el funcionamiento de este mundo virtual. Decentraland aseguraba tener 8.000 usuarios activos diarios (DAU, *daily active users*) hasta el 11 de octubre de 2022, pero en diciembre la estimación pasó a 60.000 usuarios activos mensuales.[68] Mediante cuatro herramientas diferentes, CoinDesk calculó cifras que oscilan entre 526 y 810 usuarios activos diarios.[69] La estructura DAO de Decentraland permite a los titulares de MANA y LAND controlar el comportamiento de su mundo, ya que pueden establecer políticas mediante votaciones comunitarias de gobernanza. En el momento de escribir estas líneas, Decentraland tenía una capitalización de mercado de alrededor de 1.300 millones de dólares, con un total de 17,4 millones de dólares en tesorería, la gran mayoría en forma de MANA, su propio *token*.[70]

Los activistas y otros agentes sociales pueden utilizar DAO para organizarse en torno a un conjunto de intereses, principios o valores con ciertas reglas para gobernar el comportamiento del grupo. Esto se está volviendo cada vez más popular en campos vinculados con la creación artística y el activismo. *Friends With Benefits*, mencionada con anterioridad, es una DAO cuyos creadores y titulares de *tokens* buscan dar forma al futuro de la Web3

68. Cam Thompson, George Kaloudis y Sam Reynolds, "The Final Word on Decentraland's Numbers", *CoinDesk*, 22 de diciembre de 2022, actualizado el 3 de enero de 2023, `https://www.coindesk.com/web3/2022/12/22/the-final-word-on-decentralands-numbers/`.

69. Thompson, Kaloudis y Reynolds.

70. "Decentraland", CoinMarketCap, *s. d.*, `https://coinmarketcap.com/currencies/decentraland/`.

en colaboración con una amplia gama de individuos singulares, especialmente artistas. Esta comunidad recauda fondos de manera colectiva y asigna recursos a proyectos relacionados con la descentralización de servicios web, según lo votado por los titulares de FWB, su *token* nativo. Fundada en 2020 por Trevor McFedries para "fusionar la cultura y lo cripto", esta DAO social está en constante crecimiento, y cuenta con 3.000 miembros entre los que se cuentan artistas, emprendedores y entusiastas de los ámbitos cripto y cultural. En noviembre de 2021, recibió una valoración de 100 millones de dólares y una inversión de 10 millones de dólares para construir su equipo y ampliar su presencia mediante eventos en la vida real en las llamadas *FWB Cities*.[71] FWB es una "comunidad a la que se accede mediante *token*", lo que significa que sus miembros deben poseer *tokens* FWB para participar en la gobernanza de la comunidad. También es exclusivo, en el sentido tradicional de que las personas que desean unirse deben enviar solicitudes a la comunidad FWB para su aprobación y comprar un mínimo de setenta y cinco FWB.[72] La plataforma valida la participación de los miembros oficiales de FWB en su gobernanza.[73]

DAO para la solución de problemas globales y soluciones globales

Las herramientas Web3 también pueden ayudarnos a abordar problemas globales como el cambio climático. Mediante DAO y activos digitales, grupos muy amplios formados por diferentes actores, incluidas empresas de todos los tamaños, ONG, expertos y gobiernos en todos los niveles, pueden cooperar y movilizarse con el objetivo de acelerar la transición hacia la energía limpia. Por ejemplo, en la actualidad es posible representar los créditos de carbono mediante *tokens*. Con anterioridad hemos descrito cómo Ukraine

---

71. "Friends With Benefits", *s.d.*, `https://www.fwb.help/`; "Friends With Benefits Pro", CoinMarketCap, *s. d.*, `https://coinmarketcap.com/currencies/friends-with-benefits-pro/`; "Friends With Benefits", *Inside Venture Capital*, Inside.com Inc., 1 de noviembre de 2021, `https://inside.com/campaigns/inside-venture-capital-30009/sections/fwb-raises-10m-from-a16z-257214`; y "Friends With Benefits Treasury", Boardroom, *s. d.*, `https://boardroom.io/friendswithbenefits.eth/treasuryOverview`, todos consultados el 12 de abril de 2023.

72. "Join Friends With Benefits", FWB.com, *s. d.*, `https://www.fwb.help/join`, consultado el 19 de diciembre de 2022.

73. "Friends With Benefits", *s. d.*, `https://www.fwb.help/`; "Friends With Benefits Pro", CoinMarketCap, *s. d.*, `https://coinmarketcap.com/currencies/friends-with-benefits-pro/`; "Friends With Benefits", *Inside Venture Capital*, Inside.com Inc., 1 de noviembre de 2021, `https://inside.com/campaigns/inside-venture-capital-30009/sections/fwb-raises-10m-from-a16z-257214`; y "Friends With Benefits Treasury", Boardroom, *s. d.*, `https://boardroom.io/friendswithbenefits.eth/treasuryOverview`, todos consultados el 12 de abril de 2023.

DAO recaudó fondos para financiar el esfuerzo bélico ucraniano cuando fallaron otras vías de pago. El cambio climático es otro de los ámbitos que algunas DAO pretenden abordar, con proyectos como Regen Network, KlimaDAO, Aragon, Flowcarbon y otros.

Gregory Landua, cofundador y director de regeneración de ReGen Network, afirma: "El cambio climático es un fracaso de los mercados, la política y la coordinación".[74] Para Landua, problemas como el colapso de la biodiversidad, la propagación de los microplásticos y las amenazas a la biosfera tienen su origen en fallos del mercado. Pero también ve en los mercados un camino hacia la salud del planeta: "El 100% de la riqueza y el 100% de los negocios necesitan un planeta saludable". Los mercados de carbono intentan cuantificar el coste del carbono. Debido a que tiene un coste asociado, lo secuestraremos, lo usaremos menos o comerciaremos con él. Pero esto plantea desafíos: ¿cómo se llega al consenso de que una de las partes ha secuestrado realmente su carbono? "El carbono es un gas invisible, insípido e inodoro", explica Landua.[75] Regen Network tiene por objeto incorporar a los procesos económicos *on-chain* los procesos sociales y científicos implicados en el control de la salud ecológica del planeta.

Existen diversas formas de poner este concepto en práctica. En general, la idea es que el contrato inteligente de tu "mercado de carbono" se integre con registros de créditos de carbono ya existentes o constituya un nuevo registro en una cadena de bloques, posiblemente Ethereum. Estos contratos inteligentes hacen cumplir las reglas del mercado de carbono, como el cumplimiento de regulaciones y límites en el número total de créditos de carbono que cualquiera de las partes implicadas puede intercambiar. Los participantes en el mercado del intercambio de carbono pueden interactuar con los contratos inteligentes de la DAO, comprando y vendiendo créditos de carbono, como un AMM, pero para las compensaciones de carbono. Los contratos inteligentes ejecutan automáticamente estas transacciones de manera indivisible (es decir, de igual a igual a través del contrato) y actualizan en consecuencia el registro de créditos de carbono. Debido a que la DAO funciona en cadena, proporciona un registro transparente e inmutable de todas las transacciones de créditos de carbono. En algunas versiones, los miembros de la DAO que utilizan el sistema podrían ganar un *token* de gobernanza para votar sobre propuestas que afecten al cambio de reglas del mercado o asignar fondos para proyectos de compensación de carbono, pero no es un requisito. A más largo plazo, podríamos utilizar las DAO como estructuras organizativas de nuevos países. Por improbable que pueda parecer, existe un movimiento en auge, partidario

74. Gregory Landua, entrevista con Alex Tapscott a través de Zoom, 24 de agosto de 2022.

75. Landua, entrevista con Alex Tapscott.

de usar las herramientas de Internet para crear una especie de "Estado en red", definido por el autor Balaji Srinivasan como una "comunidad en línea altamente cohesionada, con capacidad para la acción colectiva, que adquiere territorios por todo el mundo mediante *crowdfunding* y con el tiempo obtiene el reconocimiento diplomático de los Estados ya existentes".[76] En sus primeras fases, comenzaría siendo un Estado "en la nube", completamente en línea, para posteriormente pasar a ejercer todas las funciones de un Estado como tal, con una agencia tributaria y un territorio propios.

Srinivasan lleva mucho tiempo dándole vueltas a estas ideas. En 2014, cuando los *tokens* de gobernanza aún se conocían con el nombre de *appcoins*, me describió una DAO. Se imaginaba que, si alguien quisiera construir una nueva versión de Tor, podría financiar su desarrollo emitiendo una "moneda Tor" y empleando los ingresos generados para "desarrollar el software de código abierto y usarlo para pagar a nodos que ejecutan servidores en la red". Y añadía: "Hemos creado una manera de monetizar el código abierto como nunca antes había sido posible".[77]

Si podemos utilizar herramientas de Internet para crear productos y servicios descentralizados, ¿por qué no usarlas para crear un Estado? CityDAO es un proyecto inspirado en este enfoque. Ofrece la "ciudadanía" a sus miembros, que tienen derecho a votar propuestas o plantear iniciativas propias. CityDAO también tiene gremios organizados para la resolución de problemas. Incluso posee tierras en Wyoming.[78] Srinivasan señala en su libro que alcanzar la condición de Estado es un proceso gradual. Solo tras haber formado la comunidad, adquirido tierras, conectado nodos y desarrollado una economía y cultura propias, podría una comunidad así aspirar a constituirse en Estado.[79] En comparación con librar guerras o una revolución, la adopción de un enfoque gradual y pacífico aprovechando estas herramientas resulta una opción atractiva.

DAO en inteligencia artificial

Otra de las áreas innovadoras de las DAO confluye con la inteligencia artificial (IA). En el ámbito de la IA y el aprendizaje automático, algunas de las principales DAO incluyen ejemplos como SingularityNET, Ocean

76. Balaji Srinivasan, "The Network State in One Essay", *The Network State: How to Start a New Country*, 4 de julio de 2022, `https://thenetworkstate.com/the-network-state-in-one-essay`.

77. Alex Tapscott, "A Bitcoin Governance Network: The Multi-stakeholder Solution to the Challenges of Cryptocurrency", Global Solution Networks, 2014, `https://gsnetworks.org/wp-content/uploads/DigitalCurrencies.pdf`.

78. "We're Building a Web3 City of the Future", CityDAO, *s. d.*, `https://www.citydao.io/`.

79. Srinivasan, "The Network State in One Essay".

Protocol, DAOstack, la DAO de TensorFlow Governance y la DAO de IA de Ethereum. Le pedimos a OpenAI que nos explicara el funcionamiento de Ocean Protocol, donde los propietarios de datos pueden agrupar sus datos en el común para su uso en algoritmos de aprendizaje automático, mientras sus propietarios mantienen la privacidad y el control sobre dichos datos.

Con un mercado descentralizado como este, los usuarios pueden descubrir, aportar y consumir datos en iniciativas que les resulten relevantes, como la investigación científica sobre enfermedades y tratamientos médicos. Para comprar datos y participar en la gobernanza de la comunidad, los usuarios deben poseer el *token* nativo OCEAN. Fundada en 2017 por Bruce Pon, Ocean Protocol ha recaudado un total de 33,1 millones de dólares de inversores para salvaguardar el acceso abierto, controlar los datos y fomentar el crecimiento de la red. Al bloquear temporalmente sus *tokens* OCEAN para apoyar los procesos de validación de conjuntos de datos, sus propietarios se convierten en proveedores de liquidez y obtienen un porcentaje de las ganancias generadas por cada transacción. Ocean Protocol tiene un valor de mercado de aproximadamente 158 millones de dólares y un valor de mercado completamente diluido de 514 millones de dólares.[80] De modo que, a pesar de las promesas de Ocean Protocol y otros, en términos de tamaño del mercado, si cotizaran en bolsa estas empresas serían consideradas *microcaps*.[81]

SingularityNET es otro proyecto prometedor, una "plataforma de IA descentralizada que funciona en la cadena de bloques".[82] La plataforma permite que diferentes programas de IA trabajen conjuntamente y compartan información, volviéndose más inteligentes y útiles para la resolución de problemas demasiado difíciles para que los resuelva un solo programa de inteligencia artificial. Por ejemplo, un programa de IA podría reconocer caras en imágenes, mientras que otro podría estar diseñado para entender el lenguaje natural. Al colaborar en SingularityNET, ambos programas pueden ayudarse mutuamente. En cierto sentido, podríamos decir que SingularityNET aspira a que los algoritmos de IA sean componibles en cadena y no dependientes de un custodio centralizado (*trustless*).

---

80. "Ocean Protocol", CoinMarketCap, *s. d.*, `https://coinmarketcap.com/currencies/ocean-protocol/`, a 10 de abril de 2023.

81. Cryptopedia Staff, "Ocean Protocol (OCEAN): Decentralized Data as an Asset", Gemini Trust Co. LLC, 23 de febrero de 2022, `https://www.gemini.com/cryptopedia/ocean-protocol-web-3-0-ocean-market-ocean-token`; y "Ocean Protocol Foundation Announces $140 Million USD in Grants for the Community-curated OceanDAO to Fund the Web3 Data Economy". Ocean Protocol Foundation Ltd., 7 de octubre de 2021, `https://oceanprotocol.com/press/2021-10-07-ocean-protocol-foundation-announces-140M-USD`.

82. "About SingularityNET", *s. d.*, `https://singularitynet.io/aboutus/`, consultado el 12 de abril de 2023.

¿Hay vida después de la empresa?

Las DAO son un medio prometedor a la hora de organizar la economía y podrían transformar los negocios y el mundo de forma profunda. Al liberarnos, nos permiten repensarlo todo, desde el papel de la empresa en la economía y la naturaleza del trabajo, hasta cómo gobernar colectivamente los bienes públicos y cómo construir y mantener la tecnología de código abierto. Las DAO son incubadoras digitales de nuevos modelos y métricas de gobernanza, con aplicaciones que van más allá de la tecnología y el mundo de los negocios. Crean mecanismos para que los usuarios de Internet se transformen en propietarios de las plataformas y los recursos compartidos que utilizan. Al reducir el coste de colaborar, realizar transacciones y establecer la confianza, podrían llegar a sustituir, en muchos casos, a las corporaciones.

Las DAO también conllevan un riesgo e incertidumbre enormes. Al igual que ocurre con los activos digitales, las DAO carecen de marcos legales y regulatorios para operar dentro de los sistemas legales tradicionales. Al ser entidades sin reconocimiento legal, pueden tener dificultades para contratar o despedir empleados, pagar nóminas o celebrar y hacer cumplir contratos tradicionales. Los contratos inteligentes pueden automatizar estas funciones, pero no existen vías legales que obliguen a su cumplimiento. Esta sigue siendo un área conflictiva. Las DAO se construyen sobre cadenas de bloques públicas y emplean software como los puentes, lo que las hace vulnerables a ciberataques. Naturalmente, las corporaciones tradicionales sufren hackeos frecuentes, con resultados desastrosos. La gobernanza ejercida por los usuarios es, en teoría, una buena idea, pero, para que el sistema funcione, los usuarios deben participar en la toma de decisiones y actuar. Los usuarios pasivos e inertes no aportan a la hora de formar una comunidad vibrante. Los precedentes que ya conocemos en sistemas similares (como por ejemplo la gobernanza corporativa) deberían hacernos reflexionar sobre cómo las DAO resolverán los problemas de gobernanza en la economía. Hoy por hoy, los emprendedores Web3 utilizan las DAO para lanzar nuevos productos y servicios. Sin embargo, la tecnología evolucionará, y la industria superará los desafíos de implementación mientras exporta su visión al resto del mundo, con lo que muy probablemente veremos a un número cada vez mayor de industrias adoptar y beneficiarse de las DAO.

Conclusiones

Si la promesa de Web3 de convertir a los creadores en propietarios de los productos y servicios que utilizan es cierta, entonces cabe esperar que surjan una gran cantidad de nuevas redes propiedad de los usuarios. Algunas de las innovaciones de Web3 vendrán del mundo de la empresa, pero las DAO nativas de Internet desempeñarán un papel cada vez más relevante en nuestra economía digital. He aquí las conclusiones de este capítulo:

1. El capitalismo HODL se extenderá cada vez más. Los usuarios de Internet le darán cada vez más importancia a las plataformas que utilizan y de las que son propietarios. No estamos ante usuarios pasivos, inertes o desprovistos de poder, sino ante usuarios con un interés genuino en comunidades concebidas para la Web3.
2. Las DAO, en tanto que organismos en red, pueden ser un instrumento más adecuado que las corporaciones cuando el objetivo no solo es obtener beneficios, sino también una red útil y funcional. Como experimentos en gobernanza y coordinación económica, las DAO están abriendo camino a nuevos modelos que podemos aplicar más allá del ámbito de los negocios.
3. Las empresas se enfrentan el dilema del innovador. Las oportunidades de mercado de la Web3 están mal definidas para la mayoría de las empresas. ¿Deberían adoptar esta tecnología o esperar? Podrían intentarlo y fracasar (o tener éxito) por muy poco dinero. Los NFT han eliminado muchos obstáculos a la hora de experimentar. Para la mayoría de las empresas, especialmente aquellas que venden directamente a los consumidores, los NFT son un buen punto de partida.
4. Las DAO se enfrentan a numerosos desafíos de implementación. Necesitamos un marco para gobernar, gestionar y hacer crecer esta nueva tipología de organizaciones. Las DAO carecen además de reconocimiento legal, lo que limita su capacidad para celebrar contratos, contratar y despedir, entre otras cosas. Cada DAO es diferente. Pueden ser complejas o simples, globales o locales, gestionar activos en línea o activos físicos.
5. Las DAO han tenido éxito en el ámbito de las finanzas descentralizadas (DeFi), pero esperamos ver DAO en muchas otras áreas, tales como infraestructuras físicas, el mundo de la cultura y los juegos, el metaverso, y la inteligencia artificial.

En el próximo capítulo, analizaremos en profundidad las transformaciones Web3 en tres industrias clave. Exploraremos de qué manera las DAO, los incentivos de *tokens*, los NFT y otras primitivas Web3 están listos para transformar aspectos importantes de nuestra economía, para mejor.

CAPÍTULO 6

Descentralizar las finanzas y digitalizar el dinero

Para el año 2005, la burbuja de las puntocom empezaba a ser cosa del pasado y, a medida que las reacciones negativas a la tecnología disminuían, iba quedando claro que Internet no era una simple moda pasajera ni una tecnología de alcance anodino y limitado, como afirmaban muchos críticos de medios convencionales como Paul Krugman, que llegó a asegurar que el impacto de Internet no sería mayor que el del fax.[1]

Internet estaba a punto de convertirse en una herramienta que transformaría el mundo de la empresa y la cultura mucho más de lo que se esperaba incluso en aquellos eufóricos tiempos de finales de los noventa. En su primera etapa, la web había democratizado la información para quienes podían acceder a la red. Más adelante, democratizó el acceso a la edición: en lugar de ser meros receptores inertes y pasivos de información, nosotros, los usuarios, pudimos ser parte de la conversación e incluso programar la propia web, subiendo fotos, música, archivos y nuestros propios escritos. Todos podíamos ser periodistas-ciudadanos, científicos aficionados, artistas digitales caseros, analistas financieros de sofá y mucho más.

La escritura de *blogs* o *blogging* (abreviatura del inglés *Web logging* o diario en la web) fue una aplicación importante de la Web2 que hizo que la web fuera editable para el común de los mortales. Yochai Benkler escribía acerca de los *blogs*: "Pueden ser modificados desde cualquier lugar con un ordenador en red, y los resultados de escribir en la página web están disponibles de inmediato para cualquiera que acceda al blog".[2] De los *blogs* surgió el potencial para mantener "conversaciones a gran escala".[3] El impacto de la web editable consistió

1. David Emery, "Did Paul Krugman Say the Internet's Effect on the World Economy Would Be 'No Greater Than the Fax Machine's?", *Snopes*, Snopes Media Group Inc., 7 de junio de 2018, `https://www.snopes.com/fact-check/paul-krugman-Internets-effect-economy/`.

2. Yochai Benkler, *The Wealth of Networks: How Social Production Transforms Markets and Freedom*. Yale University Press, New Haven, CT, 2006, p. 215.

3. Benkler, p. 216.

en habilitar, según Benkler, "sistemas de producción de contenido colaborativo a gran escala disponibles en la web... destinados a, y utilizados por, grupos muy grandes (...) Son, intrínsecamente, medios de comunicación grupal".[4]

El libro de Benkler refleja la esperanza sincera de que los individuos se involucrarían en una cooperación en línea a gran escala y de que entraríamos en nueva era dorada marcada por la colaboración y la innovación. Después de todo, pensemos en Wikipedia: en 2006, se había convertido en la fuente de información más creíble y de mayor envergadura jamás compilada, creada en su totalidad por voluntarios de Internet.

La emoción suscitada en torno al potencial de este nuevo conjunto de herramientas digitales es comprensible. La web de lectura-escritura nos permitió reconceptualizar la manera en la que creamos valor, colaboramos y coordinamos nuestras actividades. Tenía, por tanto, el potencial de reformular el papel de las corporaciones, los gobiernos y otras instituciones. Los "esfuerzos cooperativos eficaces a gran escala", que hoy conocemos con el nombre de movimiento de software de código abierto, desafiaron los dogmas empresariales y políticos. Para Benkler, la idea de que los individuos se unirían voluntariamente en línea sin una recompensa monetaria clara con el objetivo de construir y mantener comunidades, recursos, tecnologías y valor cultural a escala global iba "en contra de algunas de nuestras intuiciones más básicas en economía, intuiciones arraigadas en la economía industrial".[5]

Evaluando a los creadores de la Web2

Un análisis sereno de los resultados conseguidos por la Web2 ofrece resultados desiguales sobre la labor de los innovadores. Por un lado, la Web2 generó un valor económico formidable para sus fundadores y partes interesadas. Aceleraron la adopción de Internet y conectaron el mundo de maneras que muchos de nosotros no podríamos haber imaginado hace unas décadas. Crearon espacios para voces previamente marginadas, con plataformas como Twitter que crearon condiciones de mayor igualdad y brindaron a científicos, empresarios, atletas, inversores y otros una plataforma para llegar a nuevos públicos. Las plataformas dotaron de herramientas para autoorganizarse a personas con ideas afines (a menudo con resultados positivos, a veces no tanto). Sin embargo, por lo general el uso de la tecnología no ha cumplido con sus nobles y tempranas metas, y ha generado nuevos problemas que los innovadores de la Web3 buscan resolver.

4. Benkler, p. 216.
5. Benkler, p. 8.

Muchas de estas empresas, que antaño fueron *startups* dinámicas, se han fosilizado adoptando formas de un capitalismo gerencial, tal y como fue definido por James Burnham en su libro *The Managerial Revolution*. Excepto Facebook, ninguna de estas empresas está dirigida por sus fundadores. Operan como oligopolios o monopolios en muchas áreas. Sus propietarios están desconectados de la toma de decisiones. Y, especialmente en China, están íntimamente vinculadas al Estado, donde a menudo operan de la mano del Partido Comunista.[6]

En palabras de Charles Dixon: "La Web2 fue muy buena a la hora de crear interfaces de usuario excelentes, brindando servicios gratuitos y muy elegantes a miles de millones de personas, servicios muy fáciles de usar. En un mundo ideal, podríamos diseñar un sistema que combinara lo mejor de ambos mundos, a saber: la funcionalidad avanzada y elegante de Web2 con el desarrollo impulsado por la comunidad y el ecosistema abierto de la Web1. Esa sería la mejor versión de Internet".[7]

¿En qué falló la Web2? En primer lugar, ante la ausencia de una capa de propiedad y transacciones nativa de Internet, la publicidad se convirtió en el principal modelo de ingresos. Muchas plataformas, que habían comenzado de un modo más abierto, terminaron convertidas en modelos orientados a la publicidad, y posteriormente se esforzaron en mantener la atención de los usuarios con el fin de recolectar sus datos. "Los anunciantes quieren una experiencia controlada", afirma Dixon. "Quieren que sus anuncios aparezcan junto a ciertos contenidos. Por diversas razones, el modelo basado en publicidad llevó a Twitter a acabar con su ecosistema abierto, a cerrar el servicio. Lo mismo ocurrió en Facebook. Ambos se convirtieron en servicios monolíticos y aislados, construidos en torno a la optimización de la interacción de los usuarios y los ingresos basados en publicidad".[8]

En segundo lugar, la Web2 fortaleció a los intermediarios financieros: no necesitaban innovar para seguir siendo relevantes, porque la Web2 no alteró su función como intermediarios. Como hemos señalado, la mayoría de las innovaciones en el ámbito de la tecnología financiera o *fintech* resultaron ser un mero adorno digital sobreimpuesto sobre el viejo edificio de las finanzas.

Tercero, a medida que la web se volvía principalmente móvil, dos compañías (Apple y Google) se hicieron con el control del principal portal de entrada a Internet a través de sus ecosistemas Android y Apple, y empezaron a cobrar tarifas monopolísticas (o duopolísticas) exorbitantes a los

---

6. James Burnham, *The Managerial Revolution*. Lume Books, Londres, 1941, p. 84.
7. Chris Dixon, entrevista con Alex Tapscott a través de Zoom, 2 de septiembre de 2022.
8. Dixon, entrevista con Alex Tapscott.

desarrolladores que usaran sus plataformas. Las tiendas de aplicaciones móviles se han transformado en cuellos de botella para el nuevo desarrollo. No solo controlan el acceso, sino que también extraen tarifas por casi toda la actividad económica dentro de las propias aplicaciones.[9] Por ejemplo, Apple cobra un 30 % de las aplicaciones que vende y en concepto de ventas dentro de la aplicación.[10] Estas tarifas representan un impuesto o peaje para la mayoría de los desarrolladores tecnológicos. El servicio de custodia centralizada Coinbase asegura que Apple quería que los usuarios de la aplicación Coinbase Wallet pagaran la factura del gas a través del sistema de compras en la aplicación de Apple, con el fin de que Apple pudiera llevarse su parte.[11] Según Coinbase, esto era técnicamente imposible, comparable a establecer un impuesto a los protocolos de correo electrónico; así las cosas, Apple bloqueó el último lanzamiento de la aplicación de Coinbase, impidiendo así que los usuarios transfirieran NFT a través de Coinbase Wallet.[12] La tecnología móvil ha consolidado aún más el modelo basado en publicidad. Facebook tiene la mira puesta en la próxima frontera de la informática y quiere hacer extensible este modelo a su metaverso cerrado, incrementando gradualmente su parte del pastel hasta el 50 %.[13]

Cuarto, los usuarios no controlan las plataformas y, en algunos casos, no pueden ver cómo se gestionan. Las plataformas también podrían cambiar sin la participación de la comunidad: algunas empresas Web2 que comenzaron como redes abiertas se convirtieron en plataformas cerradas en busca de mayores ingresos publicitarios.

Quinto, la Web2 se convirtió en un modelo en el que el ganador se lo llevaba todo, creando monopolios que ahogaban la competencia. Lanzar una red con capacidad para competir en la Web2 se volvió una empresa excesivamente costosa y arriesgada, una tarea propia de un Sísifo destinado a luchar en vano por toda la eternidad. Los gigantes de la Web2 tienen acciones de clase dual que otorgan más poder a los ejecutivos y limitan su responsabilidad

---

9. Dixon, entrevista con Alex Tapscott.

10. Marco Quiroz-Gutierrez, "Coinbase Says Apple Is Demanding 30 % Cut of NFT Gas Fees Before Allowing Digital Wallet Update", *Fortune*, 1 de diciembre de 2022, https://fortune.com/crypto/2022/12/01/coinbase-apple-30-percent-fee-digital-wallet/.

11. CoinbaseWallet, *post* de Twitter, 1 de diciembre de 2022 (11:34 a. m.), https://twitter.com/CoinbaseWallet/status/1598354820905197576.

12. CoinbaseWallet, *post* de Twitter, 1 de diciembre de 2022 (11:34 a. m.), https://twitter.com/CoinbaseWallet/status/1598354823501447168.

13. Jon Swartz, "Facebook Parent Meta Set to Take Nearly 50% Cut from Virtual Salesand Apple Is Calling It Out", *MarketWatch*, 13 de abril de 2022, https://www.marketwatch.com/story/facebook-parent-meta-set-to-take-nearly-50-cut-from-virtual-sales-within-its-metaverse-11649885375.

ante los accionistas y los consejos de administración, exacerbando esta dinámica. Las decisiones caprichosas de Elon Musk en Twitter han alejado a usuarios y anunciantes de la plataforma, que ha perdido valor corporativo.

Sexto, los usuarios de Internet se engancharon a motores de recomendación que, aun cuando a menudo fueran útiles para ayudarles a encontrar lo que buscaban, también los empujaron hacia cámaras de eco que reforzaban su experiencia personal. Los algoritmos de la Web2 aprendieron que las posturas extremistas, así como la desinformación, incrementaban la participación de los usuarios. La fragmentación del discurso público y el extremismo creciente de nuestra política son en parte atribuibles a este fenómeno.[14]

Séptimo, estas grandes plataformas se convirtieron en cuellos de botella de Internet y en objetivos de las presiones gubernamentales para seguir el rastro a sus ciudadanos. En China, el estado cooptó a los gigantes de la Web2, transformándolos en una extensión del sistema de vigilancia del Estado, para posteriormente intentar cooptar con rapidez las innovaciones nacidas de la Web3.

¿Cómo transformará Web3 las industrias? En el siguiente apartado, exploramos las más importantes: los servicios financieros y el dinero.

Reconceptualizando las finanzas y el dinero

Los bancos aparecieron poco después del nacimiento de las primeras grandes civilizaciones en la Mesopotamia sumeria. En sus orígenes, la banca fue una función de los templos, fundamentales para la vida política, económica, religiosa y cultural. Estos protobancos eran lugares seguros para el almacenamiento y el intercambio de bienes. También fueron pioneros en sistemas de contabilidad y registro, con el fin de poder hacer un seguimiento de las transacciones y gestionar cuentas. Clemens Reichel, profesor de arqueología mesopotámica en la Universidad de Toronto, me acompañó en una conferencia organizada por el Museo Real de Ontario en Toronto, en noviembre de 2022.[15] Reichel describió cómo los bancos en época sumeria fueron evolucionando "desde el almacenamiento de dinero físico", vagamente definido como bienes físicos de valor como el grano, "hasta el almacenamiento de la información relativa al dinero". La forma más temprana de escritura, el cuneiforme, surgió al mismo tiempo que el dinero, no solo para transmitir

14. Max Fisher, *The Chaos Machine: The Inside Story of How Social Media Rewired Our Minds and Our World*. Little, Brown, Nueva York, 2022, p. 10.

15. "Innovative or Ancient? Is Cash Going the Way of the Dodo? ", moderado por Ellen Roseman, Royal Ontario Museum, 22 de noviembre de 2022, `https://rom.akaraisin.com/ui/InnovativeOrAncient`.

información a larga distancia, sino también para llevar registros contables.[16] Esta forma temprana de registro contable otorgó valor al dinero como medio de almacenamiento y unidad de cuenta antes de que se acuñaran las primeras monedas. En cierto sentido, desde los albores del comercio, el dinero siempre fue virtual: una incisión en escritura cuneiforme sobre una tableta de arcilla, no un bien físico como el oro o las conchas de caracol. Con el tiempo, la banca superó a los templos y se especializó en servicios, pero todas las instituciones especializadas siguieron manteniendo los registros contables como registros de valor, y hoy en día cumplen una función similar.

La industria de los servicios financieros es el corazón y el sistema cardiovascular del comercio global. Pero, como le ocurría a Frankenstein, su cuerpo es una extraña mezcla improvisada de trozos dispares y largamente caducados. Según el Banco Mundial, transferir dinero de forma transfronteriza cuesta en promedio varios días, con un coste de un 6 %.[17] Esto excluye a aproximadamente 1,4 mil millones de personas.[18] Es una industria inmovilista: a medida que la Web2 ha ido trasladando más y más transacciones en línea, los intermediarios financieros se han enriquecido sin que se produzcan innovaciones al mismo ritmo. Es opaca, lo que genera riesgos de contraparte. Es centralizada, lo que la dota de una mayor influencia sobre los gobiernos que el sector tecnológico, el farmacéutico o la industria del gas y el petróleo. Está compartimentada, operando en diferentes sistemas, bajo distintos regímenes regulatorios y en diferentes mercados, todo lo cual limita su componibilidad y liquidez a nivel global. No sorprende que la industria se esté preparando para una de las transformaciones más grandes de la historia. Los innovadores del sector DeFi de la Web3 están descentralizando muchos de estos servicios y nos obligan a repensar el significado del propio dinero.

Dinero digital

El dinero apareció para resolver el problema del trueque: en las transacciones, las partes implicadas necesitaban un medio de intercambio que fuera fungible, líquido, divisible (es decir, que pudiera gastarse por partes) y verificable (de una sustancia certificable, como el oro y la plata) o respaldado por

16. "Innovative or Ancient?".

17. "Remittances Grow 5 % in 2022, Despite Global Headwinds", nota de prensa, Banco Mundial, 30 de noviembre de 2022, `https://www.worldbank.org/en/news/press-release/2022/11/30/remittances-grow-5-percent-2022`.

18. "COVID-19 Boosted the Adoption of Digital Financial Services", Banco Mundial, 21 de julio de 2022, `https://www.worldbank.org/en/news/feature/2022/07/21/covid-19-boosted-the-adoption-of-digital-financial-services`.

una institución poderosa.[19] A menudo, cuanto más intrínsecamente inútil era la mercancía, mejor era como sustituto del dinero. John Locke afirmó que el dinero era simplemente algo que "por mutuo acuerdo, los hombres aceptarían a cambio de artículos verdaderamente útiles para la vida, pero no perecederos".[20] El dinero es un engaño colectivo. El oro funciona como dinero porque no es "verdaderamente útil". Por encima de todo, la confianza fue un elemento fundamental para muchas formas de dinero, motivo por el que los gobiernos fueron la opción más lógica para emitir moneda.

Los gobiernos también podían innovar. El real de a ocho español alcanzó una gran popularidad en el siglo XVI en parte porque los artesanos encargados de su fabricación (los pueblos indígenas en México, Perú y otras colonias españolas) utilizaban plata del Nuevo Mundo, la más pura del mundo y la más ligera de transportar. Estos artesanos acuñaban las monedas fundiéndolas una por una, o bien las cortaban a mano para que los usuarios pudieran dividirlas fácilmente en ocho piezas y obtener cambio (de ahí su nombre). El real de a ocho se utilizó en las colonias de España y más tarde fue adoptado por los recién creados Estados Unidos de América una vez que las trece colonias rompieron lazos con Inglaterra.[21] Además, grabaron las monedas con el escudo de armas español en su anverso y la cruz católica en el reverso, para remarcar su poder soberano.

Antes de que los españoles cruzaran el Atlántico, Kublai Kan, fundador de la dinastía Yuan en el siglo XIII, impuso el uso de billetes difíciles de falsificar. Empleó una ingeniosa técnica de producción que integraba la corteza de un árbol escaso, una tecnología que perdura hasta el día de hoy. En su visita al Reino Medio, Marco Polo descubrió que los comerciantes y ciudadanos aceptaban sin inconvenientes estos billetes. ¿Por qué? Kublai Kan amenazaba con recurrir a la violencia contra quienes comerciaran en su imperio si abusaban o se negaban a usar sus billetes, castigando a los falsificadores y matando a los desobedientes.[22] El suyo era un ejemplo de dinero *fiat*, o por decreto gubernamental. El uso por parte de Kublai Kan

19. "Know Your Money", US Secret Service, abril de 2016, revisado diciembre de 2020, `https://www.secretservice.gov/sites/default/files/reports/2020-12/KnowYourMoney.pdf`; y "Learn How to Authenticate Your Money", US Currency Education Program, 2022, `https://www.uscurrency.gov/`.

20. John Locke, *Two Treatises of Government and A Letter Concerning Toleration*, 1690.

21. Louis Jordan, "Spanish Silver: General Introduction", *The Coins of Colonial and Early America*, Dept. of Special Collections, University of Notre Dame, última actualización 20 de agosto de 2001, `https://coins.nd.edu/colcoin/colcoinintros/sp-silver.intro.html`.

22. Charles R. Bawden, "Kublai Khan", *Britannica*, actualizado a 1 de noviembre de 2022, `https://www.britannica.com/biography/Kublai-Khan`; y "The First Paper Money", en "Top 10 Things You Didn't Know About Money", *Time*, abril de 2010, `https://content.time.com/time/specials/packages/article/0,28804,1914560_1914558_1914593,00.html`.

del poder estatal centralizado para imponer la adopción de su sistema monetario e impulsarlo demostró ser un modelo ganador. Hoy por hoy, el dinero fiduciario no tiene rival.

La Web3 está dando paso a una nueva era del dinero, entendido como un activo digital al portador, que podemos utilizar para transferir y almacenar valor, realizar transacciones y hacer negocios, como el efectivo, pero liquidable al instante, inmutable y dotado de liquidez global. Las innovaciones de la próxima década resultarán decisivas, a medida que los poderes estatales, las corporaciones globales y una sociedad civil digital cada vez más activa compitan por controlar el futuro del dinero.

Tres innovaciones, todas ancladas por cadenas de bloques, competirán por el futuro del dinero. La primera son las criptomonedas públicas como Bitcoin, de las que ya hemos hablado. La segunda son los dólares digitales de emisión privada, respaldados por colateral. Son las llamadas *stablecoins*, principalmente criptodivisas respaldadas en una proporción de 1:1 frente al dólar estadounidense en un banco, pero podrían terminar siendo una primera tentativa esqueumórfica. Las *stablecoins* del futuro probablemente vendrán respaldadas por una cesta de diversos activos, como ocurrió con Libra, el fallido proyecto de Facebook. La tercera son las CBDC, monedas digitales acuñadas y gestionadas por los bancos centrales.

¿Triunfará Bitcoin sobre sus competidores? No es descartable. En algunos aspectos, Bitcoin ha tenido éxito; en otros, se ha quedado corto. En el momento de redactar estas líneas, la capitalización de mercado de Bitcoin es de 400.000 millones de dólares, más que los 335.000 millones de dólares de Mastercard.[23] Personas de todo el mundo utilizan Bitcoin como reserva de valor y medio de intercambio. Es un salvavidas para los no bancarizados del mundo. Combatientes por la libertad de izquierdas y de derechas defienden su resistencia a la censura. Sus defensores aseguran que Bitcoin y otras formas de dinero sin permisos son esenciales para defender la libertad de expresión, con el argumento de que no existe la libertad de expresión sin libertad para realizar transacciones. "La libertad de expresión carece de sentido si no puedes pagarte el coste de imprimir una revista. La libertad de creencia carece de sentido si no te puedes pagar el alquiler de tu iglesia. La libertad de protesta carece de sentido si no puedes pagarte el billete de autobús hasta el lugar donde se organiza la protesta", afirma el experto en tecnología Scott Alexander.[24]

---

23. "Bitcoin", CoinMarketCap, a 11 de diciembre de 2022, `https://coinmarketcap.com/currencies/bitcoin/`; y MasterCard, Companies Market Cap, a 11 de diciembre de 2022, `https://companiesmarketcap.com/`.

24. Scott Alexander Siskind, "Why I'm Less Than Infinitely Hostile to Cryptocurrency", Astral Codex Ten Blog, 8 de diciembre de 2022, `https://astralcodexten.substack.com/p/why-im-less-than-infinitely-hostile`.

Fundada en 2007, Human Rights Foundation (HRF) apoya a la sociedad civil y a los movimientos democráticos en países autoritarios. Como parte de su mandato, da voz a disidentes y otros líderes prodemocracia en países como Rusia, Venezuela y Líbano. El gran maestro de ajedrez y crítico de Putin, Garry Kasparov, preside la HRF. La llegada de bitcoin permitió a la organización disponer de una nueva herramienta para empoderar a las personas oprimidas. "Rara vez hablamos de finanzas y dinero en el ámbito de los derechos humanos y la política, pero son muy importantes", asegura Alex Gladstein, director de estrategia de HRF. "La mayoría de las personas con las que trabajamos viven bajo regímenes que tienen una moneda fiduciaria terrible y que, por lo general, suele colapsar mucho más rápidamente que el dólar estadounidense". Estos regímenes explotan a sus ciudadanos a través de los servicios financieros y bancarios. Restringen las conexiones con el sistema financiero global, confiscan fondos, congelan cuentas bancarias y limitan o criminalizan el acceso al dólar estadounidense. "Incluso te pueden detener por tener dólares, y se restringen los intentos de los ciudadanos por conseguir activos como por ejemplo el oro", asegura.[25] Gabriel Abed, un emprendedor Web3 y embajador de Barbados en los Emiratos Árabes Unidos, sostiene que Bitcoin no juzga a los usuarios por su credo, raza, religión o nivel de ingresos. Lo sabe por experiencia personal: "No tuve una cuenta bancaria como tal hasta que me convertí en embajador. Bitcoin me salvó. Me permitió ser plenamente soberano sobre el control de mis finanzas".[26]

Gladstein cuenta cómo el "privilegio financiero" de los mil millones de privilegiados que viven en Estados Unidos, Europa, Canadá, Japón y algunos otros países los ciega frente a la dura realidad de los otros siete mil millones de personas que habitan el planeta. Bitcoin tiene sus defectos, pero uno de sus puntos más atractivos en África y en otros lugares es que permite a las personas librarse del yugo de dictadores locales y de las antiguas potencias coloniales, cuyo legado de dominación financiera sigue dejándose sentir hasta el día de hoy: el 80% de los flujos financieros entre africanos tienen lugar a través de una empresa estadounidense y europea, según Gladstein.[27]

Sin embargo, Bitcoin también necesita de un alto consumo energético y es lento y volátil, al igual que el oro y otras materias primas. Además, se enfrenta a un público escéptico: los banqueros centrales. ¿Qué sugieren estos banqueros como alternativa? Las CBDC. Los gobiernos publicitan las CBDC como una alternativa preferible a las criptomonedas públicas como

25. Alex Gladstein, entrevista con Alex Tapscott a través de Zoom, 12 de enero de 2023.

26. Gabriel Abed, entrevista con Alex Tapscott a través de Zoom, 15 de marzo de 2023.

27. Gladstein, entrevista con Alex Tapscott.

Bitcoin. Argumentan que las CBDC pueden hacer que la economía sea más inclusiva, reducir la volatilidad y mejorar la capacidad de respuesta de los bancos centrales ante una crisis, al aumentar la transparencia.

Sin embargo, las CBDC generan preocupación en el ámbito de los derechos humanos. Por ejemplo, ¿cómo proteger el derecho a la privacidad cuando los gobiernos pueden ver en tiempo real cómo los usuarios gastan cada dólar digital en la economía? Si quieren que sus ciudadanos y visitantes al país adopten sus CBDC, los gobiernos deben proteger estas libertades ciudadanas. Algunos analistas de la industria creen que no tendremos alternativa: "Los gobiernos tienen un fuerte incentivo para exigir el uso exclusivo del criptofiat: facilita la exacción fiscal, permite a los gobiernos 'desactivar' el dinero de delincuentes y disidentes políticos, y a los bancos centrales les encanta por su transparencia en tiempo real y un control monetario más estricto", afirma el inversor en Web3 Ari Paul. "Primero implementarán la criptofiat y a continuación, poco después, prohibirán cualquier cosa que compita con ella: efectivo, *fiat* no criptográfico y, si se usan de forma significativa, el oro y las criptomonedas públicas como bitcoin".[28]

Esto nos lleva a la última categoría, las *stablecoins*. Las versiones punteras, USD Coin (USDC) y USD Tether (USDT), tienen un valor conjunto de más de 100.000 millones de dólares.[29] Facebook intentó tener su propia *stablecoin*, inicialmente llamada Libra y respaldada por una cesta de activos. Sin embargo, el gobierno de EE. UU. lo vio como una amenaza para el sistema del dólar estadounidense y la seguridad nacional, poniendo así de manifiesto los riesgos que corre cualquier empresa que intente reinventar el dinero.[30] "Soy profundamente ambivalente sobre las *stablecoins*", asegura Gladstein. "Por un lado, es necesario reconocer e incluso celebrar que existan. Han proporcionado a decenas, cuando no cientos de millones de personas, un instrumento que les permite operar en dólares estadounidenses sin necesidad de tener una cuenta bancaria". Sin embargo, le preocupa cómo las *stablecoins* consolidarán el desequilibrio de poder existente creado por el sistema del dólar estadounidense. "Las *stablecoins* amplifican el efecto de red del

---

28. Ari Paul (@Ari DavidPaul), *post* de Twitter, 13 de febrero de 2019 (9:18 a. m.), `https://twitter.com/AriDavidPaul/status/1095688683280351233`.

29. "Tether", CoinMarketCap, a 11 de diciembre de 2022, `https://coinmarketcap.com/currencies/usd-coin/` y `https://coinmarketcap.com/currencies/tether/`.

30. Zachary Warmbrodt, "Jerome Powell: Facebook's Libra Poses Potential Risk to Financial System", *Politico*, 10 de julio de 2019, `https://www.politico.com/story/2019/07/10/jerome-powell-facebook-libra-1578306`; y Alan Rappeport y Nathaniel Popper, "Cryptocurrencies Pose National Security Threat, Mnuchin Says", *New York Times*, 15 de julio de 2019, `https://www.nytimes.com/2019/07/15/us/politics/mnuchin-facebook-libra-risk.html`, consultado el 11 de diciembre de 2022.

dólar estadounidense, lo cual va en contra del efecto previsto por bitcoin".[31] Una subcategoría de *stablecoins* descentralizadas sintéticas, como DAI (la *stablecoin* de MakerDAO basada en Ethereum), está respaldada por activos mantenidos en contratos inteligentes que operan como piezas de software con cuentas bancarias. Sin embargo, DA está hasta cierto punto centralizada, ya que mantiene una gran cantidad de USDC y deuda del gobierno de EE. UU. como colateral. La suma de activos del mundo real a Maker puede contribuir a escalar su *stablecoin* tal y como lo hizo USDC, pero lo haría a cambio de sacrificar parte de su capacidad de resistencia frente a la censura.

Si bitcoin (oro digital) y las CBDC (dinero *fiat* digital) son iteraciones esquemórficas de dinero para la Web3, entonces es posible que las *stablecoins* descentralizadas respaldadas por una cesta de activos *on-chain* y libres de censura terminen prevaleciendo. Quizás la idea de "digitalizar el dinero" sea en sí misma esqueumórfica. ¿Y si la Web3 nos permite volver a una forma de trueque privado y digital? En 1997, James Dale Davidson y William Rees-Mogg anticiparon esta idea, con el argumento de que "las probabilidades de encontrar a alguien con deseos exactamente recíprocos a los tuyos aumentan drásticamente cuando puedes acceder instantáneamente a todo el mundo en lugar de depender solo de aquellas personas a quienes podrías conocer a escala local".[32] Y añadían: "El dinero digital en redes informáticas globales hará que cada objeto en el continuo de liquidez de Hayek sea más líquido, excepto el papel moneda gubernamental".[33] Sus palabras podrían resultar proféticas, salvo en un pequeño detalle: una de las primeras aplicaciones exitosas de la Web3 (las *stablecoins* respaldadas por el dólar estadounidense) ha incrementado la liquidez y utilidad del papel moneda gubernamental (en este caso, el dólar estadounidense).

El trueque global digital es en sí mismo una forma de componibilidad. El emprendedor de Web3 Adrian Brink está construyendo su proyecto Anoma para que "cualquier activo pueda funcionar como medio de intercambio o pago, cosa que (si todo lo demás se mantiene igual) puede crear una mayor liquidez, menos deslizamiento y más privacidad en las transacciones. El objetivo final bien podría ser la desaparición del dinero tal y como lo conocemos, que fue creado para resolver los problemas y limitaciones del trueque".[34]

---

31. Gladstein, entrevista con Alex Tapscott.

32. James Dale Davidson y Lord William Rees-Mogg, *The Sovereign Individual: Mastering the Transition to the Information Age*. Simon & Schuster, Nueva York, 1997, p. 216.

33. Davidson y Rees-Mogg, p. 216.

34. Adrian Brink, entrevista con Alex Tapscott para el *podcast DeFi Decoded*, 31 de marzo de 2022, https://www.youtube.com/watch?v=528EV-y2VKQ.

USDC, en el centro de todas las miradas

Cuando Jeremy Allaire fundó la empresa de pagos por Internet Circle, en 2013, tanto él como sus cofundadores tenían una idea sobre una "HTTP del dinero", un protocolo que pudiera funcionar para el dinero de la misma manera en que los protocolos de intercambio de información funcionaban en Internet, donde "cualquiera podría conectarse al protocolo e intercambiar valor, al igual que cualquiera puede conectar un navegador web y un servidor web e intercambiar información".[35]

En un principio, Allaire quería construir su empresa en la red de Bitcoin. La idea que entonces prevalecía era que los desarrolladores podían programar Bitcoin para trabajar con diferentes tipos de aplicaciones, tales como contratos inteligentes y otros activos como dólares, yenes, acciones, NFT y otros. Antes de Bitcoin, los innovadores carecían de un sistema público para transferir valor de forma global, como sí ocurría cuando se intercambiaba información a través de Internet. Bitcoin resolvió este problema. Al igual que habían hecho Chris Dixon y otros creadores de la Web3 con los que hablamos, Allaire pensó (razonablemente) en construir su negocio sobre lo que ya funcionaba. Con el tiempo, sin embargo, Allaire se dio cuenta de que la tecnología le estaba limitando y la comunidad se mostraba hostil a la creación de nuevo código, en gran parte por lo que él considera razones políticas e ideológicas.[36] Por ello, en 2017, cuatro años después de su lanzamiento, Allaire y su equipo tomaron una decisión que en ese instante les pareció trascendental: descartar sus planes de construir sobre Bitcoin y empezar a construir sobre Ethereum, un protocolo recién nacido que había llamado la atención con su arquitectura novedosa y programable y una cultura más abierta.

En 2015 entrevistamos a Allaire para nuestro libro *La revolución blockchain*. Sigue centrado en el objetivo de construir herramientas públicas sencillas que permitan transferir y almacenar valor. En aquel entonces, esperaba que en algunos años "una persona debería poder descargar una aplicación, almacenar valor en la moneda que desee (dólares, euros, yenes, renminbi, e incluso moneda digital) y poder realizar pagos al instante", globalmente, de manera privada y segura.[37] ¿Cómo le ha ido a Circle pasados los años? Bastante bien.

35. Jeremy Allaire, entrevista con Alex Tapscott a través de Zoom, 6 de febrero de 2023.

36. Allaire, entrevista con Alex Tapscott.

37. Don Tapscott y Alex Tapscott, *Blockchain Revolution: How the Technology Behind Bitcoin and Other Cryptocurrencies Is Changing the World*. Penguin Portfolio, Nueva York, 2018, pp. 71-72.

Hoy en día, la *stablecoin* insignia de Circle, USDC, dispone de un suministro circulante de más de 45.000 millones de dólares y teóricamente está disponible para cualquiera con una billetera de activos digitales, una cantidad estimada en al menos 100 millones de personas.[38] USDC se ejecuta en protocolos públicos como Ethereum, Solana y Cosmos. USDC hizo posibles transacciones por un valor de 4,5 billones de dólares solo en la red Ethereum en 2022, así como el 60% de todas las transacciones en DeFi y juegos Web3, lo cual pone de relevancia la importancia de USDC para la economía Web3.[39] En su informe anual de 2022, Circle señala que, de los 2 millones de billeteras habilitadas para USDC solo en Ethereum, "más del 75% tienen saldos inferiores a 100 dólares, una cantidad inferior a los requisitos típicos de saldo mínimo de las cuentas bancarias, lo que pone de manifiesto la necesidad de abordar los desafíos de inclusión financiera".[40] En 2015, Allaire nos contó que quería que el protocolo para el dinero fuera gratuito, como Internet. Circle ha hecho grandes avances en pos de dicho objetivo: la comisión promedio para gastar USDC oscila entre menos de un centavo y alrededor de cincuenta centavos, con tiempos de transacción que van desde un segundo hasta los tres minutos.[41]

Circle alcanzó el éxito apoyándose en la comunidad de desarrolladores Web3. En palabras de Allaire, las finanzas descentralizadas contaban con "todas estas personas dedicadas a construir nuevos protocolos para crear dinero componible y programable. Conseguimos entusiasmarlas, a ellas y a Coinbase. Conseguimos que la principal plataforma minorista de criptomonedas nos apoyara, y nos pusimos en marcha. Obviamente, desconocíamos cuáles serían el crecimiento y la monetización finales, pero sabíamos que estábamos creando algo bueno que, con el tiempo, generaría un gran interés". Hoy en día, USDC se emite en dieciocho cadenas de bloques diferentes, está integrada en doscientos protocolos distintos y ha sido adoptada por Visa, Mastercard, Twitter y Stripe.[42]

Circle es una empresa con sede en Estados Unidos que crea su producto sobre una infraestructura de *blockchain* pública. Según Allaire, necesitamos más enfoques híbridos como este para que la Web3 tenga éxito. "Creo que poner el listón en que todo el mundo deba adoptar algún tipo de dinero

38. "State of the USDC Economy", *Circle*, Circle Internet Financial Limited, 10 de marzo de 2023, `https://www.circle.com/hubfs/PDFs/2301StateofUSDCEconomy_Web.pdf`, consultado el 12 de abril de 2023, p. 8.

39. "State of the USDC Economy", p. 8.

40. "State of the USDC Economy", p. 8.

41. "State of the USDC Economy", p. 12.

42. "State of the USDC Economy", p. 14.

mercancía no emitido por el gobierno, no soberano, es ir demasiado lejos. Así pues, creo que viviremos en un mundo híbrido donde el dinero esté respaldado por alguna obligación de deuda gubernamental, expresado en forma de moneda digital pero construido sobre una infraestructura abierta y descentralizada, sobre protocolos abiertos, programables y componibles".[43] Allaire cita otros ejemplos que justifican un enfoque híbrido, como la identidad digital (que combinará certificaciones gubernamentales y tradicionales con información *on-chain*), la tokenización de activos del mundo real, o DAO que precisan de algún estatus legal para celebrar contratos, contratar y despedir, y competir con las corporaciones. Todos estos nuevos servicios Web3 se construirán sobre una infraestructura abierta y programable, como ha sido el caso de USDC.

Circle ha encontrado un modelo de negocio que, por ahora, funciona. La *stablecoin* USDC está respaldada en su totalidad, dólar por dólar, lo que significa que Circle ha invertido los más de 45.000 millones de dólares en colateral garantizado por valores del gobierno de EE. UU., lo que genera unas ganancias de entre un 3 y un 4% exento de riesgos. Si las tasas de interés suben, Circle incrementará sus beneficios. ¿Emitirán bancos como JPMorgan Chase y HSBC sus propias *stablecoins*? Es poco probable, según Allaire. Los bancos conciben el dinero de otra forma: prestan cinco, diez y a veces quince veces el capital que tienen en reserva. Según Allaire, "nos hallamos ante una nueva física del dinero, un dinero que viaja a la velocidad, utilidad y eficiencia de costos de los datos en Internet".[44] Como vimos con Terra LUNA y posteriormente con la entidad de préstamos tradicionales Silicon Valley Bank, esta nueva física provoca súbitas retiradas masivas de fondos bancarios; los bancos deben disponer de reservas suficientes o una gran liquidez para satisfacer todos los depósitos, o arriesgarse al colapso.

Sobre las CBDC, Allaire asegura que en el mundo desarrollado no existen ni la necesidad ni el precedente para que los gobiernos creen una infraestructura nacional orientada al usuario final. "La historia de la innovación del dinero electrónico en Occidente es una historia de innovación vinculada al sector privado, ya se trate de los sistemas de mensajería electrónica, los propios cheques, sistemas automatizados de procesamiento y validación de cheques, las tarjetas de crédito, las tarjetas de débito, los cajeros automáticos, PayPal, Apple Pay o las *stablecoins*", afirma.[45]

---

43. Allaire, entrevista con Alex Tapscott.

44. Allaire, entrevista con Alex Tapscott.

45. Allaire, entrevista con Alex Tapscott.

Los bancos centrales desempeñan un papel importante a la hora de establecer unos estándares federales prudenciales para la adopción del dólar digital, según Allair: "Somos partidarios de una regulación a nivel federal. Aquí está la clave. El sector público debe regular los parámetros de seguridad y solidez, mientras que el sector privado debe innovar en el nivel de la tecnología y la distribución".[46] Algunos banqueros centrales concuerdan con Allaire: en un discurso pronunciado en noviembre de 2021, el exgobernador de la Reserva Federal, Christopher J. Waller, afirmó que el gobierno y la industria privada llevan tiempo trabajando conjuntamente, y a veces al unísono, con el fin de mejorar el sistema financiero nacional y global y fomentar la competencia. "Con el diseño de red correcto, las *stablecoins* permitirían ofrecer pagos más rápidos y eficientes en el comercio minorista", especialmente el comercio transfronterizo, y llegar así a más consumidores, según Waller.[47] Al estar basadas en *blockchain*, la mayor transparencia facilitaría la labor de los bancos centrales. Hasta que el gobierno no acepte plenamente esta idea, la industria Web3 puede seguir el ejemplo de Circle, centrándose en el crecimiento constante y responsable sobre la infraestructura pública de la cadena de bloques.

Funciones DeFi

Podemos aplicar el concepto de efectivo electrónico de igual a igual desarrollado por Satoshi Nakamoto a otros ocho servicios financieros. En conjunto, estas funciones de servicios financieros, a las que he llamado las "Nueve Funciones de Oro", están conociendo una profunda transformación a medida que las herramientas de la Web3 reemplazan, complementan o mejoran la labor que realizaban los intermediarios tradicionales:[48]

1. **Transferir valor y realizar pagos:** Estamos pasando del sistema SWIFT, los servicios de la Cámara de Compensación Automatizada (ACH) y otros sistemas tradicionales hacia las *stablecoins* y, posiblemente, las CBDC.

46. Allaire, entrevista con Alex Tapscott.

47. Christopher J. Waller, "Reflections on Stablecoins and Payments Innovations", en *Planning for Surprises, Learning from Crises*, 2021 Financial Stability Conference, copatrocinada por Federal Reserve Bank of Cleveland y Office of Financial Research, Cleveland, Ohio, 17 de noviembre de 2021, `https://www.federalreserve.gov/newsevents/speech/waller20211117a.htm`.

48. Para una descripción detallada de las Nueve Funciones de Oro y el impacto de las finanzas descentralizadas en todos los ámbitos de los servicios financieros, recomiendo consultar mi libro *Digital Asset Revolution*.

2. **Autenticar valor e identidad:** Pasamos de la verificación bancaria de cumplimiento con normativas antifraude Conoce a Tu Cliente (KYC, del inglés *know-your-customer*), prevención del blanqueo de capitales (AML, del inglés *anti-money laundering*) y lucha contra la financiación del terrorismo (CTF, del inglés *counter-terrorist financing*) a las calificaciones crediticias *on-chain* y los sistemas de reputación Web3.
3. **Almacenar valor:** Pasamos de depender únicamente de bancos y otras instituciones a billeteras *multisig*, soluciones de autocustodia y otros métodos de almacenamiento. Los bancos y otros intermediarios seguirán desempeñando un rol importante como terceros de confianza, especialmente para las instituciones.
4. **Prestar y pedir prestado valor:** Pasamos de los bancos como prestamistas a carteras de préstamos basadas en contratos inteligentes, que conectan automáticamente a prestatarios y prestamistas de igual a igual.
5. **Financiar e invertir valor:** Pasamos de las ofertas públicas iniciales (IPO, en inglés *initial public offerings*), el capital riesgo y las campañas de Kickstarter a ofertas iniciales descentralizadas o DEX (IDO, del inglés *initial decentralized exchange offerings*) y otros modelos de financiación colectiva basadas en *tokens*, donde las barreras y el coste de lanzar un nuevo activo u organización son cada vez menores.
6. **Intercambiar valor:** Pasamos de intercambios centralizados con carteras de pedidos gestionadas por empresas u otros intermediarios de confianza, a intercambios descentralizados donde los usuarios realizan transacciones de igual a igual y de forma indivisible mediante contratos inteligentes autoejecutables, como los creadores de mercado automatizados (AMM, del inglés *automated market maker*).
7. **Asegurar valor y gestionar riesgos:** Pasamos de proveedores de seguros centralizados a mercados de predicción para inversores, empresas y personas de a pie que buscan reducir el riesgo.
8. **Contabilizar y auditar valor:** Pasamos de empresas de contabilidad y auditoría tradicionales que elaboran informes financieros y auditorías, a auditores automatizados *on-chain*. Las cadenas de bloques ofrecen un vasto tesoro de datos inmutables y confiables que se pueden organizar y auditar mediante herramientas e interfaces de visualización de datos que ayuden a inversores y empresas a entender estos nuevos sistemas complejos.
9. **Analizar valor:** Pasamos de analizar estados financieros a analizar los datos de la cadena de bloques *on-chain*.

Las finanzas descentralizadas pueden minimizar la fricción y los costes de los servicios financieros a través de su propio conjunto de primitivas. Para que una aplicación pueda ser calificada como DeFi, debe resultar muy difícil desactivarla, debe funcionar en una cadena de bloques y debe ser *trustless* (es decir, no depender de un custodio centralizado). Rune Christensen, fundador de MakerDAO, afirma: "La principal ventaja y característica de las finanzas descentralizadas es muy parecida al software de código abierto, en el sentido de que realmente se trata de desbloquear los efectos de red y el valor de las personas que trabajan juntas de manera fluida, sin permisos y sin intermediarios".[49] El capitalista de riesgo Matt Huang, cofundador de Paradigm, añade que algunas de estas primitivas "se transferirán desde las finanzas tradicionales (por ejemplo, MakerDAO es un préstamo de margen con liquidación automática). Otras serán completamente nuevas (por ejemplo, Uniswap inauguró un amplio espacio de diseño en torno a los AMM)".[50] Las ventajas son cinco: costes más bajos, una contabilidad eficiente, transparencia total, costes de migración bajos y un acceso más amplio. A la banca tradicional le conviene prestar atención: los modelos descentralizados pueden acabar con o reemplazar a gran parte de la industria. Veamos de qué manera.

Los habitantes de los mercados emergentes a menudo carecen de acceso a servicios bancarios. Las finanzas descentralizadas carecen de permisos y guardianes, por lo que la principal barrera de entrada es una conexión a Internet, el acceso a un dispositivo conectado a Internet y un nivel adecuado de educación financiera. Hayden Adams, fundador de Uniswap, sostiene que, debido a que en las finanzas descentralizadas los datos y las herramientas de análisis son gratuitos y accesibles al público, y que "los balances que respaldan el préstamo o el comercio son transparentes, cualquier persona con una conexión a Internet puede rastrear los activos y pasivos de un protocolo en tiempo real".[51] Cita este argumento como una razón para que compañías de reconocido prestigio como JPMorgan Chase, Goldman Sachs y el Banco Europeo de Inversiones emitan y negocien activos *on-chain* para reducir "los riesgos de liquidación, operativos y de liquidez con respecto a las emisiones existentes".[52]

49. Rune Christensen, entrevista con Alex Tapscott, 24 de julio de 2019.

50. Matt Huang (@matthuang), *post* de Twitter, 27 de febrero de 2021 (6:44 p. m.), https://twitter.com/matthuang/status/1365809948417007617.

51. Hayden Adams, "A Crypto-exchange Founder Makes His Case for Decentralised Finance", *Economist*, 6 de diciembre de 2022, https://www.economist.com/by-invitation/2022/12/06/a-crypto-exchange-founder-makes-his-case-for-decentralised-finance.

52. Adams, "A Crypto-exchange Founder Makes His Case for Decentralised Finance".

El sector DeFi ha sido pionero de diversas innovaciones como los AMM; se trata de intercambios descentralizados como Uniswap a través de los cuales los usuarios pueden intercambiar activos digitales sin intermediarios. En su libro *DeFi and the future of finance*, Campbell Harvey, Ashwin Ramachandran y Joey Santoro escriben: "Un AMM es un contrato inteligente que mantiene tanto el activo base como el activo cotizado de un par de negociación y cotiza de forma continuada un precio de compra y de venta... Desde el punto de vista del contrato, el precio debería ser neutral al riesgo, donde sea indiferente comprar o vender".[53] En otras palabras: el contrato inteligente realiza la misma función que un creador de mercado centralizado (AMM) en una plataforma de intercambio.

Tomemos el ejemplo de Bancor, un protocolo DeFi de *trading* y *staking* gobernado por una DAO y conocido por haber lanzado el primer AMM.[54] Su fundadora, Galia Benartzi, explica que Bancor no desarrolló el AMM como una primitiva financiera para *traders* y especuladores, sino como una plataforma para poner en marcha monedas comunitarias dirigidas a poblaciones pequeñas con necesidades especiales. "Si eres una isla, si quieres unirte a las Naciones Unidas o convertirte en una nueva nación, querrás emitir tu propia moneda, lo cual es estupendo. Pero, si ningún otro país acepta tu moneda, no podrás importar ni exportar nada, así que más te vale tener a tu servicio una economía que puedas controlar en todas sus capas".[55] Bancor ve una oportunidad "en este nuevo mundo de monedas basadas en *blockchain*". Bancor afirma: "Podrías programar liquidez en la propia moneda, lo que significa que podrías programar esa intercambiabilidad, esa interoperabilidad", de tal modo que el propio *token* "sabría matemáticamente cuál es su propio tipo de cambio respecto de cualquier otro *token* en cualquier momento dado".[56]

De hecho, los AMM son el modelo dominante para el *trading* de igual a igual en activos digitales, pero podríamos aplicar fácilmente el modelo a la mayoría de los demás activos y revolucionar las tradicionales carteras de

---

53. Campbell R. Harvey, Ashwin Ramachandran, y Joey Santoro, *DeFi and the Future of Finance*. Wiley, Hoboken, NJ, 2021, p. 51.

54. "Bancor" fue el nombre que el economista John Maynard Keynes dio a la divisa multinacional emitida por un banco global, utilizada para medir el déficit o superávit comercial de un país. Sandra Kollen Ghizoni, "Creation of the Bretton Woods System, July 1944", Federal Reserve History, Federal Reserve Bank of Atlanta, 22 de noviembre de 2013, `https://www.federalreservehistory.org/essays/bretton-woods-created`; y E. F. Schumacher, "Multilateral Clearing", *Economica 10*, nº 38 (1943): pp. 150-165, `https://doi.org/10.2307/2549461`.

55. Galia Benartzi, entrevista con Alex Tapscott y Andrew Young a través de Zoom para el *podcast DeFi Decoded*, 2 de noviembre de 2021.

56. Benartzi, entrevista con Alex Tapscott y Andrew Young.

pedidos de las finanzas convencionales, mantenidos por la Bolsa de Nueva York (NYSE) y otras organizaciones importantes. Por ejemplo, con los protocolos de préstamo, prestamistas y prestatarios pueden cosechar dividendos y acceder a créditos, respectivamente. Nuevos derivados como los contratos "de futuros perpetuos" permiten a los usuarios especular sobre el valor futuro de los activos o asegurarse contra el riesgo. A diferencia de los contratos de futuros tradicionales, no tienen una fecha de vencimiento fija. Una innovación específica en el ámbito de los préstamos que podría revolucionar las finanzas es el "préstamo *flash*", "un préstamo instantáneo que se devuelve en la misma transacción", según Harvey, Ramachandran y Santoro.[57] Estos autores comparan el préstamo instantáneo "con los préstamos a un día o préstamos *overnight* de las finanzas tradicionales, pero con una diferencia crucial: se requiere el pago dentro de la transacción y se hace cumplir mediante el contrato inteligente".[58] Como resultado, se elimina tanto el riesgo asociado a la duración del préstamo (la sensibilidad a las tasas de interés y al tiempo) como el riesgo de contraparte; sin embargo, se introduce el riesgo asociado al contrato inteligente, por el que los *hackers* pueden aprovechar el código con errores y drenar los activos que el contrato inteligente contiene en nombre de sus usuarios.

Debido a que las finanzas descentralizadas son de código abierto, los usuarios pueden copiar y mejorar fácilmente un proyecto o plataforma DeFi, en algunos casos "para atraer liquidez o usuarios ofreciendo incentivos mayores que la plataforma a la que están copiando".[59] Esta práctica se conoce en la industria como "vampirismo", lo cual puede ser bueno o malo. Por un lado, el hecho de ofrecer una participación inicial mayor en un proyecto DeFi propiedad del usuario puede incentivar a los adoptantes tempranos y ayudar a poner en marcha una *startup*. Por otro lado, personajes sin escrúpulos pueden ofrecer (y de hecho han ofrecido) rendimientos insosteniblemente altos que terminan por experimentar caídas significativas, perjudicando a todos.

Otra innovación de las finanzas descentralizadas es la conocida como "oferta inicial DeFi (IDO)" u oferta "inicial de intercambio descentralizado (DEX)", donde un emprendedor puede lanzar un *token*, establecer un precio creando un mercado que utiliza como referencia una *stablecoin* como USDC, y esperar a los compradores. Si el *token* tiene utilidad y ofrece acceso a una red de usuarios propietarios emergente, entonces podría tener más valor. Descendientes de las ICO (oferta inicial de monedas o *Initial Coin Offering*),

57. Harvey, Ramchandran y Santoro, *DeFi and the Future of Finance*, p. 57.

58. Harvey, Ramchandran y Santoro, p. 57.

59. Harvey, Ramchandran y Santoro, p. 60.

las IDO se están convirtiendo en un método cada vez más popular para recaudar capital en *startups* nativas de Web3. Los mercados de predicción son otra innovación nativa de las finanzas descentralizadas. Es cierto que la gente lleva siglos apostando sobre el resultado de acontecimientos tales como unas elecciones o eventos deportivos; sin embargo, las DeFi convierten el proceso en algo plenamente transparente y entre pares, y lo amplía a otros eventos difíciles de predecir, pero sobre los que es sencillo apostar, como el clima. En palabas del ensayista estadounidense Charles Dudley Warner: "Todo el mundo se queja del clima, pero nadie hace nada al respecto".[60] Los mercados de predicción nos ayudan en esta labor. Si somos agricultores, podemos usarlos para protegernos frente a cosechas fallidas. Si somos *traders* de Wall Street, podemos compensar el riesgo en nuestra cartera debido a acuerdos comerciales fallidos, negociaciones de paz, subidas de las tasas de interés o cualquier otro riesgo de eventos adversos.

Dejando a un lado las innovaciones de las finanzas tradicionales como los "préstamos *flash*", los préstamos tradicionales siguen siendo fundamentales para los servicios financieros. Tal y como me confesó una vez un banquero muy perspicaz: "Nosotros movemos dinero. Y, como movemos dinero, podemos almacenar dinero. Y, dado que almacenamos dinero, podemos prestar dinero. Prácticamente todo nuestro negocio consiste en prestar dinero". A lo que se refería es que las tecnologías Web3, como las *stablecoins*, podrían afectar el papel de los bancos como proveedores de pagos, socavando así la base de su negocio principal: el préstamo. ¿Cómo está transformando la Web3 los préstamos? Un *pool* de préstamos DeFi es una plataforma que permite a sus usuarios prestar y tomar prestadas criptomonedas u otros activos digitales sin la intervención de una institución financiera tradicional.

Consideremos el caso de Compound, un mercado de préstamos que ofrece varios activos diferentes para solicitar y conceder préstamos. Todos los *tokens* se agrupan para que "cada prestamista gane la misma tasa variable, y cada prestatario pague la misma tasa variable". Todos los préstamos son préstamos con garantía: si el colateral de un usuario baja de umbral determinado, las propiedades de dicho usuario se liquidan automáticamente. Compound tiene muchas ventajas: los prestamistas no asumen ningún riesgo de contraparte si el prestatario incumple los términos, porque todos los préstamos están garantizados. La capacidad de pedir prestado y prestar muchos activos diferentes brinda diversas opciones a los usuarios. Por último, Compound es componible con otras aplicaciones: los usuarios pueden pedir prestado

60. Anónimo, *The Book Buyer: A Monthly Review of American and Foreign Literature*, vol. 6, p. 57, https://www.google.com/books/edition/The_Book_Buyer/rV5bxQEACAAJ?hl=en.

dinero en un lugar y gastarlo fácilmente en otro. Sin embargo, la plataforma también tiene riesgos y puede ser ineficaz. La solvencia crediticia, por ejemplo, es irrelevante porque los préstamos se realizan de manera anónima. Así pues, una persona con una excelente calificación crediticia "en la vida real" recibe un préstamo a la misma tasa que alguien sin calificación crediticia.

Las finanzas descentralizadas tienen otro desafío que superar, aún más importante: sigue siendo en gran medida un sistema cerrado, lo que significa que no agrega valor a la economía más allá de la concesión de préstamos, el almacenamiento, la transferencia y el intercambio de *tokens*. Tres son las razones que lo explican: en primer lugar, para acceder a los servicios, la mayoría de las aplicaciones DeFi requieren que los usuarios depositen alguna garantía, porque hoy por hoy el mundo DeFi es anónimo. La segunda es que, en su mayoría, estas garantías o colaterales son exclusivamente criptoactivos en lugar de valores, efectivo, bienes raíces, etc. En otras palabras: los usuarios potenciales deben adquirir criptoactivos antes de poder usar las finanzas descentralizadas. En tercer lugar, en las finanzas tradicionales, los prestamistas utilizan la calificación crediticia de una persona para evaluar la probabilidad de que dicha persona pague una factura o devuelva las cuotas de un préstamo. En las finanzas descentralizadas, los sistemas de reputación que evalúan la capacidad y disposición de un usuario para devolver un préstamo aún se están desarrollando, por lo que los protocolos recurren a préstamos con garantías, sobrecolateralizados.

Veamos en qué consisten estos desafíos. Una persona puede optar por solicitar un préstamo ofreciendo sus *tokens* como garantía para evitar generar una ganancia de capital, pero ese dinero prestado bien podría destinarse a pagar un coche nuevo o unas vacaciones familiares. Esa es una forma de exportar valor económico al mundo real. Las líneas de crédito con garantía hipotecaria y las cuentas de margen se utilizan de manera muy similar. Algunas empresas emplean *stablecoins* centralizadas como USDC para pagar nóminas o pagar a sus proveedores, como es el caso de Korapay. Las *stablecoins* se utilizan para almacenar riqueza, pagar el alquiler y adquirir bienes y servicios. Por lo tanto, podríamos utilizar de forma similar una *stablecoin* descentralizada como DAI, de Maker Foundation. No obstante, por el momento el uso de las finanzas descentralizadas sigue siendo minoritario.

Los *pools* de préstamos ofrecen préstamos sin garantía, pero generalmente se dirigen a prestatarios institucionales conocidos, no al público en general. Sidney Powell, de Maple (un *pool* de préstamos DeFi), nos explica: "Maple acepta depósitos y los agrega para luego ofrecer préstamos".[61] Suena

61. Sidney Powell, entrevista con Alex Tapscott a través de Zoom, 19 de agosto de 2022.

bastante sencillo, pero lo que hace que funcione son las herramientas Web3. Según Powell, "los contratos inteligentes nos ofrecieron una herramienta realmente eficaz para administrar un fondo de crédito o ese negocio de préstamos no bancarios *on-chain*. Porque es muy fácil reunir capital y devolver los fondos del préstamo a los inversores", es decir, a los socios o depositantes en el *pool*.[62] Inicialmente, Maple trataba solo con organizaciones criptonativas, tales como creadores de mercado y fondos de cobertura. Muy pronto, otras empresas financieras comenzaron a usarlo, y muchas aprovecharon al instante su facilidad de uso. En palabras de Powell, "la totalidad del flujo de trabajo tiene lugar *on-chain* y es posible gracias a los contratos inteligentes". Y añade: "Es como si pulsara un botón y el contrato inteligente dijera: 'Bien, voy a distribuir y crear un préstamo. ¿Cuál es la tasa de interés del préstamo? ¿Cada cuánto se va a pagar? ¿Para quién es? ¿Qué plazo?' Todo sucede *on-chain*. De otro modo, tendríamos un montón de datos en un libro mayor de algún banco que nadie podría ver".[63] Como consecuencia del colapso de FTX, Maple se vio obligado a lidiar con diversos préstamos tóxicos, pero, más allá de eso, está demostrando que las empresas pueden pedir prestado y prestar a través de plataformas criptonativas. Sin embargo, esto no resuelve el problema de la identidad *on-chain* para los usuarios de a pie.

¿Cómo superar estos desafíos? En primer lugar, es preciso digitalizar más activos, no solo acciones y bonos tradicionales, sino también títulos y escrituras de casas, propiedades y otros. La incorporación de activos del mundo real es uno de los puntos focales de los emprendedores de las finanzas descentralizadas. Vitalik Buterin, fundador de Ethereum, cree que las *stablecoins* gobernadas por DAO y respaldadas por activos del mundo real podrían ser el puente que conectase las finanzas tradicionales (TradFi) y las descentralizadas (DeFi), al tiempo que se minimizaría la dependencia de un solo emisor de moneda como Estados Unidos.[64] Esto podría llevar un tiempo, pero claramente nos encaminamos en esa dirección. Por ejemplo, MakerDAO ha añadido bonos del Tesoro de EE. UU. como colateral para su *stablecoin* nativa, DAI. El proyecto DeFi Parcl proporciona una forma sencilla para que los usuarios de la Web3 compren *tokens* digitales que representan inversiones en bienes raíces en mercados importantes, como Manhattan y San Francisco.[65] Esta fusión de mercados tradicionales y digitales mejorará la liquidez, estabilidad y funcionalidad de las

62. Powell, entrevista con Alex Tapscott.

63. Powell, entrevista con Alex Tapscott.

64. Samuel Haig, "Vitalik Urges DeFi to Embrace Real World Assets", *The Defiant*, 7 de diciembre de 2022, `https://thedefiant.io/vitalik-urges-defi-to-embrace-real-world-assets`.

65. Linda Hardesty, "T-Mobile Allows the Helium Mobile 'Crypto Carrier' to Ride on Its 5G Network Fierce Wireless", 20 de septiembre de 2022, `https://www.fiercewireless.com/5g/t-mobile-allows-helium-mobile-crypto-carrier-ride-its-5g-network`.

herramientas DeFi. En segundo lugar, las finanzas descentralizadas podrían extenderse al mundo del crédito no garantizado o crédito minorista (lo que podríamos considerar "micropréstamos") y crear un puntaje crediticio Web3 basado en la reputación *on-chain* del usuario.

Reputación e identidad

Todos tenemos una reputación. Escribimos sobre esto en *La revolución blockchain*, mucho antes de que el término "DeFi" entrara en el lenguaje cotidiano: "La reputación es fundamental para la confianza en los negocios y en la vida cotidiana. Hasta la fecha, los intermediarios financieros no han utilizado la reputación como base para establecer la confianza", prefiriendo en cambio nuestras puntuaciones FICO, el NIF y otros identificadores. La calificación crediticia es un gran negocio: las empresas entregan voluntariamente información relativa a sus clientes a empresas de calificación crediticia como Equifax, Experian y TransUnion, que la empaquetan con información adicional y la venden de nuevo a las mismas empresas que les proporcionaron los datos del cliente. Los emprendedores de la Web3 pretenden utilizar la reputación *on-chain* como complemento y, con el tiempo, como sustituto de las calificaciones crediticias convencionales.

Tomemos el caso de Sishir Varghese, fundador de Spectral, que llegó a la criptografía desde una ruta típicamente atípica: el póker en línea. Es posible que el tiempo que pasó jugando al póker evaluando probabilidades le dotara de una percepción innata del riesgo; muy pronto, se dio cuenta de que las finanzas descentralizadas carecían de la capacidad de analizar el riesgo en sus clientes. En lugar de superponer una puntuación FICO *on-chain*, Varghese se preguntó si podía "construir una solvencia crediticia sin permisos o programable", es decir, una puntuación de crédito *on-chain*.[66] Spectral ha creado el equivalente a una puntuación FICO tradicional, denominada *Multi-Asset Credit Risk Oracle* (MACRO), para que los usuarios verifiquen sus puntuaciones *on-chain* a través de su plataforma. A diferencia de las calificaciones de crédito tradicionales, todos los datos están en la cadena. Según Varghese: "Queremos que la calificación crediticia se convierta en una red de acceso público para que no esté controlada por tres agencias de crédito en Occidente, ni por el gobierno chino emitiendo calificaciones crediticias sociales en el Este, en su versión distópica extrema".[67] A pesar de tener como objetivo sustituir la puntuación FICO, Spectral se adhiere al rango de puntuación de 300 a 850 de FICO, en un guiño esqueumórfico a su predecesor fuera de la cadena.

66. Sishir Varghese, entrevista con Alex Tapscott a través de Zoom, 31 de agosto de 2022.

67. Varghese, entrevista con Alex Tapscott.

En la actualidad, Spectral (la empresa) es un cuello de botella y aún está desarrollando un plan para descentralizarse por completo. Se enfrenta a numerosos desafíos para construir un sistema así, y seguramente muchos buscarán explotarlo o manipularlo a su favor. Tal y como señala el experto en tecnología financiera Alex Johnson, "uno de los beneficios de la centralización y el conoce-a-tu-cliente es que [permiten] a los prestamistas saber con seguridad que están evaluando los historiales crediticios completos de los solicitantes". En relación con MACRO, Johnson imagina a los usuarios abriendo "un montón de billeteras Web3 para interactuar con protocolos DeFi", de modo que, cuando quieran solicitar un préstamo, puedan conectar solo aquellas billeteras que contribuyan positivamente a sus puntajes MACRO.[68] Además, MACRO mide el riesgo de liquidación, mientras que FICO mide la capacidad y disposición de un individuo para devolver un préstamo. Se trata de métricas diferentes, donde la primera puede no representar la solvencia crediticia de la persona. La identidad es una primitiva importante de la Web3 y una puntuación de crédito *on-chain* podría fortalecerla, abriendo un nuevo abanico de servicios y productos para los usuarios de la Web3. De tener éxito, las finanzas descentralizadas podrían finalmente cumplir su potencial de construir un sistema financiero mejor para todos, no solo para unos pocos dedicados.

La identidad *on-chain* ofrece, básicamente, comodidad y control. Según Stepan Gershuni de Gyde One, "mi dirección de Ethereum me permite autenticarme con cualquiera de los servicios de identidad Web3 que conozco. Con MetaMask, que es mi única identidad, puedo incluso tener cero *tokens* y cero criptomonedas en ella y aun así autenticarme en cualquier sitio web".[69] Es más cómodo que tener ochenta versiones de identidad en ochenta plataformas Web2. En cuanto al control, afirma: "Tienes todos tus puntos de datos vinculados a esta identidad y eliges qué aplicación obtiene qué. Hoy por hoy, cuando inicio sesión en Twitter, las aplicaciones pueden solicitar información de Twitter, pero solo de lo que tengo en Twitter". Twitter también controla el flujo de la información. "Si Twitter decide bloquear algo desde la API, cosa que ha hecho en el pasado, entonces nadie puede obtener esta información".[70] En un mundo Web3, son los usuarios quienes tienen el poder, no los servicios con los que interactúan.

---

68. Alex Johnson, "Steal from the Rich and Live Off the Interest", *Fintech Newsletter*, 28 de agosto de 2022, `https://workweek.com/2022/08/28/steal-from-the-rich-and-live-off-the-interest/`.
69. Stepan Gershuni, entrevista con Alex Tapscott a través de Zoom, 26 de enero de 2023.
70. Gershuni, entrevista con Alex Tapscott.

Riesgos y oportunidades en las finanzas descentralizadas

Por supuesto, como ocurre en muchas nuevas industrias, el de las finanzas descentralizadas es un campo de minas plagado de riesgos imprevistos y sin precedentes. Por ejemplo, si bien las transacciones en DeFi generan cantidades enormes de datos inmutables y confiables en la cadena, también dependen de información del mundo real. Supongamos que tenemos un contrato inteligente que paga al titular si el precio de las acciones de Apple llega a X dólares, como ocurre con las opciones de compra en las finanzas tradicionales. ¿Cómo puede el contrato rastrear el precio de Apple? Aquí entran en escena los "oráculos", fuentes de datos externas a la cadena de bloques a las que nuestro contrato inteligente llama. Este puente hacia el mundo fuera de la cadena (*off-chain*) es un área necesitada de mayor inversión e innovación, según Harvey, Ramachandran y Santoro: "Los oráculos son, sin duda, un problema de diseño pendiente de solución y un desafío para que las DeFi sean útiles más allá de su propia cadena aislada".[71]

Aun cuando las finanzas descentralizadas eliminan el riesgo de contraparte, añaden un riesgo regulatorio: a excepción del Comité Central del Partido Comunista Chino y un puñado de países que han prohibido por completo las criptomonedas, los organismos reguladores todavía están tratando de entender el funcionamiento de las DeFi.[72] La incertidumbre afecta negativamente a la innovación. Además, la componibilidad entre diferentes aplicaciones es un anhelo, algo más teórico que real, debido a los desafíos que plantea la interoperabilidad. Las finanzas descentralizadas también presentan "riesgos de gobernanza". Evidentemente, los titulares de *tokens* tienen derecho a voto, pero ¿se molestarán en participar en los procesos?

Los innovadores de las finanzas DeFi ya compiten con aquellas mismas instituciones a las que esperan reemplazar. A Ethan Buchman, de Cosmos, le preocupa que estemos "replicando muchos de los patrones de comportamiento de Wall Street: la especulación, los casinos, los sistemas que hacen que los ricos sean más ricos, los *insiders* y demás". Y añade que, si Wall Street se apropia de las finanzas DeFi y hace extensivas sus artimañas con la alta tecnología a la Web3, "sería bastante desafortunado".[73] La industria financiera cumple un

71. Harvey, Ramachandran, y Santoro, *DeFi and the Future of Finance*, p. 24.

72. Habtamu Fuje, Saad Quayyum, y Tebo Molosiwa, "Africa's Growing Crypto Market Needs Better Regulations", *IMF Blog*, Fondo Monetario Internacional, 22 de noviembre de 2022, `https://www.imf.org/en/Blogs/Articles/2022/11/22/africas-growing-crypto-market-needs-better-regulations`; y Aditya Narain y Marina Moretti, "Regulating Crypto", *Finance and Development*, Fondo Monetario Internacional, septiembre de 2022, `https://www.imf.org/en/Publications/fandd/issues/2022/09/Regulating-crypto-Narain-Moretti`.

73. Ethan Buchman, entrevista con Alex Tapscott para el podcast *DeFi Decoded*, 17 de noviembre de 2021.

papel crucial en la economía, y cuenta con buenos agentes, pero Buchman tiene razón en que el sector no se caracteriza por la moderación. De hecho, los *traders* de Wall Street se han lanzado a aprovechar las oportunidades para ganar dinero en el sector de las finanzas descentralizadas exactamente igual que lo hicieron con los valores respaldados por hipotecas *subprime* y las obligaciones de deuda colateralizada en la década de 2000. La industria ha atraído a "esa peculiar fauna de negociantes astutos, delincuentes, aventureros y estafadores con labia que buscan una oportunidad en una tierra virgen", citando a la novelista e historiadora Irene Vallejo.[74] Buchman cree que la industria necesita avanzar desde una conducta degenerada hacia una conducta regenerativa, enfocándose en construir modelos nuevos, más inclusivos y sostenibles.

Otro riesgo es que esta nueva frontera financiera fomente la misma mentalidad mercenaria de suma-cero, característica del lado más sombrío y extraño de los mercados tradicionales. En el pico de la primera ola en 2022, entrevisté a Lex Sokolin, economista jefe de ConsenSys: "Todo adolescente de 14 años en TikTok es ahora ingeniero financiero de derivados CDO. Si no te gusta, es una lástima, porque ya es tarde. Es, literalmente, demasiado tarde para cerrar la caja de Pandora. Ahora tenemos a millones de ingenieros financieros aficionados en un mundo extremadamente complejo pero increíblemente atractivo, lleno de dopamina, formando tribus organizadas a través del troleo, los memes, los personajes de dibujos animados y el anarcocapitalismo populista. ¡Una locura!, ¿verdad?".[75] Parece emocionante y muy atractivo, pero no es una base estable sobre la que asentar la infraestructura financiera mundial del futuro.

Las finanzas descentralizadas añaden además el "riesgo de los contratos inteligentes", a saber: el riesgo de que *hackers* astutos aprovechen un defecto en la codificación, el diseño o las reglas de un sistema. "Un principio clave del análisis económico es que las empresas no pueden idear contratos que cubran todas las eventualidades posibles", según el Banco de Pagos Internacionales (BPI, en inglés *Bank for International Settlements*). "La centralización permite a las empresas lidiar con esta 'incompletitud contractual'".[76] En DeFi, el concepto equivalente sería el de "incompletitud algorítmica", según el cual resulta imposible escribir código que aborde todas las contingencias posibles.[77]

---

74. Irene Vallejo, *El infinito en un junco: la invención de los libros en el mundo antiguo*. Siruela, Madrid, p. 44.

75. Lex Sokolin, entrevista con Alex Tapscott, podcast *DeFi Decoded*, 1 de febrero de 2022.

76. Ronald H. Coase, "The Nature of the Firm", *Economica* 4, nº 16 (noviembre de 1937): pp. 386-405, https://doi.org/10.1111/j.1468-0335.1937.tb00002.x.

77. Sirio Aramonte, Wenqian Huang, y Andreas Schrimpf, "DeFi Risks and the Decentralisation Illusion", *BIS Quarterly Review*, 6 de diciembre de 2021, https://www.bis.org/publ/qtrpdf/r_qt2112b.htm.

Los defensores acérrimos de la Web3 dirán que, dado que el código de cada contrato es totalmente transparente, un *hacker* se está limitando a utilizarlo tal y como está "escrito". *Caveat emptor.*

Matt Levine, columnista de *Bloomberg*, señala que "en el mundo cripto, las reglas explícitas gozan de gran popularidad". Con frecuencia, los desarrolladores codifican reglas en programas informáticos y contratos inteligentes de código abierto que cualquiera puede leer. "Si encuentras una manera ingeniosa de explotarlas (es decir, de 'hackear' el contrato inteligente o 'manipular' el mercado, por utilizar términos tradicionales y algo capciosos), puedes hacerlo rápidamente, de forma eficaz y a gran escala".[78] Levine conjetura que las "normas" de comportamiento no escritas podrían regular estas conductas e incluso hacerlas útiles. Levine describe esta nueva norma: "Si hackeas un protocolo de finanzas descentralizadas y te llevas una cantidad de dinero, puedes quedarte con parte de él como recompensa por tu astucia, pero debes devolver la mayor parte porque quedarte con todo sería un acto mezquino y puede que un delito". Esto convertiría efectivamente un ataque malicioso en una especie de "recompensa por errores" *ex post facto*, similar a las que se pagan a los probadores beta que señalan defectos en el código antes de lanzar el software al mercado. Levine añade: "Si encuentras un defecto en la seguridad de un protocolo, deberían recompensarte por señalarlo, pero no deberías quedarte con todo el dinero".[79] Como ocurre en la mayoría de los grupos sociales, irán desarrollándose normas. No obstante, ¿confiar en un delincuente o actor malicioso está en consonancia con el espíritu de la Web3? ¿Es un enfoque confiable y replicable a gran escala? ¿Es relevante que el hackeador sea un adolescente que está perfeccionando sus habilidades desde su habitación en casa de sus padres, un ciberterrorista patrocinado por el Estado, o un *hacker* malicioso trabajando para alguno de los mayores sindicatos del crimen del mundo?

En cambio, necesitamos soluciones tecnológicas para fortalecer estos sistemas, haciéndolos resistentes a los fallos, siempre que sea posible. "Algunos lenguajes de programación son mejores que otros para construir sistemas seguros, ya que proporcionan salvaguardas y controles que nos muestran cómo funcionará el programa", según Ali Yahya de Andreessen Horowitz. "Contamos con un amplio espectro de herramientas que podríamos usar, como el lenguaje de programación Move, de Facebook". Basado en Rust y desarrollado en colaboración con la iniciativa de criptomonedas Libra de

78. Matt Levine, "Making Crypto Hacking Less Lucrative", *Bloomberg News*, Bloomberg LP, 20 de octubre de 2022, `https://www.bloomberg.com/opinion/articles/2022-10-20/making-crypto-hacking-less-lucrative`.

79. Levine, "Making Crypto Hacking Less Lucrative".

Facebook, Move tiene soporte nativo para lo que Facebook denomina "tipos de recursos", es decir, tipos de datos que representan dinero o activos en ese lenguaje.[80] "El compilador y el entorno de ejecución protegen contra eventualidades que nunca querríamos que ocurrieran con un activo, como la duplicación. Podemos llegar hasta lo que conocemos como 'verificación formal'", afirma Yahya.[81] Resume su opinión así: "Combinar las mejores prácticas humanas con la mejor tecnología nos permitirá alcanzar ese punto. No es un problema intratable, y esto se aplica no solo al riesgo de contratos inteligentes, sino también a los puentes".[82]

Otra solución conocida para el riesgo de contratos inteligentes pasa por contratar a una empresa que audite el código antes de su lanzamiento. Cuanto mayor sea su reputación, más peso tendrá su dictamen. Zeppelin, la favorita de empresas como Coinbase, así como de la Ethereum Foundation, Compound, Aave y otras, intenta resolver tres problemas relacionados: (1) la seguridad, es decir, la exposición a hackeos o ataques; (2) la experiencia del desarrollador, es decir, la falta de herramientas adecuadas de desarrollo y pruebas, que pueden generar errores; y (3) las operaciones, específicamente la gestión y resolución de problemas en aplicaciones descentralizadas (*dapps*) una vez implementadas, lo cual puede ser complicado. Una auditoría de seguridad verifica que el sistema funcione según lo previsto. A veces no está mal confiar en los expertos.

¿Cómo deberíamos valorar los activos de la Web3?

La primera bolsa de valores de la historia surgió de forma espontánea en Ámsterdam en 1602, como un espacio de compraventa de acciones de la recién creada Compañía Holandesa de las Indias Orientales, pionera dentro de un conjunto de novedosas organizaciones conocidas como sociedades de capitales, y de las que ya hemos hablado con anterioridad. Desde entonces, las empresas que cotizan en bolsa se han convertido en fuerzas cada vez más dominantes del mundo de los negocios y la economía. A pesar de la larga e ilustre historia de las sociedades de capitales, el análisis de valores (es decir, cómo determinamos el valor de las acciones de una empresa u otro activo) es una práctica relativamente moderna. Benjamin Graham y David Dodd escribieron el que se ha convertido en el texto sagrado de la inversión en valores,

80. CertiK, "Facebook's 'Move' Programming Language: How Does It Compare to Solidity and DeepSEA? ", *Certik Blog*, 21 de junio de 2019, `https://medium.com/certik/facebooks-move-programming-language-how-does-it-compare-to-solidity-and-deepsea-42cff1ba4c10`.

81. Ali Yahya, entrevista con Alex Tapscott a través de Zoom, 14 de octubre de 2022.

82. Yahya, entrevista con Alex Tapscott.

Security Analysis.[83] Si la mayor parte de la formación de capital en la Web3 tiene lugar tanto en el nivel de los protocolos como de las aplicaciones distribuidas, es necesario desarrollar una metodología y un marco para la valoración de activos digitales, del mismo modo que Graham y Dodd desarrollaron un método para los activos analógicos de su tiempo. Al igual que ocurre con las corporaciones tradicionales, podemos analizar a los individuos involucrados, el modelo de negocio, la oferta de productos y la posición en el mercado, para determinar un valor. A estas métricas tradicionales podemos agregar la comunidad: ¿cómo de comprometidos están sus participantes? ¿Cuál es el tamaño de la economía *blockchain* que están construyendo? ¿Con qué rapidez circula el dinero a través de ella? Podemos analizar el modelo tokenómico, el modelo de gobernanza y el rendimiento de la tecnología. Podemos observar el modelo de distribución de *tokens*, la estructura de tarifas y el flotante de *tokens*, que sería algo así como el recuento de acciones de una empresa. Al igual que el número de acciones puede aumentar y disminuir, también puede hacerlo el número de *tokens* en circulación. Cualquier valoración que asignemos a un activo digital depende de esta cifra, que es importantísima, ya que es el denominador común a muchos de nuestros indicadores cuantitativos.

Los participantes de la red necesitan incentivos si van a aportar su tiempo, energía y recursos informáticos al procesamiento de transacciones y a la seguridad de la red. Las redes propiedad de los usuarios ofrecen recompensas a los primeros participantes en la red, añadiendo nuevos *tokens* a los existentes, aumentando así el flotante. Es entonces cuando los mineros de bitcoin reciben bitcoin recién minado a cambio de sus esfuerzos. Las redes basadas en pruebas de participación (PoS) como Cosmos y Cardano tienen flotantes de *tokens* que crecen constantemente. Las aplicaciones construidas sobre este tipo de redes, como Uniswap (un *exchange* descentralizado) o Compound (un producto de préstamos descentralizado), también emiten *tokens* que, con el tiempo, aumentan el flotante de *tokens* en circulación. Los usuarios pueden sacar *tokens* de circulación "quemándolos", es decir, enviándolos a la dirección de una billetera cuyas claves nadie posee (es decir, donde nadie puede recuperarlos). En los mercados de finanzas tradicionales, esto es lo que se conoce como "retirar acciones". En una empresa, si el recuento de acciones aumenta sin que las ganancias se incrementen en una cantidad equivalente, entonces las acciones adicionales se convierten en valores dilutivos. De manera similar, si el flotante de *tokens* aumenta más que los ingresos subyacentes del protocolo, se diluye el valor para los titulares de *tokens*.

---

83. John Robison, Aryan Sheikhalian y Alex Tapscott, "Decentralized Finance Analysis: How to Identify Value Within the Crypto Ecosystem", Blockchain Research Institute, 9 de febrero de 2023, `https://www.blockchainresearchinstitute.org/project/decentralized-finance-analysis/`.

Los inversores de Web3 están reinventando conceptos como las ganancias por acción y la recompra de acciones, en forma de "ingresos del protocolo por *token*" y "quema de *tokens*". Pensemos en Ethereum. Sus actualizaciones recientes, conocidas como "la Fusión" y la Propuesta de Mejora de Ethereum-1559, fueron hitos para la Web3 porque redujeron la huella de carbono de Ethereum en más del 99% y redujeron la tasa de inflación de ETH en un 90%, implementando la prueba de participación y modificando el mecanismo de mercado de Ethereum, quemando una parte de los ETH utilizados para pagar comisiones, y aumentando con ello la escasez de ETH.[84] Los validadores siguen recibiendo nuevos ETH, pero, a medida que la demanda de la red se ha estabilizado, la cantidad quemada ha comenzado a igualar (e incluso superar) la cantidad emitida.

Tim Beiko, uno de los principales contribuyentes a Ethereum y uno de los principales arquitectos de la Fusión, explica el proceso: "Si das a los validadores la capacidad de emitir nuevas unidades y parte de las comisiones por transacción, pero quemas el resto de las comisiones, cuando la quema compense la emisión, obtienes tanto recompensas como deflación, junto con un presupuesto de seguridad sostenible".[85] El impulsor clave de este proceso es el creciente interés sostenido en el uso de la red Ethereum. Si nadie quisiera realizar transacciones en la red, entonces ninguna comisión compensará la emisión de nuevos *tokens*. Esta espiral de dilución insostenible ha afectado a muchos competidores potenciales de Ethereum. En el momento de redactar estas líneas, Ethereum contaba con un flotante constante en disminución y ganancias estables o crecientes. En el lenguaje financiero tradicional, este sistema es beneficioso para los titulares de *tokens*. Al igual que Apple, que utiliza una parte de sus ganancias para comprar sus propias acciones (reduciendo así el flotante y aumentando las ganancias por acción), el mecanismo de quema de Ethereum genera valor a largo plazo para los titulares de *tokens*.

Cartografiando la frontera financiera de la Web3

Al igual que los teléfonos móviles permitieron que miles de millones de personas accedieran a un teléfono sin pasar por una línea fija, puede que las finanzas descentralizadas permitan a muchas personas evitar a los bancos tradicionales

84. James Beck y Mattison Asher, "What Is EIP-1559? How Will It Change Ethereum?", Consensus Systems, 22 de junio de 2021, `https://consensys.net/blog/quorum/what-is-eip-1559-how-will-it-change-ethereum/`; y Vitalik Buterin *et al.*, "EIP-1559: Fee Market Change for ETH 1.0 Chain", Propuestas de Mejora de Ethereum, 13 de abril de 2019, `https://eips.ethereum.org/EIPS/eip-1559`.

85. timbeiko.eth (@TimBeiko), *post* de Twitter, 16 de enero de 2023 (3:40 p. m.), `https://twitter.com/TimBeiko/status/1615086494317973504`.

y otros intermediarios, especialmente en el Sur Global. Uniswap ha tenido días en los que su volumen de negocio ha superado al de Coinbase, una empresa que cotiza en la bolsa de Nueva York. El agregador de inversiones automatizado YFI, a través del cual los inversores agrupan capital en un contrato inteligente que realiza inversiones en su nombre, alcanzó un valor total bloqueado de 7.000 millones de dólares en su primer año. En comparación, Wealthsimple tardó más de seis años en alcanzar el mismo nivel. La *stablecoin* DAI maneja un volumen diario de alrededor de 500 millones de dólares, cantidad superior a Venmo, una aplicación de pago popular en Estados Unidos.[86] La *stablecoin* USDC, si bien no es estrictamente un activo DeFi porque mantiene su colateral en instituciones financieras centralizadas, facilitó transacciones por valor de 4,5 billones en la cadena de bloques de Ethereum solo en 2022, lo que supuso más de 12.000 millones de dólares al día.[87]

La experiencia con los teléfonos móviles nos ha enseñado que construir infraestructura es costoso, ya sea 5G o vía satélite. ¿Ocurre lo mismo con las finanzas descentralizadas? Por un lado, las DeFi carecen de permisos, y están a disposición de cualquier persona con una conexión a Internet. Por otro lado, es necesario poseer algún criptoactivo y tener acceso a un dispositivo con acceso a Internet y una buena conexión. Por lo tanto, las barreras siguen siendo considerables. La historia de las telecomunicaciones en los mercados emergentes ofrece una hoja de ruta a todos aquellos interesados en la difusión de las finanzas descentralizadas a gran escala. Los proveedores de telefonía móvil regalaban teléfonos cuando lanzaban su servicio. Los protocolos DeFi regalan algo más: la propiedad de la plataforma en sí misma. Sin embargo, puede que esta opción no resulte tan atractiva para la mayoría de las personas como un teléfono gratuito. Además, los protocolos DeFi no están tan bien capitalizados como las compañías de telecomunicaciones y no pueden subvencionar el crecimiento en la misma medida.

Un gobierno con visión de futuro podría construir su propia interfaz de usuario para un protocolo DeFi con el objetivo de ampliar el acceso a servicios financieros en una región determinada donde los bancos están fallando actualmente, como ocurre con las remesas. Según el Banco Mundial, a pesar de los beneficios de las empresas de tecnología financiera tradicionales (que, si bien no son finanzas descentralizadas, permiten aplicar la misma lógica), las cargas impuestas por la obligación de cumplir con la legislación vigente

86. "Tether", CoinMarketCap, a 14 de abril de 2022, `https://coinmarketcap.com/currencies/tether/`; y Raynor de Best, "Quarterly TPV (Total Payment Volume) of Venmo in USD 2017-2022", Statista, 10 de febrero de 2023, `https://www.statista.com/statistics/763617/venmo-total-payment-volume/`.

87. "State of the USDC Economy".

contra el blanqueo de capitales y la financiación del terrorismo sigue limitando el acceso de nuevos proveedores de servicios a bancos corresponsales en países en vías de desarrollo. Estas regulaciones también limitan el acceso de los migrantes a los servicios de remesas digitales. En resumen, los innovadores en el sector de las finanzas descentralizadas se enfrentan a desafíos para su adopción generalizada, entre los que se incluyen la incertidumbre regulatoria, los riesgos de seguridad y la falta de accesibilidad. A pesar de todo, los beneficios potenciales de las finanzas descentralizadas son demasiado grandes para ignorarlos. Los gigantes financieros de hoy deberían tomar nota.

Conclusiones

La Web2 presentaba varias deficiencias: atrajo a los usuarios de Internet a sus jardines amurallados y los fue explotando en busca de ideas, a medida que la publicidad se iba convirtiendo en su modelo de negocio. Los intermediarios financieros se enriquecieron con poca innovación. Las plataformas centralizadas crearon monopolios, ahogando la innovación. Estos límites crearon oportunidades para nuevas soluciones en diversas industrias:

1. Los servicios financieros tienen la oportunidad de reinventar todo lo que la industria hace: la identidad, el movimiento y almacenamiento de dinero, la concesión de créditos, la obtención de capital para seguir creciendo, la evaluación del riesgo en la contratación de seguros, el *market making* en productos financieros, y muchos más. No estamos ante un mero adorno digital, sino ante una nueva arquitectura para la industria más importante del mundo.
2. Las finanzas descentralizadas son la punta de lanza de una industria financiera verdaderamente nativa de Internet. El sector DeFi se beneficia de una mayor componibilidad, liquidez y programabilidad. No requiere verificación formal y, en consecuencia, otorga una mayor facilidad de acceso a quienes no tienen una cuenta bancaria.
3. Las finanzas descentralizadas tienen varios defectos, incluida la incertidumbre regulatoria, el riesgo de los contratos inteligentes, el riesgo de los oráculos y el fraude. Se trata de desafíos de implementación que se pueden superar con el tiempo.
4. Las *stablecoins* están generando conexiones e integraciones más profundas entre las finanzas tradicionales (TradFi) y las descentralizadas (DeFi). Las *stablecoins* son un modelo híbrido (Web2.5) que se convertirá en la norma a medida que los bancos y otras empresas adopten las herramientas de la Web3.

CAPÍTULO 7

Juegos

En la Web2, los jugadores pueden pagar por bienes digitales, pero no son sus dueños. A lo sumo, los alquilan por un tiempo determinado. El modelo de negocio de la industria ha ido evolucionando hacia un modelo conocido como *freemium* (del inglés *free* o "gratuito" y *premium*), en el que los jugadores pueden comprar activos dentro del juego. Como ya hemos mencionado, esto no impide que los usuarios de Internet respalden el mercado de los alquileres digitales: gastamos 100.000 millones de dólares al año en bienes digitales de los que, en realidad, no somos dueños. Por ejemplo, Roblox obtiene la práctica totalidad de sus 1.900 millones de dólares en ingresos anuales vendiendo una moneda dentro del juego llamada "Robux".[1] Con 50 millones de usuarios diarios, Robux es una de las "monedas virtuales" más utilizadas en el mundo. Sin embargo, no es un activo digital al portador en el verdadero sentido del término. Aunque los usuarios pueden intercambiar Roblox por dinero, este activo sigue estando a merced de la compañía. Los usuarios no tienen derechos de propiedad.

Esta falta de derechos no ha impedido la creación de mercados de activos virtuales. Desde aquellos primeros tiempos de Internet, el mercado de activos virtuales, por ilícito que sea, ha prosperado. En palabras de Yat Siu, de Animoca Brands: "El mercado negro de compraventa de elementos virtuales existía desde hace décadas, primero de forma limitada y después haciéndose cada vez más grande, pero siempre ha sido un mercado negro. Aun hoy puedes entrar en eBay y ver a usuarios vendiendo sus cuentas, que es lo más parecido a la venta de activos digitales".[2]

---

1. David Curry, "Roblox Revenue and Usage Statistics (2023)", *Business of Apps*, Soko Media Ltd., última actualización 28 de febrero de 2023, `https://www.businessofapps.com/data/roblox-statistics/`, consultado el 17 de mayo de 2023.

2. Yat Siu, entrevista con Alex Tapscott a través de Zoom, 11 de enero de 2023.

Algunos emprendedores han intentado crear negocios legítimos comerciando con activos virtuales, pero las compañías de juegos los han cerrado porque iban en contra de los términos de servicio del juego. "En realidad, no eres dueño de tus cosas", asegura Siu. "Este problema ya existía en nuestra industria antes de la aparición de la tecnología *blockchain*. Cuando surgió esta tecnología, con esta forma distribuida, independiente y descentralizada de almacenar activos lejos del alcance de un control centralizado, todo encajó, y pensamos: 'Vale, creemos que construir sobre esta tecnología lo cambiará todo'".[3]

Los videojuegos Web3 mejorarán el modelo *freemium*. al permitir que los jugadores sean dueños de sus bienes virtuales, en lugar de arrendarlos. Por videojuegos Web3 nos referimos a juegos que ofrecen una verdadera propiedad de activos digitales y pueden incluir recompensas monetarias como parte del juego. La Web3 también desafiará el modelo de alquiler de los principales sistemas operativos de Android y Apple, al permitir a los jugadores comprar y vender activos directamente entre sí, eliminando el papel de intermediarios que estas compañías desempeñan en las compras dentro de la aplicación. Las redes sociales tradicionales podrían ser reemplazadas por comunidades con acceso mediante *tokens*, mientras que el contenido propiedad de la comunidad dará más poder a los aficionados y desafiará el modelo de producción tradicional de los estudios para todo tipo de contenidos, incluidos los juegos.

Del "juega gratis" al "juega y gana"

Los juegos gratuitos para dispositivos móviles se popularizaron poco después de la invención del iPhone. Al ofrecer a los usuarios una forma divertida y muy simple de jugar, estas aplicaciones descargables resultaban atractivas para los usuarios del transporte público, que disponían de algunos minutos para, por ejemplo, derribar pájaros en *Angry Birds* con una honda. Los usuarios podían descargar e incluso jugar gratis, pero debían pagar para desbloquear ciertas funciones. Estos primeros juegos eran inferiores al modelo tradicional de juegos en casi todos los aspectos relevantes para el mercado tradicional. La mayoría de los usuarios no pagaban por jugar, porque no se tomaban el juego en serio. Para un ejecutivo de Sony o Microsoft, este tipo de cliente no era valioso en comparación con un jugador de consola, dispuesto a gastar 500 dólares en una PlayStation o Xbox, y cientos de dólares más en juegos (discos que se reproducían en las consolas, como un

3. Siu, entrevista con Alex Tapscott.

DVD) y accesorios de *hardware*. En consecuencia, en un principio las grandes empresas del mercado ignoraron el mercado de los juegos gratuitos. Se enfocaron en quienes por aquel entonces eran sus clientes principales, no en un segmento pequeño con una baja facturación, que no ofrecía resultados tangibles y que podía ser una moda pasajera. Buen negocio, ¿verdad? Tal es el dilema del innovador: decidir si desarrollar nuevos productos que a tus mejores clientes les dan igual. Incluso cuando los ejecutivos de la empresa abrazan el proyecto, a menudo se equivocan en la elección del momento adecuado, gastan poco (y, a veces, demasiado), o no comprenden los motivos por los que ese nuevo mercado o tecnología son tan disruptivos.

Un iPhone en 2009 no tenía el mismo impacto que una Xbox. Pero un iPhone en 2022 sí lo tiene. Los juegos gratuitos que descargamos en nuestros teléfonos eran al principio llamativos y muy simples. Hoy en día, los juegos móviles representan el 57% del total de los ingresos en la industria del juego. La mitad de ellos son gratuitos. El mercado secundario se ha convertido en el mercado principal.[4] El crecimiento de los juegos gratuitos no fue un resultado de suma cero para las plataformas tradicionales. Su éxito, junto con el de los juegos móviles, impulsó un crecimiento significativo del mercado, al reducir de forma significativa los obstáculos para que la gente empezara a jugar, sirviendo en realidad como rampa de acceso e impulsando el crecimiento de los denominados "juegos de consola *premium*", como *Call of Duty*.

Yat Siu atribuye a la revolución de los juegos móviles y los juegos gratuitos el haber rescatado a la industria del juego de una profunda recesión. "Es posible que la mayoría de la gente no recuerde que, entre 2009 y 2010, la industria del juego se estancó... Había mucho pesimismo con Sony" porque las ventas de la PlayStation estaban estancadas.[5] Los estudios de juegos y las empresas tecnológicas se dirigían "a ese cliente que compraba veinte juegos al mes. El cliente iba a Target, o GameStop, o a donde fuera para comprar estos juegos, y todo se centraba en eso. Las cosas, al final, llegaron al límite".[6]

¿El gran avance? Los juegos gratuitos permitieron la aparición de jugadores *amateurs* igual que Instagram había hecho con la fotografía, según Siu. "Todo el mundo, desde mi abuela hasta mi madre, se convirtió en un jugador avezado, empezando por *Angry Birds* y *Candy Crush*. Un subconjunto de usuarios terminó diciendo: 'Anda, pero si, en realidad, me encanta

---

4. J. Clement, "Mobile Gaming Market in the United States: Statistics and Facts", Statista, 18 de octubre de 2022, `https://www.statista.com/topics/1906/mobile-gaming/#topicOverview`.

5. Siu, entrevista con Alex Tapscott.

6. Siu, entrevista con Alex Tapscott.

jugar. No sabía que era tan divertido'".[7] El modelo de negocio basado en la posibilidad de probar el juego de forma gratuita contribuyó a que los juegos pasaran de ser un mercado "de nicho" con 400 millones de jugadores a los más de 3.000 millones de jugadores de la actualidad. Los juegos móviles gratuitos fueron una puerta de entrada para muchos usuarios que terminaron convirtiéndose en jugadores serios y comprando consolas. "De repente, las ventas de juegos de consola aumentaron y toda la industria creció, porque la industria móvil les había traído miles de millones de usuarios", según Siu.[8]

"Antes de los juegos NFT, la revolución fue el mercado de juegos gratuitos. Anteriormente, las grandes empresas habían tenido dificultades para pasar de la forma tradicional de hacer juegos hacia los juegos móviles gratuitos", explica Ria Lu de Laguna Games, una *startup* de juegos Web3. Y añade: "No se debía a la falta de recursos ni nada por el estilo. Por lo general, son las empresas de juegos independientes las que impulsan las novedades... porque disfrutan con ello. En cambio, las grandes empresas suelen participar porque el mercado va en esa dirección y, por lo tanto, es una decisión comercial".[9] Lu señala cómo, en un principio, "fueron los desarrolladores más pequeños e independientes quienes crearon juegos gratuitos como *Angry Birds*" y que "solo mucho después las grandes empresas se adentraron en el sector de los juegos móviles, porque el mercado iba en esa dirección".[10]

Es posible que también veamos estas dinámicas en el ámbito de los juegos NFT. Hoy en día, muchos juegos NFT pueden parecer inferiores, pero un pequeño segmento del mercado considera que la propiedad de bienes digitales y las consecuencias económicas que de ahí se derivan tienen una gran importancia. Las comunidades con acceso mediante *tokens* crean un sentido compartido de la propiedad que ha ido ganando fuerza. A ello se añade que hay a quien le gusta ganar dinero dentro de las economías de los juegos basados en NFT. Si combinamos todos estos factores, estamos ante una receta que permite una mejora constante, al permitir que los desarrolladores Web3 sigan creando nuevos títulos. Aleksander Larsen, cofundador y director de operaciones del editor de juegos Sky Mavis, cree que cuando los juegos Web3 alcancen "la paridad en cuanto a características" si se los compara con los juegos Web2 (es decir, que la experiencia de jugabilidad tenga la misma calidad y carácter inmersivo), los juegos Web3 ganarán la

7. Siu, entrevista con Alex Tapscott.
8. Siu, entrevista con Alex Tapscott.
9. Ria Lu, entrevista con Alex Tapscott a través de Zoom, 12 de octubre de 2022.
10. Lu, entrevista con Alex Tapscott.

batalla "diez veces de cada diez".[11] Larsen podría tener razón en que los juegos Web3 llegarán a dominar la industria, "imponiéndose" sobre otros modelos. Pero también puede que, simplemente, el pastel a repartir crezca, atrayendo a los juegos a personas que anteriormente no tenían interés, como ocurrió cuando los juegos gratuitos hicieron crecer el mercado en general.

Las ganancias y la propiedad deben mejorar la experiencia del juego, no sustituirla

Lu asegura que la propiedad es una de las muchas características de las aplicaciones Web3, pero que la utilidad y la diversión deberían ser prioritarias. Compara los bienes digitales de su juego, *Crypto Unicorns*, con joyas.[12] Los usuarios compran esmeraldas porque les gusta ponérselas. Quizás algún día vendan las gemas, pero el hecho de comprarlas y obtener ganancias con ellas no es lo que motivó su compra. "¿Me compro las joyas porque puedo venderlas? No necesariamente. Las compro porque me gusta usarlas, porque disfruto teniéndolas. Me gustaría que los juegos NFT se vieran así", afirma. "Compras NFT para el juego porque quieres jugar. Y, además, resulta que son valiosos. Si el sector avanza, así es como me gustaría que fuera".[13] Lu explica que "cuando los juegos NFT explotaron de verdad, la gente no empezó a jugar porque les gustara el juego, sino porque podían ganar dinero. Pero es un juego. Tienes que disfrutar del juego, tienes que disfrutar de la experiencia, ¿no?".[14]

Siu emplea una analogía similar: los juegos con una comunidad y cultura sólidas tienen más probabilidades de alcanzar el éxito porque las personas se vinculan emocionalmente a los artefactos culturales más allá de su valor intrínseco. Pone como ejemplo los anillos de bodas: "Los anillos de bodas son muy fungibles. Todos cuestan lo mismo y están hechos del mismo material. Pero, en el momento en que compras un anillo de bodas, se vuelve especial. Adquiere un valor incalculable. Si valoras tu relación, no puedes venderlo".[15]

Lu cree que, dado que los jugadores son propietarios de activos del juego NFT, el juego les pertenece en mayor medida. "Te implicas más. Sientes que el juego es, en parte, tuyo". Comparemos esto con los juegos gratuitos,

11. Alexander Larsen, entrevista con Alex Tapscott y Andrew Young para el podcast *DeFi Decoded*, 18 de abril de 2023.
12. "A Digital Pet Collecting and Farming Game, Built on Blockchain", Crypto Unicorns, a 12 de abril de 2023, `https://www.cryptounicorns.fun/`.
13. Lu, entrevista con Alex Tapscott.
14. Lu, entrevista con Alex Tapscott.
15. Siu, entrevista con Alex Tapscott.

explica Lu, donde los jugadores gastan dinero en "monedas virtuales" como Robux, pero en los que "si te cansas del juego, es como... Vale, se acabó, dejo de jugar. Pierdes todo lo invertido. Desaparece, porque es virtual y no tiene importancia en ningún otro lugar".[16] Si el personaje principal es tu NFT, como un unicornio en el juego *Crypto Unicorns* de Lu, el usuario puede revenderlo cuando quiera dejar de jugar. "No es como si lo perdieras todo". En ese sentido, asegura Lu, la experiencia de juego Web3 es algo distinta a la de los juegos Web2, "porque no tengo que perder todo lo que he invertido".[17] Desde el punto de vista del jugador, ser propietario de *tokens* crea una comunidad Web3 y puede dar paso a una mayor colaboración y conexiones entre los jugadores.

Otra integrante del equipo de Laguna Games es Katrina Wolfe, directora de productos. Ávida jugadora, Wolfe sabía que quería convertir su pasión en su carrera y trabajar con personas diversas con diferentes destrezas. Se unió a Laguna Games en 2022 después de haber pasado siete años en otro estudio independiente, Kongregate. Wolfe cree que la propiedad puede enriquecer la jugabilidad existente. Me confesó que es la clase de persona que pasa horas desarrollando avatares para diferentes juegos, por lo que incluso los proyectos NFT de foto de perfil (pfp) le resultaban atractivos. La idea de ser dueña de un avatar en concreto atrae a jugadores con su mismo perfil. Aleksander Larsen, de Sky Mavis, dice algo similar: "Si pienso retrospectivamente en mi historia como jugador competitivo, cada vez que ganaba una de estas partidas importantes, no tenía manera de demostrar que de verdad había ganado, porque era el Internet de siempre. Puedes *googlear* mi nombre, encontrarme o encontrar mi apodo mencionados en alguno de los rincones de la historia de Internet. En cambio, si el creador del juego hubiera emitido un NFT a mi nombre, en representación de un logro, sería mío, una parte de mi identidad digital".[18]

Según Wolf, el contenido generado por el usuario también enriquece los juegos. "He jugado muchos *mods* de Skyrim y diferentes *mods* de otros juegos; hay infinidad de personas con ideas extraordinarias por todo el mundo", afirma. "Creo que la posibilidad de ser propietario del juego y generar ingresos, de contar con sistemas que apoyen a personas muy creativas a la hora de generar contenido en todo el mundo, liberando todo el potencial de los juegos".[19]

---

16. Lu, entrevista con Alex Tapscott.
17. Lu, entrevista con Alex Tapscott.
18. Aleksander Larsen, entrevista con Alex Tapscott a través de Zoom, 9 de agosto de 2022.
19. Katrinai Wolfe, entrevista con Alex Tapscott a través de Zoom, 14 de octubre de 2022.

Sascha Mojtahedi propuso un enfoque diferente al "juega y gana" cuando desarrolló Parallel, un juego de cartas NFT: "Pensamos más en 'gana y gana'. No recompensamos a las personas por jugar, porque en un videojuego no recompensas al que pierde. Solo lo recompensas si gana".[20] Como otros, Mojtahedi cree que el aspecto social del juego es fundamental para que los juegos Web3 tengan éxito. Para superar el recelo inicial de los jugadores hacia los juegos Web3 (que atribuye al miedo de sobremonetización), la experiencia debe ser divertida. ¿Qué es lo que hace que los jugadores vuelvan? "En primer lugar, son superdivertidos. Dos, son sociales. La gente quiere jugar porque interactúan socialmente", afirma Mojtahedi. "Jugamos a *Warzone* porque podemos chatear por voz con nuestros amigos. Es como hablar por teléfono con tus amigos mientras vas corriendo de aquí para allá, disparando".[21]

Benjamin Lee, de Blowfish Studios, se dedica al desarrollo de juegos desde 1998. Junto a su socio Aaron Grove, ha creado títulos populares como *Siegecraft*, que durante una temporada encabezó las listas de juegos en la App Store de Apple. Lee siempre está pendiente de los últimos avances: primero fueron los ordenadores personales, después los dispositivos móviles y la realidad virtual, y ahora la Web3. Al igual que Ria Lu, Lee veía defectos en el modelo inicial de la Web3: la mayoría de los jugadores "entraban y salían de inmediato" del juego, como si de "un trabajo" se tratara. En segundo lugar, "la capa de interacción con el juego era muy 'superficial'. Se limitaban a hacer 'clic-clic', lo cual no iba en consonancia con el espíritu de Blowfish, ya que somos un desarrollador de juegos tradicional. En los últimos doce años, nos hemos centrado en juegos *premium*".[22] Al mismo tiempo, la propiedad como experiencia del usuario le resulta atractiva a Lee: "Transferir dinero al instante por todo el mundo sin tener que pasar por los bancos era una idea muy potente", que Lee quiso aplicar al mundo de los juegos.[23]

Lee explica su visión de los jugadores del primer juego Web3 de Blowfish, *Phantom Galaxies*: "Juegas porque te diviertes. Estás comprometido con el universo de Blowfish, construyendo tu personaje, tus naves, y los activos que posees... Incluso *World of Warcraft* guarda relación con tus objetos. La gente juega por diversión, no para ganar dinero".[24] Afirma: "Estábamos

20. Sascha Darius Mojtahedi, entrevista con Alex Tapscott a través de Zoom, 9 de agosto de 2022.
21. Mojtahedi, entrevista con Alex Tapscott.
22. Ben Lee, entrevista con Alex Tapscott y Andrew Young para el podcast *DeFi Decoded*, 8 de marzo de 2022.
23. Lee, entrevista con Alex Tapscott y Andrew Young.
24. Lee, entrevista con Alex Tapscott y Andrew Young.

convencidos de que *Phantom Galaxies* iba a ser un juego divertido porque inicialmente lo habíamos presentado ante algunos socios como un juego tradicional, y su reacción fue muy positiva. Teníamos intención de dirigirnos al canal de distribución minorista. Llevarlo a la cadena de bloques supuso no tener que seguir la ruta tradicional o asociarnos con socios tradicionales, lo que nos permitió ser mucho más experimentales, más innovadores en la forma en la que manejábamos las cosas".[25] Como persona a la que le gusta trabajar en la vanguardia de la industria de los juegos, a Lee la Web3 le pareció una liberación.

Lu, de Laguna Games, tiene un consejo que dar a los desarrolladores recién llegados a los juegos Web3: "Trátalo como un juego normal. Ofrece los elementos que tendría un juego normal: una jugabilidad interesante, personajes interesantes, gráficos interesantes". En cuanto a *Crypto Unicorns*, el estudio de Lu buscaba que los jugadores lo sintieran como un gran juego. Su equipo está formado por "personas procedentes de la industria tradicional del videojuego, gente que lleva bastante tiempo en el sector". Nos aclara: "No fundamos Laguna Games para crear juegos NFT. Somos una empresa de juegos. Nos dedicamos a los videojuegos. Estamos orgullosos de nuestro trabajo". Y añade: "Hay que pensar bien las cosas. En nuestro caso, dedicamos mucho tiempo a pensar el diseño de los unicornios, los nombres que les damos, cómo los criamos, qué clases de unicornios vamos a lanzar y qué cosas divertidas pueden hacer. ¿Pueden ir obteniendo recompensas? ¿Pueden hacer esto y lo de más allá?".

Definiendo el papel de los bienes digitales en los juegos Web3

Los bienes digitales desempeñan tantos roles en los juegos Web3 como en otras aplicaciones Web3. Pueden ser coleccionables, premios o activos útiles, como por ejemplo una espada o un escudo. Pueden ser terrenos virtuales u otro activo productivo que solo existe dentro del juego. Pueden ser símbolos de estatus vinculados a la identidad digital de un jugador, como una imagen de perfil, o componentes que contribuyan a la reputación del jugador dentro del juego. Pueden ser credenciales que desbloqueen experiencias dentro del juego. Aunque de forma incipiente, estos juegos podrían empezar a reflejar la economía del mundo real. Por ejemplo, los juegos utilizan bienes digitales como recompensas a cambio del tiempo y la energía invertida por los

25. Lee, entrevista con Alex Tapscott y Andrew Young.

jugadores. Este incentivo tiene el potencial de mejorar la jugabilidad y atraer a nuevos usuarios o, por el contrario, podría alejar a la gente del juego antes de que este tenga la oportunidad de despegar. *Axie Infinity* es un juego del tipo "juega y gana" al que los usuarios en Filipinas empezaron a jugar en masa para obtener recompensas. "En el Sur Global, el aprendizaje es un incentivo, y ese incentivo es lo suficientemente fuerte como para que se molesten en hacerlo. Pero, en Occidente, el incentivo en relación con lo que podrían ganar o el tiempo que podrían pasar aprendiendo y el riesgo que asumen no se corresponde con el esfuerzo que deben realizar", según Aleksander Larsen de Sky Mavis.[26] La única condición es que los usuarios deben comprar sus personajes si quieren jugar.

Durante una temporada, los jugadores ganaban 800 dólares al mes solo por jugar, de modo que el coste de entrada al juego no suponía un gran problema. 2,5 millones de personas jugaron a *Axie Infinity* durante 30 días en 2021.[27] "*Axie Infinity* es un juego en el que se pueden ganar recursos tokenizados. Estos pueden o no tener valor; es un mercado abierto, creado y definido por los propios jugadores. El juego tiene una naturaleza especulativa", asegura Larsen. "He visto cómo, a menudo, son aquellos actores orientados puramente hacia la obtención del beneficio quienes pervierten e impulsan la narrativa cripto. A mí esto me da bastante miedo, porque nosotros hemos intentado crear un juego divertido".[28] Para Larsen, lo importante era el viaje compartido, no el destino final. Como con tantas invenciones Web3, un creador lanza un producto al mundo, una comunidad se forma a su alrededor y se va construyendo de formas inesperadas.

Por ejemplo, para cubrir el coste de unirse al juego (que puede llegar a alcanzar los 1.500 dólares), algunos jugadores buscan el patrocinio de gestores o "gremios" que financian la entrada de nuevos jugadores, a cambio de una parte de las ganancias de estos dentro del juego. Según la periodista Vittoria Elliott, "un gremio puede estar formado por cientos de miembros que gestionan varias cuentas, perfeccionan personajes de *Axie* y aumentan constantemente el valor del *token* de *Axie*, el *Infinity Shard*".[29] Ya sea agrupados en gremios o de forma individual, los jugadores de *Axie* han

26. Larsen, entrevista con Alex Tapscott y Andrew Young.

27. "Axie Infinity Live Player Count and Statistics", ActivePlayer.io Game Statistics Authority, `https://activeplayer.io/axie-infinity/`, consultado el 14 de abril de 2022.

28. Larsen, entrevista con Alex Tapscott.

29. Vittoria Elliott, "Workers in the Global South Are Making a Living Playing the Blockchain Game Axie Infinity", *Rest of World*, 19 de agosto de 2021, `https://restofworld.org/2021/axie-players-are-facing-taxes/`, consultado el 15 de octubre de 2021.

ganado lo suficiente como para que el gobierno filipino quisiera cobrar un impuesto sobre las ganancias de *Axie*.[30] En apenas un año, la recompensa se había hundido hasta los diez dólares. Hubo jugadores que se quedaron sin dinero y no pudieron recuperar sus recompensas. Muchos perdieron el interés por el juego.

Axie tuvo que enfrentarse a otros problemas, como el hackeo en marzo de 2022 de uno de los puentes con el juego, que los jugadores usaban para trasladar activos al entorno del juego.[31] Piratas informáticos norcoreanos desviaron más de 600 millones de dólares, de los cuales las fuerzas del orden lograron recuperar 30 millones.[32] A pesar de estos contratiempos, este ejemplo pionero de los juegos Web3 sigue luchando por recuperarse.[33] Para Beryl Li, cuya empresa Yield Guild Games ayudó a organizar muchos gremios de *Axie*, la experiencia "demuestra que los usuarios exigen que los juegos ofrezcan recompensas. *Axie* fue el primer juego y ha inspirado a varios desarrolladores y diseñadores de juegos a crear juegos diseñados siguiendo su ejemplo, o ligeramente mejorados a partir de lo que han aprendido de *Axie*".[34] Por supuesto, ganar dinero jugando a un videojuego no es una idea totalmente novedosa: en juegos como *World of Warcraft*, los jugadores podían ganar activos dentro del juego ("oro"). Sin embargo, en los juegos "juega y gana", los usuarios pueden ganar activos de los que son dueños, mucho más fungibles y que pueden gestionar fuera del propio juego.

Una de las lecciones que podemos extraer es que los especuladores y mercenarios jugarán, aprovecharán las recompensas de *tokens*, revenderán sus activos y pasarán a otra cosa. Una vez más, la razón de ser del juego no puede ser simplemente ganar *tokens*. La moraleja es que, si bien los activos en sí pueden ser una parte importante de la jugabilidad, muy probablemente no deberían ser la única razón de ser de un juego.

---

30. Vittoria Elliott, "Some Axie Infinity Players Amassed Fortunes-Now the Philippine Government Wants Its Cut", *Rest of World*, 30 de septiembre de 2021, `https://restofworld.org/2021/axie-players-are-facing-taxes/`, consultado el 15 de octubre de 2021.
31. Erin Plante, "$30 Million Seized: How the Cryptocurrency Community Is Making It Difficult for North Korean Hackers to Profit", *Chainalysis Blog*, 8 de septiembre de 2022, `https://blog.chainalysis.com/reports/axie-infinity-ronin-bridge-dprk-hack-seizure/`.
32. Andrew Thurman, "Axie Infinity's Ronin Network Suffers $625M Exploit", *CoinDesk*, 29 de marzo de 2022, `https://www.coindesk.com/tech/2022/03/29/axie-infinitys-ronin-network-suffers-625m-exploit/`; y Plante, "$30 Million Seized".
33. Axie Infinity, "Axie Passed Google Play Store Review!", *The Lunacian*, 22 de diciembre de 2022, `https://axie.substack.com/p/googleplaystore`.
34. Beryl Lee, entrevista con Alex Tapscott a través de Zoom, 4 de octubre de 2022.

¿Cómo deberían reaccionar los actores dominantes de la industria?

¿Tardarán los estudios de juegos y otros líderes de la industria en darse cuenta de todo esto, como ocurrió con los juegos gratuitos? Hasta diciembre de 2022, había 1.873 juegos Web3, lo que supone un incremento del 34% en menos de un año.[35] Hasta ahora, las reacciones a los juegos NFT dentro de los círculos tradicionales han sido dispares. Tim Sweeney, fundador de Epic Games, ve con buenos ojos la tecnología subyacente; en su opinión, "nos daremos cuenta de que la cadena de bloques es en realidad un mecanismo general para ejecutar programas, almacenar datos y llevar a cabo transacciones de manera verificable. Es una fórmula avanzada que incorpora todo lo que ya existe en el mundo de la informática". Añade: "Con el tiempo, lo veremos como una computadora distribuida que funciona mil millones de veces más rápido que los ordenadores que tenemos en nuestros escritorios, porque es la combinación de los ordenadores de todos".[36] Epic permite a terceros vender juegos NFT en su tienda de Epic Games. Cuando se le pregunta sobre la decisión de Microsoft de bloquear los NFT en *Minecraft*, Sweeney afirma: "Los desarrolladores deberían ser libres a la hora de decidir cómo crear sus juegos, y tú eres libre de decidir si jugarlos. Creo que las tiendas y los fabricantes de sistemas operativos no deberían interferir imponiendo sus opiniones a los demás. Nosotros, con toda certeza, no lo haremos".[37]

Recientemente, la empresa de Tim Sweeney, Epic Games, ha sufrido un tropiezo de los que normalmente asociamos a la Web2. En diciembre de 2022, la compañía llegó a un acuerdo con la Comisión Federal de Comercio de EE. UU. (FTC) para pagar 520 millones de dólares en multas y reembolsos a los usuarios. Según la Comisión, "la configuración de botones contraintuitiva, inconsistente y confusa de *Fortnite* llevó a los jugadores a incurrir en cargos no deseados pulsando un solo botón". La Comisión añadió que el uso de tácticas de diseño de patrones oscuros "llevaron a los consumidores a incurrir en cargos no autorizados de varios cientos de millones de dólares". *Fortnite*, el título más popular de Epic, cuenta entre sus jugadores con niños,

35. "Digital Asset Outlook 2023", The Block, 20 de diciembre de 2022, `https://www.tbstat.com/wp/uploads/2022/12/Digital-Asset-2023-Outlook.pdf`.

36. Dean Takahashi, "Game Boss Interview: Epic's Tim Sweeney on Blockchain, Digital Humans, and Fortnite", *VentureBeat*, 30 de agosto de 2017, `https://venturebeat.com/games/game-boss-interview-epics-tim-sweeney-on-blockchain-digital-humans-and-fortnite/`, consultado el 18 de noviembre de 2022.

37. Sean Murray, "Epic CEO Tim Sweeney Says 'Developers Should Be Free to Decide' If They Want NFTs in Their Games", *The Gamer*, 22 de julio de 2022, `https://www.thegamer.com/epic-ceo-tim-sweeney-free-to-decide-nft-games/`.

aspecto que quedó reflejado en la acción regulatoria de la Comisión. En una entrevista con la CBC de Canadá, el analista de tecnología independiente Carmi Levy afirmó: "Creo que con esto se manda un mensaje histórico y muy importante al resto de la industria: cuando te diriges a niños en línea, tienes la obligación de adherirte a unos estándares aún más escrupulosos".[38]

Según la Comisión, el desarrollador de juegos incumplió la legislación vigente relativa a la privacidad, ya que "exigía condiciones de muy difícil cumplimiento a todos los padres que solicitaban que la información personal de sus hijos se borrara, y en ocasiones no atendía dichas solicitudes".[39] La respuesta de Epic al acuerdo con la FTC fue: "Aceptamos este acuerdo porque queremos que Epic esté a la vanguardia de la protección al consumidor y brinde la mejor experiencia posible a nuestros jugadores. En los últimos años, hemos realizado cambios para asegurarnos de que nuestro ecosistema cumpla con las expectativas de nuestros jugadores y de los reguladores, lo que esperamos sea una guía útil para otros en el sector".[40] Epic crea excelentes juegos. A pesar de lo que parece ser una evidente negligencia, la empresa es pionera en un nuevo modelo de juego y ha sido un agente verdaderamente innovador.

Naturalmente, un desarrollador de juegos Web3 podría crear fácilmente una interfaz de usuario para su mundo en línea o un juego basado en patrones oscuros que confunda a los usuarios con el objetivo de que adquieran bienes digitales. Sin embargo, por regla general el usuario debe firmar cualquier transacción en la billetera de su elección (el equivalente a firmar la cuenta en un restaurante), y esa fricción adicional podría impedir que se impusieran estos "cobros por error". Además, en el caso hipotético de que algo así sucediera en la Web3, la parte engañada al menos posee el activo digital y puede revenderlo, si bien sería un consuelo insuficiente para alguien que se sintiera engañado o estafado. Es más probable que los usuarios de juegos Web3 dispongan desde el principio de una mejor protección de sus datos personales, ya que pueden jugar de manera seudoanónima a través de sus billeteras.

En su papel de editor de juegos innovador, Epic podría beneficiarse del crecimiento del mercado de bienes digitales, ya que un gran juego podría contar con una economía próspera con activos cuyo valor podría seguir

38. Pete Evans, "Fortnite Maker Epic Games to Pay $520M in Fines and Rebates for Duping Users into Downloading Paid Content", *CBC News*,·CBC/Radio-Canada, 19 de diciembre de 2022, https://www.cbc.ca/news/business/fornite-ftc-fines-1.6690777.

39. Evans, "Fortnite Maker Epic Games".

40. "Epic FTC Settlement and Moving Beyond Long-Standing Industry Practices", nota de prensa, Epic Games, 19 de diciembre de 2022, https://www.epicgames.com/site/en-US/news/epic-ftc-settlement-and-moving-beyond-long-standing-industry-practices.

acumulándose para sus creadores. Algo más está en juego: los activos digitales, como los NFT, representan una amenaza existencial al monopolio que las plataformas ejercen sobre las compras dentro del juego. "Permitir que *Call of Duty: Mobile* se conecte a una billetera de criptomonedas sería algo parecido a que un usuario conectara el juego directamente a su cuenta bancaria, en lugar de pagar a través de la tienda de aplicaciones", escribe Matthew Ball.[41] Se pregunta cómo una plataforma así podría seguir justificando seguir cobrando su porcentaje del 30 % en todas las ventas y reventas de NFT: "Si se aplicaran estas comisiones, la totalidad del valor del NFT se evaporaría tras cambiar de manos varias veces".[42]

Bajo el modelo actual, tanto los desarrolladores de juegos tradicionales como las propias plataformas deben hacer frente a otros riesgos. Por ejemplo, no pueden bloquear la venta de activos comprados en un juego. "Ni siquiera se les informa activamente de ello (aun cuando la transacción quede registrada en un registro público)", escribe Ball. En su opinión, los desarrolladores no podrían "'bloquear' activos basados en *blockchain* en un mundo virtual. Si el Juego A vende un NFT, los Juegos B, C, D, y así sucesivamente podrían incorporarlo si el propietario así lo decidiera", lo que significa que algunos juegos pueden ser muy populares, pero no rentables, porque los usuarios estarían importando bienes digitales comprados en otro lugar.[43] De hecho, ¿cómo sabría el Juego B cuál es la utilidad del activo diseñado para el Juego A?

Sascha Mojtahedi, de Parallel, asegura que esta componibilidad es uno de los mayores avances de los juegos Web3, ya que permite liberar los bienes digitales de sus mundos cerrados. Al mismo tiempo, admite que su implementación es complicada: "¿Qué pasa cuando tienes un escudo de un NFT medieval, y es en 3D? Tengo un rifle láser de Parallel, y es en 3D. ¿Qué pasa cuando disparo tu escudo con mi rifle láser? Para que todo esto funcione, necesitas un entorno adecuado", asegura Mojtahedi, que añade: "Podemos crear todos estos objetos, pero luego no tenemos idea de cómo interactúan entre sí".[44]

Los juegos NFT no solo desafían el modelo de videojuegos de los estudios, sino también el modelo Web2 de control centralizado por parte de plataformas como Apple y Google. Los juegos son la vía de entrada a la

---

41. Matthew L. Ball, *The Metaverse: And How It Will Revolutionize Everything*. Liveright, Nueva York, 2022, p. 234.
42. Ball, p. 201.
43. Ball, p. 218.
44. Mojtahedi, entrevista con Alex Tapscott.

Web3 para muchos usuarios, por lo que pueden ser una pieza muy importante de su identidad en la cadena. Con anterioridad, hemos mencionado las puntuaciones crediticias en las finanzas descentralizadas; igualmente, cualquiera podría construir fácilmente una reputación sólida a partir de su conducta en un juego. En algunos proyectos, se trata de un objetivo explícito. Beryl Li, de Yield Guild Games, explica que YGG se centra en construir identidades basadas en la reputación de sus usuarios. Según Li, su sistema de reputación utiliza *tokens soulbound*: "Los usuarios o participantes son miembros de la DAO y pueden mejorar sus identidades para acceder a futuras aplicaciones, como préstamos no garantizados, seguros y otras *dapps* dentro de toda la red Web3".[45] Los mercados en los que YGG crece más rápidamente no son los que cabría esperar. "Comenzamos en Filipinas, por lo que siempre ha sido nuestro mercado más grande. Posteriormente YGG creció considerablemente en Indonesia y Vietnam. Nos sorprendió ver visitantes procedentes de América Latina, como Venezuela. Sí, Venezuela, Colombia y luego Perú. De repente, empezamos a ver jugadores de Brasil e India".[46]

Superar el duopolio de Apple y Google será clave para el éxito de los juegos Web3, especialmente en el Sur Global. "En Filipinas, hay más teléfonos móviles que personas. La mayoría del país tiene acceso a la telefonía móvil y los teléfonos inteligentes. Si la empresa pretende llegar al mercado filipino, debe tener presencia en dispositivos móviles, distribuirse a través del móvil", afirma Ria Lu de Laguna Games.[47] El problema es que las tiendas de aplicaciones de Google y Apple tienden a excluir las aplicaciones de juegos Web3. "Este es el problema que tenemos que resolver: cómo distribuir nuestros juegos. Si queremos llegar a una mayoría de filipinos, tenemos que estar en sus dispositivos móviles, porque en Filipinas no todo el mundo tiene un ordenador personal o un portátil".[48]

Si miramos más allá de las dificultades a las que se enfrentan los juegos Web3 en esta fase de crecimiento, descubriremos una verdad incuestionable: si un usuario está dispuesto a gastar dinero en activos dentro del juego, lo cierto es que bien podría ser dueño de dichos activos desde el principio. Al ser propietarios desde el comienzo, los jugadores se preocuparán más por la economía del juego. Si se preocupan más por la economía del juego, podrían optar por dedicarle más tiempo, siempre y cuando el juego sea tan divertido

45. Li, entrevista con Alex Tapscott.
46. Li, entrevista con Alex Tapscott.
47. Lu, entrevista con Alex Tapscott.
48. Lu, entrevista con Alex Tapscott.

como cualquier otro. A medida que las economías dentro del juego ganan en complejidad, obligan a los desarrolladores Web3 a ampliar los límites del diseño y amplían el mercado de jugadores potenciales.

Los actores ya establecidos del sector deberían estar atentos. De hecho, la Web3 ya le roba talento directivo a la Web2. En diciembre de 2022, Yuga Labs anunció que había contratado como CEO de Yuga a Daniel Alegre, director de operaciones de Activision Blizzard, para supervisar sus proyectos en el mundo de los juegos y el metaverso.[49] La partida de Alegre dice mucho sobre lo rápido que los juegos para Web3 están madurando. Después de todo, Activision es un gigante de la industria y publica las franquicias *Call of Duty*, *Tony Hawk's Pro Skater* y *Crash Bandicoot.* También es el objetivo de una oferta de adquisición lanzada por Microsoft, a la que el gobierno estadounidense se opone con vehemencia con argumentos antimonopolísticos. Yuga, en cambio, ha lanzado *Bored Ape Yacht Club.*[50] Alegre supervisará el desarrollo de *Otherside*, el mundo virtual financiado por la venta continuada de NFT de bienes virtuales llamados *Otherdeeds.*[51]

Es evidente que los editores tradicionales de juegos han tomado nota, pero ¿pueden participar de esta revolución contra sí mismos de forma inteligente, y prepararse para la próxima era de los juegos, sea cual sea? "Es una especie de dilema del innovador que afecta a los grandes estudios", asegura Ryan Selkis de Messari. "Puede ser una oportunidad para que alguno de los actores rezagados se enfoque en desarrollar juegos nativos para Web3, intentando diseñar una estrategia a largo plazo y ver si así logran superar a algunos de sus rivales".[52] Los líderes de la industria que "se oponen radicalmente a toda innovación", como fue el caso del filósofo Marshall McLuhan, harían bien en seguir el ejemplo de McLuhan: "Estoy decidido a entender qué está pasando. No me voy a quedar sentado y dejar que el gigante me aplaste".[53]

---

49. Dean Takahashi, "Bored Ape Company Yuga Labs Appoints Activision Blizzard's Daniel Alegre as CEO", *VentureBeat*, 19 de diciembre de 2022, https://venturebeat.com/games/bored-ape-company-yuga-labs-appoints-activision-blizzards-daniel-alegre-as-ceo/.

50. Jordan Novet y Lauren Feiner, "FTC Sues to Block Microsoft's Acquisition of Activision Blizzard", CNBC Universal, 8 de diciembre de 2022, https://www.cnbc.com/2022/12/08/ftc-sues-to-block-microsofts-acquisition-of-game-giant-activision-blizzard.html.

51. Elizabeth Howcroft, "Bored Ape NFT Company Raises around $285 Million of Crypto in Virtual Land Sale", Reuters, 1 de mayo de 2022, https://www.reuters.com/technology/bored-ape-nft-company-raises-around-285-million-crypto-virtual-land-sale-2022-05-01/.

52. Ryan Selkis, entrevista con Alex Tapscott a través de Zoom, 24 de agosto de 2022.

53. Marshall McLuhan, "Oracle of the Electric Age", entrevistado por Robert Fulford, CBC/Radio-Canada, 1966, https://www.cbc.ca/player/play/1809367561.

La gamificación más allá de los videojuegos

El éxito de los juegos Web3, con su economía basada en el "juega y gana", ha llevado a otros emprendedores a probar otras formas creativas que inciten a los usuarios a registrarse. Una categoría, las llamadas aplicaciones "muévete y gana", se dirige a personas que quieren hacer ejercicio y que, de paso, quieran ganar algo de dinero. A raíz del éxito de las aplicaciones de "muévete y gana", los desarrolladores han experimentado con otros conceptos de "haz-x y gana", incluido el "aprende y gana", como *RabbitHole* y *Hooked*. *RabbitHole* parte de un concepto ingenioso: paga a los usuarios en recompensas por aprender acerca de la Web3, invitando así a nuevos usuarios de la Web3 a "construir un currículum en cadena", un registro inmutable de sus logros que podrían usar para demostrar a un empleador que están formados.[54] Este podría ser el modelo para la obtención de credenciales en muchas profesiones.

Según un reciente informe publicado por The Block, dedicada a los estudios de mercado, "el éxito de StepN depende de la gamificación de su aplicación de *fitness* y la incorporación de recompensas en el juego a través del mecanismo del 'muévete y gana'. Como líder del mercado del sector muévete y gana, StepN atrajo a más de tres millones de usuarios activos mensuales en su punto máximo en abril, lo que resultó en un alto volumen de operaciones de sus NFT de zapatillas, que generaron 149,3 millones de dólares de ingresos en la primera mitad de 2022". El informe añade que "a pesar de contar con este impresionante nivel de ingresos, la tokenomía de StepN ha demostrado ser insostenible, ya que su suministro de *tokens* ha seguido siendo netamente inflacionario ante la falta de suficiente demanda por parte de los usuarios".[55] Al igual que ocurre en los juegos de la modalidad juega y gana, muchas de las ideas del modelo "haz-x y gana" aún deben superar algunas dificultades en su tokenomía.

Bien diseñadas, las aplicaciones "muévete y gana" podrían tener un impacto notable e inesperado no solo en el ámbito de los juegos, sino también en los campos de la atención médica, las finanzas y los presupuestos gubernamentales. "La naturaleza no quiere que seamos activos", afirma Oleg Fomenko, fundador de Sweatcoin, porque "quemar calorías perjudica tu supervivencia". Fomenko observó cómo su propia salud sufría un deterioro después de toda una vida escalando montañas. "Era incapaz de correr 5 kilómetros", asegura. Necesitaba un incentivo, un estímulo, alguna forma de

54. "Earn Tokens by Using Crypto Applications", RabbitHole Studios Inc., *s. d.*, `https://rabbithole.gg/`, consultado el 12 de abril de 2023.

55. "Digital Asset Outlook 2023", The Block.

gratificación instantánea. Esa fue la inspiración para Sweatcoin, "una moneda respaldada por el valor de la actividad física", fundada en 2017.[56] En la actualidad, Sweatcoin es posiblemente la aplicación más popular de la Web3. Según su sitio web, Sweatcoin cuenta con 120 millones de usuarios en más de 60 países diferentes. La aplicación es sencilla: los usuarios ganan Sweatcoins a medida que demuestran que se están moviendo.

En lugar de la prueba de trabajo (PoW) de Bitcoin, Sweatcoin se basa en una prueba de actividad física (*proof of physical activity*) como mecanismo de consenso. Con una capitalización de mercado de 50 millones de dólares, el PIB de la denominada "economía del movimiento" es realmente muy pequeño, si bien el valor actual de Sweatcoin sumado al valor de todas las recompensas futuras se acerca a los 1.000 millones de dólares.[57] No obstante, Fomenko cree que el potencial económico es significativo, y que el mercado necesita tiempo para reflejar dicho potencial en el valor de los activos. La obesidad, por ejemplo, genera costes externos incalculables para los proveedores sanitarios y las personas, en forma de primas de seguro más altas. Durante la pandemia, Fomenko observó, a partir de los datos de la aplicación, que "España perdió de la noche a la mañana el 85% de toda la actividad física. Esa pérdida de actividad física tiene efectos secundarios. Se puede recalcular en calorías. Se puede recalcular en sobrepeso ganado. Se puede recalcular en forma de sobrecostes sanitarios".[58] Estos datos tienen un valor extraordinario para el gobierno, la sanidad privada y las aseguradoras, entre otros. En apariencia, los incentivos funcionan: un estudio publicado en el *British Journal of Sports Medicine* demostró que los usuarios de Sweatcoin incrementaron su actividad física en un 20%. Fomenko cree que estamos en los albores de la economía del movimiento. ¿Estará en lo cierto?

Quizás algún día la economía del movimiento valga miles de millones. Hoy por hoy, las recompensas son pequeñas. Un usuario habitual podría ganar entre 25 y 50 dólares al año al precio actual, lo cual difícilmente le va a cambiar la vida. Además, Sweatcoin es dueña de los datos de los usuarios: es una empresa Web2.5 que aún no se ha transformado en una empresa Web3. Fomenko admite que su equipo está experimentando con las herramientas de la Web3 y quiere que los usuarios sean dueños de sus datos, pero cree que las cadenas de bloques no ofrecen un rendimiento suficiente para admitir ese tipo de funcionalidad. Por ahora, Sweatcoin recopila datos de usuarios cumpliendo con el Reglamento General de Protección de Datos (RGPD) de

56. Oleg Fomenko, entrevista con Alex Tapscott, 20 de enero de 2023.

57. Fomenko, entrevista con Alex Tapscott.

58. Fomenko, entrevista con Alex Tapscott.

la UE.[59] A pesar de los desafíos que rodean a la implementación, es una gran oportunidad. Si Sweatcoin puede llegar a un punto donde los usuarios ganen *tokens* y sean dueños de sus datos de salud, serán dueños de todo el valor que generen. Pueden ofrecer sus datos anonimizados para ensayos clínicos, ganar recompensas de marcas comerciales y obtener reembolsos de aseguradoras, al tiempo que mantienen la soberanía sobre sus datos, sin compartirlos con nadie más.

Conclusiones

Todas las industrias se verán afectadas de algún modo por la Web3. En este capítulo, hemos analizado tres áreas donde los emprendedores Web3 están reconceptualizando modelos de negocios basados en la propiedad y el control del usuario. Estas son las principales conclusiones del capítulo:

1. En el mundo de los juegos, nos hallamos a las puertas de una revolución en los modelos de negocio que empoderará a jugadores que, ya acostumbrados a comprar cosas, se transformarán en propietarios.
2. La propiedad introducirá nuevas dinámicas de juego y características que probablemente harán crecer la industria, al igual que el modelo de los juegos gratuitos permitió la aparición de nuevos jugadores y fuentes de ingresos.
3. Los juegos basados en NFT permiten que estudios con presupuestos ajustados financien el desarrollo de sus juegos en los países en vías de desarrollo. Al mismo tiempo, los juegos Web3 deben perfeccionar sus modelos de *tokens*.
4. Sobre este último punto, es probable que necesitemos de toda la potencia computacional que podamos aunar para hacer realidad la promesa del metaverso, por no hablar de las oportunidades en inteligencia artificial y otros campos.

El próximo capítulo analiza el metaverso y la infraestructura física que sustenta la innovación en la industria.

59. Fomenko, entrevista con Alex Tapscott.

CAPÍTULO 8

El metaverso: ¿utopía, panóptico o nueva aldea global?

Promesas y peligros

El metaverso es uno de los temas de más candente actualidad en el mundo de los negocios, pero, para ser algo que provoca tanta emoción y expectativas, es una idea con un pasado ambiguo en el ámbito literario. Neal Stephenson acuñó el término "metaverso" en su novela de 1992 *Snow Crash*, ambientada en un futuro cercano donde los gobiernos han cedido el control a grandes corporaciones y otras organizaciones privadas. En la novela de Ernest Cline de 2011, *Ready Player One*, el personaje principal, Wade Watts, entra en OASIS, un mundo virtual inmersivo, para escapar de la monotonía de la vida diaria en una Tierra contaminada y superpoblada. En la película *Matrix*, los seres humanos están conectados a una simulación que imita la vida a finales del siglo XX mientras los robots cosechan su bioelectricidad. Esta conexión de los individuos a un colectivo global o sistema nervioso central adopta un giro menos oscuro en la novela de William Gibson, *Neuromante* (1984), donde el ciberespacio es "una alucinación consensuada experimentada a diario por miles de millones de operadores legítimos, en todas las naciones... una representación gráfica de la información abstraída de todos los ordenadores del sistema humano".[1] Podríamos interpretar estos ejemplos como comentarios que ilustran los efectos aislantes de los videojuegos y la tecnología a finales del siglo XX.

Sin embargo, mucho antes de la aparición de los ordenadores modernos, muchos autores han batallado con la idea de cómo la humanidad puede utilizar la tecnología para trascender las fronteras normales de la existencia.

---

1. William Gibson, Neuromancer (Ace Books, Nueva York, 1984), https://www.goodreads.com/quotes/14638-cyberspace-a-consensual-hallucination-experienced-daily-by-billions-of-legitimate.

En *Un mundo feliz* (1932), el novelista Aldous Huxley nos hablaba de seres humanos diseñados para vivir en armonía y acceder a experiencias similares a las de la realidad virtual. En la novela, un personaje llamado el Predestinador Ayudante le pregunta al protagonista Henry si irá "al sensorama", y añade: "Me han dicho que el film del Alhambra es estupendo. Hay una escena de amor sobre una alfombra de piel de oso; dicen que es algo maravilloso. Aparecen reproducidos todos los pelos del oso. Unos efectos táctiles asombrosos".[2] En el libro, quienes detentan el poder crían y separan a las personas al nacer, cada una con una senda "predestinada". Afortunadamente, Henry ocupa el escalafón más alto de la escala social; él y su grupo de iguales pasan gran parte del tiempo consumiendo drogas, manteniendo relaciones sexuales y yendo al sensorama: cualquier cosa para huir de la realidad o las emociones reales. A pesar de tener todos sus deseos básicos satisfechos, se siente vacío y deprimido. En cada una de estas narraciones, el mundo virtual es, en el mejor de los casos, una vía de escape de la monotonía de la vida diaria (*Ready Player One*) y, en el peor, una cárcel mental donde los humanos nacen, viven y mueren sin vivir realmente (*Matrix*). Además, a menudo un soberano, enemigo o corporación todopoderosa obliga a los personajes a conectarse a estos sistemas.

La cueva platónica es un experimento mental plasmado en la obra de Platón, *La República*. En este experimento, Platón imagina a un grupo de personas que han vivido toda su vida en una cueva, encadenadas de tal manera que solo pueden ver las sombras de los objetos que pasan, proyectados en la pared de la cueva frente a ellos. Estas sombras son la única realidad de los prisioneros, la verdadera naturaleza del mundo.

En cierto sentido, podemos ver la cueva de Platón como una metáfora del metaverso. Si pasamos tiempo conectados a una realidad virtual compartida controlada por empresas con ánimo de lucro y gobiernos con una agenda política, entonces solo podemos experimentar lo que ellos quieren que experimentemos en nuestros visores, y podríamos interpretar esta "experiencia" como si fuera la realidad. Piensa en la transmisión radiofónica en directo de *La guerra de los mundos* de H. G. Wells que Orson Welles realizó en 1938; Welles adaptó la novela, transformándola en una serie de "boletines de noticias falsas que describían una invasión marciana de Nueva Jersey".[3] Los oyentes entraron en pánico. Ahora, imaginemos el metaverso como una especie de panóptico, un mundo donde una autoridad central vigila

---

2. Aldous Huxley, *Un mundo feliz*, capítulo 3.
3. A. Brad Schwartz, "The Infamous War of the Worlds Radio Broadcast Was a Magnificent Fluke", *Smithsonian Magazine*, 6 de mayo de 2015, `https://www.smithsonianmag.com/history/infamous-war-worlds-radio-broadcast-was-magnificent-fluke-180955180/`.

constantemente a los usuarios, rastrea sus movimientos, recopila sus datos (incluidos los biométricos) y se los envía a una inteligencia artificial, entrenándola para desarrollar métodos cada vez más refinados que moldean el comportamiento de cada usuario. Yo me quedo con los marcianos.

El metaverso también podría llevar lo que el teórico de los medios Marshall McLuhan llamó la "aldea global" hasta la realidad virtual, sin necesidad de realizar grandes cambios. Para McLuhan, la aldea global convirtió el mundo en un pequeño pueblo virtual lleno de entrometidos. No existía la privacidad. "No necesariamente implica vivir en armonía, paz y tranquilidad, pero sí estar involucrado intensamente en las vidas de todos los demás", según McLuhan.[4] Las redes sociales erosionan el yo privado soberano, algo que el metaverso podría exacerbar, junto con la vigilancia ejercida por empresas y gobiernos.

Si adoptamos una visión esperanzada, podríamos ver la cueva de Platón como una metáfora de cómo experimentamos el mundo a través de los sentidos y de nuestros prejuicios. Las DAO gobernadas por la comunidad podrían dar forma a la experiencia del metaverso e invitarnos a trascender las fronteras de nuestro mundo físico para sumergirnos en otros mundos, conociéndonos mejor y quizás con ello siendo capaces de comprender mejor a los demás.

Matthew Ball describe el metaverso como "una red a gran escala e interoperable de mundos virtuales en 3D renderizados en tiempo real", con el que un número infinito de usuarios puede disfrutar "de manera sincronizada, persistente y efectiva... de una presencia subjetiva, donde la información (como la relativa a la identidad, el historial, los derechos, los objetos, la comunicación y los pagos de la persona) se mantiene de forma persistente".[5] Si la columna vertebral de Internet fue un bien público, Ball asegura que el pilar del metaverso es privado, diseñado para "el comercio, la recopilación de datos, la publicidad y la venta de productos virtuales".[6] Según Tim Sweeney, de Epic Games: "Este metaverso va a ser mucho más ubicuo y poderoso. Si una empresa importante logra hacerse con el control de todo, tendrá más poder que cualquier gobierno, un dios en la tierra".[7]

---

4. Marshall McLuhan, "The World Is a Global Village", *The Future of Health Technology*, HealthcareFuture, 24 de marzo de 2009, https://www.youtube.com/watch?v=HeDnPP6ntic.

5. Matthew L. Ball, *The Metaverse: And How It Will Revolutionize Everything*. Liveright, Nueva York, 2022, p. 57.

6. Ball, p. 16.

7. Dean Takahashi, "Epic Graphics Guru Tim Sweeney Foretells How We Can Create the Open Metaverse", *Venture Beat*, 9 de diciembre de 2016, https://venturebeat.com/games/the-deanbeat-epic-boss-tim-sweeney-makes-the-case-for-the-open-metaverse/.

Yat Siu, de Animoca Brands, ofrece una definición más simple: "El metaverso es la construcción de nuevas realidades compartidas frente a la realidad virtual; estas realidades compartidas surgen porque tenemos unos valores compartidos en los que creemos, que es cómo se construyen las sociedades".[8]

El metaverso es otra creación humana, una ilusión compartida en la que todos acordamos participar. Como seres humanos, explica Siu, "nos agrupamos en comunidades en torno a realidades y creencias compartidas, ya sea el capitalismo, el socialismo, una idea política o una visión sobre los derechos de propiedad, por ejemplo, que se convierten en el eje de la comunidad". Los seres humanos tenemos la singular habilidad de "crear estas realidades ficticias y hacer que sean reales para nosotros. El dinero es ficticio, ¿verdad? Las sociedades son ficticias, los sistemas políticos son ficticios. Son historias que nos contamos a nosotros mismos y que se convierten en una realidad compartida".[9]

Cuando del metaverso se trata, "sin derechos de propiedad digital, nada de esto importa". ¿Qué opina Siu de Meta y otros mundos virtuales corporativos? Los ve más como parques temáticos que como economías o sociedades reales. "Disneylandia es divertido, es una experiencia, pero no eres dueño de Disney. No te va nada en ello. Por lo tanto, carece de sentido, excepto para sus propietarios". Refiriéndose a Meta, añade: "Meta tiene sentido para la gente de Facebook. Para sus accionistas. Pero no significa nada para sus usuarios, que se limitan a consumirlo" mientras la plataforma extrae sus datos.[10]

La economía del metaverso debe ser compartida, lo que significa que todos participan de ella. Los derechos de propiedad digital son lo primero. "Cosas como la realidad virtual (RV), la realidad aumentada (RA) o cualquier conjunto de herramientas, incluso una pantalla, son simplemente mecanismos con los que podemos experimentar nuestra propiedad virtual, la realidad compartida que tenemos dentro de los juegos". La RV y la RA no son más que las herramientas con las que accedemos al metaverso. Puede que se tornen más necesarias a medida que nos movemos hacia espacios digitales inmersivos, pero por sí solas son insuficientes, del mismo modo en que los ordenadores personales eran necesarios para acceder a la web en la década de 1990, pero tener un PC no garantizaba que estuviéramos en línea.

¿Cómo garantizar que el metaverso se transforme en una herramienta personal capaz de fomentar la empatía, la autonomía y la autorrealización en relación con los demás, en lugar de ser la herramienta de las instituciones

8. Yat Siu, entrevista con Alex Tapscott a través de Zoom, 11 de enero de 2023.
9. Siu, entrevista con Alex Tapscott.
10. Siu, entrevista con Alex Tapscott.

para esclavizar digitalmente a las masas, todos ocupando nuestra celda personalizada? La respuesta (que no encontramos en las listas que Ball propone) son los derechos de propiedad individual. Por ahora, las corporaciones se aprovechan de la confusión en torno al metaverso para imponer su visión. Para Epic Games, el metaverso es una herramienta muy potente a la hora de crear una experiencia de juego más inmersiva. Para Satya Nadella, CEO de Microsoft, el metaverso es una nueva interfaz que permite a sus clientes interactuar con la *suite* de software de Microsoft (piense en las presentaciones virtuales de PowerPoint). Para Mark Zuckerberg, de Meta, el metaverso añade una tercera dimensión a su jardín amurallado particular, que le permite cosechar datos de usuario y reproducir anuncios en Sensurround, perpetuando su modelo basado en publicidad, superando con creces los 3.000 millones de usuarios y el medio billón de dólares en capitalización de mercado.

El libro de Huxley es una obra tan visionaria que, con algunos pequeños ajustes, nos permite imaginar una versión situada en el año 2030. En nuestra versión actualizada de la obra de Huxley, el calentamiento global ha arrasado la Tierra. Muchas personas recurren a psicodélicos ahora legalizados para escapar de la realidad, mientras el gobierno utiliza una CBDC para monitorizar y controlar a las personas. Un puñado de grandes empresas nos suministra un nuevo tipo de escapismo virtual inmersivo que nos aleja aún más de la realidad. Las cámaras de eco de las redes sociales se han convertido en mundos virtuales donde nos alimentamos de un flujo constante de desinformación que refuerza nuestros prejuicios, mientras el tejido social se deshace.

La visión de un metaverso Web3 es mucho más esperanzadora y ambiciosa, y podría revolucionar la manera en que interactuamos entre nosotros y con el mundo que nos rodea. El metaverso Web3 es una trama descentralizada, abierta e interconectada de espacios virtuales, a veces (pero no necesariamente) accesibles mediante realidad virtual o realidad aumentada, alimentados por tecnologías *blockchain* y otros protocolos de código abierto. El metaverso no es simplemente un nuevo plano de la experiencia humana digital que se interconectará con nuestro mundo físico y donde pasaremos más tiempo. En la versión Web3 del metaverso, los usuarios también ejercerán un control total sobre sus datos, identidades y derechos de propiedad sobre sus bienes virtuales, con la capacidad de interactuar entre sí y construir aplicaciones sobre la plataforma con libertad. La visión Web3 del metaverso guarda relación con el disfrute de la libertad en un nuevo plano de la existencia humana que imita la misma autonomía y derechos de los que disfrutamos en nuestro mundo físico. Este nuevo espacio ofrece una oportunidad sin precedentes para ejercer esos derechos y transformar la forma en que experimentamos el mundo, hacemos negocios, aprendemos, buscamos compañía y nos entretenemos, solos y acompañados.

Lo cierto es que podemos tener la Web3 sin el metaverso, pero no queremos un metaverso sin la Web3. Las aplicaciones Web3 para las finanzas descentralizadas (DeFi), el arte, los juegos e innumerables campos más no precisan de una experiencia inmersiva de realidad virtual. Podemos crear experiencias inmersivas sin recurrir a la Web3, pero, en el metaverso, necesitamos la Web3 para garantizar nuestros derechos y privilegios contra las fuerzas centralizadoras. De lo contrario, en el mejor de los casos, el metaverso sería Facebook en versión realidad virtual (VR); en el peor, Corea del Norte en versión VR. En palabras de Ball: "En el metaverso, todo cuesta un 30%", controlado por conglomerados que "agrupan" servicios y ahogan la competencia.[11] Este es el modelo Web2 para una experiencia de realidad virtual, no un nuevo plano de la existencia humana.

Por qué el metaverso debe construirse con herramientas Web3

Durante un tiempo, *Second Life* fue la innovación que más cerca estuvo de ser una experiencia similar a la del metaverso. Este mundo virtual pionero se lanzó en 2003. Rápidamente, se hizo con una gran base de usuarios. Proporcionó un espacio virtual compartido colectivo, donde los usuarios podían interactuar entre sí, así como con objetos y experiencias virtuales. *Second Life* ofrecía algunas características, como su moneda digital nativa (los dólares Linden), que permitían crear y poseer propiedades virtuales, realizar transacciones comerciales y participar en una amplia variedad de actividades y comunidades.

A medida que *Second Life* fue haciéndose cada vez más popular, se desarrolló una pequeña pero robusta economía. Contaba con un millón de usuarios habituales, así como con la presencia de organizaciones y empresas del mundo real como la BBC, Wells Fargo y otros. La Universidad de Harvard ofrecía cursos en *Second Life*. Linden Labs, la empresa que lanzó *Second Life*, no era un intermediario, sino un facilitador. Actuaba más como un gobierno limitado que como un creador de juegos en el sentido tradicional. En su

11. Ball, *The Metaverse*, p. 188.

punto álgido, *Second Life* tenía un PIB de 500.000 millones de dólares y una bolsa de valores donde los usuarios convirtieron 55 millones de dólares Linden en divisas del mundo real.[12]

La presencia de Wells Fargo en *Second Life* parece sacada de algún titular actual. En febrero de 2022, J. P. Morgan anunció que abriría una "sucursal" en Decentraland, un proyecto en el metaverso Web3.[13] El *hype* del metaverso sigue atrayendo a grandes marcas a este espacio, como las abejas a la miel. Para algunos, es más que una simple estrategia publicitaria. Se consideran a sí mismos pioneros del comercio y el entretenimiento virtuales.

A pesar de su éxito inicial, *Second Life* no mantuvo su relevancia. En mi opinión, la falta de tecnologías Web3, tales como los derechos de propiedad digital, la identidad soberana y las transacciones *peer-to-peer*, impidieron su crecimiento. Poco después del lanzamiento de *Second Life*, Zuckerberg presentó Facebook. En comparación con *Second Life*, Facebook no era particularmente innovador; era la última de una serie de redes sociales como Myspace y Friendster con una oferta similar. Sin embargo, Facebook triunfó allí donde *Second Life* falló: la adopción por parte de los usuarios. A diferencia de Linden Labs, de *Second Life*, que gobernaba con guante de seda, Facebook era más controlador, optando por no pedir la opinión de sus usuarios en asuntos de importancia para la comunidad. El enfoque de Facebook fue el triunfador en la Web 2 (al menos para Facebook).

A día de hoy, Facebook apuesta fuerte por el metaverso, con una visión que contradice la promesa de una Web3 libre y abierta. Por ejemplo, recientemente Facebook anunció que las transacciones que involucren bienes digitales dentro de su entorno en el metaverso estarán sujetas a una tasa del 50 %, y que todos los activos residirán en un sistema controlado internamente, no en una cadena de bloques pública. En otras palabras: Facebook utiliza el metaverso como pretexto para crear su propia tienda de aplicaciones, un jardín amurallado donde todos le rinden tributo. Este modelo le funcionó a Apple en la Web2, pero hasta el momento los inversores no parecen convencidos. Desde que Facebook anunció su cambio de nombre a Meta, sus acciones han caído, si bien ha recuperado algunas de esas pérdidas. En comparación, los inversores destinaron una cantidad récord de 25.000 millones de dólares a empresas y activos digitales Web3 en 2021. Según la empresa de investigación Web3 The Block, los NFT y los juegos también impulsaron la

12. Ball, p. 10.

13. Kate Birch, "JP Morgan Is First Leading Bank to Launch in the Metaverse", *FinTech Magazine*, BizClik, 17 de febrero de 2022, `https://fintechmagazine.com/banking/jp-morgan-becomes-the-first-bank-to-launch-in-the-metaverse`.

inversión en 2022: "El sector recaudó 8.300.000 millones de dólares en 2022, lo que supone un aumento del 51 % interanual. La mitad de estas inversiones fueron en VR/metaverso, juegos basados en *blockchain* y diferentes subcategorías de estudios de juegos. La mayoría de los acuerdos reflejan rondas de financiación *pre-seed* y Serie A".[14]

Es posible que los inversores estén empezando a darse cuenta de que la frontera abierta de la Web3 podría ser más lucrativa que los jardines amurallados de la Web2. Los directivos de empresa suelen prestar atención a aquello que los inversores expertos valoran, como una señal de dónde deberían invertir su dinero. Esta será una de las tendencias que habrá que vigilar.

Las propiedades singulares de la Web3, tales como los derechos de propiedad digital, la identidad soberana y las transacciones entre iguales, son esenciales para construir un metaverso justo, próspero, sostenible e inclusivo. Proporcionan a los usuarios la capacidad de controlar y ser los verdaderos dueños de sus bienes digitales e identidades, facilitando las transacciones seguras, privadas y eficientes dentro del metaverso; seguras, porque se liquidan y establecen en la cadena; privadas, porque son *peer-to-peer*; y eficientes, porque evitan las plataformas Web2 y sus tarifas.

Gracias a los derechos de propiedad digital, los usuarios pueden ser plenamente dueños y ejercer el control sobre sus activos virtuales, lo que les permite generar riqueza en el metaverso y llevársela consigo. Esto también puede contribuir a crear un metaverso más sostenible, ya que los usuarios pueden invertir y mantener sus activos digitales para siempre, en lugar de hacerlo únicamente durante el ciclo de vida de un juego o la actualización del software de una gran empresa.

Además, un metaverso Web3 permite a los usuarios controlar sus propios datos personales e identidad en línea (o identidades, si así lo desean). Los usuarios pueden decidir quién puede ver qué, cuándo y dónde en el metaverso. Pueden utilizar activos digitales para entrar en comunidades con acceso restringido sin necesidad de revelar información personal, números de tarjetas de crédito o su ubicación global. Es hora de darle una segunda vida al metaverso, y podemos hacerlo con herramientas de Web3.

Las empresas Web2 tratan de imponer su poderío para controlar el metaverso, limitar la innovación Web3 e influir en las industrias del sector. Apple ha prohibido las aplicaciones de minería en sus teléfonos porque "agotan rápidamente la batería, generan un calor excesivo o sobrecargan innecesariamente los recursos del dispositivo". Como señala Ball, ¿no deberían ser los

14. "Digital Asset Outlook 2023", The Block, 20 de diciembre de 2022, `https://www.tbstat.com/wp/uploads/2022/12/Digital-Asset-2023-Outlook.pdf`.

propios usuarios quienes tomen esa decisión? Los fabricantes de frigoríficos no nos prohíben guardar queso o helado en la nevera, aunque puedan ser perjudiciales para nuestra salud.[15] Hay plataformas que ya han rechazado alojar juegos Web3 porque "simplemente no casan" con su modelo de negocios.[16]

Brett Winton, de Ark Investment Management, ve algunas vías para esquivar las tiendas de aplicaciones y conseguir que el modelo de negocio sea aún más lucrativo para los desarrolladores de juegos en el metaverso. "Pensemos en la experiencia del consumidor de juegos en términos de coste por hora", sugiere.[17] "Tener la propiedad digital de elementos dentro del juego realmente equivale a que el usuario estaría dispuesto a pagar un precio más alto por hora por esa experiencia".[18] Los editores de juegos podrían ofrecer "incentivos para que los desarrolladores permitan que los sistemas de propiedad digital se integren en sus juegos", desde "una superposición económica... hasta una experiencia más completamente integrada; por ejemplo, si tienes unas zapatillas Nike digitales, puedes moverte más rápido" en el juego.[19] Las personas creativas idearán nuevas formas de integrar bienes digitales en las aplicaciones de juegos y del metaverso.

En muchos aspectos, un verdadero metaverso es incompatible con los modelos de negocio de la Web2. La Web3 consagra los derechos de propiedad digital, incluidos la posesión y el derecho ilimitado de reventa; es decir, puedes hacer con tu propiedad lo que quieras siempre que sea legal. "Cuando un usuario compra un NFT de un juego dado, la ausencia de custodios centralizados y permisos en la cadena de bloques supone que los creadores del juego no pueden bloquear la venta de ese NFT en ningún momento", según Ball.[20] No es sorprendente que muchas empresas de la Web2 y otros gigantes tecnológicos sean los principales creadores de mundos virtuales, lo que podríamos llamar el "metaverso anti-Web3", porque son activamente hostiles hacia las innovaciones de la Web3, como las transacciones *peer-to-peer* en y entre aplicaciones descentralizadas que evitan las tarifas sobre las transacciones características de la Web2. En juegos basados en *blockchain*, los gigantes tecnológicos únicamente permiten a los usuarios coleccionar activos, pero no realizar transacciones con ellos, obligándolos a permanecer en un nivel de juego mucho más rudimentario.

15. Ball, *The Metaverse*, p. 200.
16. Ball, p. 201.
17. Brett Winton, entrevista con Alex Tapscott a través de Zoom, 25 de agosto de 2022.
18. Winton, entrevista con Alex Tapscott.
19. Winton, entrevista con Alex Tapscott.
20. Ball, *The Metaverse*, p. 208.

Los datos respaldan esta idea. Según The Block, la mayoría de los juegos Web3 (64 %) "eligieron los navegadores web para alojar sus juegos, seguidos por Android (37 %) y Windows (33 %)"; cabe suponer que la cifra supera el 100 % porque los editores pueden alojar sus juegos en múltiples ubicaciones. "Es probable que el navegador web sea la plataforma preferida porque a los jugadores les resulta más sencillo conectar sus billeteras criptográficas y custodiar sus activos de juego mientras interactúan con los servicios RMT del juego (por ejemplo, comercio, acuñación y *staking*)", según los investigadores de The Block.[21] Apple no aparece en la lista porque, en la práctica, ha prohibido la compraventa de NFT en sus aplicaciones.

Gemelos digitales

"Un gemelo digital es una representación digital de una entidad o sistema del mundo real", según la consultora Gartner. "La implementación de un gemelo digital es un objeto o modelo de software encapsulado que refleja un objeto físico, proceso, organización, persona u otra abstracción única". Gartner cree que los diferentes agentes innovadores irán añadiendo "datos procedentes de múltiples gemelos digitales... hasta obtener una vista compuesta de diferentes entidades del mundo real, como una central eléctrica o una ciudad, y sus procesos relacionados".[22]

Sin embargo, la implementación de estos gemelos digitales es prácticamente imposible sin herramientas Web3. Pensemos en el caso más evidente: nosotros mismos. Qué duda cabe de que existe un "yo real" en el mundo físico y un "yo virtual" en lo digital. Pero, en un mundo Web2, el yo virtual no es una versión única de lo que somos: es una imagen fragmentada de muchas versiones nuestras, dispersas por un número creciente de aplicaciones y plataformas, como cuando nos detenemos entre dos espejos, creando un espejo infinito con un número infinito de versiones de nuestra persona. Algunas versiones de nuestro yo virtual están incompletas o distorsionadas: no la versión reflejada, sino la versión de la sala de los espejos. Ninguna de estas versiones es un verdadero gemelo digital. Además, ninguna de ellas nos pertenece: pertenecen a las aplicaciones y plataformas.

La Web3 cambia este paradigma al permitir la existencia de gemelos digitales autónomos y totalmente únicos para lugares, activos y nuestras identidades. Como usuarios del metaverso, necesitaremos un gemelo digital que podamos poseer y controlar, no uno gestionado por varias grandes empresas.

21. "Digital Asset Outlook 2023", The Block.

22. "Digital Twin", *Gartner Glossary*, Gartner Inc., *s. d.*, `https://www.gartner.com/en/information-technology/glossary/digital-twin`, consultado el 12 de abril de 2023.

Son varios los desafíos de implementación hasta conseguir un yo virtual pleno en el metaverso. En un mundo ideal, el Alex virtual sería tan robusto, rico y único como el Alex real. Yo sería dueño de mí en el sentido más pleno de la palabra. Con mi yo virtual puedo caminar, volar o nadar, con mi billetera de activos, mi historial de experiencias y mi reputación, moviéndome por donde yo quiera, en un metaverso abierto y sin permisos. Puedo desplazarme y jugar, ver películas, socializar o hacer cualquier otra cosa que admita el metaverso. Estas experiencias son, todas ellas, singularmente mías. Una vez alcancemos un estándar para importar y exportar activos digitales (como si saliéramos de un país para entrar a otro), entonces podré llevarme lo que necesite al siguiente entorno. El cofundador de Parallel Studios, Sascha Mojtahedi, afirma: "Ese mundo se convierte en el mecanismo de consenso social donde las personas deciden qué hacer y cómo contribuir como comunidad".[23] Está claro que tenemos un largo camino por recorrer, lo que nos lleva al próximo apartado, relacionado con los retos del metaverso.

Retos de implementación del metaverso y la Web3

En la actualidad, el metaverso carece de estándares para transferir activos e identidades de un mundo virtual a otro. Volvamos a los juegos. ¿Podemos trasladar el automóvil de Fórmula Uno que hemos comprado en un juego a otro ambientado en la antigua Roma y competir contra carros de carreras? Los estándares para bienes digitales como los NFT nos permiten ver y comerciar con estos activos en entornos *blockchain* compatibles entre sí. Las cosas no son así en el metaverso ni entre diferentes juegos. Un Fórmula Uno puede funcionar de forma espectacular en un entorno, pero ¿quién sabe qué aspecto tendrá, qué sensaciones provocará y cómo se desempeñará en la antigua Roma? No solo carecemos de componibilidad de activos entre cadenas, sino que nos enfrentamos a innumerables retos a la hora de migrar activos y otros bienes digitales entre entornos virtuales.

Otro gran desafío de implementación es el hardware. La mayoría de la gente concibe la realidad virtual o aumentada como la interfaz del hardware para acceder al metaverso. "Creo que la RV y la RA aún están bastante lejos, en términos de fidelidad, de ser algo excepcional. No puedo decir si nos encontramos más cerca del iPhone1 o del Palm Pilot, lo que probablemente significa que estamos más cerca de lo segundo, ¿no crees?". Así me lo reconoció Anatoly Yakovenko, cofundador de Solana, en 2022.[24] Aun así,

23. Sascha Darius Mojtahedi, entrevista con Alex Tapscott a través de Zoom, 9 de agosto de 2022.

24. Anatoly Yakovenko, entrevista con Alex Tapscott y Andrew Young a través de Zoom para el podcast *DeFi Decoded*, 27 de julio de 2022.

Yakovenko cree que hay una necesidad de contar con una interfaz de hardware específicamente diseñada para la Web3 y que, por ahora, la respuesta está en un teléfono específico para Web3, por tres razones.

La primera es la experiencia del usuario y la funcionalidad. Los criptoactivos son activos digitales al portador, por lo que, si los vamos a llevar con nosotros de un lado a otro, deberíamos tener una forma segura y cómoda de custodiarlos. Solana ha anunciado su propio teléfono con gestión segura de claves privadas que le permite ser una billetera de hardware, con el ecosistema de aplicaciones de Solana integrado. "No competimos con Ledger para el almacenamiento en frío. Para cosas seguras, es recomendable seguir usando un dispositivo específico, pero el nuestro es un dispositivo de uso diario", explica Yakovenko.[25] La integración nativa para Web3 en un teléfono abre nuevas posibilidades. El teléfono libera a los desarrolladores, permitiéndoles ofrecer aplicaciones superiores, ya que "el sistema operativo se encarga de la parte técnica dedicada a asegurar los activos. Eso se traduce en mejoras en la experiencia del usuario".

La segunda es la experiencia. "Cuando los desarrolladores están constantemente diciéndome que no podemos hacer las cosas que queremos hacer en plataformas móviles, que tenemos que construir estas integraciones rarísimas de vistas web vinculadas a través de billeteras y cosas así, paseo de un lado a otro y me pongo a pensar en cómo ayudarles".[26] Contar con una plataforma específica facilita el trabajo de los desarrolladores.

La tercera razón guarda relación con las anteriores, puesto que el teléfono de Solana se salta las tiendas de aplicaciones de Apple y Google para dar paso a nuevas innovaciones. El teléfono de Solana "no tiene restricciones sobre la compraventa de NFT y no cobra un 20 o un 30 % por cada venta de NFT, lo cual no tiene sentido cuando hablamos de contenidos generados por el usuario. Con una verdadera propiedad digital, ese modelo de negocio simplemente no tiene sentido".[27] Yakovenko está apostando fuerte a que incluso con cincuenta mil usuarios Web3, este teléfono es viable (y tan pequeño que, desde una perspectiva general, no alarmará a Apple o Google).

Otro desafío son las limitaciones actuales de las propias cadenas de bloques. Después de más de una década, la industria está creciendo con rapidez, pero surgen dudas. Puede que los derechos de propiedad digital, la descentralización y los incentivos de *tokens* sean herramientas potentes que

25. Yakovenko, entrevista con Alex Tapscott y Andrew Young.

26. Yakovenko, entrevista con Alex Tapscott y Andrew Young.

27. Yakovenko, entrevista con Alex Tapscott y Andrew Young.

nos permitan lograr un metaverso más abierto, pero... ¿están las soluciones *blockchain* listas para manejar otros aspectos del metaverso como la renderización y la computación en tiempo real, como afirman algunos escépticos?

Renderizar un metaverso verdaderamente disruptivo es imposible en una nube centralizada como AWS (Amazon Web Services) y puede que tarde mucho tiempo en hacerse realidad en una nube descentralizada. En general, tiendo a pensar en estas críticas en términos de "desafíos de implementación" que podemos superar. Las herramientas Web3, tales como los activos digitales o la identidad soberana, serán fundamentales para construir un metaverso abierto, y necesitaremos redes descentralizadas para almacenar datos y ejecutar cálculos, con incentivos de *tokens* que impulsen la adopción del metaverso. Para que la Web3 pueda cumplir con su potencial a largo plazo, no puede depender de nubes centralizadas. El metaverso también debería estar libre de estas ataduras. Por ahora, muchas aplicaciones Web3 se ejecutan en AWS. Los metadatos de los NFT se alojan en servidores centralizados en OpenSea. No obstante, los innovadores pueden superar este desafío. La propia Web3 proporciona el conjunto de herramientas e incentivos económicos necesarios para que así ocurra. Algunos críticos sostienen que las nubes descentralizadas no serán tan eficientes como sus contrapartes centralizadas. Dado que AWS y Azure están muy lejos de poder renderizar mundos virtuales persistentes basados en el mundo real, una versión Web3 de ambas nunca podría admitir el metaverso. Render Network obligará a los detractores del metaverso a reconsiderar estas ideas preconcebidas.

Renderizar el metaverso con herramientas Web3: Render Network como caso práctico

Jules Urbach, CEO de la empresa de gráficos en la nube OTOY, cree que a la Web3 le ha llegado su momento. Hace veinte años, su tesis era que "llegado el momento, tendríamos una gran potencia computacional latente".[28] Urbach conoce bien todo lo relacionado con la potencia computacional: su empresa, OTOY, es pionera de los gráficos en la nube. Su producto estrella, OctaneRender, es lo que se conoce como un "motor de renderizado GPU, objetivo y espacialmente correcto", que es la forma en que la industria describe un software potente capaz de renderizar imágenes y videos más realistas que antes. Urbach asegura que es "como Adobe Photoshop: lo

28. Jules Urbach, entrevista con Alex Tapscott, 24 de enero de 2022.

alquilas por veinte dólares al mes".[29] Marvel Studios utilizó OctaneRender en las primeras escenas de *Ant-Man y la avispa*, y programas de televisión en HBO, Amazon y Netflix han probado la tecnología, según Urbach.

Más importante aún es el hecho de que OTOY haya democratizado la renderización, de modo que en la actualidad se puede renderizar en unos minutos lo que antes solía llevar horas. ¿Cómo? Aprovechando la potencia simultánea de docenas y a veces cientos de unidades de procesamiento gráfico (GPU), que dividen los proyectos en partes más pequeñas. "Hemos demostrado que puedes coger cien GPU y renderizar *Transformers* no en horas, sino en segundos. La prueba es que, con las GPU, a diferencia de las CPU, es sencillísimo juntar cien GPU para un único fotograma y obtener un renderizado cien veces más rápido". Entre los clientes de Urbach se incluyen estudios de Hollywood y artistas emergentes. Entre sus inversores y consejeros se encuentran el ex CEO de Google, Eric Schmidt, o el todopoderoso agente de Hollywood, Ari Emanuel (que inspiró el personaje de Ari Gold en la serie *Entourage*). La popularidad de la renderización en la nube llevó a la empresa al límite. Una de las razones era el coste: "Cuando compras GPU de renderización de centros de datos, hablamos de cantidades desorbitadas de dinero. Lo curioso es que la renderización no es más rápida que con una GPU local, que cuesta una décima parte". Los centros de datos pueden actualizar sus GPU cada pocos años, mientras que los *gamers* más apasionados y otros usuarios de GPU, en particular los mineros de Ethereum, disponen de tecnología de última generación. Una tarjeta gráfica comprada por un *gamer* experimentado es más potente que las tarjetas de los centros de datos. Un jugador del montón tiene a su disposición más potencia que Amazon... al menos, cuando se combina con miles de otros jugadores del montón. ¿Y si pudiéramos aprovechar la potencia de las GPU más modernas y avanzadas del mundo?

Hasta hace muy poco, el algoritmo de consenso de Prueba de Trabajo (PoW) de Ethereum se ejecutaba en tarjetas gráficas NVIDIA de última generación. Según Urbach: "Se me ocurrió lo siguiente: si ejecutar esto en Amazon cuesta 1 dólar, pero el coste de electricidad para minar en Ethereum es de 10 centavos de dólar... ¿Qué pasaría si yo le pago a los mineros de Ethereum 25 o 50 centavos de dólar?". Siguiendo con esta idea, Urbach pensó que, lanzando una oferta más atractiva para los propietarios de GPU, estos pondrían sus activos en común. Así nació Render Network. Los usuarios ponen sus GPU en común y a cambio de su tiempo y energía, reciben un pago en el *token* nativo de la red, RNDR. Desde su lanzamiento en 2017, los

29. Urbach, entrevista con Alex Tapscott.

usuarios de Render Network han renderizado más de 16 millones de fotogramas y casi medio millón de escenas en la red.[30] Los artistas que utilizan la red han creado arte cripto y NFT con unas ventas que, en conjunto, han alcanzado los 500.000 millones de dólares en mercados primarios y secundarios, según la empresa.[31] Muchos de los principales artistas cripto en 3D, como Pak y FVCKRENDER, utilizan Render. Urbach me contó que la artista Blake Kathryn utilizó Render para crear los efectos visuales de la gira *Montero* de Lil Nas X. Render también se utilizó para el espectáculo musical del descanso durante la celebración de la UEFA Champions League de 2021.[32]

Urbach cree que una nube descentralizada de GPU basada puramente en Web3 puede funcionar mejor que cualquier herramienta creada por una sola empresa. Aquí podría estar la clave para alimentar un metaverso descentralizado. Urbach habla del metaverso como un navegador espacialmente consciente. En línea, utilizamos localizadores de recursos uniformes (más conocidos por sus siglas en inglés, URL) para saltar de un sitio web a otro. Crear algo nuevo para la próxima era de Internet requiere algo más que renderización en tiempo real. Se precisa de una nueva arquitectura pública para el metaverso, más concretamente estándares 3D, equivalentes a los que tenemos para el HTML o los JPEG. Urbach lleva años trabajando en ello y es uno de los fundadores del grupo Metaverse Standards Forum, que ya cuenta con más de 2.000 miembros.[33] Además, debemos resolver la cuestión de la procedencia. Urbach concibe una solución Web3: cualquier cosa renderizada en Render Network crea un *hash* en una cadena de bloques, certificando así la procedencia verificable esencial para el traslado de bienes digitales de un mundo a otro y la gestión de los derechos de propiedad intelectual de los creadores.

En el transcurso de nuestra conversación, Urbach me contó que uno de sus amigos de la infancia quería preservar el legado de su padre, Gene Roddenberry. La tecnología LightStage de OTOY podía crear un gemelo digital hiperrealista del creador de Star Trek, pero las expectativas eran muy altas.[34] OTOY tuvo que ingeniárselas para conseguirlo a la velocidad de la luz.

---

30. RNDR Team, "Q1-Q3 Data Update: [Behind the Network (BTN)] ", *Render Network*, 2 de diciembre de 2022, `https://medium.com/render-token/q1-q3-data-update-december-2nd-2022-behind-the-network-btn-b627c0d8841e`.

31. Philip Gara, conversación por correo electrónico, 24 de enero de 2023.

32. Render Network (@RenderToken), *post* de Twitter, 12 de mayo de 2022 (11:48 a.m.), `https://twitter.com/RenderToken/status/1524778641573527553`.

33. Metaverse Standards Forum, Khronos Group Inc., *s.d.*, `https://metaverse-standards.org/`, consultado el 12 de abril de 2023.

34. Urbach, entrevista con Alex Tapscott.

Usando Render, Urbach contrató a un equipo para reconstruir visualmente toda la historia de *Star Trek*, empezando por un gemelo digital del USS Enterprise cuya procedencia pudiera rastrearse hasta la IP original. "Así es como va a funcionar la nave estelar Enterprise en el metaverso. No es una experiencia, no es un videojuego, no es un mundo: lo es todo".[35] Hasta el momento, el equipo de OTOY ha utilizado Render para escanear un millón de documentos del archivo de Roddenberry, "equivalente a la maqueta de 3 metros de envergadura que se conserva en el Smithsonian", según Urbach.[36] La última frontera consistirá en renderizar la nave Enterprise en tiempo real, eliminando lo imposible, por improbable que sea.

Una infraestructura física descentralizada

Los modelos descentralizados para la resolución de problemas están surgiendo en áreas muy diversas, como las redes de infraestructura física descentralizada (DePIN), donde las redes utilizan *tokens* como incentivos para agrupar y coordinar los recursos físicos de muchos individuos, transformándolos en sistemas descentralizados y resilientes.

El experto en Web3 Sami Kassab, de Messari, divide las DePIN en cuatro categorías: redes en la nube, redes inalámbricas, redes de sensores y redes de energía. Estima que el mercado total de DePIN puede alcanzar los 2,2 billones de dólares, y se espera que crezca hasta los 3,5 billones para 2028.[37] Consideremos el almacenamiento y la computación descentralizados, donde *startups* como Filecoin, Storj, Sia, Skynet, Arweave y Akash Network compiten junto a gigantes como el servicio en la nube de Amazon, AWS. O la red inalámbrica descentralizada Helium, que ya cuenta con puntos de acceso en 182 países.

En dos semanas, ChatGPT superó los 200 millones de usuarios, poniendo a prueba los limitados recursos informáticos y fondos de la compañía y evidenciando hasta qué punto la IA (junto con el metaverso y el Internet de las Cosas, IoT) impulsará la demanda computacional, ejerciendo una fuerte presión sobre los recursos centralizados de la computación en la nube. Los usuarios de empresa necesitarán nuevas soluciones. Las redes descentralizadas pueden cerrar la brecha entre la oferta y la demanda, aprovechando todo el hardware infrautilizado. "Piensa en todos esos ordenadores para juegos

35. Urbach, entrevista con Alex Tapscott.

36. Urbach, entrevista con Alex Tapscott.

37. Sami Kassab, "Using Crypto to Build Real-World Infrastructure", Messari, 4 de agosto de 2022, `https://messari.io/report/using-crypto-to-build-real-world-infrastructure`.

equipados con potentes GPU que se quedan sin usar la mayor parte del día", sostiene Kassab. Con las redes de cómputo descentralizadas, "los usuarios pueden monetizar sus GPU y CPU cuando no están en uso, ejerciendo un impacto significativo sobre la capacidad total de cómputo disponible en las redes en la nube".[38]

Al igual que ocurre con las finanzas descentralizadas, las DePIN probablemente tendrán el mayor impacto en países en desarrollo por muchas de las mismas razones: la infraestructura física para la banca, las comunicaciones y la electricidad no suelen ser de fiar, están infradesarrolladas, y no sirven adecuadamente a personas vulnerables, especialmente a quienes viven en lugares remotos. Al agrupar sus recursos, los millones de individuos que utilizan esta infraestructura pueden ser, además, sus propietarios. "Este enfoque de abajo arriba tiene el potencial de impulsar una mayor descentralización y capacitar a las comunidades locales para satisfacer sus propias necesidades de infraestructura", en palabras de Kassab.[39] En el próximo capítulo analizaremos más extensamente esta oportunidad.

Computación y almacenamiento distribuidos

Filecoin es un protocolo con incentivos para participar en un mercado descentralizado de almacenamiento en la nube, diseñado para "almacenar la información más importante de la humanidad".[40] Consideremos los posibles beneficios de este modelo. En primer lugar, los protocolos como Filecoin recompensan a los usuarios por agrupar su almacenamiento y potencia computacional, y realizar "pruebas de trabajo físico", es decir, demostrar que están dedicando sus recursos a respaldar la red. Estos incentivos integrados, como las tarifas de almacenamiento y las recompensas por recuperación pagadas a los interesados, han atraído a Filecoin una comunidad en constante crecimiento de 1.100 proveedores únicos y casi 18.000 acuerdos de almacenamiento en el momento de redactar estas líneas.[41]

En segundo lugar, en un sistema descentralizado, los datos y la potencia computacional se distribuyen en varios dispositivos, de modo que, si un dispositivo falla o se desconecta, el sistema aún puede seguir funcionando y acceder a los datos. En cambio, las soluciones de almacenamiento tradicionales pueden fallar si el servidor central o la nube se desconectan.

38. Kassab, entrevista por correo electrónico con Alex Tapscott.

39. Kassab, entrevista por correo electrónico con Alex Tapscott.

40. "State of Storage Market", Storage.Market, a 6 de febrero de 2023, `https://file.app/`.

41. "Filecoin Project", GitHub, `https://github.com/filecoin-project`; y `https://storage.filecoin.io/`, a 6 de febrero de 2023.

En tercer lugar, dado que los datos y la potencia computacional están distribuidos, los atacantes no pueden acceder o manipular fácilmente los datos ni apagar el hardware, frente a los *honeypots* o señuelos centralizados controlados por entidades únicas. Ningún dictador puede apagar la Web3 porque no le gusta lo que la gente dice y almacena en línea.

En cuarto lugar, el aprovechamiento de los recursos inutilizados reduce la necesidad de un hardware especializado y costoso. Históricamente, las grandes corporaciones eran las encargadas de emprender la tarea (intensiva en capital) de construir infraestructuras físicas, tales como las redes inalámbricas o instalaciones en la nube. Pero agrupar a un conjunto de individuos o incluso a pequeñas empresas mediante un mecanismo de coordinación e incentivos es más económico que construir todo por separado. Los participantes pueden decidir si trasladar el ahorro al usuario final.[42]

Por último, el almacenamiento descentralizado puede ser más perdurable que las nubes centralizadas. ¿Qué sucede con nuestros datos si un proveedor de servicios en la nube se declara en quiebra, es comprado por otra empresa, o es confiscado por un gobierno? Los proveedores de servicios descentralizados en la nube tienen un incentivo económico para seguir ejecutando su hardware para siempre, ya que reciben compensación por sus contribuciones a la potencia computacional de la red. Como especie, necesitamos formas de mantener viva nuestra memoria compartida en perpetuidad. Pensemos en el trabajo de la USC Shoah Foundation y la Universidad de Stanford, que se han asociado con Filecoin para garantizar la conservación digital y el almacenamiento eterno de los testimonios de los supervivientes del Holocausto.

Estos beneficios están encontrando un ajuste producto-mercado con diferentes tipos de emprendedores y creadores. Greg Osuri, fundador de Akash Network, identifica tres tipos de usuarios en Akash: "En primer lugar, los agruparía en la categoría de innovadores: proyectos DeFi, proyectos NFT, juegos. Osmosis es uno de los actores importantes. Varios proyectos de medios como Omniflex se están ejecutando en Akash, así como varios juegos, como *Strange Clan*".[43] Señala asimismo que Akash funciona para DAO, al eliminar el denominado "riesgo de la persona clave" en la implementación. "Cualquiera con una clave puede controlar la implementación, y esa clave puede ser *multisig*. Si quieres tener una infraestructura en la nube basada en *multisig*, Akash es la única solución".[44] En segundo lugar, están los llamados "arbitrajistas", que buscan discrepancias en los precios entre

42. Kassab, "Using Crypto to Build Real-World Infrastructure".

43. Greg Osuri, entrevista con Alex Tapscott y Andrew Young para el podcast *DeFi Decoded*, 15 de diciembre de 2021.

44. Osuri, entrevista con Alex Tapscott y Andrew Young.

las nubes centralizadas y Akash. "En la actualidad, Akash ofrece un rango de precios que es de un tercio a una quinta parte más bajo que Amazon. Cuando ves esa oportunidad de arbitraje, la mejor manera de aprovecharla es minar" el *token* nativo de la red, algo necesario para usar el servicio, en lugar de comprarlo en el mercado. El tercer grupo son lo que Osuri denomina "creadores de ecosistemas", con nombres como Akashlytics y ArGo.

¿Usarán Akash las empresas con necesidades en la nube como Walmart o Goldman Sachs, en lugar de usar AWS? Sí, pero no de inmediato, según Osuri. "No quieres a un usuario de Goldman Sachs o Walmart acostumbrado a hacer clic, clic y clic, quejarse un millón de veces, y esperar soporte. No es el usuario que quieres. Lo que quieres es un usuario que, cuando surja un problema, lo investigue por sí mismo, encuentre una solución y presente una idea. Así es como creces", presumiblemente a cambio de los beneficios que ofrece Akash. Cuando las primeras iteraciones de una nueva tecnología no satisfacen las necesidades de los clientes más lucrativos, los grandes proveedores tienden a despreciar la tecnología como si fuera un mero juguete. Para Osuri, por el momento, esto no supone un problema: "Al centrarnos en la componibilidad y no en la usabilidad, tomamos una decisión consciente de que podemos atraer a desarrolladores de alto nivel. Es lo que estamos haciendo en este momento. En cinco o seis años, verás cómo algunas de estas empresas adoptan la tecnología".[45]

Otro ejemplo de Web3 e infraestructura física es Helium, un proveedor descentralizado de Internet que utiliza incentivos para arrancar la infraestructura de redes empleadas por dispositivos inalámbricos de baja potencia, como los dispositivos del Internet de las Cosas (IoT). La red utiliza un mecanismo de consenso llamado "prueba de cobertura": para ganar el *token* nativo HNT, un nodo participante en la red debe demostrar que está brindando cobertura a otros dispositivos, mediante la resolución de un rompecabezas criptográfico. La dificultad del rompecabezas se ajusta según el número de nodos (llamados *HotSpots*) en una determinada área geográfica, de modo que la red mantenga un nivel de cobertura óptimo. T-Mobile consideró que Helium era lo suficientemente interesante como para asociarse con Nova Labs, una empresa fundada por el equipo fundador de Helium, mediante un acuerdo sobre comunicaciones inalámbricas descentralizadas. A medida que crece, Helium cuenta con el apoyo de la red de T-Mobile. Si tiene éxito, la red de Helium permitirá a T-Mobile llegar a clientes remotos.[46] Helium se enfrenta

45. Osuri, entrevista con Alex Tapscott y Andrew Young.

46. Linda Hardesty, "T-Mobile Allows the Helium Mobile 'Crypto Carrier' to Ride on Its 5G Network Fierce Wireless", 20 de septiembre de 2022, `https://www.fiercewireless.com/5g/t-mobile-allows-helium-mobile-crypto-carrier-ride-its-5g-network`.

a muchos de los mismos desafíos procedentes de *bots* a los que deben hacer frente otras aplicaciones habilitadas para Web3, como ocurre con los juegos Web3, donde los jugadores pueden ganar recompensas en *tokens* a cambio de su participación. En el caso de Helium, los usuarios "simulan" nodos inalámbricos sin cobertura inalámbrica real, de tal manera que los nodos honestos combaten sin cesar para cerrar nodos falsos que están haciendo trampa para ganar recompensas. Hoy por hoy, la prueba de cobertura sigue siendo demasiado difícil de demostrar.

Otro desafío afecta a la gran cantidad de recursos que deben agruparse para competir con o superar a una red tradicional. La capacidad de almacenamiento de Filecoin es de aproximadamente 13,8 exbibytes, suficiente para almacenar todo el contenido archivado de Internet más de 200 veces.[47] La red IoT de Helium tiene 980.000 *hot spots* en más de 182 países, según la investigación de Kassab. Deberán ser muchos más para que su impacto sea significativo.

DePIN y mapas

¿Podrían las DePIN alterar el orden establecido en la Web2 en áreas que vayan más allá de la computación en la nube? Ariel Seidman, fundador de Hivemapper, así lo cree. Seidman pretende acabar con el monopolio de Google sobre la elaboración de mapas y datos cartográficos. "Me van más los mapas que lo cripto", asegura Seidman, que fue ejecutivo sénior en Yahoo Maps en una época en la que Yahoo era el motor de búsqueda dominante y Google era un recién llegado con una cuota de mercado creciente. Por aquel entonces, Yahoo y otros proveedores de mapas licenciaban datos de terceros. Google, asumiendo un coste enorme, optó por generar sus propios datos, cartografiando todas y cada una de las carreteras del mundo. Cuando el jefe de Seidman rechazó sus planes de hacer lo propio, renunció a su trabajo.[48]

Hoy en día, Google Maps es la aplicación de mapas dominante. Más importante aún es el hecho de que proporciona acceso a su interfaz de programación de aplicaciones (API) de pago a cientos de empresas e incluso gobiernos. Uber, Lyft y Airbnb utilizan Google Maps. Es muy probable que nuestros parlamentos o compañías de seguros también lo utilicen. Desde tiempos antiguos, los mapas han sido una fuente de poder. "Un mapa es un arma", afirmó un soldado de la Primera Guerra Mundial que entendía que

47. A 8 de enero de 2023, Filecoin tenía 557.244.178.562.884.100 BYTES (494,9323 PIB) de datos almacenados en total, `https://storage.filecoin.io/`. Véase también `https://file.app/`.

48. Ariel Seidman, entrevista con Alex Tapscott a través Zoom, 20 de enero de 2023.

la información precisa, detallada y actualizada podía ser utilizada contra el enemigo.[49] En el negocio de la cartografía, Google maneja un obús contra competidores equipados con hondas y flechas.

Waze, una popular aplicación de mapas, compitió durante un tiempo con Google, aprovechando la sabiduría de las masas. Por un lado, la aplicación transformó a los usuarios en prosumidores, gamificando la aplicación (por ejemplo, marcando con una chincheta la ubicación de un coche parado para ganar una pegatina). Más importante aún fue el hecho de conectar con una vasta comunidad de miles de amantes de los mapas o cartófilos, que dedicaron voluntariamente treinta o cuarenta horas de su tiempo a la semana a corregir mapas y enseñar a otros editores.[50]

"Esas 20.000 o 30.000 personas literalmente entraban en una aplicación de escritorio y se dedicaban tediosamente a editar un mapa. Si somos sinceros, el mapa lo crearon ellos. Sin ellos, no existiría Waze, punto". Google adquirió la empresa en 2013 por 1.200 millones de dólares. Según Seidman: "Los inversores salieron beneficiados, como era lógico; los empleados salieron beneficiados, como era lógico; pero esos 25.000 o 30.000 editores no obtuvieron nada a cambio. Eso es injusto". La propuesta de valor para una solución Web3 es, en opinión de Seidman, obvia: "Si nos ayudas a elaborar un mapa y recopilas estos datos, seremos muy abiertos y transparentes acerca de la ubicación de los datos que estás recopilando y cuánto vas a ganar" en su *token* nativo, HONEY.[51] ¿Cómo? Hivemapper vende cámaras para salpicadero (*dashcams*) precargadas con inteligencia artificial de última generación y software cartográfico que cualquiera puede instalar en su coche en apenas unos minutos. El dispositivo captura grandes cantidades de datos que posteriormente se cargan en la nube a través de una aplicación de teléfono inteligente. Al igual que Sweatcoin, Hivemapper quiere que los usuarios reciban algún ingreso a cambio de algo que, de todos modos, iban a hacer: conducir hasta el trabajo, hacer recados, etc. Un conductor en una gran ciudad o en un trayecto más largo podría ganar más. Los conductores de Uber o los repartidores de FedEx son particularmente valiosos.

49. NYPL Staff, "The Great War and Modern Mapping: WWI in the Map Division", New York Public Library, 15 de mayo de 2015, https://www.nypl.org/blog/2015/05/15/wwi-map-division.

50. Paul Berger, "'It Takes Over Your Life': Waze Volunteers Work for the Love of Maps; Thousands of Them Spend Hours Updating Maps for Company; Rising through the Ranks", *Wall Street Journal*, 20 de marzo de 2019; o Paul Berger, "Waze to Win: Employ Army of Map Nerds-Unpaid Thousands Help Edit the Google Service", *Wall Street Journal*, Eastern Edition, 21 de marzo de 2019, https://www.wsj.com/articles/the-internets-most-devoted-volunteers-waze-map-editors-11553096956.

51. Seidman, entrevista con Alex Tapscott.

Esto nos lleva a una oportunidad evidente: los propietarios de flotas de transporte, como UPS o FedEx, podrían asociarse con Hivemapper. Da igual la cantidad de vehículos que Google pueda desplegar para tomar fotos: Uber y Lyft probablemente tengan más conductores. FedEx, Uber y otros podrían aspirar a ser menos dependientes de la cartografía de Google. Es una solución beneficiosa para todos. Los fabricantes de automóviles también utilizan la API de Google. Si un automóvil es un ordenador sobre ruedas, no son dueños de su sistema operativo u otros datos. Son hardware tonto. La tecnología de Hivemapper podría convertirlos en participantes activos de una red cartográfica donde tendrían acceso a datos sin depender de Google u otro proveedor.

Es probable que cualquier persona que invierta 500 dólares en una cámara para salpicadero de Hivemapper espere obtener, en algún momento, un retorno de su inversión. Su modelo de *token* es ingenioso: los Hivemappers ganan el *token* nativo de manera equitativa por los datos que generan. Cuando las empresas quieren licenciar los datos, compran y queman *tokens*, al igual que las empresas queman dinero en las API de Google Maps. Si la cantidad de *tokens* quemados es mayor que la cantidad de *tokens* emitidos, entonces se acumula más valor para los usuarios. Al igual que ocurría con los cartófilos que ayudaron a construir Waze, Seidman quiere atraer a miembros de la comunidad a este proyecto por razones que van más allá del aspecto financiero. Seidman parece indiferente al *token*, al menos por ahora. "Lo que importa en las fases iniciales es: ¿estás construyendo algo útil para otros seres humanos y otras empresas? Si no es así, si no eres capaz de dar respuesta a este requisito, es como... '¿a quién le importa?'". A la hora de embarcarnos en una gran aventura, queremos misioneros como compañeros de viaje, no mercenarios.

La trivergencia

La convergencia de teléfonos inteligentes y redes inalámbricas llevó a la aparición de aplicaciones móviles, servicios basados en la ubicación y modelos comerciales centrados en la movilidad, transformando el comportamiento humano. Los agentes más innovadores combinaron los avances en el campo de la metalurgia y los procesos de fabricación para crear la máquina de vapor, que revolucionó el transporte, la agricultura y la producción; tendieron líneas telegráficas junto a las vías del ferrocarril, con el objetivo de transportar mercancías y transmitir información simultáneamente.

Tal y como demuestran estos ejemplos, a menudo la combinación o convergencia de varias tecnologías dan como resultado un gran impacto económico, social y cultural.

En la actualidad, nos hallamos a las puertas de una nueva era en la que las tecnologías Web3 convergen con la inteligencia artificial (IA) y el Internet de las cosas (IoT), en lo que podríamos denominar "trivergencia".

Pero, antes, una breve reflexión. El Internet de las cosas (IoT) evidencia la creciente conectividad de los objetos cotidianos y nuestros entornos físicos a Internet. Las aplicaciones del Internet de las cosas en la actualidad van desde lo mundano (como que la nevera pida leche a través de Amazon o la cámara del salpicadero grabe el tráfico), hasta lo milagroso, como el control remoto de la salud de pacientes afectados por la enfermedad de Parkinson. Los médicos pueden observar los síntomas de sus pacientes de forma remota, recopilar y analizar datos que les permitirán ajustar sus medicamentos y mejorar sus vidas, avanzando en el desarrollo de tratamientos y la detección temprana de la enfermedad.[52] La inteligencia artificial (IA) describe la capacidad de los ordenadores de realizar tareas que antes requerían de una inteligencia humana, desde escribir código informático, informes de inversión o poesía, hasta generar arte y música. Como es natural, la tecnología *blockchain* ha desatado todo el potencial de la Web3, gracias a la cual podemos almacenar, gestionar e intercambiar nuestras propiedades de valor, tales como datos médicos anonimizados, de manera segura, privada y entre pares.

Sam Altman es más conocido como el CEO de Open AI, creador de Chat GPT, pero también trabaja en la trivergencia de estas tecnologías a través de otro proyecto, Worldcoin, fundado en 2019. La forma en que Altman concibe el impacto de la IA sobre el trabajo humano y cómo las enormes ganancias en productividad podrían sustituir a los trabajadores, conforman la base de su visión de Worldcoin como entidad financiera pública de alcance global. A través de Worldcoin, la humanidad entera podría participar de una prosperidad global (que podría adoptar la forma de una renta básica universal, o IBU), independientemente de quiénes fueran o dónde vivieran.[53]

52. Paolo Bonato, "Wearable Sensors and a Web-Based Application to Monitor Patients with Parkinson's Disease in the Home Environment", estudio, Michael J. Fox Foundation for Parkinson's Research, 2008, https://www.michaeljfox.org/grant/wearable-sensors-and-web-based-application-monitor-patients-parkinsons-disease-home-0.

53. Hirsh Chitkara, "Worldcoin Emerges from Stealth to Pursue Its UBI Infrastructure Ambitions", *Protocol*, PROTOCOL LLC, 12 de octubre de 2021, https://www.protocol.com/bulletins/worldcoin-ubi-infrastructure.

Para acceder a Worldcoin, los usuarios deben verificar antes su "humanidad" a través de un dispositivo de escaneo ocular, muy parecido a la inusual combinación que nacería de mezclar a HAL 9000 con una pelota de baloncesto. A partir de ese punto, los usuarios reciben una billetera con acceso a un *token* gratuito con utilidad futura y derechos de gobernanza como recompensa. El proyecto, con más de 1,7 millones de registros, sigue ganando fuerza.[54]

Worldcoin muestra la trivergencia en acción. El dispositivo en forma de orbe para el escaneo de la retina es un ejemplo de tecnología de IoT económica, duradera y útil, mientras que el *token* y la billetera de Worldcoin prometen llevar la Web3 a miles de millones de personas. Worldcoin utiliza pruebas de conocimiento cero para que una persona pueda "demostrar" su humanidad sin revelar ninguna información sobre sí misma. El sistema de identificación de Worldcoin podría ser útil para los miles de millones que carecen de una forma fácil de verificarse digitalmente. A medida que se acumula la riqueza habilitada por la IA, mayor será el número de titulares de *tokens* beneficiados.

OpenAI ha generado controversia. Algunos críticos alegan que el escaneo de la retina socava la privacidad porque la propiedad de los datos biométricos no está clara. No obstante, merece la pena intentar comprender y seguir de cerca los audaces planes de Worldcoin como un experimento de trivergencia.

Conclusión

El potencial de un metaverso Web3 es inmenso. Sus implicaciones se dejarán sentir en todos los aspectos de nuestras vidas, desde cómo interactúan entre sí las personas y las empresas, hasta la manera en que se organizan los gobiernos y otros actores sociales. A continuación, se presentan las conclusiones del capítulo:

1. El metaverso presenta una oportunidad inmensa. Tenemos la oportunidad de construir una nueva realidad compartida en línea, lo que podría acercarnos como especie y generar incontables oportunidades para empresas, creadores y usuarios de Internet.
2. No podemos ignorar los desafíos técnicos, sociales y económicos que aparecerán a medida que vayamos creando y habitando esta tecnología.

54. Joe Light, "ChatGPT's Sam Altman Is Getting $100 Million for Worldcoin Crypto Project", *Barron's*, Dow Jones & Co. Inc., 15 de mayo de 2023, `https://www.barrons.com/articles/worldcoin-sam-altman-crypto-ff4632ba`.

3. El mayor riesgo es que perpetuemos el mismo modelo de la Web2 en el que los usuarios carecen de derechos y propiedad sobre sus datos o identidades digitales. No estaríamos ante un "metaverso abierto", sino ante un mundo virtual cerrado. Una especie de Disney World: puede ser divertido, pero no es una "segunda vida".
4. El metaverso debe ser abierto y, en la medida de lo posible, debe construirse con herramientas Web3. Las mayores inversiones hoy por hoy tanto en contenido como en tecnología clave (realidad virtual o RV, y realidad aumentada o RA) corren a cargo de las plataformas tradicionales de la Web2. Si los ordenadores de escritorio fueron la vía que nos permitió interactuar con la Web1, y los teléfonos inteligentes fueron la vía por la que interactuamos con la Web2, la RV y RA (y, por extensión, "el metaverso") pueden convertirse en la manera en la que experimentaremos la Web3. Para ello, necesitamos mundos abiertos, estándares comunes y derechos de usuario.
5. Las herramientas Web3, específicamente la computación descentralizada y el renderizado gráfico, pueden proporcionarnos el conjunto de herramientas necesarias para hacer posible el metaverso, garantizando al mismo tiempo que la tecnología *backend* no sea propiedad de una única empresa que la controle.
6. La Web3 proporciona una hoja de ruta que nos muestra cómo aprovechar la capacidad excedente en la economía, ya sea un ordenador doméstico o un coche en la carretera, formando sistemas coordinados que complementen y refuercen (y quizás algún día reemplacen) la infraestructura existente. Las redes DePIN han logrado algunos éxitos tempranos en el renderizado de gráficos, el almacenamiento distribuido y la cartografía. La Web3 se está fusionando con otras tecnologías revolucionarias, como la inteligencia artificial y el Internet de las cosas. Esta trivergencia creará nuevas oportunidades comerciales y desafíos para la sociedad.

Puede que el metaverso nos acerque más los unos a los otros, algo que ya estamos viendo en la Web3 en la actualidad. Como veremos en el siguiente capítulo, el mundo se está volviendo más plano y la Web3 está allanando el camino.

CAPÍTULO 9

Civilización: el mundo Web3, cada vez más plano

Vivimos en una época de gran prosperidad global, pero también de gran incertidumbre sobre el futuro. Existe la sensación creciente de que nuestro sistema genera una enorme riqueza, pero lo hace a expensas de nuestro planeta. "Era el mejor de los tiempos, era el peor de los tiempos, la edad de la sabiduría, y también de la locura; la época de las creencias y de la incredulidad; la era de la Luz y de las Tinieblas", escribió Charles Dickens. Por un lado, hemos logrado grandes avances en cuanto a salud y bienestar material, gracias en buena medida a la difusión global de bienes, capital, conocimientos técnicos y tecnología. Los seres humanos hemos añadido veinte años a la esperanza de vida promedio en los últimos 60 años. En el mundo en vías de desarrollo, el cambio ha sido aún más dramático. En África, las personas viven un 60 % más que en 1960.[1] La mortalidad infantil ha disminuido en el mismo periodo en más del 80 %.[2] Pero no todo funciona, y son muchos los problemas del mundo. Para empezar, no todos compartimos la prosperidad de nuestra economía global de manera equitativa. Thomas Friedman escribió una obra titulada *The world is flat* (*El mundo es plano*); en realidad, la mayoría de los habitantes del planeta todavía deben hacer frente a un camino desalentador. Según el Banco Mundial, 1.400 millones de adultos no tenían acceso a servicios bancarios en 2022.[3] En *The Sovereign Individual* (*El individuo soberano*), escrito en 1997, James Dale

1. "Africa Life Expectancy 1950-2023", Macrotrends LLC, a 12 de abril de 2023, https://www.macrotrends.net/countries/AFR/africa/life-expectancy.
2. "Africa Infant Mortality Rate 1950-2023", Macrotrends LLC, a 12 de abril de 2023, https://www.macrotrends.net/countries/AFR/africa/infant-mortality-rate.
3. "COVID-19 Boosted the Adoption of Digital Financial Services", Banco Mundial, 21 de julio de 2022, https://www.worldbank.org/en/news/feature/2022/07/21/covid-19-boosted-the-adoption-of-digital-financial-services; y "State of the USDC Economy", *Circle*, Circle Internet Financial Limited, 10 de marzo de 2023, https://www.circle.com/hubfs/PDFs/2301StateofUSDCEconomy_Web.pdf.

Davidson y William Rees-Mogg describen cómo el nacimiento de la era de la información disolvería las fronteras, permitiendo a las personas "trascender lo local". El libro fue visionario en su descripción de los nómadas digitales de hoy, jóvenes y prósperos trabajadores del conocimiento con un pasaporte y un ordenador portátil, capaces de trabajar desde cualquier lugar. Sin embargo, para la mayoría de la población mundial, no es una opción realista.[4] Ni la Web3 ni ninguna otra herramienta cerrará, por sí sola, la brecha económica entre el mundo en desarrollo y el desarrollado, porque toda esta gente necesita conectarse a Internet y disponer de herramientas y conocimientos financieros, pero solo 5.160 millones de personas disponen hoy en día de una conexión a Internet, lo que representa el 64,4% de la población mundial.[5]

Los creadores y emprendedores del mundo en vías de desarrollo han adolecido de una falta de herramientas que les permita trascender sus mercados y economías locales para financiar sus proyectos empresariales o emprendimientos creativos. Es innegable que Internet ha "aplanado" el mundo, y que aún se aplanará más con la Web3. Veamos las tres historias que siguen.

Caso práctico 1: los creadores pueden monetizar a sus seguidores globales

April Agregado vive en Filipinas con su esposo y sus cuatro hijos. Trabaja como gerente de oficina en una consultoría; su marido trabaja como reclutador de ejecutivos. Son un matrimonio típico de la nueva clase profesional emergente en Filipinas. Como en tantas otras familias, su hijo menor, Sevi, nació con autismo. Y, como en tantos otros países, los Agregado no recibieron ninguna ayuda del gobierno para ayudar a su hijo a ser todo lo que su familia creía que podía llegar a ser.

April y su esposo apuntaron a Sevi, desde pequeño, a diferentes actividades de terapia artística, gimnasia y fútbol. Durante cinco horas al día, aprendió a interactuar socialmente y realizar tareas en las que debía ejercitar ciertas habilidades. Los Agregado utilizaron sus ahorros para darle a Sevi todas las oportunidades posibles. Con el tiempo, el coste se hizo inasumible y la familia tuvo que abandonar todos los programas, excepto uno. Le pidieron a Sevi, que a la sazón tenía 8 años, que decidiera. Eligió el arte.

---

4. James Dale Davidson y Lord William Rees-Mogg, *The Sovereign Individual: Mastering the Transition to the Information Age*. Simon & Schuster, Nueva York, 1997), p. 196.

5. Ani Petrosyan, "Worldwide Digital Population 2023", Statista, 3 de abril de 2023, `https://www.statista.com/statistics/617136/digital-population-worldwide/`.

April me contó lo importante que es el arte para Sevi, cómo sus pinturas hablan por él cuando las palabras tardan en salir. Su trabajo a menudo le sorprende. El arte de Sevi le abre a su madre una ventana a la mente de su hijo, y le permite observar su crecimiento como persona. Sevi pinta una amplia variedad de temas, pero prefiere pintar animales, paisajes y retratos de April y otros miembros de la familia. Trabaja con un maestro-terapeuta que lo ayuda a expresarse con colores llamativos.

Madre orgullosa, April comenzó a publicar fotos de las obras de Sevi en Facebook, donde llamaron la atención de amigos y familiares. Varias personas preguntaron si estaban a la venta. April se mostró reacia, ya que a Sevi le gusta regalar su arte a sus tres hermanas. Sopesó la posibilidad de vender algunas piezas a familiares cercanos, pero no había forma de que los pocos seguidores de Sevi compraran sus obras sin ser dueños de las pinturas. Entonces, en marzo de 2021, un amigo le habló a April de los NFT. Filipinas era, por aquel entonces, un foco emergente de innovación cripto.

A diferencia de épocas anteriores de la web, las economías emergentes del mundo están impulsando la adopción y experimentación de la Web3, debido en parte a una distribución más amplia de herramientas digitales tales como los teléfonos inteligentes e Internet, y en parte debido a décadas de deslocalización y externalización, que han convertido al sudeste asiático en un próspero ecosistema tecnológico. Por ejemplo, Filipinas es conocida por sus estudios de videojuegos, que desarrollan sus propios juegos y trabajan en grandes títulos estadounidenses como *Gears of War*, *Red Dead Redemption* y *The Last of Us*.

Pero, a diferencia de lo que ocurría en épocas anteriores, la Web3 es un medio que no solo permite crear, sino también reclamar la propiedad de activos. La gente encuentra nuevas formas de monetizar su tiempo y energía creativa en la Web3. En muchas economías emergentes, el pluriempleo y los trabajos temporales para ganarse un dinero extra son esenciales; a través de estas herramientas Web3, los habitantes de estos países pueden conectarse a mercados globales e incrementar el valor de su trabajo. Es probable que estas oportunidades conecten más con los habitantes de las economías emergentes que con Occidente, razón por la cual Vietnam, Filipinas y otros países del sudeste asiático superan a todos los países de Europa Occidental en la adopción de la Web3.[6]

Con la ayuda de una amiga, April aprendió a crear NFT (es decir, una versión digital única) de cada una de las obras de Sevi. Incluyó algunas de las obras en el mercado de NFT OpenSea, añadiendo información sobre

---

6. Chainalysis Team, "2021 Global Crypto Adoption Index", *Chainalysis Blog*, 14 de octubre de 2021, `https://blog.chainalysis.com/reports/2021-global-crypto-adoption-index/`.

Sevi. La historia de Sevi tocó la fibra sensible de las personas en la floreciente escena de la Web3, y registró sus primeras ventas. Poco después, la principal feria de arte NFT, NFT.NYC, comenzó a seguir a Sevi en Facebook e Instagram.[7] Los amigos de April la animaron a presentar su candidatura para participar en la feria, con la esperanza de que los organizadores seleccionaran a Sevi como artista destacado. En palabras de April: "Al principio, dudamos mucho en compartir su historia y su trabajo, porque estamos hablando de un espacio con multitud de artistas extraordinarios ya consolidados, y aquí llega este niño de 8 años con autismo a compartir sus obras realizadas en terapia".[8] Al no ver mayores inconvenientes, decidieron intentarlo.

La primera incursión de Sevi en la escena artística global llegó en el momento oportuno. No solo los NFT habían surgido como un medio de expresión creativa en línea, sino que los coleccionistas prestaban atención a "los niños artistas" como tal. Andres Valencia, un neoyorquino de 10 años de edad apodado "El pequeño Picasso", dio que hablar al vender sus cuadros (no NFT) por más de 100.000 dólares cada uno.[9] Para el verano de 2021, NFT.NYC ya exponía el trabajo de Sevi y otros jóvenes artistas en gigantescas vallas publicitarias en Times Square. Las obras de Sevi triunfaron en la feria, y empezaron a venderse. Hoy tiene alrededor de 4.000 seguidores en Twitter, y ha aparecido en el canal CNN. Desde que April comenzó a vender el arte de Sevi como NFT, la familia ha ganado alrededor de ocho ETH, que a 17 de abril de 2023 equivalían a 16.000 dólares, más de lo que gana de media un filipino en un año. Estos ingresos, que cambiaron la vida de la familia, son solo una gota en el océano del mercado de los NFT, que en 2021 ha registrado transacciones por valor de 23.000 millones de dólares.[10]

April explica cómo el arte de Sevi "se convirtió en una forma de garantizar y apoyar su futuro", y añade: "Muy probablemente, Sevi va a necesitar terapia durante mucho tiempo. Vender su obra a través de NFT nos permite empezar a construir aquí y ahora un futuro para Sevi".[11] La familia de Sevi es de clase media, pero como tantas otras familias que buscan una vida mejor

7. NFT.NYC, PeopleBrowsr Inc., abril de 2022, `https://www.nft.nyc/`.

8. April y Sevi Agregado, entrevista con Alex Tapscott a través de Zoom, 14 de octubre de 2022.

9. Alex Hawgood, "Six-Figure Artworks, by a Fifth Grader", *New York Times*, 26 de septiembre de 2022, `https://www.nytimes.com/2022/09/26/style/andres-valencia-art-paintings.html`.

10. Pedro Herrera, "2021 Dapp Industry Report", *DappRadar Blog*, 17 de diciembre de 2021, `https://dappradar.com/blog/2021-dapp-industry-report`.

11. April y Sevi Agregado, entrevista con Alex Tapscott.

siempre se enfrentan al riesgo de que las cosas vayan a peor. "Por ahora todo va bien, pero nunca se sabe. Las cosas pueden cambiar de un momento para otro", dice April.[12] El colchón de NFT de Sevi ayuda.

La historia de Sevi no habría sido posible en la Web2. Es indudable que Sevi se ha beneficiado de las herramientas de la Web2: a través de Facebook y Twitter, April publicó copias de su trabajo y fue haciéndose con una base de seguidores. Pero los NFT y las plataformas Web3 como OpenSea le dotaron de una propiedad en línea que le permitió monetizar su creatividad en su nombre. A través de la Web3, un niño autista de una familia filipina normal y corriente se conectó con un mercado global de coleccionistas de arte. En palabras de April: "Su arte se presentó en galerías de NFT en Singapur y en Chicago. Está llegando a lugares, a personas y a países a los que no pensábamos que podría llegar hasta que fuera mucho mayor".[13] Mientras tanto, Sevi conserva las copias físicas de su trabajo, que él y su familia aprecian enormemente y son esenciales para su terapia. Por último, con sus NFT, Sevi obtiene una compensación justa cada vez que los coleccionistas revenden su arte, una opción que la mayoría de los artistas visuales nunca tuvieron. En promedio, más de la mitad de todas las ventas de NFT en la categoría de arte y coleccionables son reventas. Los creadores de activos pueden programar sus NFT para cobrar regalías de forma perpetua en su dirección de billetera original. Naturalmente, no todos los niños que pintan pueden alcanzar el éxito como lo ha hecho Sevi. Su historia como artista no es necesariamente replicable, pero las herramientas tecnológicas que lo hacen posible sí lo son, ya que empoderan a las personas otorgándoles la propiedad de sus bienes digitales; en este caso, el arte de un niño autista con talento. Para April, las ganancias de Sevi le aseguran un futuro.

Por el momento, Sevi está contento y sigue progresando. Su madre nos cuenta que "ha mejorado tanto que no ha sido necesario añadir más terapias", si bien sigue creando porque lo disfruta mucho y le ayuda a concentrarse. Por supuesto, Sevi es un niño; puede que no quiera pintar eternamente. "Esperamos que siga disfrutando, pero solo tiene diez años y sus intereses aún pueden cambiar". A April le encantaría que Sevi retomara el fútbol o la gimnasia. Gracias a sus NFT, ahora pueden permitirse brindarle toda la ayuda que necesite.

---

12. April y Sevi Agregado, entrevista con Alex Tapscott.

13. April y Sevi Agregado, entrevista con Alex Tapscott.

Caso práctico 2: emprendedores conectados a mercados globales

La historia de Sevi ilustra la forma en que Internet, como herramienta de comunicación combinada con un medio digital de valor (en este caso, los NFT), permite a los creadores en partes distantes del mundo conectarse con un mercado global, llegar a nuevos compradores y ganarse la vida. Sin estas innovaciones, no habría forma de que un joven artista autista de Manila pudiera conectarse con un comprador, mucho menos vender sus creaciones. La historia de Sevi es única, pero muchos otros en Filipinas ven el potencial de la Web3 para mejorar sus vidas. La innovación de la Web3 lleva la globalización al plano de las experiencias y los activos digitales. Al igual que ha ocurrido con anteriores oleadas de globalización, todo conlleva riesgos y oportunidades. Las experiencias ajenas no son siempre positivas. La Web3 puede generar nuevas oportunidades económicas y exacerbar la desigualdad. En ningún ámbito es esto más cierto que en el de los juegos Web3.

En el capítulo dedicado a analizar de qué manera la Web3 está transformando la industria del juego, describimos cómo los juegos en la modalidad de "juega y gana" habían captado la imaginación en los países en vías de desarrollo, especialmente en Filipinas, donde los jóvenes se habían aficionado a *Axie Infinity* y otros títulos. Muchos juegos Web3 requieren que los jugadores compren antes un personaje jugable, a todos los efectos un activo digital. Los jóvenes filipinos querían ganar dinero, pero muchos empezaban a jugar desde cero. Existía un sentimiento genuino de que los juegos basados en NFT habían desentrañado una especie de secreto, que eran radicalmente diferentes. Katrina Wolfe, que trabaja como directora de producto para Laguna, en Estados Unidos, cuenta que al principio le sorprendió "el optimismo desbordante de las comunidades" de jugadores en lugares muy distantes. La gente pensaba: "Vamos a cambiar el mundo de arriba abajo. Bueno, tal vez. La tecnología no siempre lo consigue. Después está la cultura, y la política, y todas esas cosas que también deben cambiar".[14] Aun así, afirma, era divertido compartir un espacio donde no había reglas preestablecidas.[15]

En respuesta, algunos emprendedores crearon una nueva industria para los llamados "gremios de juegos Web3". Estos gremios son distintos a los "gremios" existentes en juegos en línea masivos y multijugador como *World of Warcraft*, donde un grupo de jugadores se une para emprender aventuras y misiones. Son ciertamente diferentes de los gremios medievales, que a todos

14. Katrina Wolfe, entrevista con Alex Tapscott a través de Zoom, 14 de octubre de 2022.

15. Wolfe, entrevista con Alex Tapscott.

los efectos funcionaban como asociaciones profesionales que establecían estándares para la calidad de los productos elaborados por sus miembros y negociaban con los señores feudales para obtener un trato favorable y derechos, al tiempo que proporcionaban a los artesanos un medio para poner en común sus recursos y conocimientos, contribuyendo a formar nuevos miembros. Si acaso, la comparación más cercana a los tiempos feudales no sería con los gremios medievales, sino con la relación que se establecía entre terrateniente y aparcero. Los jugadores que se inscriben en los gremios de juegos Web3 se convierten en una especie de "becarios" que pueden jugar con activos prestados (unos activos que, de otro modo, no podrían pagar), devolviendo parte de sus ganancias al organizador del gremio. En ocasiones, piden prestado dinero para participar, atraídos por la promesa de ganarse la vida mientras juegan. Para un joven desempleado aficionado a los juegos, ¿existe acaso una mejor vocación?

Como en todo, este tipo de innovaciones conlleva riesgos y consecuencias no deseadas. Durante la pandemia, *Axie Infinity* se convirtió en un juego popular en Filipinas, ya que muchas personas perdieron el trabajo y se aburrían mortalmente. "La idea de las becas se hizo muy popular en Filipinas. Durante la pandemia, cuando todo el mundo estaba en casa o había perdido su trabajo, los juegos NFT *Axie Infinity* se volvieron muy populares en Filipinas", según Ria Lu, gerente para Filipinas de Laguna Games, un proyecto de juegos Web3 con sede en Estados Unidos.[16] "En última instancia, buena parte del sudeste asiático se sigue considerando una región en vías de desarrollo, y el dinero lo es todo. La gente siempre está buscando formas de ganar más dinero. El *blockchain*, las criptomonedas, los NFT... para una mayoría de personas en el sudeste asiático, son principalmente una vía para ganar dinero". Durante un breve periodo de tiempo, se podía ganar mucho dinero jugando a cambio de recompensas que se podían convertir fácilmente en efectivo. Sin embargo, añade Lu, "los jugadores tienen que entender que tratar este tipo de juegos como un trabajo normal no es sostenible, porque los NFT suben y bajan. No puedes considerar esto como tu principal fuente de ingresos".

Lu cree que los juegos basados en NFT no son una vocación real, "especialmente para los filipinos que siguen sumidos en la pobreza y que carecen de ahorros. Si dependen de una sola fuente de ingresos y de repente los ingresos desaparecen o disminuyen, no les conviene. Por esta razón, realmente no creo que la posibilidad de ganar dinero sea una buena motivación

16. Ria Lu, entrevista con Alex Tapscott a través de Zoom, 14 de octubre de 2022.

para los juegos NFT. En Filipinas, la gente pediría prestado dinero para comprar NFT para *Axie*, tratándolo como una inversión comercial. No creo que sea una visión acertada. Habría que cambiar esta manera de pensar".[17]

Al final, la gente jugará como quiera, pero para Lu es "bastante triste jugar por otros motivos que no sean disfrutar de la experiencia. Porque esa es precisamente la gracia del juego. Jugar es una experiencia. Esto pasa mucho en Filipinas, donde te encuentras con gremios cuyo trabajo es entrar en todos estos juegos NFT, hacer jugar a sus becarios, ganar dinero y repartirse las ganancias".[18]

Lu lleva 15 años trabajando en la industria de los juegos en Filipinas. En ese tiempo, ha visto cómo el negocio se ha transformado por efecto de fuerzas globales. Esta ejecutiva nacida en Filipinas ha prosperado junto con la industria de los videojuegos de su país de origen, convertido en un actor importante en la industria. La globalización condujo a una ola de externalizaciones y subcontrataciones: el desarrollo de juegos no fue una excepción, según Lu. "Por contrato, teníamos prohibido decir que creábamos juegos para estas empresas". Tuvieron que luchar para ser reconocidos: "Por supuesto, con el paso de los años, nos defendimos. 'Oye, esto es propiedad intelectual. Lo diseñamos para ti, lo creamos para ti, qué menos que reconocernos en los créditos'. Al final, empezaron a incluirnos en los créditos. Ahora, en los créditos, puedes ver el nombre de empresas filipinas".[19]

Lo que comenzó siendo una fábrica de desarrollo de juegos en el extranjero ha florecido hasta convertirse en una próspera industria formada por algunos (pero no muchos) estudios independientes: "Siento que no tenemos suficientes juegos independientes. Cuando digo juegos independientes, me refiero a estudios que crean sus propios juegos". Los estudios independientes tienen dificultades, porque desarrollar un juego es caro. Según Lu, "no muchos estudios cuentan con los recursos necesarios".[20] Para superar las dificultades, muchas empresas tocan ambos palos en la actualidad. Es decir, "una parte de la empresa se dedica a cumplir con encargos externos, mientras otra parte crea un juego propio". La mayoría de los inversores son extranjeros. La Web3 ayuda a nivelar el terreno para los desarrolladores en estos países. Filipinas empieza a ser reconocido por su papel como país que ha impulsado la adopción de la Web3. Yield Guild Games ha recaudado más de 20 millones dólares de Andreessen Horowitz y otros destacados inversores de capital riesgo.

---

17. Lu, entrevista con Alex Tapscott.
18. Lu, entrevista con Alex Tapscott.
19. Lu, entrevista con Alex Tapscott.
20. Lu, entrevista con Alex Tapscott.

Más interesante aún es el hecho de que estos proyectos pueden arrancar al compartir la propiedad del juego con la comunidad, siempre y cuando el juego sea divertido. El respaldo inicial de los usuarios puede aportar un valor creciente al juego, beneficiando a todos los implicados. "Los juegos tardan en crearse. Muchas empresas de juegos se quedan sin fondos a mitad de la fase de desarrollo, antes de terminar el juego. Con los juegos NFT, dado que los usuarios compran NFT desde el principio (incluso antes del lanzamiento del juego), hay fondos para que la empresa pueda seguir funcionando. Hay más probabilidades de terminar el juego que en una empresa tradicional", según Lu. "Cuando desarrollas un juego, no tienes ingresos porque todavía no lo has lanzado. Ese es el riesgo para los juegos pequeños en Filipinas. Desde una perspectiva de negocio, crear juegos NFT podría ser más sostenible para los estudios más pequeños". Puede que los "juega y gana" nunca lleguen a funcionar a gran escala como algo vocacional, pero el modelo Web3 podría ayudar a los estudios creativos del mundo en vías de desarrollo a alcanzar todo su potencial, allí donde los viejos modelos les han fallado. Es motivo suficiente para desearles éxito.

Caso práctico 3: dolarización, desestabilización y supervivencia

"Se tarda menos en llevar dinero en coche de Nigeria a Ghana que en enviarlo por transferencia bancaria; con una transferencia, el dinero debe pasar antes por Nueva York y Londres, antes de regresar a África", asegura Dickson Nsofor, CEO de Korapay. La frase describe cómo el sistema financiero global falla a los países africanos, a las empresas y a las personas. Nsofor se propuso brindar servicio a todos ellos cuando hace 4 años lanzó Korapay, una empresa de infraestructura de pagos panafricana.

"Nunca he pensado en Bitcoin como un activo especulativo ni como una reserva de valor. Más bien, siempre he visto las criptomonedas y la cadena de bloques como un medio de intercambio", asegura Nsofor, quien compara la tecnología con la electricidad, alimentando soluciones financieras del mismo modo en que la electricidad alimenta una tostadora o un frigorífico.[21]

Korapay da trabajo a más de cien personas en Canadá, Nigeria y otros lugares de África. Se ha convertido en el mayor remitente transfronterizo entre empresas en Nigeria. Desde su lanzamiento, ha procesado miles de millones en pagos transfronterizos, utilizando criptoactivos como Bitcoin y

21. Dickson Nsofor, entrevista con Alex Tapscott a través de Zoom para el podcast *DeFi Decoded*, 12 de julio de 2022.

USDC como herramienta de pago subyacente, si bien las transacciones se liquidan en monedas fiduciarias tradicionales. En el transcurso de nuestra entrevista, Nsofor me contó que muchas de las mayores empresas del mundo que hacen negocios en Nigeria utilizan Korapay para intercambiar nairas nigerianos (NGN) por dólares estadounidenses, a menudo de forma totalmente invisible para los implicados. En otras palabras: muchas empresas de renombre utilizan criptomonedas para realizar pagos y ni siquiera lo saben.

En palabras de Nsofor: "Estamos acortando las distancias, utilizando herramientas financieras globales como la cadena de bloques para conectar África con el mundo". Mediante la integración de herramientas Web3 en procesos comerciales tradicionales, Nsofor ha hecho de Korapay un modelo para la transición de las finanzas tradicionales a las finanzas descentralizadas. Para Nsofor, Bitcoin y otros criptoactivos son medios de intercambio a través de una tecnología *peer-to-peer*. Pero también reconoce que estas herramientas empoderan a los individuos, especialmente si están desbancarizados, en países donde la moneda local sufre de hiperinflación y el gobierno es corrupto.

Alex Gladstein nos cuenta que ha conocido a personas en el Sur Global con actitudes escépticas e incluso hostiles hacia Europa y América, debido al legado del colonialismo y, más recientemente, del neocolonialismo. "Existe un número creciente de personas en el Sur Global que no quieren ser controladas ni por un dictador ni por un gobierno local. Pero tampoco quieren ser controladas por Washington o Bruselas".[22] Lugares como África "anhelan que las cosas sean distintas, diferentes, cuando de dinero y pagos se trata. Creo que Bitcoin y las *stablecoins* van a llenar ese hueco a lo grande". Los datos respaldan esta idea. El número de personas dueñas de criptoactivos en Nigeria es mayor que en cualquier otro país, con 22 millones de personas (o el 10 % de la población), según la consultora Triple A.[23] Nigeria lidera globalmente las búsquedas de Google para términos como "Bitcoin" y "cripto".[24]

En 2023, Standard Bank me invitó a visitar Sudáfrica, con el fin de comprender cómo se estaba configurando la Web3 en ese país y en el resto del continente. África es un continente con una población joven de nativos digitales y una amplia disponibilidad de herramientas digitales, pero donde la infraestructura financiera existente está fuera del alcance de la mayoría

22. Alex Gladstein, entrevista con Alex Tapscott a través de Zoom, 12 de enero de 2023.
23. "Cryptocurrency Information about Nigeria", Triple A, 2021, https://triple-a.io/crypto-ownership-nigeria-2022/.
24. Victor Oluwole, "Top Five African Countries with the Most Cryptocurrency Holders", *Business Insider*, 21 de junio de 2022, https://africa.businessinsider.com/local/markets/top-5-african-countries-with-the-most-cryptocurrency-holders/2tvh7r5.

de la población y muchas personas están infraempleadas. Curiosamente, estas debilidades pueden convertirse en fortalezas a la hora de adaptarse a y adoptar la Web3, ya que África cuenta con el potencial necesario para dejar a un lado la infraestructura financiera tradicional y aprovechar la Web3 (la red de la propiedad), aprovechando los derechos de propiedad digital y las herramientas de pago de las que, de otro modo, carece en el mundo físico. "Los africanos innovan por necesidad", afirma Ian Putter, ejecutivo de Standard Bank. De hecho, en más de una ocasión, un sudafricano usó la palabra "sobrevivir" para describir su forma de ganarse la vida: "Conduzco un Uber, pero también ayudo a mi hermano con el negocio para sobrevivir". La mentalidad emprendedora de las personas subempleadas en lugares como África, nacida de la necesidad, ha llevado a muchos a experimentar con la Web3. A largo plazo, esto puede suponer una gran ventaja.

En los primeros tiempos de la Web3, muchos de los defensores de las criptomonedas albergaban grandes esperanzas de que esta clase de activos contribuyera a la integración de las personas no bancarizadas y las protegiera de la devaluación de la moneda. En 2013, Arianna Simpson (de Andreessen Horowitz) viajó por el sur de África. En Zimbabue, fue testigo de los efectos de una marcada hiperinflación y escuchó historias desgarradoras. Una familia había perdido a un hijo porque no había penicilina en los hospitales. Otras personas habían perdido sus empleos y habían sufrido económicamente. Cuando volvió a Estados Unidos, un amigo (cofundador de Blockstack), le explicó que el bitcoin era deflacionario y podía erigirse en sistema alternativo para Zimbabwe. Simpson pensó: "No es seguro que el bitcoin vaya a funcionar, pero, si lo hiciera, su poder de transformación sería enorme".[25]

Lo cierto es que no era el momento adecuado para que la idea llegara a buen puerto. Pero Simpson no se amilanó, y hoy en día, Andreessen Horowitz (también conocido como a16z) financia activamente proyectos en mercados emergentes: "Empezamos a ver cómo la Web3 permea el resto del mundo. Esto ha llevado su tiempo. Durante mucho tiempo, ha existido un relato sobre la inclusión financiera que busca integrar otras partes del mundo en nuestro sistema financiero a través de la Web3. Creo que ahora está empezando a funcionar. Algunos de estos proyectos tienen presencia directa y afectan directamente a los habitantes de los mercados emergentes".[26]

Simpson se muestra favorable a las aplicaciones Web3 dirigidas a consumidores: "Son positivas, tanto para los creadores como para quienes lanzan productos y servicios Web3". Simpson cree que la infraestructura ha mejorado

25. Arianna Simpson, entrevista con Alex Tapscott a través de Zoom, 13 de septiembre de 2022.

26. Simpson, entrevista con Alex Tapscott.

significativamente, respaldando la creación de "interfaces y experiencias más accesibles para el consumidor".[27] En el caso de Korapay, Nsofor ha ido un paso más allá y ha ocultado por completo los criptoactivos dentro del producto.

En febrero de 2022, impartí una conferencia junto al economista Nouriel Roubini, destacado escéptico de la Web3, y Reza Baqir, por aquel entonces gobernador del Banco Estatal de Pakistán, el banco central del país. Unos días antes, el Banco Estatal había recomendado que el país prohibiera todas las criptomonedas, cuestión sobre la que los funcionarios del banco seguían debatiendo.[28] Evidentemente, una ley de este tipo tendría la consecuencia no deseada de prohibir todos los bienes digitales, incluidos los NFT, valores tokenizados y *stablecoins*, por nombrar tan solo algunos. Esta prohibición perjudicaría la incipiente economía pakistaní orientada a la innovación. Baqir tenía sus razones para defender la prohibición: la entrada de activos digitales podría desestabilizar aún más la ya débil economía y moneda pakistaníes, debido a la dolarización, el proceso por el cual la divisa local se cambia por dólares estadounidenses u otro activo.

Los nigerianos, según Nsofor, comparten una visión parecida. "Coge a todas las personas jóvenes de Lagos, Nigeria, o en toda África y pregúntales: '¿Preferirías que te pagaran en USDC o en naira?' Te dirán que en 'USDC'. La presión para dolarizar en los países africanos es enorme". Y añade: "Los negocios cambian sus facturas a dólares, los *freelancers* cambian a dólares. Incluso te encuentras talento local nigeriano marchándose a trabajar al extranjero porque prefieren que les paguen en una moneda distinta a la local".[29]

De los más de cien empleados de Nsofor, la mayoría son nigerianos de la generación Z que, en palabras de Nsofor, son "criptonativos", lo que significa que prefieren realizar todas sus transacciones financieras en criptomonedas en lugar de dinero *fiat*. "Creo que todos y cada uno de mis empleados preferirían cobrar en USDC o bitcoin en lugar de naira, porque las primeras son más fáciles de usar y no se devalúan". La normativa gubernamental le impide hacerlo. De hecho, el Banco Central de Nigeria aboga por una prohibición similar a la propuesta en Pakistán. ¿Están librando estas entidades una batalla perdida de antemano? El 40% de los africanos tiene menos de 15 años.[30] En Nigeria, la penetración de Internet móvil es del 34% y,

27. Simpson, entrevista con Alex Tapscott.

28. Hija Kamran, "State Bank of Pakistan Decides to Ban Cryptocurrencies; Submits Report in Court", Digital Rights Monitor, 12 de enero de 2022, https://digitalrightsmonitor.pk/state-bank-of-pakistan-decides-to-ban-cryptocurrencies-submits-report-in-court/.

29. Nsofor, entrevista con Alex Tapscott.

30. Mariam Saleh, "Population of Africa in 2021, by Age Group", Statista, 21 de noviembre de 2022, https://www.statista.com/statistics/1226211/population-of-africa-by-age-group/.

según las proyecciones actuales, alcanzará el 50% en cinco años. ¿Optarán los *freelancers* que trabajan para empresas estadounidenses o (cada vez con más frecuencia) para DAO y organizaciones nativas de Internet por no usar su moneda local, ahora que existe una *stablecoin* vinculada al dólar estadounidense? Si los comerciantes locales empiezan a aceptar USDC o equivalentes, el último reducto de demanda para la moneda local sería la recaudación de impuestos. El gobierno genera demanda hacia una moneda cuando te exige que pagues tus impuestos con ella. Pero, en Nigeria, el 57% de la economía se considera "informal" y, de todos modos, la mayoría de la gente elude el pago de impuestos.[31]

Que la dolarización de estas economías suponga un beneficio neto para todo el mundo no está claro. Por un lado, los habitantes de estas regiones cuentan con vías para mover y almacenar valor de forma relativamente estable. Pueden utilizar estas alternativas financieras cuando trabajen para organizaciones extranjeras o nativas de Internet, y generar riqueza para sí mismos. Todo ello hace del mundo un lugar más igualitario y próspero. La contrapartida es que los gobiernos de por sí frágiles en regiones volátiles podrían colapsar bajo el peso de una moneda que se desploma, lo cual históricamente ha tenido un impacto muy negativo. Inicialmente, el Banco Central de Nigeria se mostró hostil hacia los criptoactivos, llegando incluso a proponer su prohibición total. En enero de 2023, publicó un informe que dejaba entrever un cambio en el tono, ahora suavizado, indicando que había llegado el momento de crear un marco regulatorio para las *stablecoins* y otros *tokens*. Que una medida de estas características ralentice en lugar de acelerar la dolarización de la economía nigeriana es algo que no está claro en estos momentos.[32]

Otro indicador de que los activos digitales comienzan a sustituir a formas de dinero más convenciones es que, en diciembre de 2022, el Alto Comisionado de las Naciones Unidas para los Refugiados anunció que utilizaría la red *blockchain* Stellar para distribuir dinero digital a "desplazados internos y otros afectados por la guerra en Ucrania".[33] Los usuarios pueden

31. "Nigeria's Informal Economy Size", *World Economics*, a 13 de abril de 2023, https://www.worldeconomics.com/National-Statistics/Informal-Economy/Nigeria.aspx.

32. Ogwah Oreva, "Nigeria Payments System Vision 2025", Banco Central de Nigeria, 18 de noviembre de 2022, https://www.cbn.gov.ng/Out/2022/CCD/PSMD%20vision%202025%20EDITED%20FINAL.pdf.

33. "UNHCR Launches Pilot Cash-Based Intervention Using Blockchain Technology for Humanitarian Payments to People Displaced and Impacted by the War in Ukraine", comunicado de prensa, 15 de diciembre de 2022, https://www.unhcr.org/ua/en/52555-unhcr-launches-pilot-cash-based-intervention-using-blockchain-technology-for-humanitarian-payments-to-people-displaced-and-impacted-by-the-war-in-ukraine-unhcr-has-launched-a-first-of-its-kind-integ.html.

descargar la aplicación de billetera Vibrant en sus teléfonos inteligentes. ACNUR confirma su elegibilidad y distribuye la *stablecoin* Circle (USDC) directamente a las billeteras digitales de los destinatarios. "Para las personas desplazadas en todo el mundo, llevar efectivo es arriesgado, porque el efectivo puede perderse o se lo pueden robar", según ACNUR.[34] Los desplazados pueden recibir fondos en una ubicación de MoneyGram en monedas locales, euros o dólares. MoneyGram cuenta con 4.500 localizaciones en Ucrania. Los activos digitales son enormemente atractivos para grupos muy diversos, como las personas no bancarizadas, los habitantes de zonas en guerra, organizaciones que combaten la opresión o, simplemente, personas que luchan contra el efecto corrosivo de la inflación.

Conclusiones

La Web3 promete hacer realidad el potencial inexplorado de la globalización sin generar consecuencias no deseadas en forma de un planeta más contaminado, cálido e inestable. Serán los protocolos y activos nativos, no el ferrocarril o los contenedores marinos, los encargados de forjar las nuevas rutas comerciales de la frontera económica de la Web3. A continuación, se resumen las principales conclusiones del capítulo:

1. Gracias a la Web2, los artistas y otros creadores profesionales pudieron llegar a un público global, dado que la segunda era de la web democratizó el acceso a la edición. Esto supuso un avance enorme, pero no fue lo bastante lejos. La Web3 va un paso más allá, al proporcionar a los creadores herramientas que les permitan transformar sus rendimientos en activos. Esto significa que incluso un niño con aspiraciones artísticas tiene la posibilidad de ganarse decentemente la vida.
2. Por primera vez en la historia de la humanidad, todos los trabajadores vinculados al conocimiento, creadores, emprendedores y gente de a pie, pueden competir por el mismo capital para empezar un negocio, ser remunerados por su trabajo o recibir una compensación por sus creaciones. Si lo hacemos bien, debería dar igual quién sea, cuál es tu origen o cómo te llames, siempre y cuando generes valor. Esto promete dar al traste con las ideas tradicionales del trabajo y la localización, "aplanando" aún más el planeta.

---

34. Leo Schwartz, "Coinbase CEO Says USDC Will Become 'De Facto Central Bank Digital Currency', Company Posts Weak Q3 Earnings", *Fortune*, Fortune Media IP Limited, 3 de noviembre de 2022, `https://fortune.com/crypto/2022/11/03/coinbase-ceo-says-usdc-will-become-de-facto-cbdc/`.

3. Los empresarios y otros creadores de negocios históricamente desconectados de los fondos de inversión de Silicon Valley y otros lugares tienen ahora a su alcance una nueva vía para llegar a los inversores globales. Pueden "prefinanciar" proyectos, fragmentando los elementos clave de la propiedad intelectual y otros activos en forma de NFT y otros *tokens* que representen derechos sobre una idea en fase de desarrollo.
4. Las *stablecoins* sustituirán a las redes de pago tradicionales, con el dólar estadounidense como gran triunfador. Una de las ironías de la Web3 es que una de las primeras aplicaciones exitosas de los *tokens* es la exportación del dólar estadounidense.
5. La dolarización potenciada por las *stablecoins* desestabilizará a los gobiernos del Sur Global, porque reducirá el poder de los bancos centrales a la hora de controlar la palanca principal de la economía. A diferencia de lo que ocurre en los países desarrollados, donde los gobiernos pueden generar demanda para la moneda local obligando a los ciudadanos a pagar impuestos, en países con mecanismos de control muy débiles y donde la mayoría de la actividad económica tiene lugar en el mercado gris, esta vía no es eficaz.

Podría parecer que la Web3 es una fuerza imparable, pero existen de hecho muchas razones por las cuales podría no llegar a alcanzar todo su potencial. Existen, además, desafíos de implementación, de los que nos ocuparemos en el próximo capítulo. Además, aunque los riesgos de desestabilización generados por el poderoso ímpetu de esta tecnología podrían llevarnos a pensar que los gobiernos verán reducido su papel en nuestro mundo, lo cierto es que necesitamos a los gobiernos más que nunca si queremos establecer las condiciones necesarias para que la Web3 triunfe.

PARTE III. LIDERAZGO

CAPÍTULO 10

Retos de implementación de la Web3

Al auge de la Web3 no le faltan escépticos que no tardan en señalar que, aunque prometedoras, hablamos de capacidades aún incipientes y que son muchas las preguntas todavía sin respuesta. ¿Tendremos soluciones para lidiar con los efectos colaterales de la desintermediación, la dolarización a través de activos digitales o la posible pérdida de empleos de cuello blanco debido a la automatización, los contratos inteligentes y demás? ¿Creará la Web3 una nueva casta de élites todopoderosas que se adueñen de los protocolos fundacionales de la nueva Internet, reemplazando un oligopolio con otro? ¿Facilitan las herramientas Web3 la aparición de estafadas piramidales u otros fraudes ilícitos con el objeto de engañar a los más crédulos e inocentes y despojarlos de sus ahorros? El progreso de la Web3 dependerá de nuestra capacidad para responder a estas preguntas y desafiar el *statu quo*. En *La revolución blockchain* nos referimos a todos estos factores como "obstáculos". En esta ocasión, analizo de nuevo y actualizo la lista de los ocho problemas que debemos tener en cuenta y abordar con cautela.

Los ocho retos

1. La Web3 será cooptada por aquellos a quienes más afecte

Comencemos con una pregunta abierta: ¿intentarán los gigantes de la Web2 cooptar la innovación en el ámbito de la Web3? ¿Se opondrán los intermediarios de las finanzas tradicionales a la desintermediación y digitalización de los servicios financieros? Algunos de los actores establecidos del viejo paradigma ya han adoptado los criptoactivos y estudian seriamente las posibilidades de la Web3 y otras aplicaciones. Algunos de estos agentes, como Facebook (que intenta impulsar de forma significativa los

NFT y el metaverso), podrían estar intentando frenar la innovación de las *startups*. Lo más probable, sin embargo, es que estos actores ya establecidos deban adaptarse a las innovaciones. Pensemos en las *stablecoins*, que representan una parte muy pequeña del pastel: su integración en los mercados financieros es cada vez mayor. AngelList, una plataforma líder en inversión de capital riesgo, acepta *stablecoins* para inversiones concretas.[1] Mastercard ha anunciado sus planes para integrar las *stablecoins* en su red. También planea integrarse con las CBDC, cuando existan.[2] Visa acepta las transacciones con la *stablecoin* USDC.[3] PayPal, un innovador en el ámbito de los criptoactivos desde hace tiempo, está explorando la posibilidad de crear su propia *stablecoin*.[4] Los gigantes de la industria de los pagos buscan hacerse con una posición sólida en el mundo del dinero *fiat* programable. Que logren o no adaptarse a tiempo es debatible. En 2021, Visa anunció que se disponía a dar un paso más en el ámbito de las *stablecoins*, con el lanzamiento de su propio "canal universal de pagos" de capa 2, donde los clientes podrían usar diferentes *stablecoins* y CBDC para realizar pagos a escala global.[5]

Los bancos deberían temer a las monedas digitales de los bancos centrales más que a la Web3 o las finanzas descentralizadas. Al menos en este último sector, los bancos podrían ejercer como custodios o participar del mercado. Será el mercado quien decida. Por otra parte, las CBDC podrían eliminar el papel de intermediarios de los bancos por decreto gubernamental. Tal y como señaló *The Economist* en su artículo sobre las CBDC, si todo el mundo comenzara a operar directamente con el gobierno, y "la banca comercial se quedase sin fondos, alguien tendría que encargarse de la concesión de los

---

1. AngelList (@angellist), *post* de Twitter, 28 de septiembre de 2021 (1:17 p. m.), `https://twitter.com/AngelList/status/1442901252552101888`, consultado el 15 de octubre de 2021.
2. Raj Dhamodharan, "Why Mastercard Is Bringing Crypto onto Its Network", Mastercard International, 10 de febrero de 2021, `https://www.mastercard.com/news/perspectives/2021/why-mastercard-is-bringing-crypto-onto-our-network`, consultado el 15 de octubre de 2021.
3. "Digital Currency Comes", *VISA Everywhere Blog*, Visa, 26 de marzo de 2021, `https://usa.visa.com/visa-everywhere/blog/bdp/2021/03/26/digital-currency-comes-1616782388876.html`, consultado el 15 de octubre de 2021.
4. Ryan Weeks, "PayPal Has Held Exploratory Talks About Launching a Stablecoin: Sources", Block Crypto, 3 de mayo de 2021, `https://www.theblockcrypto.com/post/103617/paypal-has-held-exploratory-talks-about-launching-a-stablecoin-sources`, consultado el 15 de octubre de 2021.
5. Jeff John Roberts, "Visa Unveils 'Layer 2' Network for Stablecoins, Central Bank Currencies", *Decrypt*, 30 de septiembre de 2021, `https://decrypt.co/82233/visa-universal-payment-channel-stablecoin-cbdc`, consultado el 15 de octubre de 2021.

préstamos que impulsan la creación de negocios. Esto plantea la incómoda posibilidad de que los burócratas influyan en la asignación de créditos. En una crisis, una estampida digital de ahorradores hacia el banco central podría provocar un pánico bancario".[6]

El riesgo más importante para la Web3 es el crecimiento gradual de empresas gigantes y centralizadas de criptomonedas, especialmente plataformas como Binance y FTX. Esta última causó una gran conmoción en el sector cuando colapsó en 2022, debido a su propia mala gestión y, con toda probabilidad, sus prácticas fraudulentas. Plataformas como Binance y FTX no tienen por qué dominar necesariamente la industria. Después de todo, lo que hace que la Web3 resulte tan convincente es que permite realizar transacciones sin custodios y sin permisos. La Web3 elimina los intermediarios, en lugar de introducir nuevos. En palabras de Hester Peirce, de la Comisión de Bolsa y Valores de EE. UU., tras el colapso de FTX: "En esencia, las criptomonedas pretenden solucionar un problema de confianza: ¿cómo podemos interactuar y realizar transacciones de manera segura con desconocidos? Tradicionalmente, hemos recurrido a intermediarios centralizados o al gobierno para resolver este problema, pero tecnologías como la criptografía, la cadena de bloques y las pruebas de conocimiento cero ofrecen nuevas soluciones".[7] A partir de esta sencilla premisa y de las primitivas básicas nace lo que Peirce denomina una "multitud de otros usos, incluidos los contratos inteligentes, pagos, procedencia, identidad, registro, almacenamiento de datos, mercados de predicción, tokenización de activos y colaboración humana sin fronteras".[8] Bitcoin fue el primero en hacerlo posible; Ethereum y las aplicaciones DeFi lo han potenciado. La interfaz elegante y la funcionalidad de FTX atrajeron a multitud de usuarios como polillas a la luz, antes de dejarlos en la estacada. Empresas como FTX han servido (y pueden seguir haciéndolo) como importantes vías de acceso a esta clase de activos y al amplio mundo de la Web3. Sin embargo, las vías de acceso a una industria dada no deben definir a la industria como tal. En la actualidad, Binance representa más de la mitad del total del volumen en criptoactivos. Semejante concentración debería preocuparnos a todos.

---

6. "The Digital Currencies That Matter: Get Ready for Fedcoin and the e-euro", *Economist*, 8 de mayo de 2021, https://www.economist.com/leaders/2021/05/08/the-digital-currencies-that-matter.

7. Hester Peirce, "Remarks before the Digital Assets", Duke Conference, Washington DC, Comisión de Bolsa y Valores de EE. UU., 20 de enero de 2023, https://www.sec.gov/news/speech/peirce-remarks-duke-conference-012023#_ftnref15.

8. Peirce, "Remarks before the Digital Assets".

2. La tecnología no está lista para dar el gran salto

¿Está la tecnología lista para dar el gran salto? ¿Es lo bastante fácil de usar? La Web3 es una frontera y, como ocurrió con la frontera del Salvaje Oeste, al otro lado esperan tierras que reclamar y fortunas por hacer. Pero también tiene sus peligros y riesgos; conocer el terreno ayuda. El acceso a la Web3 requiere de una conexión a Internet y un nivel de alfabetización informática que no todo el mundo tiene. He aquí un desafío de implementación que tendrán que superar los líderes de la Web3.

Cuando planteamos esta preocupación por primera vez en 2016, la red Bitcoin tenía un valor ligeramente superior a los 1.000 millones de dólares y Ethereum aún no se había lanzado. Los contratos inteligentes, los NFT, las finanzas DeFi y las DAO todavía no existían. Los entusiastas de Internet que usaban bitcoin libraban una batalla por su futuro. ¿Te acuerdas de las guerras por el tamaño de los bloques de Bitcoin, sobre cuántas transacciones debería poder registrar un solo bloque?[9] Las empresas contaban con pocos activos digitales y los gobiernos apenas prestaban atención a la industria. Veíamos el gran potencial de Bitcoin, pero nos preguntábamos si la tecnología sería capaz de superar los desafíos que impedían su adopción masiva.

Al mismo tiempo, las empresas están acostumbradas a la centralización y, por lo general, la prefieren, lo que significa que muy probablemente adoptarán las denominadas "cajas de herramientas Web3" que les permiten crear nuevos productos y servicios, sin necesidad de recurrir a un desarrollo *full stack*. Kain Warwick, fundador de Synthetix, afirma: "En estos momentos, nos encontramos con actores centralizados que representan una fase de desarrollo temprana, no la fase final. A medida que las herramientas vayan mejorando, las soluciones descentralizadas se impondrán sobre las centralizadas. Con el tiempo, la mayoría de los servicios de Internet serán descentralizados. Sin embargo, al menos en la actualidad, cierta centralización es necesaria".[10]

Seguimos necesitando una mejor interfaz de usuario para muchos aspectos básicos de la Web3, como las billeteras. En los primeros tiempos de la web, lanzar un producto mínimo viable "lo bastante bueno" era la mejor manera de recopilar comentarios sobre la experiencia del usuario. Por ejemplo, el primer navegador de Internet, Mosaic, ofrecía legibilidad en formato texto, no solo en formato binario. A corto plazo, empeoró la experiencia del usuario, ya que ralentizó los módems, que ya eran lentos de

---

9. Tobixen, "A Brief History of the Bitcoin Block Size War", *Steemit*, 7 de noviembre de 2017, `steemit.com/bitcoin/@tobixen/a-brief-history-of-the-bitcoin-block-size-war`, consultado el 15 de octubre de 2021.

10. Kain Warwick, entrevista con Alex Tapscott a través de Zoom, 15 de agosto de 2022.

por sí. A largo plazo, dio paso a una explosión de innovaciones. Además, la privacidad y la propiedad por sí solas pueden no ser relevantes para la mayoría de los usuarios, por lo que necesitamos crear más funcionalidades independientes. ¿Le importa a la mayoría de la gente en las economías desarrolladas cosas como la privacidad o el uso de sus datos personales? La mayoría de la gente no lee los términos de uso y servicio; muchos padres no saben cómo preparar a sus hijos para usar las redes sociales, o bien son ajenos a cómo sus hijos las usan. La gente se olvida constantemente de sus contraseñas; hay quien deja que sus cuentas caduquen y crean cuentas nuevas.

En parte, todo esto se debe a que a los gobiernos no les gusta esta tecnología. "Cuando [la presidenta del Banco Central Europeo] Christine Lagarde aseguró que Bitcoin no iba a funcionar, no lo dijo porque realmente lo creyera. Lo dijo porque le preocupa que pueda funcionar", asegura Albert Wenger, de Union Square Ventures.[11] Cuando la tecnología se enfrenta a oleadas regulatorias, pero sufre por la acción de estafadores y piratas informáticos, son muchos los obstáculos que los innovadores tendrán que superar si quieren lograr que el mercado adopte masivamente la tecnología. Deben ofrecer una propuesta de valor sólida.

Además, la inmutabilidad y la permanencia pueden ser tanto una ventaja como un inconveniente; las cadenas de bloques se volverán inflexibles. La descentralización no conlleva necesariamente desorganización, pero la historia de la computación sugiere que las entidades centralizadas pueden crecer más rápidamente. A pesar de la promesa de una web más descentralizada, abierta y resiliente, estamos muy lejos de lograrlo. Algunas voces críticas utilizan el acrónimo DINO ("descentralizado de boquilla", del inglés *decentralized in name only*) para describir la Web3. Moxie Marlinspike, fundador de la popular aplicación de mensajería Signal, escribió una influyente entrada en su blog en 2022, titulada "Mis primeras impresiones de la Web3". En ella, desafiaba la premisa de la Web3 para después analizar en detalle su funcionamiento, poniendo de manifiesto la enorme brecha existente entre la realidad de la Web3 y lo que prometía. "Si algo está verdaderamente descentralizado", escribía Marlinspike, "es muy difícil cambiarlo, y con frecuencia permanece estancado en el tiempo. Eso supone un problema para la tecnología, ya que el resto del ecosistema se mueve a gran velocidad. Si no eres capaz de mantenerte al día, fracasarás".[12]

11. Albert Wenger, entrevista con Alex Tapscott a través de Zoom, 16 de diciembre de 2022.

12. Moxie Marlinspike, "My First Impressions of Web3", *Moxie Blog*, 7 de enero de 2022, `https://moxie.org/2022/01/07/web3-first-impressions.html`.

Pone como ejemplo el correo electrónico, un protocolo abierto que no ha sido cifrado treinta años después; WhatsApp, propiedad de Facebook, pudo hacerlo en un año.

Tras probar numerosas herramientas Web3 como Ethereum, Marlinspike llegó a la conclusión de que la Web3 tiene muchos cuellos de botella centralizados y que, en algunos casos, ofrece "menos" privacidad que la Web2 (además de ser, ciertamente, más primitiva).[13] Marlinspike tiene razón en que la Web3 no es genuinamente *trustless*: los oráculos son entidades de confianza que suministran datos del mundo real a contratos inteligentes. Los validadores ayudan a verificar transacciones en cadenas de bloques como Ethereum. Incluso en Bitcoin, los mineros ayudan a asegurar la cadena de bloques verificando transacciones y creando nuevos bloques. Aun cuando Marlinspike se presenta como recién llegado a este espacio, ofreció una crítica razonada, sobria y de obligada lectura incluso para los defensores más acérrimos de la Web3.

Charles Hoskinson, creador de Cardano (uno de los diez protocolos Web3 más importantes por capitalización de mercado), cree que Marlinspike tiene razón en muchos aspectos. Sin embargo, en lugar de concluir que la Web3 no merece la pena, considera que las preocupaciones expresadas por Marlinspike constituyen desafíos de implementación que los innovadores de la industria serán capaces de superar. Cardano se lanzó en 2017, pero introdujo los contratos inteligentes en 2021. Esta actitud precavida parece ahora un ejercicio de prudencia, a la luz de algunos de los problemas detectados en esta temprana fase de desarrollo de la Web3. Hoskinson considera que muchos tecnólogos se apresuraron en exceso antes de resolver algunos de los fundamentos básicos en la construcción de la Web3. "Necesitas identidad, necesitas metadatos, necesitas estándares y certificación, necesitas gobernabilidad y necesitas regulación. Y necesitas esas cinco cosas sin poner en riesgo la resistencia a la censura, la descentralización y la accesibilidad", asegura. Algunos proyectos intentaron ir demasiado deprisa, atajando. "Para que un proyecto sea Web3, tiene que ser descentralizado", afirma.[14]

Ha sido difícil lograr una descentralización plena. Vista a través del prisma empresarial tradicional, la descentralización tiene algunas desventajas. El no depender de un agente centralizado para llevar a cabo una transacción supone que tampoco puedes recurrir a dicho agente para mediar en una disputa o revertir una transacción fraudulenta. No puedes reclamar

13. Moxie Marlinspike, "My First Impressions of Web3".

14. Charles Hoskinson, entrevista con Alex Tapscott a través de Zoom, 5 de enero de 2023.

daños, porque no hay un culpable centralizado. ¿Es necesario crear mecanismos para la resolución de disputas? De hecho, un grupo de tecnólogos consideró que se trataba de un asunto tan importante que escribieron una carta a los miembros del Congreso de EE. UU. en la que decían: "Las tecnologías financieras al servicio del público deben contar, siempre, con mecanismos que mitiguen el fraude y permitan la intervención humana para revertir transacciones; la cadena de bloques no permite ninguna de las dos cosas".[15]

Hay quien sostiene que las cadenas de bloques son más costosas y lentas de usar que las redes de pago tradicionales. Las tarifas de transacción en Ethereum son más altas que las de las redes de pago como Visa. Esto añade fricción a la actividad económica en la Web3, aun cuando estas tarifas se están reduciendo a gran velocidad gracias a la aparición de nuevas soluciones de escalado y otras redes específicamente diseñadas a tal efecto, como ya ocurrió con el coste de lanzar un sitio web, que pasó de costar decenas de miles de dólares en la década de 1990 a ser prácticamente gratuito en la actualidad, gracias a las nuevas herramientas de software.

¿Deberíamos darnos un respiro hasta que estas tecnologías estén plenamente desarrolladas y descentralizadas? En el pasado, he abogado por adoptar un enfoque más pragmático. Aun cuando la mayoría de los fundadores lideran sus empresas con espíritu misionero, algunos son más pragmáticos que otros. En un artículo de opinión publicado en octubre de 2022 para *Fortune*, escribí sobre cómo los misioneros jesuitas en América del Norte se adherían rígidamente a la doctrina, pero también eran flexibles cuando les convenía, adaptando sus enseñanzas a las costumbres, idiomas y narrativas indígenas. Los jesuitas tradujeron la Biblia y el Padre Nuestro al *wendat*, la lengua local. Los misioneros de la Web3 deberían sopesar la necesidad de traducir el dogma de la descentralización en función de lo que dicten las circunstancias.

Por último, debemos reconocer que, si bien la autocustodia es una característica positiva para algunos, es un impedimento significativo para la adopción de Web3 para otros. Eso quiere decir que los usuarios todavía necesitan proveedores de confianza para los servicios Web3. Las herramientas Web3 no son intuitivas para todos; muchos usuarios tienen un miedo justificado cuando de mantener sus propios activos se trata. Roneil Rumburg, fundador de la plataforma de música Web3 Audius, sostiene que lo ocurrido con FTX

15. Sal Bayat, Tim Bray, Grady Booch *et al.*, "Letter in Support of Responsible Fintech Policy", carta dirigida a la presidencia del Congreso de EE. UU., presidentes de las comisiones y representantes, 1 de junio de 2022, `https://concerned.tech/`.

debería "llevarnos a dedicar más tiempo y recursos para mejorar la usabilidad de herramientas totalmente soberanas y descentralizadas para la gestión de activos digitales", aunque reconoce que, si bien "hoy por hoy es posible ser un usuario de cripto autosoberano, la barrera de usabilidad sigue siendo tan alta que está fuera del alcance de muchos usuarios convencionales".[16] Kain Warwick tiene un punto de vista diferente. Cree que "con el tiempo, la infraestructura se volverá más descentralizada, aun cuando existan componentes centralizados más relacionados con la usabilidad, la experiencia del usuario o cualquier otro aspecto, y menos con la custodia y el control".[17] Sin duda, los innovadores de la Web3 están creando herramientas cada vez más accesibles, pero tanto las personas como muy especialmente las empresas seguirán necesitando agentes y socios de confianza, aunque solo sea para evitar la posibilidad, comentada por Tyler Winklevoss, de que te den "un martillazo" para robarte la billetera.[18]

3. El gasto energético es insostenible

El futuro de la Web3 y las aplicaciones distribuidas se construirá sobre sistemas de prueba de participación (*proof-of-stake*) como Ethereum, Cosmos, Cardano y Solana, que tienen un consumo energético considerablemente menos intensivo que Bitcoin. Dado que Bitcoin gasta mucha energía, sus críticos consideran que Bitcoin "derrocha" energía, pero lo cierto es que se puede hablar de "derroche" cuando esa energía no cumple ninguna función útil. La red de Bitcoin, por el contrario, garantiza ganancias de miles de millones de dólares y da servicio a millones de personas, incluidas muchas que no pueden acceder a herramientas de pago tradicionales.

Bitcoin puede subvencionar proyectos de energía renovable, ya que puede actuar como comprador directo de electricidad directamente desde la fuente generadora de energía; en otras palabras, no es necesario construir costosas líneas de suministro eléctrico para justificar un proyecto. ExxonMobil está minando bitcoin en Dakota del Norte para reducir sus emisiones. El proyecto piloto ha tenido el éxito suficiente como para que la compañía esté sopesando ampliarlo. ConocoPhillips está trabajando en un proyecto similar. Veamos cómo funciona: un pozo típico en Bakken produce petróleo, pero también gas natural, que se quema, lo que supone una importante fuente de emisiones de dióxido de carbono a la atmósfera. La quema de gas natural

---

16. Roneil Rumburg, correo electrónico dirigido a Alex Tapscott, 18 de noviembre de 2022.
17. Warwick, entrevista con Alex Tapscott.
18. Tyler Winklevoss, entrevista con Alex Tapscott a través de Zoom, 12 de septiembre de 2022.

hace que el yacimiento de Bakken parezca una gran urbe vista desde el espacio exterior. En lugar de quemar el gas, ExxonMobil se ha asociado con Crusoe Energy, con sede en Denver, para capturarlo y desviarlo hacia generadores donde mina bitcoin. Según Crusoe, el minado de bitcoins reduce la huella hasta en un 63 %.[19]

No obstante, Bitcoin debería intentar alcanzar el objetivo de emisiones cero, como cualquier otra industria. El Acuerdo Cripto Climático (CCA, del inglés *Crypto Climate Accord*), lanzado con más de cuarenta signatarios entre los que se incluyen el Foro Económico Mundial, Energy Web Foundation, Rocky Mountain Institute y ConsenSys, tiene el objetivo de que las cadenas de bloques sean 100 % renovables en 2025. Es un objetivo loable, siempre y cuando no obligue a Bitcoin a ser algo que no es. Hay quien ha sugerido cambiar el código de Bitcoin para que utilice el mecanismo de consenso de prueba de participación, que tiene un consumo energético menos intensivo. Esto sería un error. La prueba de trabajo es una característica que dota a la red de resiliencia y fortaleza, no un defecto. Como en todo lo relacionado con la Web3, la respuesta a preguntas sencillas suele ser la misma: "es complicado". Debemos reconocer el progreso realizado de quienes intentan solucionar los problemas, al tiempo que planificamos el futuro a largo plazo.

Las DAO como Flowcarbon, Regen Network y otros tratan de coordinar acciones conjuntas para abordar problemas globales como el cambio climático. La idea de que podemos usar DAO (una primitiva básica de la Web3), para abordar el cambio climático parece contradecir la imagen popular de la cadena de bloques de Bitcoin (y por ende, de toda la Web3), como agente contaminante. A menudo, sin embargo, la narrativa de los medios no cuenta toda la verdad y, en ocasiones, la contradice.

4. Los delincuentes la usarán

Para entender este tema, es preciso adoptar una postura matizada. En primer lugar, los delincuentes utilizan el efectivo más a menudo que las criptodivisas. ¿Por qué? Porque el efectivo en papel es difícil de rastrear, mientras que las cadenas de bloques dejan un rastro digital resistente a manipulaciones que cualquier agente del FBI medio decente puede seguir para detener a un delincuente en potencia. Chainalysis estima que el 1 % de las transacciones

19. "Understanding the Problem Crusoe Solves", *Crusoe Blog*, Crusoe Energy, 23 de septiembre de 2021, `https://www.crusoeenergy.com/blog/3MyNTKiT6wqsEWKhPOBeY/understanding-the-problem-crusoe-solves`.

de bitcoin se vinculan a actividades ilícitas. La compañía ha construido un negocio estimado en 3.000 millones de dólares utilizando cadenas de bloques que tienen por objeto atrapar delincuentes y proteger a las instituciones.[20]

Cualquier persona que esté al tanto de los titulares sabe que, por sí sola, esta no es una respuesta satisfactoria. Después de todo, el mayor estafador financiero desde Bernie Madoff podría ser Sam Bankman-Fried, ex CEO de la fallida plataforma de criptomonedas FTX, acusado de varios delitos. El colapso de FTX erosionó la confianza de la opinión pública. FTX condujo exactamente a lo que el creador de Bitcoin, Satoshi Nakamoto, había intentado evitar: una organización "demasiado grande para quebrar" donde los pocos individuos que detentaban todo el poder asumieron riesgos excesivos en secreto, llevando a FTX a la insolvencia y la ruina.

A lo largo de la historia, los periodos de desajuste económico o innovación tecnológica han permitido a actores malintencionados aprovecharse de inversores desprevenidos. Niall Ferguson divide este proceso en cuatro etapas. Primero viene el desplazamiento o reemplazo, cuando un "cambio en las circunstancias económicas crea nuevas y rentables oportunidades". A continuación, viene la fase de euforia u *overtrading*, un bucle de retroalimentación donde las expectativas crecientes impulsan un crecimiento continuado en los precios de los activos. En tercer lugar, llega la manía o fase de burbuja, cuando los inversores inexpertos se suman a un mercado saturado, donde los timadores intentan estafarlos. Después de la burbuja viene la angustia, cuando los *insiders* con información privilegiada empiezan a vender sus activos. Por último, llega la etapa de repulsión o descrédito, ya que los inversores que quedan "salen corriendo en estampida buscando la salida de emergencia".[21]

Ferguson cree que los críticos más prominentes de la Web3 habrían sido los primeros en declarar la defunción del mercado de acciones tras el estallido de la Burbuja de la Compañía del Mar del Sur. Naturalmente, las acciones públicas y la financiación mediante acciones ordinarias se convirtieron en primitivas capitalistas fundamentales. Las herramientas Web3 ofrecen solución al problema de la excesiva dependencia respecto de intermediarios

20. Chainalysis Team, "Crypto Crime Summarized: Scams and Darknet Markets Dominated 2020 by Revenue, But Ransomware Is the Bigger Story", *Chainalysis Blog*, 19 de enero de 2021, `https://blog.chainalysis.com/reports/2021-crypto-crime-report-intro-ransomware-scams-darknet-markets`; y Michael J. Morell, "Report: An Analysis of Bitcoin's Use in Illicit Finance", *Cipher Brief*, 13 de abril de 2021, `https://www.thecipherbrief.com/report-an-analysis-of-bitcoins-use-in-illicit-finance`, 15 de octubre de 2021.

21. Niall Ferguson, "FTX Kept Your Crypto in a Crypt Not a Vault", *Bloomberg Opinion*, Bloomberg LP, 20 de noviembre de 2022, `https://www.bloomberg.com/opinion/articles/2022-11-20/niall-ferguson-ftx-kept-your-crypto-in-a-crypt-not-a-vault`.

como FTX. Tal y como hemos explicado en este libro, son muchas las personas creativas de todo el mundo las que han redoblado sus esfuerzos para construir herramientas útiles, robustas, seguras, simples y descentralizadas sobre protocolos abiertos.

Hemos preguntado a algunas de ellas si el colapso de FTX alteró la visión que tenían de la Web3. No, responde Ria Lu, de Laguna Games. "Para formar parte activa de este espacio, hay que ser consciente de lo que es la Web3, lo que incluye tanto los aspectos positivos como los negativos".[22] Lu lanza una reflexión sobre lo que diferencia a los actores de la Web2 de la Web3: "Llevo 15 años en la industria de los videojuegos, pero nunca me he encontrado a tantas personas tratando de explotar maliciosamente nuestro juego como cuando comencé a trabajar en Laguna Games y empecé a crear juegos NFT". Afirma que "el fraude, la codicia y la falta de responsabilidad" se abrieron paso con bastante facilidad en la Web3, junto a otros aspectos positivos tales como "la descentralización, la propiedad, la comunidad y la toma de decisiones distribuida". En su opinión, el colapso de FTX fue "triste e indignante", pero no sorprendente: "La Web3 es una caja de Pandora". La caída de FTX reforzó su determinación de defender la existencia de "más actores honestos en la Web3". La presencia de tantos "actores deshonestos" en este espacio ha sido, históricamente, un gran problema que hasta el momento nadie ha logrado resolver.[23]

Debemos, por tanto, responsabilizar a los culpables, al tiempo que preservamos todo aquello que hace de esta tecnología algo extraordinario. Afortunadamente, muchos en el gobierno son capaces de ir más allá de los delitos cometidos por un individuo y ver el valor inherente a la industria. En las audiencias del Congreso de EE. UU. sobre FTX, celebradas el 12 de diciembre de 2022 (un día después de que la policía de Bahamas arrestara a Bankman-Fried), Patrick McHenry, congresista republicano por Carolina del Norte, afirmó: "El comportamiento de Bankman-Fried no es nada nuevo. Lo hemos visto antes: lo vimos a finales del siglo XIX, cuando Union Pacific infló intencionadamente el precio de la construcción de ferrocarriles para llenar los bolsillos de sus ejecutivos; o en la década de 1900, cuando el estafador George C. Parker fue detenido por vender ilegalmente el puente de Brooklyn, el Madison Square Garden y la Estatua de la Libertad. Lo vimos en la década del 2000, cuando Enron participó en un fraude corporativo a gran escala y sus prácticas corruptas conmocionaron el mundo de los negocios". Según McHenry, podían trazarse muchos paralelismos entre

22. Ria Lu, correo electrónico a Alex Tapscott, 21 de noviembre de 2022.

23. Lu, correo electrónico a Alex Tapscott.

estos impostores y Bankman-Fried; básicamente se trataba de un fraude a la vieja usanza, usando una tecnología novedosa.[24] Y añadió: "Seguimos usando el ferrocarril, compramos y vendemos bienes raíces, y todavía dependemos de que las empresas nos ofrezcan sus servicios". Aconsejó a sus colegas "diferenciar la mala conducta de un individuo de los aspectos positivos creados por la innovación y la industria", ya que cree "en la promesa de los activos digitales y de quienes, en todo el mundo, crean sobre tecnologías de cadenas de bloques".[25]

El congresista Tom Emmer (republicano por Minnesota) instó a sus colegas a "comprender el fraude de Sam Bankman-Fried como lo que es: un fracaso de la centralización, un fracaso de la ética empresarial, y un delito. No es un fracaso de la tecnología". Según Emmer, desde que asumió su cargo en 2019, ha trabajado con congresistas de ambos partidos con el objetivo de que "el futuro de las criptomonedas refleje los valores estadounidenses, tal y como hoy en día lo hace Internet. Para los miembros del Congreso más comprometidos con la elaboración de políticas sobre lo cripto, el colapso de FTX nos recuerda la importancia de esta tecnología. La descentralización es la clave".[26]

Las declaraciones de estos políticos nos recuerdan que una de las características de la Web3 es su utilidad *peer-to-peer*: cualquier persona, en cualquier lugar del mundo, puede usarla para transferir activos de un lado a otro sin intermediarios. Resulta irónico que muchos de los actores malintencionados de la Web3 hayan sido los directivos y propietarios de negocios centralizados, en lugar de los usuarios de esta tecnología.

5. Los gobiernos obstaculizarán o incluso acabarán con la tecnología

A los innovadores de la Web3 les sigue preocupando que las autoridades, los políticos y los grupos de presión que financian las campañas de estos últimos intenten acabar con la tecnología, ya sea por proteger sus intereses particulares o por miedo a aquello que no entienden. Por ejemplo, Elizabeth Warren (senadora del Partido Demócrata por Massachussets) es una gran detractora

24. Jennifer Sor, "Sam Bankman-Fried Is a World-class Manipulator and the Implosion of FTX Is an 'Old-school Fraud', Congressman Says", *Business Insider*, Yahoo Finance, 13 de diciembre de 2022, `https://finance.yahoo.com/news/sam-bankman-fried-world-class-180256987.html`.

25. Rep. Patrick McHenry (R-NC), "FTX CEO Testifies on Cryptocurrency Company's Collapse", C-SPAN, National Cable Satellite Corp., 13 de diciembre de 2022 (00:07:12), `https://www.c-span.org/video/?524743-1/ftx-ceo-testifies-cryptocurrency-companys-collapse`.

26. "Crypto Crash: Why the FTX Bubble Burst and the Harm to Consumers", Audiencia ante del Comité de Banca, Vivienda y Asuntos Urbanos, Senado de EE. UU., Oficina Dirksen, Edificio G50, 14 de diciembre de 2022 (10:00 a.m.), `https://www.banking.senate.gov/hearings/crypto-crash-why-the-ftx-bubble-burst-and-the-harm-to-consumers`.

de las criptomonedas. En su opinión, solo alguien con malas intenciones utilizaría criptomonedas, acusación esta sin fundamento.[27] Mi esperanza era que, en tanto que autodenominada progresista, Warren mostrara una actitud más abierta hacia los criptoactivos, ya que permitirían socavar el poder económico de la banca. En este último punto, Warren rechaza las críticas de quienes la llaman socialista, y se describe a sí misma como "capitalista hasta la médula". Su principal queja va dirigida a los poderosos intereses creados, como los bancos de Wall Street, que utilizan su proximidad al poder político para obtener concesiones.

Sin embargo, en su análisis de la propuesta de ley sobre activos digitales contra el blanqueo de capitales de Warren (conocida en inglés como *Digital Asset Anti-Money Laundering Act*), Coin Center, una destacada organización sin ánimo de lucro centrada en políticas relacionadas con los criptoactivos, calificó el proyecto de ley como "el ataque más directo contra la libertad personal y privacidad de los usuarios y desarrolladores de criptomonedas que hemos visto hasta ahora", ya que la ley obligaría "a cualquiera que contribuya a mantener la infraestructura pública de la cadena de bloques, ya sea a través del desarrollo de software o mediante la validación de transacciones en la red, a registrarse como entidad financiera".[28] En tanto que entidades financieras, estos voluntarios individuales estarían legalmente obligados a "[1] identificar y registrar la información personal de cada uno de los individuos que utiliza su software o realizar transacciones a través de sus ordenadores conectados a Internet, [2] desarrollar programas de prevención del blanqueo de capitales calibrados según el riesgo que impidan el uso de su software o la capacidad de transferencia de la red si sospechan que esas personas están transfiriendo fondos procedentes de actividades criminales, y [3] presentar informes sobre sus usuarios sin que exista orden judicial, solicitud del gobierno o causa probable como motivo de la solicitud".[29]

Es más: tecnologías relacionadas con la privacidad como Tornado Cash, Zcash y Monero han sido objeto de escrutinio. En agosto de 2022, "el Departamento del Tesoro de EE. UU., unilateralmente y fuera de los

---

27. Senadora Elizabeth Warren, "ICYMI: At Hearing, Warren Warns about Crypto's Use for Money Laundering by Rogue States, Terrorists, and Criminals", nota de prensa, 15 de diciembre de 2022, `https://www.warren.senate.gov/newsroom/press-releases/icymi-at-hearing-warren-warns-about-cryptos-use-for-money-laundering-by-rogue-states-terrorists-and-criminals`.

28. Peter Van Valkenburgh, "The Digital Asset Anti-Money Laundering Act", Coin Center, 14 de diciembre de 2022, `https://www.coincenter.org/the-digital-asset-anti-money-laundering-act-is-an-opportunistic-unconstitutional-assault-on-cryptocurrency-self-custody-developers-and-node-operators/`.

29. Valkenburgh, "The Digital Asset Anti-Money Laundering Act".

límites marcados por la ley, convirtió en delito el uso de Tornado Cash", una herramienta de privacidad y un *mixer* o mezclador muy popular a la hora de realizar transacciones con criptomonedas de forma privada y anónima.[30]

Se trata de un software de código abierto que no es propiedad de nadie. Sin embargo, el Departamento del Tesoro agregó el sitio web y sus billeteras asociadas a la lista de empresas sancionadas elaborada por la Oficina de Control de Activos Extranjeros (OFAC), y que generalmente queda reservada para "personas involucradas en actos terroristas, estados enemigos u otras actividades sancionadas por el Estado, con el fin de garantizar que estas personas no puedan beneficiarse del sistema financiero estadounidense".[31] El gobierno de EE. UU. alegó que se habían blanqueado 7.000 millones de dólares a través de Tornado Cash. Elliptic, una empresa dedicada al análisis *blockchain*, estimó una cifra cercana a los 1.500 millones de dólares.[32] En un informe de 2023, Chainalysis concluyó que la cifra real era cercana al 34 % del total del volumen de la plataforma.

Sin embargo, ¿son eficaces estas sanciones? Tal y como señaló Chainalysis, "Tornado Cash funciona con contratos inteligentes que no se pueden desconectar como sí ocurre con un servicio centralizado, de modo que nada impide que alguien lo utilice, salvo por las consecuencias legales derivadas del incumplimiento de las sanciones".[33] No obstante, el cierre del *front end* de Tornado Cash ha tenido un gran impacto tras su inclusión en la lista de sancionables: hasta diciembre de 2022, el valor total de la plataforma de Tornado Cash era de alrededor de 111 millones de dólares, lo que supuso una reducción del 78 % en un año.[34]

---

30. Peter Van Valkenburgh, "How Does Tornado Cash Actually Work?", Coin Center, 25 de agosto de 2022, `https://www.coincenter.org/how-does-tornado-cash-actually-work/`; y Jerry Brito y Peter Van Valkenburgh, "Coin Center Is Suing OFAC over Its Tornado Cash Sanction", Coin Center, 12 de octubre de 2022, `https://www.coincenter.org/coin-center-is-suing-ofac-over-its-tornado-cash-sanction/`.

31. Jerry Brito y Peter Van Valkenburgh, "US Treasury Sanction of Privacy Tools Places Sweeping Restrictions on All Americans", Coin Center, 8 de agosto de 2022, `https://www.coincenter.org/u-s-treasury-sanction-of-privacy-tools-places-sweeping-restrictions-on-all-americans/`.

32. Daniel Kuhn, "What Happens When You Try to Sanction a Protocol Like Tornado Cash", Coin Center, 10 de agosto de 2022, `https://www.coindesk.com/layer2/2022/08/10/what-happens-when-you-try-to-sanction-a-protocol-like-tornado-cash/`.

33. Chainalysis Team, "How 2022's Biggest Cryptocurrency Sanctions Designations Affected Crypto Crime", *Chainalysis Blog*, 9 de enero de 2023, `https://blog.chainalysis.com/reports/how-2022-crypto-sanction-designations-affected-crypto-crime/`.

34. "Digital Asset Outlook 2023", The Block, 20 de diciembre de 2022, `https://www.tbstat.com/wp/uploads/2022/12/Digital-Asset-2023-Outlook.pdf`.

En la economía digital actual, las grandes plataformas digitales e intermediarios financieros y sus accionistas captan riqueza de manera asimétrica, lo que da como resultado una creciente desigualdad social. El desequilibrio de poder estructural entre las plataformas y los usuarios ha erosionado la concepción tradicional de la privacidad y la autonomía. Debemos ayudar tanto a la senadora Warren como a otros a entender que la Web3 puede ayudarnos a resolver los problemas que los gobiernos no están resolviendo. Pero la Web3 no puede cumplir su promesa sin la participación y regulación del gobierno. Sheila Warren, del Crypto Council for Innovation, ve la regulación como una herramienta útil para impulsar la adopción de esta tecnología. Ignorarla es tan malo como una mala regulación: "No puedes meter la cabeza en la arena e ignorar la necesidad de regular, por mucho que a mucha gente del mundo cripto le atraiga esta idea. Se equivocaban quienes creyeron aquello de 'si fingimos que no hay normas y que los reguladores no existen, nos ignorarán'".[35] En su rol anterior en el Foro Económico Mundial, Sheila Warren mantenía reuniones periódicas con todas las partes, animándolas en la búsqueda de soluciones.

Dicho esto, nuestra infraestructura reglamentaria y política son inadecuadas para la era digital. La Web3 está redefiniendo la privacidad, la inclusión y la participación en Internet, allí donde los usuarios que generan valor en las redes (ya sea social, financiero o de otro tipo) cosechan dicho valor. Los proyectos de ley perjudiciales, como el de la senadora Warren, no acabarán con la Web3 porque la tecnología está globalmente descentralizada y se utiliza en todo el mundo, pero animarán a la gente, al capital y otros recursos a trasladarse al extranjero.

Estamos ante un momento decisivo en la trayectoria de los activos digitales, la Web3 y la tecnología *blockchain*. Los gobiernos entienden a los intermediarios financieros tradicionales en su papel de custodios, pero la Web3 no necesita custodios. Los legisladores entienden la necesidad de supervisar a empresas e individuos, pero no saben de código inteligente o matemáticas. Etiquetar todos y cada uno de los activos digitales como un valor financiero también es problemático. El congresista Emmer, miembro del creciente grupo parlamentario dedicado al *blockchain* en el Congreso estadounidense, ha expresado su preocupación sobre el enfoque adoptado por el presidente de la Comisión de Bolsa y Valores, Gary Gensler: "Si Gensler cree que una moneda con una capitalización de mercado de 1.000 millones de dólares y decenas de miles de inversores es un activo,

35. Sheila Warren, entrevista con Alex Tapscott a través de Zoom, 6 de octubre de 2022.

¿qué pasará con esos inversores? El valor del *token* caerá en picado y los inversores minoristas no podrán intercambiar sus activos".[36] Llegados a este punto, da la impresión de que el gobierno no puede detener el avance de la industria, pero será el enfoque regulatorio del primero lo que defina el futuro del sector.

Necesitamos reglas claras para garantizar la innovación segura y sostenible en el sector. Son muchas las nuevas tecnologías que se enfrentan a comienzos difíciles, donde los actores ya establecidos cuestionan su utilidad. Internet fue víctima de este sesgo, pero también lo fue el automóvil. Los primeros automóviles eran lentos, poco fiables y peligrosos, tanto para conductores como para peatones. Creamos nuevas reglas para los fabricantes de automóviles, construimos carreteras y erigimos señales de tráfico y semáforos; convertimos el carnet de conducir en un requisito para los conductores, cosa que suavizó la transición del caballo al automóvil. Lo mismo debería suceder ahora. Los gobiernos comparten con los usuarios, las empresas que operan en este espacio y los inversores de capital riesgo que financian a emprendedores y políticos la responsabilidad de que las cosas salgan bien.

6. Los incentivos para la adopción no son adecuados: el problema del impulso inicial

En *La revolución blockchain* nos equivocamos en nuestro planteamiento sobre esta cuestión. En muchos casos, sucede más bien al contrario: los *tokens* son un incentivo muy potente para la colaboración masiva y la adopción de la tecnología, ya que convierten a los usuarios tempranos de esta tecnología en participantes económicos en la red. En palabras de Chris Dixon: "En la era Web2, superar el problema del impulso inicial suponía embarcarse en esfuerzos heroicos, y, en muchos casos, invertir enormes cantidades de dinero en ventas y *marketing*".[37] Este proceso, difícil y muy costoso, llevó a que solo algunas redes alcanzaran una dimensión global. Una vez firmemente arraigadas, las nuevas redes dirigidas a usuarios similares luchaban por competir contra los gigantes de la Web2 como Facebook. Dixon prosigue: "La Web3 introduce una nueva herramienta muy poderosa para impulsar las redes: los incentivos mediante *tokens*. La

---

36. Tom Emmer (@RepTomEmmer), *post* de Twitter, 5 de octubre de 2023 (2:51 p. m.), `https://twitter.com/RepTomEmmer/status/1445461701567160320`, consultado el 15 de octubre de 2021.

37. Chris Dixon (@cdixon), *post* de Twitter, 1 de octubre de 2021 (6:50 p. m.), `https://twitter.com/cdixon/status/1444072368859533316`, consultado el 15 de octubre de 2021.

idea básica radica en ofrecer a los usuarios, durante la fase de inicio (cuando los efectos de red aún no han entrado en juego), una utilidad financiera en forma de recompensas mediante *tokens* para compensar la falta de utilidad nativa de la red".[38]

La *tokenomics* tiene, no obstante, un lado oscuro que ya hemos explorado en este libro, a saber: que la motivación de ganar dinero prevalezca sobre todas las demás funcionalidades de una aplicación Web3. Los especuladores y arbitrajistas invadirán las aplicaciones Web3 para extraer la mayor cantidad de valor posible antes de pasar a otra cosa, sin haber utilizado realmente la aplicación para lo que fue concebida. Para superar este problema, necesitamos que las aplicaciones sean útiles y divertidas por sí solas. "Los incentivos son muy importantes", afirma Arianna Simpson de Andreessen Horowitz, y añade: "Si eres capaz de combinar un mecanismo de incentivos con un producto, servicio o red que la gente quiera usar, tienes una combinación muy potente. No puedes tener un *token*, por ejemplo, sin un producto o servicio convincente e interesante para el usuario. Pero, si tienes algo que ya genera mucho interés a lo que la gente quiera contribuir, superponer un elemento *blockchain* y un incentivo mediante *tokens* puede ser una vía estupenda para impulsar este ecosistema. Para lograrlo debes atraer usuarios, recompensarlos por sus aportaciones y construir un mecanismo más sostenible".[39] La propiedad y el ánimo de lucro deben ser una más de entre muchas razones por las que la gente quiera interactuar con estas aplicaciones.

7. El *blockhchain* destruirá empleo

En *La revolución blockchain* nos preguntábamos si la cadena de bloques acabaría con muchas profesiones de cuello blanco, como la contabilidad, las profesiones del ámbito jurídico e incluso las labores de dirección y gestión. Cierto: la web está transformando el mercado laboral, pero parece estar creando más empleo del que destruye. Estamos asistiendo a la aparición de nuevas profesiones, como por ejemplo artistas digitales, jugadores profesionales de videojuegos, mineros de liquidez o comerciantes de NFT. Los desarrolladores de software trabajan actualmente para DAO.[40]

---

38. Chris Dixon (@cdixon), *post* de Twitter, 1 de octubre de 2021 (6:50 p. m.), `https://twitter.com/cdixon/status/1444072370788978691` y `https://twitter.com/cdixon/status/1444072374798675970`, consultado el 15 de octubre de 2021.
39. Arianna Simpson, entrevista con Alex Tapscott a través de Zoom, 13 de septiembre de 2022.
40. "DAO Jobs: Find Great Crypto Jobs at a DAO", Cryptocurrency Jobs, consultado el 5 de noviembre de 2021, `https://cryptocurrencyjobs.co/dao`.

En la era Web2, una trabajadora joven y brillante podía pensar en desarrollar su carrera profesional en Silicon Valley o Wall Street. Sin embargo, los grandes intermediarios del sector tenían en cuenta únicamente a los graduados de las mejores universidades: las titulaciones universitarias debían figurar en los más alto del *curriculum*. El candidato o candidata debían presentarse a trabajar en la oficina, recibir una formación intensiva y rendir cuentas a un superior en la cadena de mando de la empresa.

La Web3, gracias a innovaciones como las DAO, requiere una jerarquía formal, equipos de gestión y oficinas mínimas. Sí, es cierto que Facebook y Goldman Sachs siguen atrayendo talento de primer nivel, pero su monopolio es cada vez más débil, como lo demuestra la fuga de ingenieros de calidad hacia *startups* en Web3, IA, IoT y otras áreas.

Yield Guild Games (YGG) es una de las comunidades pioneras a la hora de atraer gente hacia nuevas oportunidades de negocio en el ámbito de la Web3. "Queremos que YGG sea la plataforma a la que la gente recurra cuando quieran entrar en una Dapp Web3 y ganar algo, como Fiverr, una Dapp que permite a los creadores buscar trabajo para tener algún ingreso, pero dentro del metaverso", afirma Beryl Li, cofundadora de YGG. "También estamos considerando el enfoque 'x-y-gana', por ejemplo 'aprende y gana' o 'muévete y gana'. Un ejemplo sería Metacrafters, donde el usuario completa ciertos módulos, como por ejemplo codificando, ya sea aprendiendo Ethereum y contratos inteligentes, o Solana y contratos inteligentes. Cada vez que completas un módulo, ganas recompensas y más adelante te contratan. Tienes más posibilidades de que te contraten".[41] Li se refiere a la creciente popularidad de las aplicaciones Web3 "x-ygana" como StepN, Sweatcoin o Genopets.

En teoría, esto podría generar a nuevas oportunidades económicas para los emprendedores de la Web3 en el Sur Global. Katrina Wolfe, de Laguna Games, también cree que las DAO podrían ser el siguiente paso en la evolución dentro de la denominada economía *gig*. "Podría tener participaciones en quince DAO diferentes y ver a qué se dedica tal equipo; constato que tengo tiempo, me parece divertido, así que me apunto y empiezo a trabajar".[42] El usuario podría elegir entre varias opciones divertidas y económicamente gratificantes, siempre suponiendo que cuente con las cualificaciones necesarias. Podría ganar acciones o *tokens* de gobernanza, o bien recibir alguna otra recompensa financiera que le permitiera participar de la tendencia al alza del

41. Beryl Li, entrevista con Alex Tapscott a través de Zoom, 4 de octubre de 2022.

42. Katrina Wolfe, entrevista con Alex Tapscott a través de Zoom, 14 de octubre de 2022.

proyecto en cuestión. Además, la propia Web3 genera nuevos empleos. Según The Block, el empleo en la industria de los activos digitales ha aumentado un 351 % desde 2019; 421 empresas dan trabajo a 82.248 personas dentro del sector, en comparación con 158 empresas con tan solo 18.200 empleados en 2019.[43]

Este conjunto de nuevas oportunidades económicas impulsará la adopción de la tecnología, lo que a su vez permitirá a muchos de los usuarios tempranos disponer del equivalente a una cuenta bancaria en dólares estadounidenses. Después de todo, si te pagan en el *token* nativo de alguna aplicación por completar una tarea útil, convertir tus ganancias a USDC (una *stablecoin* muy popular), requiere tan solo un paso más. De repente, poblaciones enteras que no pueden acceder al dólar estadounidense o que en algunos casos no tienen una cuenta bancaria, disponen ahora de una nueva herramienta que les permite mover, almacenar e incluso quizás invertir en dólares. En este sentido, los gremios pueden servir para impulsar una mayor prosperidad económica.

8. La gobernanza o cómo poner orden en una jaula de grillos

La tecnología *blockchain* y la gobernanza de las DAO evolucionan en tiempo real. A pesar de la promesa de las DAO, la realidad es que son víctimas de muchas de las mismas limitaciones que las estructuras de gobernanza tradicionales, como la apatía de los votantes.[44] Los propietarios de *tokens* a menudo ignoran los procesos de gobernanza que requieren su consentimiento, dejando la toma de decisiones en manos de un puñado de grandes propietarios informados.[45] Es similar a lo que ocurre en buena parte de las votaciones delegadas en las juntas corporativas bajo modelos de gobernanza tradicional. Además, la descentralización radical puede funcionar en ciertas industrias, pero la integración vertical y una estructura organizativa tradicional pueden ser adecuadas en contextos como el de la industria farmacéutica.

---

43. "Digital Asset Outlook 2023", The Block.

44. Kyung Taeck Minn, "Towards Enhanced Oversight of 'Self-Governing' Decentralized Autonomous Organizations: Case Study of the DAO and Its Shortcomings", *NYU Journal of Intellectual Property and Entertainment Law* 9, núm. 1 (24 de enero de 2020), `https://jipel.law.nyu.edu/vol-9-no-1-5-minn`, consultado el 15 de octubre de 2021.

45. Roy Learner, "Blockchain Voter Apathy", *Wave Financial Blog*, 29 de marzo de 2019, `https://medium.com/wave-financial/blockchain-voter-apathy-69a1570e2af3`. Véase también Nic Carter, "A Cross-Sectional Overview of Cryptoasset Governance and Implications for Investors" (tesis doctoral, University of Edinburgh Business School, 2016-2017), `https://niccarter.info/papers`, consultado el 15 de octubre de 2021.

Estos desafíos de gobernanza son bien conocidos para un accionista de una empresa que cotice en bolsa o cualquier ciudadano de un país democrático. Cuando escribimos *La revolución blockchain*, cuestionamos no solo la capacidad de las redes PoS para impulsar actualizaciones de software, sino también la viabilidad real de la prueba de participación como sistema que permita organizar y asegurar la cadena de bloques. En comparación, los problemas actuales se derivan de los éxitos alcanzados en el área de la gobernanza, como el lanzamiento de docenas de plataformas de contrato inteligente Capa 1 en funcionamiento. Las DAO aún deben superar este desafío.

Conclusión

La innovación tecnológica no es un proceso determinista que deba llevar a una conclusión inevitable. El resultado puede verse alterado por eventos aleatorios y sacudidas externas. Como podemos ver en multitud de ejemplos, un fracaso temprano o una aplicación práctica pueden dificultar el avance de una tecnología dada (basta con preguntar a los defensores de la energía nuclear). En el caso de la Web3, son muchos los aspectos mejorables y bastante las cosas que podrían salir mal. Pero debemos preguntarnos si esto es motivo suficiente para no continuar o retirarle nuestro apoyo, o si son desafíos de implementación que deben superarse. A continuación, se presentan las conclusiones clave del capítulo:

1. No debemos juzgar una tecnología en base a su formulación inicial. La Web3 no va únicamente de criptomonedas (es decir, de dinero y aplicaciones de pago). Es una tecnología diseñada para un uso general, que está madurando rápidamente para adaptarse a todo aquello que muy pronto los usuarios le exigirán.
2. La crítica de que la Web3 derrocha energía no resulta creíble, puesto que la mayor parte de las innovaciones se dan en la actualidad en sistemas de prueba de participación (PoS) como Ethereum. Bitcoin, a pesar de su huella de carbono, utiliza menos energía que todas las lavadoras del mundo, y obtiene casi la mitad de su energía de fuentes renovables; es, en tanto que industria, un líder global.[46] No vamos precisamente escasos de elitismo en occidente cuando señalamos que los pobres del mundo que recurren a la Web3 como salvavidas deberían sentirse culpables por ello.

---

46. Taras Kulyk y Ben Gagnon, "Global Bitcoin Mining Data Review: Q4 2022", ponencia, Bitcoin Mining Council, 18 de enero de 2023, `https://bitcoinminingcouncil.com/wp-content/uploads/2023/01/BMC-Q4-2022-Presentation.pdf`.

3. Las fuerzas todopoderosas del viejo paradigma pueden plantar cara o abrazar estas herramientas, pero es poco probable que las coopten en beneficio propio. La atracción que ejercen las comunidades nativas a la Web3 es muy poderosa, y ya estamos viendo a infinidad de empresas adoptar de buen grado la tecnología.
4. La Web3 no destruye empleo. Permite a personas de todo el mundo ganar dinero por nuevas vías. No obstante, si aceptamos la tesis de que la Web3 permite a un desarrollador en India competir por el mismo trabajo y recibir una "compensación en acciones" en forma de *tokens* que un desarrollador en Austin, Texas, el tejano tendrá que aportar mucho más. A fin de cuentas, los activos siempre son más grandes en Texas, ¿no es cierto?
5. Los gobiernos pueden hacer descarrilar la Web3, pero también pueden facilitar su progreso.

Sobre este último punto: necesitamos un marco sensato y normativas que protejan a los usuarios al tiempo que siguen fomentando la innovación. Debemos poner fin al actual *statu quo*, basado en un enfoque regulatorio punitivo. "No se puede innovar sobre arenas movedizas", afirma Sheila Warren. "Es imposible avanzar sin saber cómo va a responder el legislador".[47] En la conclusión, intentaremos dar respuesta a esta última pregunta y ofrecer recomendaciones a nuestros lectores sobre el camino a seguir.

47. Warren, entrevista con Alex Tapscott.

Conclusión

La curva S de la Web3: proyección más que profecía

"Hay décadas donde no pasa nada, y semanas donde pasan décadas", dijo Vladimir Ilyich Ulyanov sobre la Revolución Bolchevique.[1] Más conocido como Lenin, su figura ilustra el tirón de los pseudónimos como instigadores del cambio. La tecnología digital crece de forma exponencial. La Ley de Moore postula que la potencia computacional se duplica aproximadamente cada dieciocho meses. Durante décadas, esta ley ha demostrado ser profética, aunque muchos creen que la tasa de crecimiento se irá ralentizando hasta que la computación cuántica se comercialice. Aun así, el mundo de hoy es prácticamente irreconocible si lo comparamos con el mundo en el que el difunto Gordon Moore vivía mientras trabajaba en el desarrollo de los semiconductores. La pandemia provocada por la COVID en 2020 aceleró nuestras vidas digitales y destruyó enlaces clave en las cadenas de suministro globales, ya que los países cerraron sus fronteras para proteger la salud de sus ciudadanos y poner en marcha la producción local. El trabajo remoto se convirtió en la nueva normalidad.

El componente básico de la Web3, la cadena de bloques, existe desde la aparición de Bitcoin en 2009. Sin embargo, catorce años después, da la impresión de que la Web3 aún está dando sus primeros pasos. Sucedió lo mismo con las tecnologías precedentes. "En las primeras etapas de cualquier tecnología, el progreso medido en términos de rendimiento es relativamente lento", observa Clayton Christensen. A medida que el público va adoptando y comprendiendo la tecnología, esta mejora y crece de forma acelerada. Sin embargo, con el tiempo, la tecnología alcanza un punto de saturación y el crecimiento se ralentiza. En esta etapa, "se requieren periodos de tiempo aún

1. Son muchas las voces que sostienen que la cita es de Lenin, pero no hemos localizado ninguna fuente que lo corrobore.

mayores o esfuerzos de ingeniería adicionales para lograr mejoras".[2] Este proceso, lento al principio, acelerado y rápido en el medio, y desacelerado y más equilibrado hacia el final, comúnmente se conoce como "curva S".

Charles Hoskinson cree que la Web3 no ha alcanzado el punto de inflexión de la curva, lo que él llama su "momento ChatGPT" (en referencia al *chatbot* de IA lazando por OpenAI en 2022). "ChatGPT es una de esas tecnologías cuyo carácter disruptivo, ahora que existe, todo el mundo reconoce. Este es el motivo por el que se ha adoptado de forma masiva: en cinco días alcanzó el millón de usuarios". Añade: "La gente está aterrada". Eso es justo lo que necesita *blockchain*, "ese momento ChatGPT, donde sea evidente hacia dónde va el mercado". En su opinión, Solana, Binance, Cardano y Bitcoin tienen una identidad propia, pero nadie dice: "Este es el modelo que va a conseguir mil millones de usuarios. Con echarle un poco de agua será suficiente".[3]

Y hablando de agua: recordemos que la revolución agrícola tuvo lugar a lo largo de decenas de miles de años de prueba y error antes de que la mayoría de los seres humanos abandonaran un estilo de vida basado en la caza y la recolección, en favor de una vida sedentaria basada en la agricultura y la ganadería. La Revolución Industrial hunde sus raíces en los siglos XV y XVI, mucho antes de la invención de la máquina de vapor, gracias a los avances en el ámbito de armas químicas y de fuego, que posibilitaron las conquistas; la imprenta, que inauguró la era de la comunicación de masas; el colapso del feudalismo, que alteró el equilibrio de poder entre el capital (los señores) y el trabajo (los campesinos); y el auge del comercio global, que aceleró el intercambio de bienes, ideas y patógenos. Pero la "industrialización" como tal no comenzó hasta siglos después. La máquina de vapor existió durante décadas antes de que Thomas Newcomen aplicara su versión a la minería del carbón en Inglaterra en la década de 1710.[4] Hasta bien entrado el siglo XX, muchos europeos de zonas rurales vivían como durante siglos lo habían hecho sus antepasados.[5] Una vez concluida la Segunda Guerra Mundial, "Millet bien podría haber pintado la vida rural en Bélgica: el heno recogido con rastrillos de madera, la paja golpeada con el mayal, frutas y verduras recogidas a mano y transportadas en carros tirados por caballos".[6]

---

2. Clayton M. Christensen, *The Innovator's Dilemma: When New Technologies Cause Great Firms to Fail*. Harvard Business School Press, Boston, 1997, p. 39.
3. Charles Hoskinson, entrevista con Alex Tapscott a través de Zoom, 5 de enero de 2023.
4. Robert Wilde, "Steam in the Industrial Revolution", 25 de julio de 2019, `https://www.thoughtco.com/steam-in-the-industrial-revolution-1221643`.
5. Tony Judt, *Postwar: A History of Europe since 1945*. Penguin, Nueva York, 2005, p. 257.
6. Judt, p. 257.

La revolución de la información comenzó con los avances de la ciencia computacional en la década de 1930 y la invención del transistor en 1949. Los ordenadores, sin embargo, tardaron casi medio siglo en convertirse en dispositivos de uso común en nuestros hogares. Leonard Kleinrock y sus estudiantes de posgrado en la Universidad de California, Los Ángeles, enviaron el primer mensaje de Internet en 1969, pero el gobierno de EE. UU. tardó casi veinticinco años más en liberar la web para uso comercial, y tuvieron que transcurrir otros treinta para que empresas y ONG la llevaran a 5.180 millones de personas.[7] Lo que para la industrialización llevó cientos de años y décadas para la computación (a saber, alcanzar el punto de inflexión de la curva antes de experimentar un crecimiento parabólico), a la Web3 le ha llevado aproximadamente una década.

¿Adoptarán particulares y empresas la Web3 más rápidamente que lo que se tardó en adoptar la primera o la segunda era web u otras innovaciones tecnológicas, como los ordenadores personales? No estés tan seguro. La primera vez que Albert Wenger usó Internet, estaba en el laboratorio de computación del Instituto Tecnológico de Massachusetts. Descubrió Mosaic en su equipo y se pasó las cuatro horas siguientes navegando por la web, en lugar de trabajar en su tarea de estadística. "Pensé: '¡Dios mío, mañana mismo los periódicos están muertos!'. Pero tardaron 20 años".[8] Con la Web3, debido especialmente a la incompatibilidad de la clase de activos con las leyes existentes en la actualidad, esta transformación radical podría tardar más en manifestarse. "Internet era una tecnología mucho más sencilla", asegura Wenger. "Esta tecnología es mucho más compleja; además, el clima no es favorable. Si con aquello tardamos veinte años, creo que tendremos que ajustar nuestras expectativas. Con la Web3, las cosas podrían llevarnos treinta o cuarenta años".[9] Hoskinson está de acuerdo: "Nos esperan décadas de trabajo a muy largo plazo, igual que ocurrió con la web. Inventamos JavaScript, el navegador, los certificados *web* y las *cookies* en la década de 1990... ¿Hemos alcanzado el nirvana de la web?".[10]

Wenger también cree que la percepción pública de una tecnología puede moldear su crecimiento y adopción, independientemente de su utilidad subyacente. Pone como ejemplo la energía nuclear. "Podemos construir centrales

---

7. "The Internet's First Message Sent from UCLA: 1969", *UCLA 100*, Universidad de California, Los Ángeles, *s. d.*, `https://100.ucla.edu/timeline/the-Internets-first-message-sent-from-ucla`; y "Digital Around the World", *DataReportal*, Kepios Pte. Ltd., abril de 2023, `https://datareportal.com/global-digital-overview`.
8. Albert Wenger, entrevista con Alex Tapscott a través de Zoom, 16 de diciembre de 2022.
9. Wenger, entrevista con Alex Tapscott.
10. Charles Hoskinson, entrevista con Alex Tapscott a través de Zoom, 5 de enero de 2023.

nucleares desde la década de 1960, y lo hemos hecho a un ritmo lentísimo", afirma, exasperado. "A pesar de que generan electricidad con una huella de carbono cero, y deberíamos tener un montón de centrales, la gente protesta: 'Aquí que no la pongan, en mi comunidad tampoco, en ningún sitio cerca de mi ciudad'".[11] La adopción y difusión de la tecnología siguen diferentes caminos, que no dependen únicamente de las características de la tecnología subyacente. Según Wenger, se ven también afectadas por sus primeros usos, su complejidad y, por supuesto, el entorno regulatorio. Los grandes escándalos no pueden hacer descarrilar una tecnología (después de todo, la Burbuja de los Mares del Sur no supuso el fin de las sociedades de capitales), pero sí pueden retrasarla. La industria debe hacer frente al colapso de FTX si no queremos que se convierta en nuestro Three Mile Island particular.

Otra oportunidad extraordinaria para las instituciones

Los gobiernos tienen otra oportunidad única en la historia de la humanidad para ejercer su liderazgo. Algunos están respondiendo al desafío. En 2022, la Casa Blanca publicó su tan esperada orden ejecutiva sobre activos digitales y Web3. Se dice que, en cierta ocasión, Winston Churchill afirmó: "Uno siempre puede confiar en que los estadounidenses harán lo correcto después de haber intentado todo lo demás".[12] De hecho, en el momento de su publicación, el informe fue recibido como una solución al bloqueo que había obstaculizado cualquier avance sobre esta cuestión. Sin embargo, tras el colapso de FTX, la administración Biden moderó su entusiasmo inicial. En el Informe Económico de la Casa Blanca de 2023, la Administración dedicó un capítulo entero a los riesgos de las criptomonedas, en el que se repetían algunas críticas hace tiempo desacreditadas. ¿En qué punto nos encontramos ahora? La Web3 y los activos digitales son asuntos de interés nacional porque son fundamentales para la próxima era de progreso económico. Los emprendedores y las empresas estadounidenses dominaron los primeros veinticinco años del Internet comercial. Los tiempos han cambiado: el acceso a la tecnología, al talento, al empuje empresarial y a las herramientas necesarias para crear grandes negocios y organizaciones están disponibles en todo el mundo. Algunos países, como Singapur y Dubái, han acogido a empresas Web3 con los brazos abiertos, generando una situación

---

11. Wenger, entrevista con Alex Tapscott.
12. Mark McSherry-Forbes, "Let's Hope Churchill Was Wrong About Americans", National Churchill Museum, 3 de octubre de 2013, `https://www.nationalchurchillmuseum.org/10-07-13-lets-hope-churchill-was-wrong-about-americans.html`, consultado el 14 de abril de 2022.

de arbitraje regulatorio que aprovecha las diferencias para atraer a algunas de las principales organizaciones del sector. En esta carrera, Estados Unidos no ocupa las posiciones de salida.

En su papel como directora ejecutiva de la Asociación Blockchain, el trabajo de Kristin Smith consiste en defender la importancia de la Web3 y explicar por qué debería preocupar a los gobiernos. Smith conoce muy bien cómo funcionan las cosas en Washington, DC. Consumada experta en los entresijos de la capital, lleva veinte años trabajando alrededor del gobierno, presionando, sugiriendo y persuadiendo, promoviendo cambios reales y sustanciales. Para Smith, la Web3 es un tema que (cosa rara) cuenta con el apoyo de los dos grandes partidos. Cuanto más aprenden los legisladores, más entienden la Web3 como una tecnología de uso general que puede mejorar la vida de todos. El colapso de FTX ha enturbiado las aguas, pero Smith ayuda a los congresistas de los partidos republicano y demócrata a ir más allá de la figura de Sam Bankman-Fried e identificar de qué maneras la Web3 podría beneficiar a sus respectivos electores.

Por ejemplo, la inclusión financiera es un tema importante para el Partido Demócrata. Según Smith, "si analizamos la demografía de los propietarios de criptomonedas, vemos que hay un número desproporcionado de afroamericanos e hispanos. Para estas personas, las criptomonedas son más accesibles como método de inversión y más útiles a la hora de compartir dinero, especialmente el envío de remesas al extranjero".[13] A menudo, las voces críticas distorsionan la imagen de las criptomonedas, presentándolas como inversiones especulativas o juguetes digitales para grupos privilegiados. En realidad, el 37% de las personas no bancarizadas poseen y utilizan activos digitales para realizar pagos, almacenar valor, invertir en tecnologías emergentes y acceder a una variedad de otros servicios DeFi para llenar el vacío de los servicios financieros tradicionales.[14] Además, el 44% de los propietarios de activos digitales en Estados Unidos son personas de color, según una encuesta del National Opinion Research Center de la Universidad de Chicago.[15] Esta cifra contrasta con el 10% de la población completamente bancarizada que posee activos digitales en Estados Unidos.[16]

---

13. Kristin Smith, entrevista con Alex Tapscott a través de Zoom, 23 de agosto de 2022.
14. Alex Tapscott, "What Is Decentralized Finance?", Ninepoint Partners, YouTube, 10 de enero de 2022, `https://www.youtube.com/watch?v=j6_Wm-gjh4s&t=7s`, consultados el 31 de marzo de 2022.
15. Janell Ross, "Inside the World of Black Bitcoin, Where Crypto Is About Making More Than Just Money", *Time*, TIME USA LLC, 15 de octubre de 2021, `https://time.com/6106706/bitcoin-black-investors/`, consultado el 31 de marzo de 2022.
16. Morning Star, 17 de agosto de 2021, `https://morningconsult.com/2021/08/17/trust-awareness-paynents-unbanked-underbanked/`.

Fuera de Estados Unidos, la situación es más dura. No solo muchas personas en el Sur Global están sin bancarizar o infrabancarizadas, sino que sus monedas locales suelen ser hiperinflacionarias, y los ciudadanos sufren bajo los draconianos controles de capitales impuestos por sus gobiernos. Pensemos en Nigeria, donde cerca del 30% de los residentes utiliza *bitcoin* como alternativa al efectivo fiduciario. Los ciudadanos de El Salvador poseen más carteras de bitcoin que cuentas bancarias.[17] El monedero de activos digitales MetaMask, que permite a sus usuarios comprar, vender y almacenar criptomonedas y arte digital, como por ejemplo NFT, goza de enorme popularidad en Filipinas y Vietnam, donde los jóvenes ganan dinero gracias a las finanzas descentralizadas y los juegos de la modalidad "juega y gana" como *Axie Infinity*.[18] Durante una fase reciente de extrema volatilidad que afectó a la moneda en Turquía, los volúmenes de activos digitales en liras crecieron hasta los 1.800 millones de dólares, más que los cinco trimestres anteriores, y la lira se convirtió en "la moneda emitida por el gobierno más negociada contra Tether" en otoño de 2021.[19] (Tether es una *stablecoin* popular basada en el dólar estadounidense; en realidad, los turcos buscaban una manera fácil de almacenar valor en dólares).[20]

Según Smith, "el enfoque alternativo es la Web3, válido para los congresistas de ambos partidos, porque a todos les disgustan las empresas de [Web2] y quieren una alternativa, una democratización de los servicios web, ya sea en infraestructura web o aplicaciones".[21] Muchos se sorprenden al descubrir que "los actores más apasionados de este espacio no son todos anarquistas libertarios".[22] De hecho, "a menudo son miembros del Partido Demócrata de toda la vida, gente muy preocupada por cuestiones climáticas, temas como la lucha contra la pobreza, personas que suelen

17. Avik Roy, "In El Salvador, More People Have Bitcoin Wallets Than Traditional Bank Accounts", *Forbes*, 7 de octubre de 2021, `https://www.forbes.com/sites/theapothecary/2021/10/07/in-el-salvador-more-people-have-bitcoin-wallets-than-traditional-bank-accounts/`.

18. Christian Nunley, "People in the Philippines Are Earning Cryptocurrency During the Pandemic by Playing a Video Game", *CNBC*, NBCUniversal, 14 de mayo de 2021, `https://www.cnbc.com/2021/05/14/people-in-philippines-earn-cryptocurrency-playing-nft-video-game-axie-infinity.html`, consultado el 31 de marzo de 2022.

19. Caitlin Ostroff y Jared Malsin, "Turks Pile Into Bitcoin and Tether to Escape Plunging Lira", *Wall Street Journal*, 12 de enero de 2022, `https://www.wsj.com/articles/turks-pile-into-bitcoin-and-tether-to-escape-plunging-lira-11641982077`, consultado el 31 de marzo de 2022.

20. "Top Stablecoin Tokens by Market Capitalization", *CoinMarketCap*, 22 de diciembre de 2022, `https://coinmarketcap.com/view/stablecoin/`.

21. Smith, entrevista con Alex Tapscott.

22. Smith, entrevista con Alex Tapscott.

identificarse con los valores democráticos", afirma Smith. Sus esfuerzos han dado resultado: el Congreso estadounidense cuenta con un grupo de trabajo Web3 formado por congresistas de ambos partidos, que incluye a Cynthia Lummis (republicana por Wyoming) y Kirsten Gillibrand (demócrata por Nueva York), quienes colaboraron en un proyecto de ley de Web3, y Debbie Stabenow (demócrata por Missouri) y John Boozman (republicano por Arizona), que también trabajan conjuntamente. "La formulación de políticas bipartidistas conduce a políticas más estables, políticas que no fluctúan de una administración o de un Congreso a otro. Esperamos que siga siendo así", afirma Smith.[23]

Smith se retrotrae al momento en que el gobierno de Estados Unidos abrió las tecnologías de Internet al sector privado, en la década de 1990.[24] Recuerda cómo, en 1995, tan solo uno de los 100 despachos del Senado estadounidense tenía acceso a Internet: era el despacho de Ted Kennedy (demócrata por Massachussets). "Alguien le había enseñado Internet al senador [J. James] Exon (demócrata por Nebraska). Imprimió un montón de pornografía, la guardó en una carpetita azul y le enseño a sus colegas qué era eso de Internet".[25] ¿Lo que más preocupaba al Congreso? Que Internet no fuera más que una herramienta para publicar pornografía. A los republicanos les pareció especialmente ofensivo.

La orden ejecutiva del presidente Joe Biden supone un primer paso hacia un marco duradero y perdurable para la Web3, una reinterpretación moderna de la pionera Ley de Telecomunicaciones, que fue fundamental para el estallido de innovaciones que tuvo lugar durante la primera era de Internet.[26] Los legisladores y los líderes de la industria pueden colaborar con el fin de crear algo parecido a la ley de 1996. Para empezar, cualquier reglamento novedoso debe diferenciar entre la tecnología y las empresas que la utilizan para crear servicios. Podemos guiarnos por lo ocurrido con Internet: no regulamos el tiempo de uso de la red o el protocolo de transferencia de hipertexto (también conocido como la web), pero sí intentamos regular plataformas como PayPal, proveedores de servicios de Internet como Comcast

---

23. Smith, entrevista con Alex Tapscott.
24. "A Brief History of NSF and the Internet", Fact Sheet, National Science Foundation, 13 de agosto de 2003, https://www.nsf.gov/news/news_summ.jsp?cntn_id=103050.
25. "Cyberporn", *Congressional Record 141*, núm. 105 (Senate: 26 de junio de 1995): S9017-S9023, https://www.congress.gov/congressional-record/volume-141/issue-105/senate-section/article/S9017-2.
26. Wireline Competition Bureau, "Telecommunications Act of 1996", Federal Communications Commission, última actualización 20 de junio de 2013, https://www.fcc.gov/general/telecommunications-act-1996, consultado el 14 de abril de 2022.

y otras entidades corporativas como Amazon que utilizan tales protocolos. Podríamos probar una estrategia parecida. El problema no es el exceso de centralización en lo cripto, sino la excesiva centralización de los intermediarios corporativos del mundo cripto, con todas sus intrigas internas y una salud financiera opaca para el público.

"Fueron personas como Ron Wyden (demócrata por Oregón), Al Gore (demócrata por Tennessee), [Jay] Rockefeller (demócrata por Virginia Occidental), todos ellos senadores del Partido Demócrata, quienes vieron Internet como una herramienta muy poderosa. La Ley de Telecomunicaciones de 1996 fue muy laboriosa. El Programa E-Rate de Olympia Snowe (republicana por Minnesota) fue de gran ayuda.[27] Conrad Burns (republicano por Montana) redactó la sección 706 de la Ley de Telecomunicaciones, relativa al seguimiento del uso de Internet.[28] Por aquel entonces era una cuestión que contaba con el apoyo de ambos partidos", asegura Smith. La Ley de Telecomunicaciones clasificó a los proveedores de servicios de Internet (ISP, por sus siglas en inglés) como "proveedores de servicios de información" sujetos a una regulación más moderada, en lugar de clasificarlos como "operadores de telecomunicaciones" objeto de una regulación más estricta, como las redes telefónicas; los proveedores de servicios de Internet no eran responsables de los contenidos compartidos a través de su infraestructura. Todo ello tuvo un impacto muy positivo sobre la explosión del valor de Internet; los ISP sí tenían la responsabilidad de retirar o bloquear material que infringiera la ley.[29]

¿Qué deberían tener en cuenta los legisladores? Según Smith, "al legislador le gusta decir que, a igual actividad, igual riesgo e igual regulación. Pero los riesgos son totalmente diferentes, ya que ahora hablamos de propiedad. Tenemos activos digitales porque, por primera vez, tenemos escasez digital, y podemos realizar transacciones sin depender de un tercero que gestione la transacción por nosotros. Es algo que difiere radicalmente del funcionamiento de los servicios financieros tradicionales hoy por hoy".[30] Los reguladores subcontratan aspectos concretos de la ley a través, por ejemplo, de verificaciones KYC, AML y CTF.

---

27. Bob Kerrey se cuenta entre los impulsores de la ley. "E-Rate and Education: A History", Comisión Federal de Comunicaciones, última actualización 8 de enero de 2004, `https://www.fcc.gov/general/e-rate-and-education-history`.

28. Sec. 706, "Advanced Telecommunications Incentives", Ley de Telecomunicaciones de 1996, 104° Congreso (3 de enero de 1996): pp. 119-120, `https://transition.fcc.gov/Reports/tcom1996.pdf`.

29. Smith, entrevista con Alex Tapscott.

30. Smith, entrevista con Alex Tapscott.

Legisladores, instituciones y consumidores hablan, todos ellos, sobre las *stablecoins*, nos recuerda Smith. "Quieren asegurarse de que, si se trata de una *stablecoin* respaldada por dólares, entonces hay un dólar en la cuenta bancaria. Es algo bastante razonable. Necesitamos un marco adecuado para analizar esta cuestión, porque es muy diferente del sistema bancario de reserva fraccionaria con el que contamos en la actualidad. Además, el mundo digital interpreta la custodia de manera totalmente diferente a como lo hace el mundo de los servicios financieros tradicionales. Del mismo modo, todo el mundo quiere saber que los mercados mantienen su integridad", que no son susceptibles a la manipulación.[31]

"Queremos que alguien vigile los mercados en nombre de los consumidores. Pero no existe un regulador del mercado de *commodities*. La Comisión de Bolsa y Valores no tiene esa potestad. La CFTC, tampoco. El Congreso debe aprobar nuevos reglamentos. Los legisladores deben estudiar los diferentes actores en este espacio y dar con la normativa adecuada. Hay un paralelismo con la ley de 1996, en el sentido de que aquella ley dio a los proveedores de servicios de Internet un trato distinto, ya que no las trató como empresas de telecomunicaciones, aun cuando podamos realizar llamadas de voz a través de Internet" gracias al protocolo de voz sobre Internet (VoIP).[32]

Smith prosigue: "De forma parecida, los activos digitales tienen cualidades distintas. Necesitamos determinar los riesgos reales y redactar un marco para abordarlos. Hemos tenido algunos reguladores con visión de futuro que han elaborado directrices en la dirección correcta, particularmente la Red de Ejecución de Delitos Financieros (FinCEN) y, en menor medida, el Servicio de Impuestos Internos (IRS por sus siglas en inglés)".[33]

Smith reconoce a las agencias federales del gobierno estadounidense el haber estudiado sus atribuciones como autoridad y haber hecho todo lo posible por interpretar correctamente el mundo cripto. Pero ahora todas las agencias miran al Congreso en busca de claridad y de una nueva autoridad que guíe sus actuaciones. El Congreso podría presentar "alguna iniciativa en 2023, tal vez 2024, ya que se trata de un mercado lo bastante grande. Tenemos un cuerpo encargado de formular políticas lo bastante formado en la materia. Contamos con defensores en ambos partidos, y hemos sufrido algunos incidentes adversos en el mercado" que han hecho que aumentaran las prisas.[34] "Legislar lleva años. No es algo que suceda de la noche a la

31. Smith, entrevista con Alex Tapscott.
32. Smith, entrevista con Alex Tapscott.
33. Smith, entrevista con Alex Tapscott.
34. Smith, entrevista con Alex Tapscott.

mañana, a menos que las leyes se incorporen a un proyecto de ley que deba aprobarse con nocturnidad sin que nadie se entere".[35] Subraya un punto importante: "Sin el Congreso, terminamos aplicando enfoque punitivo. Esto termina siendo una herramienta muy tosca, ya que está limitada a los hechos de un caso concreto, y ya sabemos que 'las malas acciones dan lugar a malas leyes'", afirma Smith.[36]

Añadamos los reguladores a la lista de todos aquellos actores deseosos de ver grandes cambios en el gobierno y regulación de la Web3. Hester Peirce, de la Comisión de Valores, ha expresado con claridad que "un enfoque regulatorio basado en medidas arbitrarias y tardías en el que hemos venido confiando hasta ahora es lo opuesto a un marco regulatorio racional". En un discurso pronunciado en enero de 2023, arremetió contra su propia agencia, calificando su metodología de imprecisa, incoherente, inconsistente, arbitraria, aleatoria, perjudicial para la innovación y una pérdida del tiempo y los recursos de la agencia.[37] Es bastante probable que los reguladores del resto del mundo estén dando los mismos tumbos, sin coherencia ni claridad.

En busca del equilibrio entre derechos públicos y derechos individuales

Cualquier persona razonable estará de acuerdo en que, tras el colapso de FTX, los legisladores tienen la obligación de idear un marco para que la Web3 crezca de manera responsable, tal como sucedió con la Ley de Telecomunicaciones de 1996. Sin embargo, deben hacerlo sin pisotear los derechos individuales, el más importante de los cuales es el derecho a la privacidad. La privacidad es fundamental en una sociedad libre. Existen muchas y muy buenas razones para que los miembros de una sociedad quieran preservar la privacidad en sus transacciones. Puede que alguien quiera donar dinero a una organización humanitaria ucraniana sin miedo a las represalias rusas, como hizo el fundador de Ethereum, Vitalik Buterin, quien hizo público lo que había hecho (haciéndose *doxxing* a sí mismo) en respuesta a las sanciones que el Departamento del Tesoro de EE. UU. le impuso a Tornado Cash en agosto de 2022.[38]

---

35. Smith, entrevista con Alex Tapscott.

36. Smith, entrevista con Alex Tapscott.

37. Hester Peirce, "Remarks before the Digital Assets", Duke Conference, Washington DC, Comisión de Bolsa y Valores de EE. UU., 20 de enero de 2023, https://www.sec.gov/news/speech/peirce-remarks-duke-conference-012023#_ftnref15.

38. vitalik.eth (@VitalikButerin), *post* de Twitter, 9 de agosto de 2022 (4:49 a. m.), https://twitter.com/VitalikButerin/status/1556925602233569280.

La Oficina de Control de Activos Extranjeros (OFAC, por sus siglas en inglés) vigila cada vez más de cerca las direcciones de billeteras de criptoactivos personales. En 2018, había menos de 100 direcciones en la lista; para 2022, la lista había crecido hasta las 400. En 2021, la OFAC comenzó a sancionar también a los proveedores de servicios de criptoactivos.[39] A ojos de muchos, este es un ejemplo clásico de un excesivo celo gubernamental. En palabras de Jerry Brito y Peter Van Valkenburgh, de Coin Center: "Da la impresión de que se está sancionando el uso de una herramienta neutral, que puede emplearse para bien o para mal, como cualquier otra tecnología". Sostienen que la OFAC no estaba sancionando a un actor específico que hubiera cometido un delito, sino a cualquier estadounidense que quisiera "utilizar esta herramienta automatizada para proteger su privacidad mientras realizan transacciones en línea".[40] En pocas palabras: el gobierno estaba limitando las libertades de los ciudadanos sin atenerse a lo que dicta la ley. No hay nada más antiestadounidense que eso.

Por desgracia, la medida adoptada por el Departamento del Tesoro es un reflejo de lo que haría el proyecto de ley propuesto por la senadora Elizabeth Warren si llega a promulgarse: socavar la privacidad de los estadounidenses, al extender la vigilancia financiera hasta extremos poco razonables, y posiblemente anticonstitucionales. Chris Giancarlo, antiguo miembro de la Comisión de Negociación de Futuros de Productos Básicos (CFTC), cree que la vigilancia financiera está justificada solo cuando (1) existen indicios de actividad ilícita y (2) las fuerzas del orden cuentan con una orden judicial. Sin embargo, cree que el sistema legal estadounidense ya ha ido demasiado lejos. Los gobiernos "recopilan información 'por si algo sale mal', en lugar de recopilar información 'basada en indicios de actividad ilícita'", aseguró en una entrevista en diciembre de 2022 (el énfasis es mío).[41] Los cambios se han ido produciendo de manera imperceptible, como le ocurría a la rana de la cazuela, que no se da cuenta de que, con el agua a punto de hervir, está a punto de morir.

La Web3 devuelve a las personas cierto grado de autonomía que les ha sido arrebatado en virtud de las poderosas leyes de secreto bancario y las grandes empresas tecnológicas, cada vez más invasivas. Cuando prácticamente la

---

39. Chainalysis Team, "How 2022's Biggest Cryptocurrency Sanctions Designations Affected Crypto Crime", *Chainalysis Blog*, 9 de enero de 2023, `https://blog.chainalysis.com/reports/how-2022-crypto-sanction-designations-affected-crypto-crime/`.

40. Jerry Brito y Peter Van Valkenburgh, "US Treasury Sanction of Privacy Tools Places Sweeping Restrictions on all Americans", Coin Center, 8 de agosto de 2022, `https://www.coincenter.org/u-s-treasury-sanction-of-privacy-tools-places-sweeping-restrictions-on-all-americans/`.

41. Chris Giancarlo, entrevista con Alex Tapscott a través de Zoom, 13 de diciembre de 2022.

totalidad de los pagos son digitales y pasan por algún intermediario, y el gobierno puede recopilar información sobre cualquiera "por si algo sale mal", los ciudadanos pierden su derecho a la privacidad. "En una sociedad libre, los ciudadanos merecen cierto grado de libertad económica", afirma Giancarlo. Deberíamos ser muy prudentes y reflexionar con cuidado antes de implementar nuevas leyes o adoptar innovaciones como las CBDC, que China está utilizando como una herramienta de vigilancia para "asociar y vincular la obediencia política con la capacidad de decisión económica", afirma. "La desobediencia política puede conducir a la pérdida del sustento económico o incluso a la pobreza".[42]

El colapso de FTX fue un fracaso del control corporativo. El legislador puede abogar por un marco federal que regule los intercambios de criptoactivos que custodian los activos de los usuarios, con el fin de ponerlos bajo la supervisión de los organismos reguladores federales. Puede que algunos usuarios de criptoactivos custodien sus propios activos para realizar transacciones ilegales, del mismo modo que ciertos propietarios de armas de fuego pueden usarlas para cometer delitos. Pero, como nos recuerda Giancarlo, no hay razón alguna para prohibir "una tecnología que se utiliza para realizar transacciones lícitas y anónimas". Giancarlo señala que, durante siglos, los estadounidenses han disfrutado del derecho a la privacidad sin ser objeto de registros o incautaciones ilegítimas.[43] También reconoce que la mayoría de las sociedades libres optan por limitar "la capacidad de las autoridades de hacer cumplir la ley a cambio de un cierto grado de libertad individual y presunción de inocencia".[44] Debemos encontrar un equilibrio. Hester Peirce, de la Comisión de Bolsa y Valores, está de acuerdo con Giancarlo: "Los objetivos legítimos marcados por la necesidad de hacer cumplir la ley exigen, en ocasiones, que el gobierno recopile información sobre actividades privadas; sin embargo, recurrir a la vigilancia gubernamental de toda la actividad privada va en contra de los principios fundamentales del país".[45] Empoderar a los individuos para que controlen sus propios activos y los utilicen de manera lícita y libre no debería resultar controvertido.

¿Cuáles son las responsabilidades legales que acarrea escribir código? La incertidumbre en torno a la respuesta del gobierno a esa pregunta va en detrimento del liderazgo estadounidense en la Web3, según Sheila Warren, del Crypto Council for Innovation. "Los desarrolladores no quieren vivir aquí.

42. Giancarlo, entrevista con Alex Tapscott.

43. Giancarlo, entrevista con Alex Tapscott.

44. Giancarlo, entrevista con Alex Tapscott.

45. Peirce, "Remarks before the Digital Assets".

No se trata solo de que las empresas trasladen sus operaciones al extranjero, sino de que la gente empieza a cuestionarse dónde vivir. Algunas personas dentro del gobierno (aunque no todas) ven el potencial de la Web3 como un área innovadora que EE. UU. puede liderar", afirma.[46] Kain Warwick, de Synthetix, se cuenta entre quienes creen que "el Estado, en un nivel muy básico, es un mecanismo de coordinación ineficiente". Se hace eco de las palabras de Warren: "Para cambiar el sistema, debes trabajar desde dentro. No puedes quedarte al margen y limitarte a gritar consignas. Cuando sucede algo como lo que ocurrió con Tornado Cash y se produce un choque directo entre el Estado y la privacidad, es muy evidente que no son compatibles".[47]

Peirce, comisionada de la Comisión de Bolsa y Valores, simpatiza tanto con las fuerzas del orden y los organismos reguladores como con los desarrolladores. Todos ellos se enfrentan a lo desconocido. Según Peirce, "regular la labor de quienes redactan código es más difícil desde una perspectiva práctica y legal... porque podría afectar la libertad de expresión y plantear problemas de equidad, dado que los programadores de código abierto no pueden controlar cómo se utiliza su código".[48]

En las sociedades democráticas, la libertad de expresión no debería ser algo controvertido, ni siquiera cuando se expresa mediante código. Tampoco debería ser controvertida la privacidad de las transacciones, incluso si estas se llevan a cabo mediante el uso de software: la privacidad es la norma en la "economía real" cuando utilizamos billetes, monedas, tarjetas prepagadas y un largo etcétera. Cuando pagamos nuestras compras en efectivo, el cajero no nos pide el DNI (a menos que compremos alcohol) y no cuestiona nuestros motivos para realizar una compra. Por supuesto, la libertad de expresión y la privacidad no son derechos absolutos: los tribunales han identificado circunstancias en las que un gobierno puede o debe limitar dichos derechos, por ejemplo, cuando se incita a la violencia o se atenta contra la seguridad nacional. Pero lo cierto es que tanto la libertad de expresión y la privacidad, incluido cómo gastamos nuestro dinero, deberían estar protegidas, por regla general. Una publicación del blog de Coin Center lo deja claro: "La privacidad es lo normal para un trabajador asalariado, un donante a una organización benéfica, o incluso para un famoso; sin embargo, la privacidad no es normal si hacer lo mismo en Ethereum, 'salvo si utilizas Tornado Cash'".[49]

---

46. Sheila Warren, entrevista con Alex Tapscott a través de Zoom, 6 de octubre de 2022.
47. Kain Warwick, entrevista con Alex Tapscott a través de Zoom, 15 de agosto de 2022.
48. Peirce, "Remarks before the Digital Assets".
49. Jerry Brito y Peter Van Valkenburgh, "Coin Center Is Suing OFAC over Its Tornado Cash Sanction", Coin Center, 12 de octubre de 2022, `https://www.coincenter.org/coin-center-is-suing-ofac-over-its-tornado-cash-sanction/`.

A pesar de todos estos argumentos válidos, difícilmente cabe envidiar la posición del gobierno. A corto plazo, la decisión de muchas empresas de disparar primero y preguntar después probablemente tuviera sentido desde su punto de vista: querían evitar que se las considerara culpables por asociación. Sin embargo, a medio y largo plazo, la industria debe asegurarse, en la medida de lo posible, de que los gobiernos reconozcan el software como una forma de expresión protegida por ley, y de que los desarrolladores sean libres de construir herramientas tecnológicas neutrales.

Qué pueden hacer los gobiernos

"Hay quien, en el mundo cripto, lleva demasiado tiempo actuando como si la Web3 fuera una realidad incuestionable" y fuera a seguir la misma trayectoria que la Web1 siguió en la década de 1990, explica Albert Wenger, socio de Union Square Ventures.[50] Sin embargo, señala Wenger, "la web contaba con un clima favorable a nivel regulatorio. Internet no estaba sujeto a impuestos al consumo. Contábamos con la protección de la Ley de Derechos de Autor de la Era Digital, la conocida como Ley de Decencia en las Comunicaciones, aquella famosa Sección 230. Teníamos toda esta normativa a favor". Wenger se refiere a la Sección 230 de la Ley de Decencia en las Comunicaciones, que consagró importantes protecciones legales para las plataformas de Internet, permitiéndoles alojar e incluso moderar contenido generado por los usuarios, sin responsabilizarlas de lo que los usuarios dijeran o hicieran. En cambio, "la Web3 se enfrenta a una fuerte oposición en todo el mundo, especialmente en Estados Unidos, pero también en muchos otros países".

La fórmula de Wenger para fomentar el crecimiento de la Web3 no tiene tanto que ver con la tecnología como con la regulación. En primer lugar, necesitamos una mayor claridad regulatoria: ¿qué es un valor financiero y qué no lo es? "Creo que muchos de estos *tokens* no son valores", afirma Wenger. Cada vez son más los expertos, economistas y empresarios que están de acuerdo con él.[51] En la narrativa de Wenger, la incertidumbre sobre cómo clasificar los *tokens* está haciendo que la innovación se marche al extranjero. Algunos agentes regulatorios están de acuerdo. En un discurso pronunciado en 2023, Peirce llamó la atención sobre lo absurdo que es pensar que todos los *tokens* son valores. "¿Por qué no establecer un marco legal coherente

---

50. Wenger, entrevista con Alex Tapscott.

51. Jai Massari, "Why Cryptoassets Are Not Securities", Harvard Law School Forum on Corporate Governance, 6 de diciembre de 2022, `https://corpgov.law.harvard.edu/2022/12/06/why-cryptoassets-are-not-securities/`.

mediante un reglamento?", sugiere. "Si seguimos aplicando nuestro enfoque regulatorio-punitivo al ritmo actual, tardaríamos 400 años en regular todos los *tokens* considerados como un valor. En cambio, una norma formulada por la Comisión de Bolsa y Valores ofrecería una cobertura universal, aunque no retroactiva, tan pronto como entrara en vigor".[52]

Peirce sugiere que la Comisión de Bolsa y Valores abandone sus antiguos métodos en favor de un proceso regulatorio que tome en consideración las propuestas de la opinión pública, permitiendo una "amplia participación pública e interna en el desarrollo de un sistema regulatorio sólido". Peirce recomienda hacer sitio para todos en el debate regulatorio, incluidas autoridades federales y estatales, desarrolladores, usuarios, empresarios, defensores de la protección al consumidor y voces críticas. Señala la creación y la gobernanza del Código Comercial Uniforme (UCC, *Uniform Commercial Code*) como ejemplo de una colaboración interestatal eficaz. La próxima era de la web merece un marco político digno de su tremendo potencial, al igual que la primera era de Internet tuvo su propia Ley de Telecomunicaciones.

En segundo lugar, Estados Unidos debería fomentar las *stablecoins* respaldadas en dólares estadounidenses, ya que con ello se fortalecerá la dolarización, que ha beneficiado de forma desproporcionada a los estadounidenses. Según Wenger, "si Estados Unidos no opta por contar con muchas *stablecoins* correctamente reguladas *on-chain*, eso perjudicará a la dolarización, en lugar de ayudar".

Por último, la regulación de la vieja web (como por ejemplo exigir que cada plataforma o sistema tenga una interfaz de programación de aplicaciones) fomentaría la adopción de la nueva web. "Si exigiéramos un acceso obligatorio a una API para los clientes, la Web3 despegaría de verdad", asegura Wenger.[53] Los usuarios podrían interactuar con múltiples plataformas en las que conectar y compartir contenido socialmente a través de un único programa o "cliente". Es posible que Wenger vea cumplido este deseo. En diciembre de 2022, Bloomberg informó que Apple iba a permitir a los usuarios instalar tiendas de aplicaciones alternativas en iOS.[54] No se trataba, sin embargo, de una iniciativa totalmente voluntaria: la Unión Europea había obligado a Apple a adoptar esta medida tras la aprobación de un nuevo reglamento que regulara a los guardianes de Internet, la conocida

52. Peirce, "Remarks before the Digital Assets".

53. Wenger, entrevista con Alex Tapscott.

54. Mark Gurman, "Apple to Allow Outside App Stores", *Bloomberg News*, 13 de diciembre de 2022, https://www.bloomberg.com/news/articles/2022-12-13/will-apple-allow-users-to-install-third-party-app-stores-sideload-in-europe.

como Ley de Mercados Digitales de 2022.[55] Según la Comisión Europea, el nuevo reglamento "pondrá fin a las prácticas desleales de las empresas que actúan como guardianes en la economía de las plataformas en línea".[56] La Comisión pretendía eliminar los cuellos de botella que obstaculizaban la innovación y la competencia.[57] El reglamento entró en vigor en enero de 2023. La Comisión tenía pensado identificar a estos guardianes antes de junio de 2023, momento en el que se publicó este libro en su edición en inglés. Para cuando el lector lea estas líneas, Apple y otras grandes tecnológicas podrían haber modificado su estrategia para cumplir con la nueva legislación, abriendo nuevas vías para competir con las plataformas de la Web2 y los creadores de la Web3.

A efectos prácticos, la Comisión Europea (que no está precisamente en la vanguardia del liberalismo económico), le ha concedido un gran poder a los empresarios de la Web3. El impacto de la Web3 sobre los gobiernos y otras instituciones será inmenso. Por ejemplo, gracias a herramientas Web3 como las DAO y las *stablecoins*, un emprendedor puede dar empleo a trabajadores en cualquier parte del mundo y pagarles en una moneda digital estable si el valor de la moneda local del país en el que reside ese empleado es demasiado volátil. La competencia por el talento y la experiencia será cada vez mayor, y los empleos podrían deslocalizarse, a menos que los legisladores y las agencias reguladoras en todos los niveles gubernamentales tengan una mentalidad abierta.

Esta noción de competencia intergubernamental, conocida como "arbitraje regulatorio", ha sido durante décadas una característica de la *intelligentsia* de Silicon Valley (partidaria de posturas libertarias). James Dale Davidson y Lord William Rees-Mogg argumentaron, en su libro de 1997 *El individuo soberano*: "La proliferación de jurisdicciones significará la proliferación de la experimentación de nuevas formas de hacer cumplir los contratos y de garantizar la seguridad de las personas y los bienes. La liberación de una gran parte de la economía mundial del control político obligará a lo que queda del gobierno tal como lo hemos conocido a operar en términos más cercanos al mercado".[58] Aunque la competencia entre naciones por el talento y el capital es intensa, la idea de que los gobiernos se doblegarán ante la voluntad del mercado es una exageración. Desde la publicación de

55. "Digital Markets Act", nota de prensa, Comisión Europea, 31 de octubre de 2022, `https://ec.europa.eu/commission/presscorner/detail/en/IP_22_6423`.

56. "Digital Markets Act".

57. "Digital Markets Act".

58. James Dale Davidson y Lord William Rees-Mogg, *The Sovereign Individual: Mastering the Transition to the Information Age*. Simon & Schuster, Nueva York, 1997, p. 19.

El individuo soberano, los gobiernos han desempeñado un papel más activo en la sociedad y en la economía, sobre todo si tenemos en cuenta el papel desproporcionado que asumieron los bancos centrales tras la crisis financiera global de 2008. Las instituciones gubernamentales de los Estados-nación no van a desaparecer y seguirán siendo una fuerza importante en la sociedad y la economía en años venideros. Pero deben evolucionar.

El argumento contrario es que los países no son empresas: tratar a los ciudadanos como si fueran clientes puede resultar perjudicial para la democracia, ya que las empresas no tratan a los clientes de manera igualitaria. Los grandes donantes ya tienen una influencia indebida sobre los legisladores estadounidenses. Esta práctica, por la que las aportaciones monetarias a partidos políticos buscan recibir un trato preferencial en la formulación de políticas públicas, erosiona el principio democrático de que todas las personas son iguales ante la ley y de que el gobierno del país refleja los valores y principios de todos sus ciudadanos, no solo los de los más ricos. Tal y como señalan Davidson y Rees-Mogg, la tecnología digital erosiona rápidamente la mayoría de las ventajas que actualmente ofrecen cada una de las diferentes jurisdicciones: "Surgirán nuevas ventajas. La reducción de los costes de comunicación ya ha reducido la necesidad de proximidad como condición necesaria para hacer negocios".[59] Esto es indudablemente cierto, especialmente después de la pandemia.

La Web3 puede ayudar a revitalizar las instituciones democráticas mediante la experimentación con nuevos modos de gobernanza, como las DAO. En *La riqueza de las redes*, Yochai Benkler escribía que los usuarios de Internet estaban ejerciendo "la reciente expansión de la propia libertad práctica para actuar y cooperar con otros, de modo que mejoran la experiencia práctica de la democracia, la justicia, el desarrollo, la cultura crítica y la comunidad", y observaba que "los individuos pueden hacer más para sí mismos independientemente del permiso o la cooperación con los demás".[60] Lo vemos en la Web3.

La libre empresa y una economía de mercado son los principales impulsores de la prosperidad económica. Pero, una y otra vez, los gobiernos han desempeñado un papel crítico y en ocasiones decisivo a la hora de garantizar dicha prosperidad y crear las condiciones para que las empresas prosperen. Los gobiernos otorgaron cartas reales a los primeros navegantes, garantizándoles la libertad de comercio y permitiéndoles reunir capital

59. Davidson y Rees-Mogg, p. 203.

60. Yochai Benkler, *La riqueza de las redes. Cómo la producción social transforma los mercados y la libertad*. Icaria Editorial, 2015, p. 42.

para emprender empresas arriesgadas. Los gobiernos de Estados Unidos respaldaron a los primeros empresarios de barcos de vapor y más adelante financiaron la expansión del ferrocarril. Las leyes sobre patentes y marcas comerciales fomentaron la innovación, mientras que aquellas leyes relativas a la propiedad contribuyeron a nivelar el terreno de juego, al menos para los varones propietarios blancos, letrados y educados. La mayoría de las personas se vieron privadas de estos derechos y, para vergüenza de quienes ostentaban el poder, millones de seres humanos eran propiedad de otros.

Las normativas medioambientales garantizaron que la industria no pudiera envenenar ríos y lagos, y obligaron a la industria a hacerse cargo de su limpieza. Durante décadas, la NASA compró la mayoría de los microprocesadores del Silicon Valley, ayudando a la industria de San Francisco a hacerse un hueco en el mercado. El propio Internet fue un subproducto de la inversión del sector público y la colaboración público-privada. Así pues, necesitamos que los gobiernos se mantengan al tanto de los avances actuales, para que la colaboración entre el sector público y privado pueda seguir produciéndose.

En *La riqueza de las naciones*, Adam Smith habló de la "mano invisible" del mercado, en virtud de la cual la búsqueda del interés individual puede conducir al bien mayor del conjunto de la sociedad. Esta metáfora, potente y perdurable, ha servido de soporte a la economía del *laissez-faire* y del libre mercado desde su publicación en 1776. En general, ha funcionado. Pero ¿de verdad Smith creía que el mercado siempre tenía razón? No. De hecho, en *La riqueza de las naciones*, Smith argumentó que esta búsqueda del interés propio podía conducir a fallos del mercado como los monopolios, y que en ocasiones la intervención gubernamental era necesaria para prevenir o minimizar tales fallos. El hecho de que un mercado funcione la mayor parte del tiempo no significa que vaya a funcionar siempre. Esto es tan cierto hoy como lo fue en la Escocia de finales del siglo XVIII. El capitalismo de libre mercado es la mejor solución la mayor parte del tiempo. La Web3 y las tecnologías *peer-to-peer* son la mejor solución la mayor parte del tiempo. Sin embargo, en ocasiones necesitamos algo de centralización, coordinación, gobernanza y regulación para que la tecnología avance. La descentralización no es sinónimo de desorganización.[61] Smith sostenía que el gobierno podía intervenir en beneficio de la economía y la sociedad. Irónicamente, el

61. Pindar Wong, entrevista con Don Tapscott y Alex Tapscott, 7 de abril de 2017, citado en Don Tapscott y Alex Tapscott, "Realizing the Potential of Blockchain: A Multistakeholder Approach to the Stewardship of Blockchain and Cryptocurrencies", libro blanco, Foro Económico Mundial, junio de 2017, `https://www3.weforum.org/docs/WEF_Realizing_Potential_Blockchain.pdf`, consultado el 30 de septiembre de 2021.

surgimiento de la Web3 y otras tecnologías innovadoras como la inteligencia artificial requiere de un liderazgo audaz, visionario e innovador por parte de los gobiernos. Esperemos que así sea.

¿Dónde se construirá la Web3? Ve al Este, joven, y crece con la industria

Esta evolución da lugar a oportunidades y preocupaciones. A diferencia de la primera era de Internet, tendremos diferentes Silicon Valley, distintas redes abiertas y descentralizadas, donde las personas puedan prosperar y crear negocios que generen riqueza, empleos y prosperidad. Según Sheila Warren del Crypto Council for Innovation, la era del excepcionalismo estadounidense ha llegado a su fin. "Estados Unidos no lidera la industria. 'No lo hace, no hay más'. No es sorprendente: es bastante obvio, y no debería preocuparnos. Y sí, es cierto que Estados Unidos puede tener un papel desproporcionado en lo político, en la trayectoria de las políticas".[62] De hecho, muchos países (como Dubai) intentar atraer a los emprendedores de la Web3.

Yat Siu cree que Asia se situará a la vanguardia de la Web3. "Todas las empresas importantes del sector de los videojuegos en Corea ya hablan abiertamente de sus planes Web3 o Web2.5. Puede que su planteamiento esté equivocado, puede que no abracen por completo la descentralización, pero hablan abiertamente del tema, y sus clientes no los rechazan ni se resisten". Siu lo compara con lo que ocurre en Occidente: "Electronic Arts, Activision, cualquier empresa que se atreva a mencionar la palabra NFT se ve obligada a recular por el rechazo de los jugadores".[63]

¿Por qué algunos jugadores en EE. UU. rechazan los juegos Web3? "Tiene más que ver con un rechazo al capitalismo en general que con un rechazo a la propiedad", según Siu.[64] "Este rechazo no guarda tanta relación con un '¿Debería ser dueño de esto?', sino que representa un rechazo hacia una forma digital del capitalismo". El gobierno de Japón lleva tiempo coordinando normativas globales. El primer ministro, Fumio Kishida, ha incluido el metaverso y la Web3 en la agenda japonesa. "Creo que Japón es, posiblemente, el único gobierno en el mundo que tiene un libro blanco sobre NFT", asegura Siu.[65]

---

62. Warren, entrevista con Alex Tapscott.
63. Yat Siu, entrevista con Alex Tapscott a través de Zoom, 11 de enero de 2023.
64. Siu, entrevista con Alex Tapscott.
65. Siu, entrevista con Alex Tapscott. Véase, por ejemplo, "Japan's NFT Strategy for the Web 3.0 Era", libro blanco, Headquarters for the Promotion of a Digital Society, Liberal Democratic Party, abril 2022, `https://www.taira-m.jp/Japan%27s%20NFT%20Whitepaper_E_050122.pdf`, consultado el 12 de abril de 2023.

El camino que queda por recorrer

La pandemia de la COVID ha marcado la historia reciente de la humanidad. Nos obligó a replantearnos nuestra existencia cotidiana como sociedad. ¿Necesito desplazarme a una oficina todos los días para ser productivo junto a mis compañeros de trabajo? ¿Necesito viajar tanto para cultivar relaciones comerciales? La pandemia también nos obligó a hacernos preguntas más profundas y a repensar conceptos como la globalización, al menos en lo que al movimiento de activos físicos por el mundo se refiere. Puede que hayamos alcanzado la cúspide de la eficiencia en la cadena de suministro global en el preciso instante en el que el flujo de información no hace sino crecer, los bienes digitales empiezan a gozar de mayor popularidad y la era industrial del siglo XX acelera su miniaturización y localización con innovaciones en los ámbitos de la ciencia de los materiales y la fabricación aditiva.[66] Cada vez más, en lugar de productos genéricos, encapsulamos valor en nuestros productos.

¿Está definiendo Web3 una nueva contracultura nativa de Internet, análoga a la contracultura de los años 60? Al igual que los *baby boomers* se rebelaron contra las instituciones y la cultura de la generación de sus padres, la generación criptonativa de hoy se rebela contra un sistema financiero estricto basado en permisos, la rígida jerarquía institucional del arte y la cultura, y los sistemas cerrados y asfixiantes de la Web2. En la década de 1960, el icono de la contracultura Timothy Leary alentaba a sus seguidores a "encender, sintonizar y abandonar".[67] Hoy en día, la juventud aplica su mantra a la tecnología: encienden y abren sus mentes a los *tokens*, sintonizan con la Web3 y sus incontables aplicaciones, y abandonan el sistema financiero vigente (o al menos optan por salir de él). Pronto podrían verse existiendo simultáneamente en dos planos de la existencia humana, manejando un avatar en el metaverso con una identidad, activos, experiencias vividas, comunidad y relaciones tanto o más ricos que las que tienen en el mundo físico. En el proceso de reevaluar cómo vivir en línea, transformarán todas las industrias.

La Web3 es global: sus usuarios, desarrolladores, creadores e *influencers* vienen de todos los rincones del mundo, de Manila a Lagos, de Toronto a Bogotá. La Web3 tiene un carácter descentralizado: sus organizaciones,

---

66. Richard A. D'Aveni, "The Trade War with China Could Accelerate 3-D Printing in the United States", *Harvard Business Review*, 18 de octubre de 2018, `https://hbr.org/2018/10/the-trade-war-with-china-could-accelerate-3-d-printing-in-the-u-s`.

67. Timothy Leary, "The Effects of Psychotropic Drugs", Departamento de Psicología, Harvard College, *s. d.*, `https://psychology.fas.harvard.edu/people/timothy-leary`, consultado el 15 de octubre de 2021.

nativas de Internet, no están basadas en un lugar concreto y buscan aportaciones de toda clase de personas. La Web3 carece de permisos: no se necesita una cuenta bancaria, un documento de identidad, ser residente permanente en un territorio concreto ni ninguna otra credencial para acceder a ella; tan solo, un dispositivo con acceso a Internet. La Web3 es comercial: en tanto que medio de valor, las cadenas de bloques tienen el potencial de trastocar el funcionamiento de todas las industrias del mundo. La primera era de Internet, que incluye la Web1 y la Web2, revolucionó el sector de la información (noticias, publicidad, música, comercio minorista y servicios TIC). Democratizó el acceso a la información para quienes pudieran leer en línea, y posteriormente democratizó el acceso a la publicación de contenidos, siempre y cuando los usuarios se ajustaran a las reglas de las plataformas dominantes. Esta nueva era hará que esas disrupciones, aun siendo importantes, parezcan anecdóticas. Por ejemplo, los servicios financieros, fundamentales para el funcionamiento de todas las industrias, empresas y actividades económicas humanas, experimentan en la actualidad su metamorfosis, pasando de una oruga lenta que todo lo devora a su paso hasta transformarse en mariposa, gracias a las innovaciones de la Web3, como *tokens*, contratos inteligentes y otras primitivas básicas de las finanzas descentralizadas. Sin embargo, como toda criatura recién llegada al mundo, nuestra oruga Web3 es frágil y puede requerir cuidados y atenciones especiales para poder surcar los cielos. ¿Y tú, lector? Asumir el liderazgo de la Web3 no les corresponde únicamente a los criptonativos de la generación Z. Todos tenemos un papel que jugar.

Para los líderes empresariales de todas las industrias, la Web3 es enormemente prometedora, pero también encierra peligros potenciales. Por un lado, estas herramientas pueden ayudar a mejorar la transparencia, la confianza y la eficiencia, además de reducir costes. Pueden ayudarte a establecer relaciones más estrechas con sus clientes a través de programas de lealtad basados en NFT, proyectos en comunidad que requieran de la posesión de *tokens* para formar parte de ellos; pueden mejorar el metabolismo del comercio global mediante el uso de *stablecoins*, o conducir al nacimiento de nuevos y desconocidos mercados, tanto en línea como en el mundo real. También pueden requerir inversiones significativas en tecnología y revolucionar los modelos de negocio tradicionales. Los actores establecidos tendrán que hacer el más difícil todavía y hacer frente al dilema del innovador para gestionar esta transición. Tú, lector, tendrás que mantenerte al tanto de las tecnologías Web3 y cómo pueden utilizarse en tu sector. Investiga proyectos piloto o asociaciones para poner a prueba las ventajas y potenciales desafíos de las tecnologías

Web3. Interactúa con los diferentes organismos reguladores y responsables de políticas para asegurarte de que las empresas conocen la normativa que marcará su trayectoria. Tú, lector, puedes marcar la diferencia.

Para los emprendedores de todo el mundo, la Web3 es una frontera completamente abierta donde dejar huella y construir cosas que generen valor y transformen el mundo. Como hemos demostrado en este libro, la geografía, el género, la religión o el color de piel importan menos en la Web3 que en cualquier otro periodo precedente. Hemos conocido a emprendedores que utilizan estas herramientas en los cinco continentes para aplanar la tierra, es decir, para nivelar el terreno de juego. Y tú, lector, ¿qué puedes hacer? Empieza ya. Intenta crear una DAO con un grupo de personas afines en torno a un objetivo común. A ver dónde te lleva y qué aprendes. Por qué no, aprende "y gana". Asiste a encuentros en tu área. La Web3 es global: hay encuentros "en todas partes". Piensa a largo plazo: la Web3 puede dar la impresión de ser un segmento separado del resto, pero en el conjunto de las herramientas Web3 existen tecnologías de uso general que pueden usarse para cambiar el mundo, tanto o más como ocurrió con la primera era de la web.

Para los ejecutivos del sector de servicios financieros, la Web3 ha hecho temblar las ventanas y las paredes de los bancos. Abandonen la idea de ponerse tapones para los oídos que les permitan ignorar el ruido: salgan a la calle. En tanto que actores ya establecidos, se enfrentan a muchos riesgos y oportunidades. No se empeñen en sostener un negocio en declive (inercia activa), pero tampoco se revolucionen en exceso. Utilicen sus productos y servicios heredados para financiar la experimentación y el crecimiento en otras áreas. Desarrollen la custodia de activos digitales, puesto que la mayoría de sus clientes querrá seguir operando con ustedes, pero solo si innovan. Colaboren con sus homólogos de la industria para lanzar una *stablecoin*. Sopesen la posibilidad de crear pasarelas compatibles con las finanzas descentralizadas accesibles para cualquier usuario con las credenciales oportunas. Lancen su propia credencial *on-chain* con su propia marca, que los usuarios puedan utilizar en otros bancos e instituciones financieras. Y, de paso, formen un equipo de diagnóstico *on-chain* que ayude a sus clientes y socios a comprender la tecnología donde habrá una mayor actividad económica. Sean valientes.

Para los políticos: tienen una tarea muy difícil por delante. La Web3 les obliga a enfrentarse a leyes y conceptos obsoletos y les obliga a desarrollar un marco para el futuro. Necesitamos que los políticos actúen. ¿Qué son los *tokens*, y cómo deberían clasificarse legalmente? ¿Cómo incorporar las DAO a nuestro marco legal sin imponer cargas excesivas a las *startups*? ¿Son realmente los "contratos inteligentes" contratos? Si no lo son, ¿cómo conciliar el derecho tradicional con las nuevas normativas dictadas a golpe de código? ¿Cómo aplicar el derecho de propiedad intelectual a obras de arte NFT, o a activos de juegos, o a activos narrativos, como en Shibuya o MV3? Ninguna de estas preguntas tiene fácil respuesta. ¿Qué pueden hacer? Acojan con los brazos abiertos a los emprendedores de la industria. Desarrollen un mensaje claro y sencillo y manténganse firmes en su defensa. Entiendan que están compitiendo por talento y capital sobre un terreno de juego global con menos obstáculos que nunca. Sean un modelo de cómo usar la tecnología. Protejan a los ciudadanos de los delincuentes, pero confíen en que las personas adultas serán capaces de tomar decisiones juiciosas con su dinero. Ahora es el momento.

A los estudiantes: sois el grupo más afortunado de todos. El futuro pertenece a aquellos que comprenden las nuevas tecnologías y las utilizan con responsabilidad para fines loables. Las herramientas Web3, como por ejemplo el modelo aprende-y-gana, abren nuevas vías para adquirir nuevas ideas y hacerse con nuevas credenciales. Buscad mentores o tutores con experiencia en Web3 para que os guíen mientras navegáis el nuevo panorama. Empezad por Twitter, Discord y otros espacios donde se reúnen los creadores de la Web3. Si mi generación (los *millenials*) fuimos los primeros en ser "bañados en bits", la generación Z y sus sucesores han sido los primeros en "haber nacido" en bits, nativos digitales en el pleno sentido de la palabra. Este es vuestro superpoder: usadlo.

Los usuarios de Internet verán cómo su experiencia en línea se va transformando en formas que, espero, sean por lo general positivas. La Web1 y la Web2 fueron fuerzas de una potencia extraordinaria para bien, pero ambas tuvieron desventajas que la Web3 puede corregir, si así lo queremos. El futuro no es algo que deba predecirse; es algo que debe hacerse realidad. Cualquier persona, ya se trate del CEO estadounidense de una empresa Fortune 500, un estudiante de la India, un artista en Barcelona o un niño en Filipinas, tiene la posibilidad de dejar su huella en el mundo. La Web3 puede ayudarnos en esta tarea.

Índice alfabético

B

C

D

E

L

M

N

S

T

U

V

W

X

Y

Z